LA TOPOGR

HISTORIQUE ET AR

D'ABBEVILLE

PAR

ERNEST PRAROND

PRÉSIDENT HONORAIRE DE LA SOCIÉTÉ D'ÉMULATION D'ABBEVILLE
CORRESPONDANT DU MINISTÈRE POUR LES TRAVAUX HISTORIQUES
MEMBRE DE L'ACADÉMIE D'AMIENS ET DE LA SOCIÉTÉ DES ANTIQUAIRES DE PICARDIE, ETC.

TOME SECOND

PARIS	ABBEVILLE
CHEZ DUMOULIN	CHEZ PRÉVOST
Quai des Augustins	Rue des Lingers

1880

LA TOPOGRAPHIE

HISTORIQUE ET ARCHÉOLOGIQUE

D'ABBEVILLE

A MA MÈRE

TOUJOURS PRÉSENTE

LA TOPOGRAPHIE

HISTORIQUE ET ARCHÉOLOGIQUE D'ABBEVILLE

~~~~~~~~~~~~~~~~~~~

CHAPITRE XXI.

La rue Chasserat. — La rue des Rapporteurs. — Le couvent de la Visitation de Sainte-Marie. — Tableau miraculeux de l'église de la Visitation. — Possessions du couvent. — Maisons bâties sur l'emplacement et le terrain dépendant de ce couvent. — Rues disparues — Levasseur, violoncelle de l'Académie de musique.

La rue Chasserat, que nous venons de citer plus haut, et qui, de l'angle de la place Sainte-Catherine, se dirige sinueusement vers la rue d'Angouche qu'elle coupe perpendiculairement à peu près vers la moitié, tire son nom d'une ancienne famille du pays (1). C'est à tort qu'on l'écrit quelquefois Chasse-Rats. Une tradition, que nous ne rapportons que pour mémoire, a donné naissance cependant à une autre étymologie qui justifierait jusqu'à un certain point cette seconde orthographe. Cette

<div style="text-align:right">La rue Chasserat.</div>

(1) Écrit en 1849. - C'était l'opinion de M. Dequen, chef de bureau de la mairie. En la reproduisant aujourd'hui, je dois exprimer le regret de n'en avoir rencontré encore aucune justification. Les Comptes de Saint-Georges nomment en 1685-1687 la rue où nous sommes rue *Cachera*.

tradition veut que la rue Chasserat ait servi autrefois de rendez-vous aux rats qu'attiraient l'abattoir en plein vent de la rue d'Angouche et les deux rivières du Scardon et de l'Eauette, « et que l'on les y chassait ». — Un puits, qui existe encore dans la rue Chasserat, s'appelait, par un ignorant détournement des mots, le *puits d'Amour*.

Outre la rue Chasserat, la place Sainte-Catherine a, vers le côté opposé au pont aux Poirées, une triple issue qui s'ouvre en éventail. Les deux premières rues qui forment cette issue sont les rues Vérone et des Saintes-Maries dont nous avons parlé plus haut (1) ; la troisième est la rue des Rapporteurs. — Rapporteurs de qui, Rapporteurs de quoi ? Rien n'a pu nous l'apprendre. Les suppositions nous font défaut à cet égard comme les titres (2). C'est dans la rue des Rapporteurs que fut fondé par les soins du mayeur Claude Becquin, qui a laissé tant de souvenirs dans notre ville, le couvent de la Visitation de Sainte-Marie.

La rue des Rapporteurs.

Les religieuses de la Visitation de Sainte-Marie ne vinrent s'établir à Abbeville qu'en 1650, et le P. Ignace n'en parle pas. Elles logèrent d'abord à l'hôtel de Valines, dont nous dirons un mot plus tard. Quelque temps après seulement elles firent construire leur couvent dans la rue des Wets (3). Leur seconde église, bâtie en

Le couvent de la Visitation.

(1) Je n'ai retrouvé depuis que cette indication : « Les religieux de Livri pour leur maison et ténement rue des Wets, etc. » — *Dernier cueilloir de Saint-Jacques*, 1791.

(2) La rue des Rapporteurs est nommée ainsi dans les Comptes de Saint-Jacques, 1751-1754.

(3) 1666. — La cérémonie solennelle qu'on fit en France pour la

1712, eût pu être démolie en 1793, aux yeux de quelques-uns de ceux qui l'avaient vu élever (1). Nous ne savons rien de ce bâtiment. Une des curiosités que l'on y remarquait cependant était un tableau miraculeux dont les Ms. de M. Siffait nous donnent l'histoire.

L'an 1710, le R. P. de Goye, religieux de la compagnie de Jésus, pour lors supérieur et procureur des missions étrangères, donna au couvent de la Visitation d'Abbeville (2) un tableau représentant la Sainte-Vierge sans enfant. Ce tableau venait directement du Brésil. Il avait été donné en mer par un capitaine de vaisseau français à un Père de la compagnie de Jésus qui l'avait remis au P. de Goye comme un présent considérable, tant par le précieux de l'exécution, appréciable aux yeux humains, que par la divinité de la légende qui y était attachée.

Un Indien du Brésil, fort dévot à la Sainte-Vierge, gardait un jour son troupeau, priant avec ardeur selon sa coutume, et tout occupé de saintes aspirations, lorsque la divine patronne de ses pensées lui apparut et lui commanda d'aller trouver l'évêque du pays et de lui enjoindre de faire bâtir une chapelle au lieu même où

canonisation de saint François de Salles fut célébrée à Abbeville cette année dans l'église des Dames religieuses de la Visitation. — *Ms. de M. Siffait.*

(1) 1712. — Cette année on fit l'église neuve de la Visitation. La précédente était un peu à côté de la nouvelle et du côté de l'Évangile. — *Ms. de M. Siffait.*

(2) En considération de sa chère sœur, la révérende mère Anne-Magdeleine de Goye, religieuse professe du couvent de la Visitation de la ville de Dieppe, qui était pour lors dans le monastère de cet ordre à Abbeville.

elle recevait de si ferventes adorations. L'Indien obéit, mais l'évêque ne tint aucun compte du message.

La Sainte-Vierge apparut une seconde fois au dévot berger et lui renouvela le commandement qu'elle lui avait déjà fait. Le berger retourna en toute hâte vers son évêque, mais l'évêque resta sourd.

Une troisième fois elle apparut à l'Indien désespéré qui s'accusait à elle du peu de succès de ses démarches ; elle lui mit entre les mains une corbeille de fleurs avec ordre de la porter à son évêque comme une marque certaine de ce qu'elle exigeait de lui. On était alors dans une saison où l'on ne pouvait trouver de fleurs nulle part ; le berger alla présenter celles de la Vierge à l'évêque, mais l'évêque ne se mit pas en peine du miracle et secoua la tête avec incrédulité.

Enfin le berger étant revenu vers son troupeau, le cœur serré d'une grande peine et craignant bien d'avoir encouru la disgrâce de la Sainte-Vierge, celle-ci lui apparut une quatrième fois toute brillante de clarté. La ressemblance de la reine céleste s'imprima miraculeusement sur les habits du pâtre ; une lumière si divine émanait du lin grossier que les yeux n'en pouvaient supporter l'éclat. La Vierge ordonna alors à son serviteur de retourner, ainsi revêtu d'un caractère irrécusable, vers l'évêque sans foi. Le berger partit et les peuples l'adoraient sur son passage. Du plus loin que l'évêque l'aperçut, il ne douta plus de la vérité de sa mission, et il se prosterna devant lui pour vénérer la sainte image. Il fit ensuite assembler son clergé et son peuple, alla en procession à l'endroit où la Vierge désirait que l'on lui

bâtît une chapelle, et fit jeter lui-même les fondements
de l'édifice.

Un des compagnons du pieux berger fut si transporté
de dévotion et de joie à l'aspect de l'empreinte merveilleuse que, bien qu'il n'eût jamais appris à peindre,
il fit ce tableau que des peintres très-habiles ont déclaré
être un tableau miraculeux, aucun trait de pinceau n'y
étant visible.

Ce tableau, placé contre la grille du chœur, était
protégé par un cadre de bois doré et par un verre blanc
— En 1773, lorsque le magasin à poudre sauta, les vi-
trages du chœur furent brisés, la grille enlevée ; le
tableau ni son verre ne furent aucunement endomma-
gés, et les chandeliers de l'autel, quoique très-légers,
ne furent pas même renversés.

Les dames de la Visitation possédaient dans la ville
et au dehors quelques maisons, terres, surcens et
rentes, vendus pendant la Révolution. L'*État des ventes
faites par la nation au District d'Abbeville en* 1791
m'indique comme ayant appartenu à la Visitation : une
maison dans la chaussée Marcadé adjugée le 18 mai,
au prix de 3,000 livres ; une autre « rue Sainte-Marie»,
adjugée le même jour, au prix de 840 livres ; dix-sept
journaux de terre au faubourg de Saint-Gilles, adjugés
le 2 juillet au prix de 11,300 livres ; une maison (sans
désignation de rue) adjugée le 4 juillet au prix de 285
livres ; une autre (sans désignation de rue encore)
adjugée le 5, au prix de 1,825 livres ; un surcens de
cent livres, adjugé le 21 juillet au prix de 1,600 livres;
un surcens de 180 livres, adjugé le 8 août 3,100

livres ; quatre parties de rente appartenant à la Visitation (et au chapitre de Saint-Vulfran, si je ne me trompe pas), adjugées à divers, le 13 septembre, au prix de 10,250 livres ; deux parties de rente donnant ensemble 115 livres, adjugées le 15 octobre, au prix de 1,750 livres ; le même jour, un surcens de 160 livres, adjugé au prix de 2,700 livres ; le même jour encore, un autre surcens de 120 livres, adjugé au prix de 1,800 livres.

Je ne rencontre pas dans l'*État succinct* que j'ai sous les yeux la maison conventuelle elle-même. Cette maison « rue des Wets ou des Saintes-Maries » fut vendue, suivant Collenot (1), à un C. Cordier, puis à un C. Thierri qui partagea le terrain en plusieurs lots, tant sur la rue des Rapporteurs que sur la rue des Wets.

Les bâtiments du couvent de la Visitation furent démolis en même temps que l'église et sur leur emplacement furent construites plusieurs maisons dont les plus importantes sont celles où demeurent aujourd'hui MM. Tronnet (n° 9) et H. Manessier (n° 11). Le jardin des religieuses a été divisé entre ces maisons et quelques autres de la rue des Wets.

Une note inachevée de M. Traullé nous donnerait à supposer que plusieurs rues — quatre ou huit, — dont elle n'indique ni la direction ni les noms, traversaient l'enclos de la Visitation. La supposition serait invraisemblable dans ces termes, ou jamais clôture de religieuses n'eût été plus dérisoire, mais il ne faut pas oublier que le couvent de la Visitation était un des plus

---

(1) Notes devant un exemplaire de l'*Histoire chron. des mayeurs* du P. Ignace.

nouvellement établis, et que ces rues, prises sur un plan ancien de la ville, étaient sans aucun doute antérieures à l'enclos qui les aura fait disparaître. Ce nombre incertain et exorbitant, selon nous, de quatre ou huit rues dans un espace aussi restreint, pourrait nous donner cependant quelques doutes sur l'exactitude de la note si les *voyeuls* rapprochés qui existaient alors dans beaucoup de nos rues ne nous rendaient de facile créance (1). Il est invraisemblable, en effet, que dans ce temps de rues sur rues, on en ait été réduit, pour aller du Pont-Neuf, par exemple, dans la chaussée Marcadé, à tourner l'énorme pâté de maisons compris entre la rue des Rapporteurs et la petite rue Saint-Jacques.

Levasseur, violoncelle, de l'Académie de musique, est né dans la rue des Rapporteurs. — *Voir la Biog. d'Ab.*

La rue des Rapporteurs perd son nom et prend celui de rue Médarde, au point où la rue de l'Eauette la coupe à gauche. — Nous ne pousserons pas notre pointe plus loin ; il est bien temps de reprendre notre itinéraire où nous l'avons laissé, — dans la rue des Lingers.

---

(1) Dans la rue des Rapporteurs s'ouvrait un voyeul dit des Poulliers. — *Comptes de Saint-Georges.* — Ce voyeul rejoignait-il la rue actuelle des Poulies ou bien était-il lui-même la rue que nous voyons dans les mêmes Comptes rue des Pouliers ou Poulliers? — 1685-1687.

CHAPITRE XXII.

Suite de la rue des Lingers   La seconde moitié de la rue actuelle des Lingers comprenait les rues de la Hucherie, du Plat d'étain, de la Fausse-Porte. Le cueilloir de Saint-Georges nomme dans la rue du Plat d'étain la maison *du Plat d'étain*, celle *de la Fleur de lys* et celle *des Maillets ;* dans la rue de la Fausse-Porte la maison *du roi Pépin proche la fausse porte.*

La rue de la Hucherie.   La rue de la Hucherie était la plus proche de la rue

Saint-André ; venait ensuite la rue du Plat d'étain pré- cédant celle dite de la Fausse-Porte (si elle n'était la même).

La maison du *Plat d'étain* tenait à la maison des *Trois maillets*. — *Cueilloir de Saint-Georges*, 1685-1687.

Le cueilloir du Saint-Sépulcre de 1751 nomme plu- sieurs maisons dans la rue de la Fausse-Porte ou de la Porte-Comtesse (on trouve les deux appellations). Je relève les enseignes dans l'ordre de hasard du cueilloir, mais avec les circonstances qui pourront faire rétablir un jour l'ordre véritable. Je rencontre d'abord (dans l'ordre de hasard) une maison « *où pend pour enseigne les lephans* (l'éléphant sans doute), proche la porte Comtesse » ; puis une maison « *où pend pour enseigne les Trois croissants ;* puis une maison appelée *la Truye qui file,* « tenant d'un côté à la *Charge d'or,* d'autre côté et d'un bout à M. Desbons Dergny au lieu de M. de Buissy » ; en dernier lieu une maison *où pend pour enseigne la Maille d'argent,* « tenant d'un bout au sieur Blondin, conseiller, et de l'autre etc., et enfin sur le froc de la rue ». Tels étaient au dix-huitième siècle les noms de quelques maisons de la rue de la Fausse-Porte. M. Louandre a trouvé plus anciennement, près de la porte Comtesse, l'hôtel *des Tourelles,* l'hôtel *de l'Écu de France,* et l'hôtel *de la Rose* qui va nous occuper si longuement bientôt. Quelle était la maison de Jean Lefèvre de Saint-Remi, dit Toison d'or, chez qui Charles le Téméraire alla loger « près la porte Comtesse », en 1466 ?

La seconde moitié de la rue des Lingers, — rue de la Hucherie, du Plat d'étain, de la Fausse-Porte, — recevait, suivant les notes de M. Traullé, une rue qui n'existe plus aujourd'hui. Cette rue, fort étroite probablement, devait s'embrancher sur celle qui allait *de la rue des Lingers à la place Saint-Pierre*, et dont nous avons parlé dans la rue du Puits à la chaîne (1). Quelques mots sur l'impasse de l'Écu de France nous feront peut-être juger de la situation vraie de ces deux ruelles.

L'impasse de l'Écu de France

L'impasse de l'Écu de France, aujourd'hui close et qui s'ouvrait à peu près à égale distance du Pilori et de la maison qui fait face à la rue de Locques, était ainsi nommée, a-t-on dit, parce que les comtes de Ponthieu y firent battre monnaie. Que l'on y ait battu monnaie, nous ne savons, quoique cela ne soit pas vraisemblable; mais que les comtes de Ponthieu aient fait battre cette monnaie, cela est certainement faux, car alors on eut dit l'Écu de Ponthieu et non l'Écu de France. Il est bien plus probable que le nom vient de l'hôtel que nous avons cité plus haut. L'impasse de l'Écu de France était autrefois une rue qui, faisant un coude derrière les maisons de la rue du Plat d'étain, allait se jeter dans la rue Saint-André. Les propriétaires de quelques maisons de cette dernière rue ont encore des sorties sur l'impasse de l'Écu de France et en jouissent au moyen d'une porte commune ouverte ou fermée à leur discrétion sur la rue des Lingers.

Ces indications sur la rue de l'Écu de France ne com-

(1) Chapitre XVII, tome Iᵉʳ, p. 493.

plètent-elles pas, si l'on y réfléchit un·peu, les notes de M.Traullé ? L'embranchement sur la rue Saint-André, si voisin de la rue des Lingers, ne nous fournit-il pas, par un prolongement probable, la rue qui allait de la rue du Puits à la chaîne à la place Saint-Pierre, et le retour que forme aujourd'hui le cul-de-sac ne nous représente-t-il pas très-vraisemblablement celle que recevait la rue du Plat d'étain? Malgré toute notre bonne volonté d'accepter dans le passé tant de rues disparues, notre créance doit avoir des bornes, et, lorsque les rues que mentionnent les documents sont aussi rapprochées les unes des autres, il faut craindre de les multiplier inconsidérément.

La rue des Lingers, dans cette partie voisine du Pilori, était terminée par la porte Comtesse, qui ne servait plus depuis longtemps, mais sous laquelle on continuait de passer, et qui fut démolie en 1795. Elle limitait les paroisses de Saint-Georges et du Saint-Sépulcre. Fort étroite et incommode, les étrangers la prenaient, dit-on, pour la porte d'une seconde ville. C'est dans une·maison située près de cette porte que la comtesse Agnès de Ponthieu, femme de Robert Talvas ou le Diable, vint mourir en 1120. Ce Robert Talvas méritait son nom à tous égards ; il avait longtemps retenu sa femme au fond d'un cachot et avait tenté de · l'empoisonner. Ainsi le Ponthieu a appartenu à ce terrible héros des légendes, et quelques-uns de nos pères se reconnaîtraient peut-être parmi les figurants de l'Académie royale de musique dans l'opéra de Rossini.

Les manuscrits de M. Siffait, qui donnent deux cro-

La porte Comtesse ou Fausse-Porte.

quis de la porte Comtesse, nous rapportent, avec les dates, deux atteintes à sa figure antique. Nous y lisons sous la date 1685 : « On a abattu la porte Comtesse du côté qui fait face au Pilori et on l'a rebâtie de nouveau de ce côté » ; et l'an 1741 : « On a abattu l'autre côté de la porte Comtesse ; c'est le côté faisant face à la rue des Lingers. »

La très-vieille maison de la commanderie de Beauvoir (*hôtel de la Rose*) vient se mêler ici à l'histoire de la vieille porte. Par sa chapelle dédiée à saint Jean, elle touchait à la porte même. Je laisse parler les Mss : « Comme la chapelle de Saint-Jean tomboit en ruines et qu'il la falloit rebâtir quant à la maçonnerie, MM. de ville, qui vouloient alors élargir cet endroit au niveau de la rue et à découvert (1), proposèrent à monsieur le commandeur de Malte de prendre son terrain dans un autre endroit de la ville ; le commandeur se transporta pour cela exprès à Abbeville, mais il ne voulut point accepter la proposition ; il refit donc la chapelle à neuf. »

Une autre maison contigüe à la porte Comtesse (en face évidemment de l'hôtel de la Rose) avançait sur cette porte par des chambres. Voici la phrase bien incorrecte et confuse des Mss. de M. Siffait qui établit ce fait en notant l'élargissement, en 1741, du passage couvert de la porte : « M. Heruy qui étoit propriétaire d'une maison dont il avoit des chambres sur l'une

---

(1) C'est-à-dire faire reculer cette partie de la maison de la Rose à l'alignement des autres maisons de la rue et faire ainsi passer la rue à côté de la vieille porte.

l'autre, qui étoient sur l'allée de ladite porte, fut aboli
à cause qu'il ne voulut point la rebâtir de nouveau
parquoi le passage de cette porte fut plus court (1). »

La Fausse-Porte fut enfin abattue en 1795 et la dé—
molition entraînant celle de la partie contigüe de l'hôtel
de la Rose fit faire des découvertes de médailles, indices
de l'existence à peu près certaine, sur l'emplacement
même de la porte ou plutôt de l'hôtel de la Commanderie,
de constructions des temps romains ayant succédé peut-
être à d'autres plus anciennes. M. A. de Poilly, témoin
oculaire de la démolition, rapporte le fait aux sugges-
tions si intéressantes, dans ses *Recherches sur une colonie
massilienne établie à l'embouchure de la Somme* (Mém.
de la Soc. d'Émul. 1844-1848) : « A gauche de cette
fausse porte, dit-il, était une vieille tour, dépendance
d'une commanderie de Malte. Elle fut aussi abattue ;
et, au milieu d'un mur extrêmement épais, on trouva
dans un vase de terre des *médailles carthaginoise*

(1) La collection de M. O. Macqueron conserve quatre vues de la
porte Comtesse, deux prises du côté du Pilori et deux prises du côté
de la rue des Lingers, savoir :

1° Vue de la porte Comtesse du côté qui faisait face au Pilori telle
qu'elle était avant sa démolition en 1685 d'après un vieux dessin
communiqué par M. Lucini. Lith. Gillard, Abbeville (tiré à six
exemplaires seulement).

2° Autre vue prise du côté qui faisait face à la rue des Lingers
telle qu'elle était avant qu'on la rebâtit en 1741, d'après un vieux
dessin communiqué par M. Lucini. Lith. L. Gillard, Abbeville (tiré à
six exemplaires seulement).

3° Autre vue. Côté qui faisait face au Pilori, démoli en 1685 et
rebâti de nouveau.

4° Côté qui faisait face à la rue des Lingers en 1741. Cette façade
s'alignait avec la chapelle de la Commanderie. Ces deux dernières
vues sont des dessins à la plume d'après les Mss. de M. Siffait.

qu'on y avait réunies à un grand nombre de médailles
de Posthume, dans l'intention évidente, croyons-nous,
d'indiquer que ce fort, élevé sous le règne de cet empereur, succédait à un autre dans les débris duquel on
avait recueilli ces précieux témoignages de la présence
des Carthaginois dans ces contrées. Ajoutons que, près
de cette tour, on découvrit, en continuant les travaux
de démolition, des restes d'autres tours dont les fondements, enterrés à une grande profondeur, à cause de
l'exhaussement progressif du sol, paraissaient remonter
à une antiquité fort reculée. — Nous étions à Abbeville
quand cette découverte fut faite, et l'exactitude de tous
ces détails nous a été depuis confirmée par d'autres
témoins de notre âge. Quant aux médailles puniques,
elles furent, dans le temps, envoyées à Paris, et c'est là
que fut constatée leur authenticité. Que sont—elles devenues ? Nous l'ignorons (1). »

Nous avons déjà, avec les auteurs des Mss. Siffait,
avec M. de Poilly, nommé la Commanderie. La maison
représentant ce bénéfice nous arrêtera assez longuement.

La comman-
derie de Beau-
voir.

La maison de
la Rose.

La Commanderie, dite commanderie de Beauvoir,
tenait à la porte Comtesse et ne faisait qu'un avec elle.
Elle avait pour enseigne une rose. De là le nom d'*hôtel de
la Rose*, que cette maison a longtemps porté. Ceux qui y
demeuraient étaient, en vertu des priviléges de l'ordre
de Malte, exempts de logement personnel des gens de
guerre, mais ils étaient tenus de loger ailleurs. On y

(1) M. Louandre affirme de son côté la découverte de médailles
carthaginoises « sur l'emplacement de l'ancienne porte Comtesse ».
— *Histoire d'Abbeville*, t. II, p. 14-15.

disait la messe tous les dimanches dans une petite chapelle. Cette maison précédait l'impasse appelée encore
aujourd'hui impasse de la Commanderie.

La commanderie d'Abbeville, sous l'invocation de
saint Jean—Baptiste , avait appartenu d'abord aux
Templiers. Depuis 1311, elle appartint toujours aux
chevaliers de Malte, ainsi que la commanderie de Saint-
Maulvis d'Oisemont et les autres de l'archidiaconé.

Voilà tout ce que j'avais pu apprendre de la commanderie de Beauvoir en 1849 (*Notices sur les rues
d'Abbeville*), mais depuis j'ai fait bon nombre d'heureuses découvertes. Elles feront partir, jusqu'à trouvailles nouvelles, l'histoire de la maison de la Rose,
non des temps carthaginois ni même des temps romains,
mais de la fin du treizième siècle.

Il est jugé, à l'assise d'Amiens, en 1293, que les
maire et eschevins d'Abbeville ont la justice dans la
maison de la Rose. Guillaume de Hangest lors bailly
d'Amiens contre les frères du Temple. — *Livre rouge
de l'Échevinage d'Abbeville, fol. 46, verso.*

La commanderie des Templiers est passée en 1311
à l'ordre de Malte.

L'Échevinage maintient son droit de justice dans la
maison de la Rose, mais a plusieurs fois et longuement à
lutter à cet effet. Les discussions pour ce droit paraissent
avoir commencé en 1333 (Voir plus loin l'extrait du
mémoire de 1393).

Dom Grenier nous fournit cet extrait des registres de
la ville : «Aujourd'hui xvi° jour de décembre (l'an 1392),
Jehan Herbage, nostre portier et collecteur de le cau-

chie de le porte d'Oquet, est venu par devant nou maieur et eschevins d'Abbeville dedens le maison de le Rose joignant à le porte Comtesse, et là dedens le dite maison, nous amenda che que à sire Nicoles de Franconville chevalier de Rodes, maistre de Saint-Movis, il avoit dedens le dite maison de le Rose qui est en noatre juridiction et là où nous avons toute juridiction (1). » etc.... — *Dom Grenier, paquet* xiv, *tome* 91.

Il m'a été donné d'obtenir à la vente de M. l'abbé Dairaine un mémoire, — original — de 1393, *pour les maire et eschevins d'Abbeville.* Ce mémoire qui nous donne d'abord en partie la composition de l'Échevinage de 1393 a trait à des difficultés de juridiction entre la ville et les *Religieux de l'hôpital de Saint-Jean de Jérusalem* (2). Il rappelle quelques—uns des droits municipaux et spécifie particulièrement ces droits sur l'hôtel de la Rose ; il en constate l'exercice antérieurement au litige engagé, et, comme preuves, cite un certain nombre de faits où nous pouvons retrouver quelques indices des mœurs du temps. J'ai publié ce mémoire dans la revue *la Picardie* de 1865 ; j'y reprends ce qui intéresse l'hôtel de la Rose. On verra que cette maison ou une partie de cette maison (moins la chapelle sans doute) était au xiv°

(1) Je n'ai pas vérifié cet extrait aux archives. Je retrouve cependant cette indication succincte prise autrefois à l'Hôtel-de-Ville : Acte de juridiction en 1392 dans l'hostel de la Rose par les maire et eschevins. — *Livre rouge,* fol. 133, verso.

(2) La maison même qui nous occupe porta successivement les noms de *Maison du Temple,* d'*Hôpital de Saint-Jean de Jérusalem* et de *Commanderie.* — M. Louandre. — Concurremment, ajouterons-nous, avec le nom d'hôtel de la Rose, au moins depuis la fin du xiii° siècle.

siècle une taverne où on se battait parfois. Ce n'est pas
dans cette partie sans doute que les chevaliers avaient la
prétention de faire tenir leurs plaids.

. . . .

Item, par dedans le houstel de la Rose, en la vaute
ou celier et es soliers de lad. maison, appartenant ausdits religieux (de Saint-Jean de Jérusalem) lesdits maire
et eschevins y ont usé et ensaisiné sont d'avoir toute justice et seigneurie haulte, moyenne et basse, et prendre
tous malfauteurs qui y ont meffait l'un à l'autre, et dudit
lieu les amener prisonniers en leurs prisons de leur
eschevinage ; en ont prins et levé les amendes en cas
criminel et civil.

Item, ont lesdits maire et eschevins de ce usé, joy
(joui) et possédé, et de ce sont ensaisiné, de y prendre
mesures à grain, mesures à vin, les condempner se elles
sont malvaises (si ces mesures sont mauvaises), et, se
bonnes ont esté, les delivrer et..... (1) de tous cas de
justice qui y sont escheus et qui plusieurs fois y sont
advenu.

Item, et mesmement que ceulx qui ont demouré oudit lieu ont esté reffusans ou contredisaus à paier les vi
deniers p. la bouque ou pour la cauche dud. cellier
estant oud. frocq, lesdits maire et eschevins, ou leurs
fermiers, de ce par eulx et leurs sergens les ont justicié
ou fait justicier, et prins gaiges en lad. maison, et yceulx
détenus, tant que paié l'aiet (tant qu'ils aient payé).

Item, et pour ce n'est doubte que toute la justice et

_____

(1) Je ne suis pas bien sûr de lire le mot que je supprime.

seigneurie dud. lieu, et où lad. cauche siet, soit en celiers ou soliers, en bas ou en hault, appartient ausdits maire et eschevins seuls, et pour le tout ; et n'y ont lesdits religieux, quant à ce, rien que veoir, car lesdits religieux à cause de ladite maison et tous ceulx qui y demeurent sont justiciables à la loy et juridiction de lad. ville.

Item, et que ce soit vérité, passé a LX (soixante) ans ou autre temps, pour aucuns exploits de justice faits oud. lieu par le viconte d'Abbeville et conte de Pontieu et par lesd. maire et eschevins ou leurs sergens, lesdits religieux s'en complaindrent en cas de nouvelleté sur saisine (1) ; et fut la cause au Parlement du roy mise et tant sur ce parlé [?] que, par arrest ou jugement de la court, la justice ou seigneurie dudit lieu fut adjugé au conte de Pontieu, et maire et eschevins, comme par ledit arrest appert et pourra apparoir en temps et en lieu.

Item, que depuis ledit arrest, lesdits maire et esche-vins et ledit visconte, continuelement d'an en an, ou à moins, plusieurs foys y ont usé de justice et seigneurie, prins mesures, prins gens combatens en la taverne qui se faisoit oudit lieu et les mené oudit eschevinage et de ce emporté les proffits et amandes, toutefois sy escheus y sont (estoient).

Item, que lesdits maire et eschevins par eulx et leurs

---

(1) Le sens est : item, quoíqu'il soit vrai que les religieux se soient plaints, il y a soixante ans, d'aucuns exploits, etc. Cela reporte, comme nous l'avons dit, à 1333 les premiers rapports connus de l'Échevinage et de l'hôtel de la Rose.

sergens, en plusieurs fois et en plusieurs années, y ont
prins ou fait prendre larrons, joueurs aux dés, les mené
en leur eschevinage, prins leurs biens, délivrés par
leurs mains aux officiers du roy, quant les cas y ont
appartenu, y ceulx puni, délivré ou rendu à l'église
quant le cas y est escheu.

Item que plus est, japieca Philippe de Queux, lors
bailli desdits religieux de l'ospital, s'efforça de y tenir
plais (plaids), lequel fut prins par les maire et eschevins d'Abbeville et mené prisonnier en leur escheyi-
nage, lequel le amanda ausdits maire et eschevins.

Item sy (ainsi), les exploits dessusdits et autres
étranges, et aussy de semblable condition, ont esté faits
par lesdits maire et eschevins et leurs gens, est assavoir
sur Henequin Cliquart, qui fu prins en lad. maison
pour ce que jouoit aux dez et se vouloit combattre.

Item et pareillement, Colin David, dit à le tasse (1),
et un autre Berton son compaignon, pour aucunes
souspections de larrecin dont suspectionnés estoient,
furent par lesdits maire et eschevins, prins en lad.
maison et amenés à l'eschevinage, leurs chevaux, es-
pées et autres prins et baillé au receveur de Pontieu,
et les corps, pour ce que ils estoient clercs, délivrés
à l'église, ces choses advenues depuis xx ans par
avant......

Item, plusieurs fois ceulx qui ont demouré et tenu lad.
maison à cens et à louage desdits religieux y ont été
prins pour aucuns délits par eux faits, et, par lesdits

(1) Á le tasse, à la tasse, forme fréquente des vieux noms bourgeois, Aux cousteaux, Au costé, etc.

maire et eschevins, menés en l'eschevinage et détenus prisonniers, et yceulx délivrés ou pugnis.

Item, ont esté lesdits exploits et autres semblablement faits en la veue et sceue de ceulx qui ont demouré sur ledit lieu, et autres qui l'ont voulu veoir et savoir, notoirement et magnifestement à la veue de toutes gens, et ce ont sceu et peu savoir lesdits religieux ou leur..... de Beauvoir, ne de ce ne se puet excuser de ygnorance, car les exploits sont tous notoires en la ville d'Abbeville et ailleurs.

Item, en continuent le fait et exercice de juridiction oudit lieu et maison de lad. Rose ; il est vray que lesdits maire et eschevins, quelque temps a, envoyèrent Fremin Veron leur procureur, Jehan de Laire et Clément Hagombart leurs sergens, à la requeste de Jehan Hardy, lors viconte fermier du roy nostre sire de la viconté d'Abbeville, avecques eulx ledit viconte, en lad. maison et houstel de la Rose, en laquelle demouroit et encores demeure à présent Jehan Hemont, tavernier, qui oudit lieu taverne et houstelle, comme marchant et tavernier publique, pour voir se ses mesures estoient tele que de juste gauge (jauge) et se elles estoient férées et marquées de la marque et gauge de lad. ville.

Je vois maintenant la maison de la Rose « près de la porte Comtesse » aux religieux hospitaliers de saint Jean déclarée estre de la seigneurie des maire et eschevins. — *Livre rouge de l'Échevinage*, fol. 58 vers.

Je trouve encore « attestation donnée ou certificat comme la maison de la Rose et de Jean Gaude appartenantes aux chevaliers de saint Jean de Hierusalem et les particuliers qui demeurent en icelles dittes maisons sont sujets à la loi des maire et eschevins. — *Livre rouge, fol. 234 verso et 235 recto.*

M. de Beauvillé , — *Recueil de documents inédits concernant la Picardie*, deuxième partie, p. 143, — ne mentionne pas l'hôtel de la Rose, mais nomme au 28 décembre 1437, le commandeur de Beauvoir qui était Jehan Defay. A cette date le commandeur reconnaît avoir reçu de Jehan le Doubz, receveur de Ponthieu, les vingt livres parjsis et les quatre muids de blé qui lui étaient dus « par le roy nostre sire et monseigneur le duc de Bourgongne au chapittre des aumosnes à Abbeville » tous les ans à la Toussaint.

Ce serait une histoire à fairé que celle de la commanderie de Beauvoir. Je place ici (en attendant les renseignements plus complets qui me permettront de l'écrire) des résumés ou extraits dont le casement provisoire ne saurait être mieux fait qu'aux environs de la maison de la Rose.

Je lis dans une saisine du 5 mars 1657, prise des officiers de la commanderie de Beauvoir pour quatre journaux de terre à Domleger par Jean Lefebure et Marie Buteux, conjoints, et par Pierre Garbados : « A tous ceux qui ces présentes lettres verront Antoine de Boulongne, notaire royal et procureur en la sénéchaussée et siége présidial de Ponthieu, bailly de la commanderie de Beauvoir-lès-Ponthieu, salut. Savoir faisons, » etc. (Pièce en parchemin.)

Plus tard je lis : « Je soubsigné receveur de la commanderie de Beauvoir confesse avoir receu de Marie

Buteux vefve de Jean Lefebure pour et au lieu de mondit Lefebure, de Pierre Garbados, la somme de quarante-cinq sols quatre deniers pour arréraiges de censives jusques au jour de St Remy prochain à cause de quatre journaux de terre scitués au terroir de Donleger, ce quinziesme juillet 1663. Signé : A. de Mons.

Autre reçu analogue à la même Marie Buteux pour arréraiges de censives à cause de six autres journaux de terre au même terroir. Faict à Abbeville ce quinziesme juillet 1663. Signé : A. de Mons (pièces en papier).

J'abrége la pièce suivante :

L'an 1698 le lundi 10 février, en vertu de sentence donnée de messieurs les présidents trésoriers de France à Amiens en date du 8 janvier dernier signée Boullet et scellée,... obtenue à la requeste de messire Jean-Baptiste d'Aligre, chevalier de l'ordre de saint Jean de Jérusalem, commandeur de Beauvoir—lès-Abbeville, M⁰ François Lambert, docteur de Sorbonne, titulaire de la chapelle du Crottoy, M⁰ Charles de Pont, prêtre curé de N. D. du Chastel, titulaire de la chapelle du Translé, M⁰ Jean du Bourguier sieur de Rouvroy, advocat du roy au présidial d'Abbeville, dame Caterine de Buissy vefve de M⁰ François Gaignerel, conseiller du roy, assesseur aud. présidial d'Abbeville, Philippe Gaillard, sieur de Roquelieu et Pierre Dupuis fermier de la maladrerie du Val appartenant à l'hôtel-Dieu d'Abbeville qui ont fait élection de domicile en la maison de M⁰ François Demont sieur de Thuison demeurant en ladite commanderie de Beauvoir scise aud. Abbeville près la porte Comtesse paroisse St-André, je Jean Josse, sergent royal aux traites foraines de lad. ville d'Abbeville... certifie m'estre transporté avec mes témoins cy-après nommés au devant de la maison et domicile d'honorable homme Blaise Duval bourgeois et marchand demeurant aud. Abbeville rue du Moulin du Roy receveur du domaine de Ponthieu, etc..». Il s'agissait d'exiger du sieur Duval l'acquittement de certaines redevances en bled que « les dits sieurs et dame susnommés avaient droit de prendre et recevoir sur le domaine du Ponthieu suivant et conformément aux estats arrestés au conseil de Sa Majesté etc. » La suite de l'affaire importe peu à l'histoire de l'hôtel de la Rose qui n'est choisie comme domicile commun par les réclamants que parce que l'un d'eux est lui-même le commandeur de Beauvoir.

« 14 octobre (1767). La commanderie de Beauvoir-lès-Abbeville se trouve vacante : hier est mort à Paris celui qui en était titulaire, M. Foucault de Saint-Germain-Beaupré, grand-croix de l'ordre de Malte, et jadis ministre de la religion aux Pays-Bas. Il était âgé de 88 ans. » — *Souvenirs d'un chevau-léger de la garde du roi par Louis-René de Belleval, etc.* — *Paris, Aubry,* 1866.

Collenot nous raconte la fin de la maison de la Rose qu'il confond trop complétement avec la porte Comtesse: « En l'an quatre, dit-il, la commanderie de Beauvoir, dite porte Comtesse ou fausse porte, faisant l'entrée de la chaussée du Bois et servant de limites aux paroisses de St-Georges et du Sépulcre, fut acquise de la nation par le C. Vion qui fit démolir la Fausse porte et la commanderie où on a bâti trois maisons ; ce qui rend ce quartier plus commode. Auparavant les étrangers prenaient la partie au delà pour une seconde ville. » — *Notes de Collenot à la fin d'un exemplaire de l'Histoire des mayeurs du P. Ignace.*

Quelques derniers mots avant de prendre congé de ces souvenirs du Temple, de Rhodes et de Malte.

Les Templiers avaient possédé trois maisons à Abbeville. La première était la Commanderie de la porte Comtesse; la seconde l'hôtel de la Fleur de Lys; la troisième, hors de la ville, celle qui devint depuis la chartreuse de Thuyson. Ces trois maisons n'étaient que des dépendances les unes des autres; la première était destinée à la perception de leurs revenus; c'était un bureau de finances; la seconde n'était qu'un garde-meubles, un dépôt des linges et habits, une buanderie, une blanchisserie; la troisième était la véritable demeure, le couvent.

L'impasse de la Commanderie.

Le cul-de-sac que nous voyons à notre gauche, où finissait la fausse porte, conserve encore le nom d'impasse de la Commanderie.

Ce cul-de-sac, disent les notes de M. Traullé, que nous citons sans commentaires, représente encore aujourd'hui une rue qui suivait la rivière de Taillesac et traversait le jardin de l'Hôtel de ville.

Le passage même de la rivière de Taillesac (ou du fossé de la ville, au temps où la fausse porte, porte véritable, servait de défense à la seconde enceinte) était encore, il y a vingt ans, marqué par une dépression du sol très-dangereuse pour les chevaux et pour les voitures. Vers la fin de 1851, l'administration des ponts-et-chaussées fit ex-

hausser notablement le pavage au-dessus de l'égoùt reconstruit lui-même.

La place du Pilori, qui de l'impasse de la Comman- La place du
derie et de l'embouchure de la rue des Minimes s'évase Pilori.
en montant vers la chaussée du Bois et l'entrée de la
place Saint -Pierre, tire son nom du pilori où l'on expo-
sait et marquait les criminels. Elle s'est appelée aussi
place du Marquis, on ignore à quel titre (1).

Le cueilloir de Saint–Georges nomme la rue *du Marquis* (2) ou *du Moulin Farois.* Cette rue coupait celle qui
conduisait au *haut degré.* Il y avait dans la rue du
moulin Farois une maison appelée *la Porte de Jouvence ;*
et cette maison tenait par derrière à une autre appartenant à M. Charlet.

Le pilori fut construit en 1332, par un sénéchal anglais, malgré les habitants qui le détruisirent en 1352,
et le remplacèrent par un Christ.

La croix qui élevait ce Christ fut remplacée en 1770.
En cette année, nous disent les Mss. de M. Siffait, « les
habitants de la rue du Pilori, voyant qu'elle tombait en
ruines, obtinrent du maître des eaux et forêts un arbre
pour en faire une nouvelle, et, comme le Christ était en-

---

(1) Ainsi écrivai-je en 1849. Je me suis cru depuis sur le chemin
de l'explication. Le marquis de Saint-Blimont avait une maison bien
près de la place, sinon sur la place même. Cette maison est mentionnée à propos d'autres dans le Cueilloir du Saint-Sépulcre de
1751-1752 ; ainsi, — article 14 de ce Cueilloir, — une maison sur le
froc de la chaussée du Bois et tenant d'un bout à M. le marquis de
Saint-Blimont ; ainsi encore, — article 15, — une autre maison de
la chaussée du Bois et qui tient, d'un bout aussi, à M. le marquis de
Saint-Blimont.

(2) Voir la note ci-dessus.

core bon, on le repeignit à neuf. » La nouvelle croix fut replantée le dimanche 23 septembre et portée par quatre jeunes hommes « avec la procession, tous chantant le *Vexilla regis.* »

On établit sur la place du Pilori une halle aux merciers, qui fut brûlée en 1538. Depuis la place est restée vide (1). Le Christ de 1770 n'était donc pas au milieu de cette place.

Vers la fin du seizième siècle, les œufs, le beurre, le fromage « et aultres sortes de campenaige venans des portes Saint—Gilles, du Bois et Marcadé » étaient vendus « au Pillory ». Ordonnance du mois de septembre 1585, *registres de la ville, année* 1585-1586.

La place du Pilori semble avoir toujours été, comme le bas de la rue Saint-Gilles (2); le centre préféré des meilleures hôtelleries. Sur cette place était situé l'hôtel *des quatre fils Aymon*, mentionné en 1435. L'hôtel du *Lion noir*, que nous y voyons (3) encore, portait déjà ce nom en 1486; et l'auberge du *Bois de Vincennes*, démolie il y a quelques années (4), étalait bien évidemment sur sa façade de charpente un irrécusable cer-

(1) Cette halle, qui contenait cinquante-quatre étaux, ne servait probablement pas exclusivement aux merciers. « Les quincailliers, bonnetiers, merciers, cordonniers, fripiers, et savetiers forains, étalaient les jours de marché sur la place du Pilori. — *Hist. d'Abb.* » Il est vrai que les merciers étaient bien quelquefois un peu tout cela. Les mégissiers et braïoliers y étalaient aussi.

(2) Écrit en 1849. Il n'y a plus aujourd'hui dans la rue Saint-Gilles que l'hôtel de la Tête de Bœuf.

(3) Écrit en 1849. L'hôtel du Lion noir n'existe plus. La maison qui portait ce nom est occupée aujourd'hui par les magasins de commerce de M. Flouest et porte le n° 14.

(4) Écrit en 1849.

tificat d'antiquité. — Un peu plus loin encore, à l'entrée de la chaussée du Bois, l'hôtel du Miroir, où demeure actuellement M. Desprez (n° 47), tirait son nom de la famille qui l'habitait et à laquelle appartenait le célèbre organiste Miroir, qui peut-être avait reçu le jour dans cette maison.

Le cueilloir de Saint-Georges nomme sur le Pilori les maisons *du Bois de Vincennes* et de l'*Ave Maria* (1), qui était celle de Mme Aliamet (n° 9).

Les publications officielles étaient faites sur la place du Pilori, ainsi qu'on le voit par celle du 18 juin 1773, à propos de la paix d'Utrecht (2).

---

(1) La maison du *Bois de Vincennes* n'était séparée de celle de l'*Ave Maria* que par une maison. Derrière cette dernière maison (du côté de la place Saint-Pierre sans doute) était celle du *Chevalet*. — Comptes de Saint-Georges, 1685-1687.

Les mêmes Comptes nomment une maison de l'*Eschiquier* « derrière le Pilory, tenant d'un côté à la ruelle des Halles aux Merciers, de l'autre à la maison de l'*Ave Maria* ».

(2) Ces publications avaient lieu en quatre endroits : au Pilori, pour le quartier du Bois, à l'Écu de Brabant, pour le quartier Saint-Gilles, à la Placette, pour le quartier d'Hocquet, au pont du Scardon, pour le quartier Marcadé. Il paraît du reste que ces places n'étaient pas les seules consacrées à cet usage ; les Mss. de M. Siffait nous l'attestent à l'occasion même de cette paix d'Utrecht. « La publication de la paix, disent-ils, se fit le dimanche 18 juin, qui était le dimanche de l'Octave de la fête du Très-Saint Sacrement. MM. les mayeur et échevins sortirent de l'Hôtel-de-Ville sur les quatre heures de relevée, au son des cloches du beffroi et au bruit du canon des remparts. Voici quel était l'ordre de la marche : les deux compagnies de cinquanteniers à pied, les archers, les gardes de Mgr le duc d'Elbœuf, les massiers des sergents de ville précédant M. le Mayeur et M. le Commandant; puis MM. les Echevins et officiers de ville suivis des sergents de ville. Parmi ces derniers, ceux qui portent une hallebarde fermaient la marche. On alla d'abord par le Pont-aux-Poirées jusqu'à la place qui est entre la rue Sainte-Cathe-

L'impasse de
la Halle-aux-
Merciers. L'impasse de la Halle-aux-Merciers, qui s'ouvre sur la place du Pilori, à peu près à égale distance de l'impasse de la Commanderie et de l'entrée de la place Saint-Pierre, tire son nom de la halle qui se tenait autrefois sur la place même, et à laquelle probablement elle suppléa après l'incendie de 1538. C'était alors une rue qui sortait sur la place des Carmes.

Le musée de
M. de Lamotte. Dans l'impasse actuelle est l'entrée du riche musée d'*Histoire naturelle* de M. de Lamotte. La ville est entrée en possession de ce musée vers 1863 en vertu de

rine, la rue des Wets et la rue des Rapporteurs; là on s'arrêta, et, après plusieurs fanfares de tambours et de trompettes, on lut à haute et intelligible voix la proclamation. Pendant ce temps, un sieur Guillaume Dumont, bedeau de Sainte-Catherine, étant monté au haut du clocher de l'église et s'étant assis sur les bras de la croix, éleva d'une main une bouteille en l'air et de l'autre un verre et but plusieurs fois à la santé du roi. — On a remarqué, ajoutent les Mss., que c'est la plus haute santé qui ait jamais été portée dans Abbeville en l'honneur de Sa Majesté. — L'enthousiaste bedeau, après avoir bu, fit voler sur la place sa bouteille et son verre.

On se remit alors en marche par la rue des Rapporteurs et la rue Médarde, et l'on s'arrêta au coin de la chaussée Marcadé où la publication fut lue de nouveau; puis au pont aux Cardons où la même cérémonie recommença : de là on alla par la rue des Capucins à la place Saint-Pierre où une nouvelle station fut suivie d'une nouvelle lecture; quelques pas plus loin, le Pilori entendit de droit la proclamation qui lui était due; du Pilori on se rendit, par la rue des Minimes, à la rue Saint-Gilles où l'Écu de Brabant fut légitimement gratifié de ladite proclamation; de là au Grand Marché où le crieur ne fut pas plus épargné; de là au Petit Marché où la même publication fut octroyée à la foule; de là au Pont-Neuf où la libéralité ne fut pas moindre; de là par la rue des Meules, à la Placette qui, à son tour, réclama le privilége qui lui appartenait; de là enfin, par les rues des Sœurs-Grises et de l'Hôtel-Dieu, à l'église de Saint-Vulfran où le *Te Deum* fut chanté. Un bûcher fut ensuite allumé sur le Marché en signe de réjouissance, et les canons furent tirés sur les remparts. » — On peut voir par cet extrait raccourci l'importance qui s'attachait alors à ces sortes de solennités.

la donation de M. Duchesne de Lamotte, donation lais--
sée à la discrétion de ses enfants, M. Paul Duchesne de
Lamotte et madame Calluaud, et ratifiée par eux.
M. Félix Marcotte est le conservateur zélé de ce musée.

A bien dire, la place du Pilori n'existe plus aujour-
d'hui ; elle se confond avec la chaussée du Bois, ainsi
qu'on peut le voir par les plaques indicatives des rues et
les numéros des maisons.

CHAPITRE XXIII

La chaussée du Bois.

La chaussée du Bois est ainsi nommée du bois d'Abbeville qui la couvrait anciennement, ainsi que toute la campagne environnante, jusqu'à la montagne des Moulins, du côté dé Saint—Riquier. Il y a à peu près trente ans (1), un tronc d'arbre énorme a été retrouvé sous la chaussée du Bois, dans l'angle rond formé par le Pilori et la place Saint—Pierre. Nous donnerons un peu plus loin les renseignements que nous avons pu recueillir sur ce bois.

Je me trouve encore rappelé, en abordant la chaussée du Bois, à la rue du Marquis. J'ai cherché autrefois cette

(1) Écrit en 1849.

rue dans la rue du Fossé ; je l'ai cherchée dans la rue Charlet. Peut-être fallait-il encore la chercher ailleurs ? Je n'ose me prononcer. J'ai parlé de la rue du Marquis en contournant la place du Pilori ; j'en dois maintenant parler plus loin. Je vois dans les *Comptes* de Saint-Georges de 1685-1687 qu'en cette rue du Marquis était une maison dite du *moulin Farouet* (nous avons lu déjà le *moulin Farois*) et que près de cette maison une petite rue conduisait à la tour du *Haut degré*, tandis que l'autre côté était « la porte de la *Fontaine de Jouvence* ». La fontaine de Jouvence étant dans la chaussée du Bois, — *note de M. Louandre*, — il ne doit être question dans les comptes de Saint-Georges, que d'une porte de derrière de cette maison, mais *la petite rue conduisant à la tour du haut degré* fait supposer que la rue du Marquis montait elle-même assez haut derrière la chaussée du Bois.

En remontant plus haut que ces indications de la fin du dix-septième siècle, on rencontre, parmi les vieilles maisons de la chaussée du Bois, « le ténement du Dieu d'Amour ». — *Note de M. Louandre.*

Nommons quelques-unes des maisons moins anciennes peut-être de la chaussée, à l'aide des cueilloirs de Saint-Georges, du Saint-Sépulcre, de Saint-Jacques, d'un registre aux saisines de Saint-Gilles, des comptes de Notre-Dame de la Chapelle, etc.

Nous avons déjà mentionné dans le chapitre qui précède l'hôtel du Lion noir. Cet hôtel va nous servir maintenant de point de départ.

La maison de *la Poule Grise* (achetée par Jean Poultier), chaussée du Bois, tenait d'un côté à la maison du Noir Lion. — Saisine du 8 janvier 1718. — *Registre aux saisines de l'église de Saint-Gilles*, 1692-1720.

La maison appelée *le Corbillon* tenait « d'un côté et d'un bout au Lion noir, de l'autre côté à monsr Quevauviller et par devant au froc de la chaussée du Bois ». — Cette maison figure dans le premier article de l'*Estat des censives ou surcens deubs par chacun an à l'église et fabrique de Saint-Sépulcre : article premier des comptes de recepte du roy nostre sire, à cause de son comté de Ponthieu, à cause d'une maison séante chaussée du Bois appelée le Corbillon*, etc. — *Cueilloir du Sépulcre*, 1751.

Un peu delà était la maison du *Noir Mouton* : « Maison à Abbeville chaussée du Bois, portant pour enseigne le *Noir Mouton* tenant d'un côté à la veuve Nicolas Fleutes, d'un autre à Adrien Le Roy, par derrière aux religieuses Ursulines dudit Abbeville et par devant à la chaussée. Dernier juin 1644. Castelet notaire à Amiens. — *Renseignement de M. A. Dubois, chef de bureau à la mairie d'Amiens*. Je trouve de mon côté dans le cueilloir du Saint-Sépulcre : « Article quatre : Monsieur Plantare, marchand, au lieu du sieur Nicolas Grevin de Prevel (1) par acquisition de la maison du *Noir Mouton* où pend pour enseigne le *Noir Mouton*, tenant d'un costé au sieur Pierre-Hiacinthe Le Vasseur, au lieu de la veuve Deslienne (2), de l'autre costé au sieur Adrien Hiver, teinturier, d'un bout au mur des Ursulines et

(1) Ou de Preval.
(2) Ou Desrenne.

d'autre au frocque de la chaussée du Bois, pour quoi est du par an douze livres au jour de la St Jean-Baptiste. . . . . 12 »
— *Cueilloir de Saint-Sépulcre*, 1751-1752.

De l'autre côté de la chaussée étaient les maisons des *Quatre fils Aymon* et du *Miroir* que nous avons nommées dans le chapitre qui précède.

Le cueilloir de Saint-Georges mentionne dans la chaussée du Bois l'hôtel du marquis de Saint-Blitmont et la maison *des quatre fils Aimont* (1), tenant d'un côté à l'hôtellerie *du Miroir* et par derrière aux Ursulines.

Les comptes de Saint-Georges de 1685-1687 nous apprennent que la maison des *Quatre fils Aymon* était située entre le ténement du *Grifon* et celui du *Verd Chesne*.

Aux environs était le ténement « où pend pour enseigne la *Nef d'argent* ». — *Mêmes comptes.*

La maison du *Miroir* était, nous l'avons dit, la maison occupée aujourd'hui par M. Desprez, n° 47.

Si nous repassons maintenant du côté droit de

(1) Je lis pour cette maison dans un acte de 1704 ou quelque peu postérieur à 1704 : Par devant les notaires etc... est comparu M° Hugues du Val, l'un desd. notaires, au nom et comme ayant pouvoir de Marie Froissart, veuve d'Antoine Buteux, lequel, en exécution de la sentence d'ordre du prix de la maison des quatre fils Edmond (*sic*, les vieux poèmes de chevalerie étaient ils donc si oubliés alors ?) sentence intervenue en la sénéchaussée de Ponthieu le 23 aoust 1704, a reçu de dame Élisabeth Crestienne Le Tonnelier de Breteuil, veuve de M'° André, marquis de Saint-Blimond, acquéreur de la dite maison, la somme de ...... etc. » *Les quatre fils Edmond*, avons-nous lu. Je dois dire que je trouve plus loin dans le même acte les quatre fils *Aymont*. Ce n'est pas encore tout à fait *Aymon*, mais cela vaut déjà mieux.

la chaussée, nous trouverons la grande maison qui fut *l'hôtel de l'Europe* dans la première moitié de ce siècle et qui est devenue le pensionnat d'éducation des Dames de Saint-Joseph.

L'hôtel de l'Europe, le mieux monté de la ville pendant longtemps, a reçu plusieurs fois de grands personnages ; nous n'en citerons que deux.

Le 13 avril de l'année 1817, sur les neuf heures du soir, le duc d'Orléans, qui devait être un jour Louis-Philippe, la duchesse, leurs enfants, rappelés d'exil, entrèrent à Abbeville sous l'escorte des cuirassiers et des hussards de la garnison.

Dès l'après-midi, un grand nombre d'habitants s'étaient portés sur la grand'route de Montreuil. La garde nationale, les détachements de cuirassiers et de hussards, en tête desquels on remarquait le prince de Croï-Solre, et des officiers, attendaient le duc hors de la porte Marcadé. Le prince fut conduit au milieu des acclamations à l'hôtel de l'Europe, et les officiers des différentes armes de l'armée et de la garde nationale lui furent présentés. Le lendemain, sur les dix heures du matin, le prince accompagné du prince de Croï-Solre et des officiers de la garnison, passa à cheval la revue de la garde nationale, des cuirassiers et des hussards. Il complimenta la garde nationale et les troupes sur leur bonne tenue et la précision de leurs évolutions. Reconduit à son hôtel, il y reçut les diverses autorités, déjeûna, remonta à cheval, traversa la ville au pas et ne se décida qu'au bout du faubourg Saint-Gilles, à entrer dans l'une des voitures qui le suivaient. — Des drapeaux blancs flottaient aux fenêtres sur son passage, et le canon annonça son départ.

Le 16 octobre de la même année 1817, sur les trois ou quatre heures de l'après-midi, le duc d'Angoulême, grand amiral de France, héritier présomptif de la couronne royale, alors en tournée sur les côtes de la Manche, entrait aussi dans Abbeville. Il descendit à l'hôtel de l'Europe ; mais, par un hasard qui le fit arriver trop tôt, et que l'on eût pu considérer comme un fâcheux pronostic, il n'avait reçu aucun honneur, ni sur la route, ni à la porte, ni même dans la ville. Il est vrai que le bruit de son arrivée fut à peine répandu, que toutes les autorités s'empressèrent d'aller lui présenter leurs devoirs. Le duc d'Angoulême parcourut la ville à cheval et au pas, comme le duc d'Orléans, passa des revues, entendit des messes, visita les hôpitaux et les manufactures, et ne remonta en voiture, suivi par le bruit du canon, qu'au dehors des murs.

L'*hôtel de l'Europe* demeura hôtellerie jusqu'en 1859. Vendu en 1860, il reçut en 1861 les Dames religieuses de Saint-Joseph qui s'occupent de l'éducation des enfants.

Un peu après l'hôtel de l'Europe nous trouvons l'ancien couvent des Ursulines (n° 60), qui devint, en 1806, le dépôt des étalons de l'État, et qui maintenant est la maison diocésaine d'éducation dite de Saint-Stanislas.

Nous reviendrons sur ce beau terrain des Ursulines qui a une longue histoire, mais continuons notre revue des enseignes jusque vers la porte de la ville.

De quel côté de la chaussée était située la maison de

la *Corne de bœuf* nommée en 1699 dans les comptes de Notre-Dame de la Chapelle ? Rien dans ces comptes ne nous l'indique, rien dans le dernier cueilloir de Saint-Jacques (1791) où elle reparaît au chapitre : *Paroisse de cy-devant la Chapelle, article 110.* De quel côté aussi était la maison de l'*Écharpe blanche ?* Nous ne pouvons tirer que ce nom sans plus du cueilloir du Saint-Sépulcre de 1751, mais nous savons qu'à notre droite, en avançant toujours vers la sortie de la ville, se trouvaient la maison où pendait pour enseigne le *Petit saint Martin* « et une autre [y] incorporée appelée l'*Escus d'azur*, tenant etc.... et d'un bout au mur des Ursulines, enfin sur le froc à la chaussée du Bois. » — *Cueilloir du Saint-Sépulcre de* 1751 (1). — Il est probable que l'*Escus d'azur* précédait le *Petit saint Martin.*

De l'autre côté de la chaussée était une maison désignée ainsi dans le même cueilloir du Saint-Sépulcre : « Maison, ténement, cour, jardin, séant dans la chaussée du Bois où est pour enseigne l'*Image Saint-Louis* avec la maison sur le derrière acostant à la rue Charlet. » Cette maison avait déjà été vendue sous ce nom le 15 mars 1700 par devant M⁰ Philippe Lefebure notaire.

Enfin je trouve dans la chronique de Dom Cotron, à l'année 1448, la maison du *Porc-Sanglier* dans la chaussée du Bois près le prieuré du Saint-Esprit, c'est-à-dire encore évidemment du côté gauche de la chaussée : *Primo die februarii Hugo d'Artiel miles*

----

(1) Ce cueilloir des censives et surcens dus à la paroisse du Saint-Sépulcre d'Abbeville, années 1751-1752, appartient à M. O. Macqueron.

*et domicella Joanna Houselle ejus uxor vendiderunt
domino Hugoni abbati et conventui sancti Richarii
domum, ædificia, hortum, arvum, horreum, stabula,
etc. vulgo nuncupatum* le porc sanglier *in maiori
vico cornata (seu colorata (1)) portæ* du bos *(id
est nemoris sancti Richarii (2)) prioratus sancti Richarii adjacentem, mediantibus centum sexaginta libris sibi
persolutis.*

Maison, dépendances, jardin, terre à labour, grange,
étables, on voit quelle était l'importance de la maison
du *Porc-Sanglier.*

Beaucoup de vieilles maisons assez curieuses ont été
démolies dans la chaussée du Bois depuis 1830. M. O.
Macqueron en conserve le souvenir en plusieurs dessins.

Pour en finir avec la chaussée elle-même, rappelons qu'on la pavait en 1397, — M. Louandre, *Hist.
d'Abbeville*, t. II, p. 219, — et que les trottoirs y furent
établis en 1857 ou aux environs de 1857. Ainsi, au
train ordinaire des choses, il faut quatre cent quarante
ans pour que les chaussées se perfectionnent.

(1) Je ne puis lire autrement dans la copie que j'ai sous les yeux,
mais j'ai peine à accepter ces mots *cornata* ou *colorata.* Je ne m'arrête
pas trop au féminin appliqué à *vico*, on rencontre souvent de plus
étrange latin au quinzième siècle et on peut supposer l'écrivain
préoccupé, lors de sa rédaction, du mot français *rue*, mais *colorata*
ne peut avoir de sens ; *cornata*, corné, peut être admis à la rigueur
comme synonime de nommé. Dom Cotron n'aurait-il pas cependant écrit *nominata* ou *nominato ?*

(2) Le religieux de Saint-Riquier se trompe ici dans la préoccupa-
tion de son abbaye, de l'importance de son abbaye, des propriétés de
son abbaye. La grande rue tirait son nom du bois d'Abbeville même,
verdoyant à peu de distance des murs, du bois des jeux, des fêtes,
des ménestrels, des lapins que les bourgeois chassaient à l'arbalète.

Un grand honneur de la partie de la ville où nous sommes a été le couvent laissé derrière nous il y a un instant.

Le couvent des Ursulines. Le couvent des RR. mères ursulines d'Abbeville, dit le P. Ignace, fut le second de cet ordre établi en France ; et, à ce propos, le bon père raconte que, causant un jour avec Mgr François Lefebvre de Caumartin, évêque d'Amiens, le prélat renchérit encore sur l'éloge de ce couvent. « Il est vrai, dit-il, qu'il est le second en institution, mais je l'estime le premier en perfection. »

Les révérendes mères ursulines, nous dit Sangnier d'Abrancourt d'après Waignart (1), furent reçues à Abbeville le 14 août 1614, par les soins de M. Oisnel.

Les bâtiments des Ursulines sont plus modernes que la communauté qui les habitait. La communauté des mères Ursulines avait été fondée par « plusieurs très-vertueuses dames qui vivoient fort religieusement en habit séculier, dit le P. Ignace, et enseignoient les petites filles pour l'amour de Dieu, en la rue de Saint-André.» Ces dames ayant été autorisées, par lettres patentes du roi Louis XIII, à fonder une maison d'Ursulines, elles entrèrent le 6 d'août 1613, date que le P. Ignace donne à leur fondation, en possession de l'hôtel de Gamaches, sur la place Saint-Pierre, et appelèrent de Paris deux religieuses de leur ordre, pour leur enseigner la règle de Saint-Augustin. Les Ursulines restèrent toujours

(1) Tome III, p. 1003 verso, colonne 2. C'est d'après Waignart aussi que le P. Ignace a exposé l'établissement des Ursulines d'Abbeville.

fidèles à leurs constitutions qui les obligent à élever les enfants. « C'est une merveille, dit le P. Ignace, de voir le progrez qu'ont fait ces religieuses en si peu de temps... car, après fort peu d'années qu'elles ont esté establies à Abbeville, on a remarqué un notable avancement à la dévotion dans toutes les meilleures familles de la ville. » Les Ursulines demeurèrent environ vingt-huit ans dans l'hôtel de Gamaches. Le 10 octobre 1642, elles entrèrent dans leur nouveau couvent de la chaussée du Bois, « qui est, dit le P. Ignace, l'un des plus beaux, des plus réguliers et des mieux bastis qui soient en tout l'ordre des Ursulines. Et ce qui est remarquable, c'est qu'une religieuse de cette maison en a dressé le dessin et a conduit toute l'architecture qui est admirée des plus experts architectes, de voir qu'une fille, entrée jeune en religion, ayt eu tant d'adresse et d'esprit, pour conduire en sa perfection un si fameux bastiment. »

En 1658, le roi, se rendant à son armée en Flandre avec sa mère, Monsieur et Mazarin, s'arrêta à Abbeville. La reine visita, entre autres lieux de religion, le couvent des Ursulines et, après l'avoir examiné, déclara que les religieuses de cette maison étaient aussi bien logées qu'elle. — *Mss. Siffait.*

Le couvent des Ursulines d'Abbeville a compté jusqu'à soixante religieuses.

Ces pauvres dames s'occupaient pour leur malheur un peu trop de pâtisserie. Le samedi 29 août 1739, elles firent cuire au fournil de leur maison quantité d'appétissantes friandises pour fêter le lendemain « leur ducasse », la Saint—Augustin. Quelques sœurs converses

imprudentes mirent des braises du four mal éteint dans
un tonneau de bois qui, pendant la nuit, se ralluma ; les
cercles s'ouvrirent et les douves tombèrent. Le feu se
communiqua à des fagots voisins et à des paniers pleins
de chandelles qui enflammèrent le plancher, puis la charpente du clocher échafaudé plus haut. On s'aperçut du
désastre déjà très-avancé le dimanche sur les trois
heures du matin, et tous les secours que l'on put apporter n'empêchèrent pas le feu de se communiquer au
dortoir et à la couverture de ce dortoir, et à gagner
les environs du chœur des religieuses.

« Ce feu fut éteint par un ruban de saint Aimable
qu'un particulier avoit et qu'il jeta dans le feu du côté
dudit chœur. » Le feu fut arrêté de l'autre côté par un
abattis à la hache de bois et de charpentes non encore
embrasés.

La perte causée par cet incendie fut estimée à vingt
mille livres.

Il n'y avait dans l'église des Ursulines, suivant
N. Douville, qu'un tableau digne d'être vu. Ce tableau
placé vis-à-vis la grille du chœur représentait sainte
Ursule percée d'une flèche et soutenue par deux anges.
— *Alm. de Ponth.*, 1783.

Des maisons conventuelles d'Abbeville qui n'ont pas
été vendues, celle des Ursulines est la seule qui soit de-
meurée à peu près intacte. Les bâtiments et les cloîtres
ont conservé presque leur primitif aspect, mais à l'exté-
rieur seulement, l'intérieur ayant été changé pour les
différents usages auxquels il a été consacré (1). Cette

(1) Écrit en 1849. On pourra toujours consulter sur l'aspect exté-

maison en effet, après avoir successivement servi de dépôt pour les équipages militaires et de caserne pour la troupe, a été désignée, par un décret de 1806, pour l'établissement du dépôt d'étalons (1).

Une petite cassolette d'argent doré, composée de cinq pièces, fut trouvée en 1814 dans le jardin des ci-devant Ursulines. Cette cassolette, pesant trois livres dix sols, est dans la collection de M. de Saint-Amand.

L'église des Ursulines est encore entière et sur pied (2). Après avoir servi de magasin à fourrages pour la troupe, elle vient d'être rendue au culte par l'institution de Saint-Stanislas.

Je n'ai trouvé qu'un livre imprimé spécialement pour la maison des Ursulines : *Prières pour passer saintement la journée à l'usage des demoiselles pensionnaires des Ursulines d'Abbeville*. Paris, Guérin, 1755.

Les Ursulines possédaient quelques maisons dans la ville et quelques journaux de terre aux environs. Je relève comme leur ayant appartenu et vendu par la

rieur de ces bâtiments la collection de M. O. Macqueron : « Ancien couvent des dames Ursulines, vue prise des remparts, aquarelle, 31 août 1856 ; et plan du couvent des RR. MM. ursulines, lavis d'après la collection de M. Delignières de Saint-Amand. »

(1) Je vois en outre, dans le Mémoire de MM. Paillart et Brion sur les causes de la dépopulation à Abbeville, qu'une compagnie de vétérans « a longtemps demeuré dans la partie des bâtiments du haras qui appartient au génie militaire. Les dix ménages que formaient ces vétérans ont quitté la ville de 1828 à 1832. »

(2) Le peintre Alexandre Leclerc, qui a aimé un instant Abbeville comme ville de famille et d'adoption, a pris pour motif d'une aquarelle en 1848 l'ancienne église des Ursulines. Cette aquarelle est dans la collection de M. O. Macqueron.

nation au District d'Abbeville en 1791 (1) : le 23 février « une maison, jardin et aire à Abbeville appartenant aux Ursulines Visitation (les deux mots sont accolés soit que la propriété fût indivise, soit qu'il y eut,
au moment de la vente, quelque doute sur les propriétaires), adjugés au prix de 10,700 livres ; le 2 mars,
une maison et des prés aux Planches ci-devant aux
Ursulines, adjugés au prix de ..... ; le 24 mars, sept
journaux trois quarts de terre au faubourg du Bois,
adjugés au prix de 6,925 livres ; le 31 mars, huit journaux de prés à la Portelette, adjugés au prix de
9,150 livres ; le 5 avril, une maison à Abbeville, adjugée au prix de 1,200 livres ; le même jour une maison à Abbeville rue de Larquet, adjugée au prix de
1,375 livres ; le 23 avril un journal de terre et trois
journaux de prés à Thuyson, adjugés au prix de
2,350 livres ; le 29 avril, deux journaux à Saint-Pol
(c'est-à-dire dans la circonscription de l'église de
Saint-Paul), adjugés au prix de 3,600 livres ; le 5 mai,
cinq journaux d'aire et de prés à Abbeville, adjugés au
prix de 3,325 livres ; le 11 juin, douze journaux et demi au faubourg du Bois, adjugés au prix de 8,975 livres ;
le 20 juin, une maison dans la rue de Larquet, adjugée
au prix de 520 livres ; le 13 juillet, trente-trois journaux
à Saint-Gilles, adjugés au prix de 19,000 livres ; le
22 juillet, sept quarts de terre au faubourg de Saint-
Gilles, adjugés au prix de 1,355 livres ; le 26 juillet,
six journaux au faubourg de Saint-Gilles, adjugés au

(1) État succinct des ventes faites au District d'Abbeville en
1791.

prix de 5,325 livres ; le 10 août, une maison à Abbeville, adjugée au prix de 985 livres ; le 16 septembre,
un surcens à Thuyson, adjugé au prix de 600 livres ;
le 23 novembre, un surcens de 90 livres, adjugé au
prix de 1,700 livres.

Le couvent même, l'église, le jardin propre du couvent, ne furent pas vendus, et l'histoire des lieux ne
s'arrête pas avec celle des religieuses.

Nous avons nommé déjà le dépôt d'étalons. Un décret Le dépôt des
impérial l'instituait le 4 juillet 1806, et l'ancien couvent étalons.
des Ursulines était, par le même décret, affecté au nouvel établissement. Le dépôt d'étalons, que l'on appelait
indûment mais communément le Haras, a toujours occupé ces bâtiments et le beau jardin qui en dépend
jusqu'au jour où il fut supprimé (185), et je me sou-
viendrai toujours des excellents chevaux que j'ai pu y
monter grâce à l'obligeance des directeurs MM. des
Mazis et de la Motte.

Après la suppression du dépôt d'étalons, la vieille
maison resta assez longtemps inoccupée, l'église servant tout au plus de magasin à fourrages comme auxi-
liaire du magasin du pont des Prés, mais en 1869
(ou vers 1869) l'État ayant mis le tout en vente (bâtiments, église, jardin), le tout fut acquis par l'évêque
d'Amiens. Peu après, aménagements intérieurs faits
pour des cuisines, des réfectoires, des salles d'étude,
toits exhaussés pour l'établissement de dortoirs, l'institution d'éducation dite École Saint-Stanislas y fut La maison de
transférée, et l'église vient d'être rendue au culte pour St-Stanislas.
les besoins de l'institution (1871).

Presqu'en face de l'ancien couvent des Ursulines, un peu plus bas cependant, l'étroite rue Charlet, qui tombe à notre gauche dans la chaussée du Bois, doit son nom à une ancienne famille du pays.

On voit en effet, dans le cueilloir de Saint-Georges, qu'en 1757 il y avait aux environs de cette rue, ou dans cette rue; une maison appartenant à M. Charlet. — Le même cueilloir mentionne encore dans cette rue un jardin dit *des Gillets*. Précédemment, les comptes de Saint—Georges (1685-1687) mentionnent une maison avec un jardin dit *de la Housse Gillet*.

C'est dans cette rue que fut établie, en 1821, et que subsiste encore l'école gratuite de dessin. On n'apprendra pas sans étonnement qu'Abbeville, qui a donné le jour à nombre de graveurs célèbres, C. Mellan, les Daullé, Poilly, Aliamet, n'avait eu jusqu'à cette époque aucune école de dessin proprement dite. M. Masquelier, que notre ville regrette, fut le premier maître titulaire de cette école. Nommé en 1821, il eut le dévouement de quitter Paris, où il avait son atelier, pour se consacrer chez nous à un enseignement souvent pénible. Paris, où il avait laissé sa réputation, l'a rappelé dans ses dernières années; il y finit, avec les ressources qu'on ne trouve bien que dans cette ville, d'importants travaux de gravure. M. Caudron, jeune peintre de talent, lui a succédé (1); les élèves qui se pressent en foule à ses leçons font bien augurer des succès qu'il obtiendra

(1) Écrit en 1849. M. Caudron a tenu ses promesses.

qui intéressent une ville illustrée depuis si longtemps
par les arts (1).

La rue Charlet remonte, par plusieurs coudes, vers
l'église du Saint–Sépulcre ; elle se bifurque un peu
avant d'y arriver; l'un de ses embranchements aboutit
au débouché de la rue du Saint–Sépulcre, sur la place
du même nom ; l'autre en face même de l'église, à l'entrée de la rue de la Briolerie.

Au premier de ses coudes s'ouvre l'impasse Saint-
Sébastien. L'impasse Saint-Sébastien était autrefois une
rue qui sortait sur la chaussée du Bois derrière le Sa-
peur-Restaurant (2), et redressait ainsi le principal
tronçon de la rue Charlet, qui descendait alors, avec une
faible sinuosité, de la place du Saint-Sépulcre. Un titre
en date du 5 mars 1666, que M. Poultier a bien voulu
nous communiquer, établit que cette impasse, dont le
nom actuel n'est justifié par rien, était à cette époque la
rue au Sac, dont nous n'avions pu encore retrouver la
position en commençant notre travail (3).

L'impasse St.-Sébastien.

(1) Écrit en 1849. L'espérance que nous manifestions alors a été
pleinement justifiée.
(2) Écrit en 1849. Nous dirions aujourd'hui derrière M. Parenty-
Chevalier, armurier, n° 49. Il y a bien à dire sur cette opinion ainsi
que nous l'expliquerons dans la note qui suit.
(3) Écrit en 1849. Je dois discuter un peu aujourd'hui. Rue au
Sac, 1666. La discussion est suscitée par le nom, la date résoudra la
difficulté. Le nom, fourni par le titre de M. Poultier, détruit à peu près
complétement, selon nous, l'hypothèse d'une sortie, en 1666 du moins,
derrière la maison de M. Parenty. Les rues au Sac étaient des impasses ; elles étaient nombreuses. La détermination de la place d'une
prise pour toutes les autres au commencement de notre travail nous
eut entraîné certainement à des erreurs. Rue au Sac, rien n'éta-
blirait mieux ici que l'impasse Saint-Sébastien était déjà une im-

La rue du Saint-Sépulcre, qui vient sur la chaussée du Bois après la rue Charlet, et à laquelle nous sommes conduits, du reste, par cette dernière, ainsi que nous l'avons vu, s'appelait autrefois la rue du Puits de fer, d'un puits qui se trouvait dans son axe à son entrée. Il est inutile d'expliquer d'où lui vient son nom actuel, pas plus qu'il n'est nécessaire de nous arrêter longtemps sur la place du Saint-Sépulcre qui entoure l'église.

Remarquons seulement que cette place, non pavée, et encore plantée d'arbres (1), était autrefois le cimetière de la paroisse, et que la maison de M. S. de Valanglart (n° 4) avait nom alors hôtel de Montmorency.

Je trouve, dit M. de Bussy, en 1726 messire Jean le Fournier, chevalier baron de Neuville, seigneur d'Olisy, de la Ferté, d'Equancourt, de Gueschart, de Rotonvilliers, du Tilloy, de Mazerny, « de l'hôtel de Bours-Montmorency à Abbeville » (2), etc.

La place du Saint-Sépulcre s'est nivelée, avons-nous dit, sur les tombes du cimetière qui entourait l'église.

passe en 1666 mais rien ne prouve non plus que, précédemment et sous un autre nom ou sans nom, elle n'ait pas été une vraie rue et ne soit pas sortie sur la chaussée du Bois. Il y a mieux, l'angle formé par les maisons 47 et 49 de la chaussée, l'alignement très en retraite de toutes les maisons depuis la place du Pilori jusqu'à la maison n° 49 (et il faut remarquer encore que la maison n° 47 a été avancée un peu il y a quelques années), toute la configuration des lieux enfin justifie très-bien la tradition que confirmeraient aussi sans doute les plus vieux titres des maisons. L'impasse Saint-Sébastien a été une vraie rue, mais alors elle ne portait pas le nom de rue au Sac.

(1) Écrit en 1849. Les arbres ont été abattus depuis.

(2) Seigneur d'une maison dans la ville communale d'Abbeville est un peu fort, mais pour un homme qui avait tant de seigneuries !....

Au xiii° siècle les religieux de Saint-Acheul possédaient une maison (un refuge sans doute) devant ce
cimetière, ainsi qu'en témoigne notre Livre blanc :
Lettres des religieux de Saint-Acheul concernant leur
maison située vis-à-vis l'âtre de Saint-Sépulcre, an
1257 au mois de février. — *Livre blanc de l'Hôtel de
ville, fol.* xvi, *verso.* — Par ces lettres la justice est
réservée aux maïeur et eskevins en la maison désignée
« devant l'attre de Saint-Sépulcre en costé de la maison Heudiart de Monsteruel. » On appelait communément
cette maison *la maison Saint-Acheul* comme le prouve
une note marginale d'une autre écriture.

Hors du cimetière aujourd'hui détruit s'étendait vers
le sud, dans un temps qui n'est pas encore très-reculé,
une place vide. Le pâté de maisons compris entre
la rue du Saint-Sépulcre et la rue du Saint-Esprit
ne remonte pas au delà du quinzième ou du seizième
siècle. L'église alors se voyait tout en plein de la chaussée ou de la route qui est devenue depuis la chaussée.
Il ne faut pas l'oublier, le quartier que nous parcou-
rons a été un des derniers bâtis de la ville.

CHAPITRE XXIV

L'ÉGLISE DU SAINT-SÉPULCRE

Temps anciens. — La tradition des Croisades. — Étendue de la cure du Saint-Sépulcre. — L'église au dix-septième siècle. — Quelques faits historiques. — Les tableaux de Hallé, de Nicolas de Poilly. — Armes de quelques familles. — Les orgues. — Les cloches. — Le chasse-chiens et un soldat du régiment de Saxe. — L'élection des députés à la Convention nationale. — Fabrique de poudre. — Histoire depuis la Révolution. — Réparations. — Dons de vitraux. — Démolition et reconstruction du chœur et du transsept. — Anciennes épitaphes. — État présent de l'église. — L'orgue, la chaire, les peintures, les vitraux, etc. — Les offices du Saint-Sépulcre. — Le livre de la Confrérie des agonisants. — Les curés. — La fête. — Une satire, etc.

La tradition qui n'a rien d'invraisemblable (bien au contraire), tradition recueillie et écrite depuis longtemps, veut que la fondation de l'église du Saint-Sépulcre remonte à la première croisade et soit à la fois un souvenir de Godefroy de Bouillon à Abbeville, du départ des Croisés et du but sacré de leur entreprise.

Cette tradition, nous l'acceptons volontiers, en raison de toutes les présomptions qui l'appuient, en raison de l'époque reculée de la construction de l'église, et Godefroy n'eut-il été pour rien dans ce nom, *le Saint-Sépulcre*, en raison simplement de cette date voisine à coup sûr de la première entreprise des croisades qui emportait toutes les imaginations vers le tombeau de Jésus-Christ.

Il fut donc un temps où l'église du Saint-Sépulcre s'éleva dans un terrain vide, cultivé ou livré au pâturage ; dominant, d'un côté (à l'ouest), l'enceinte encore lointaine de la ville ; dominant, d'un autre (au nord), le cours du Scardon et les sources s'échappant du terrain qui devint vers la même date celui de Saint-Pierre ; dominée à l'est par le bois qui devait être un jour le bois communal, le bois des chanteurs, des jongleurs, des exercices et des revues d'armes ; enfin regardant au sud la plaine vide encore où devait se dresser la cour Ponthieu (le château des comtes).

Le P. Ignace dit peu de chose de L'ÉGLISE DE SAINT-SÉPULCRE, si ce n'est que le premier dessein de la construire fut donné par Godefroy de Bouillon (1), lors de l'assemblée à Abbeville des seigneurs qui devaient l'accompagner en terre sainte, à la conquête du saint sépulcre de Jésus-Christ. Que le premier dessein ait appartenu ou non à Godefroy, il est raconté que Guy, comte de Ponthieu, érigea l'église en souvenir du séjour des croisés, au lieu même où le généralissime et les « princes » qui l'accompagnaient avaient planté leurs pavillons (2).

Ce ne sont là que des traditions.

Nous ne tiendrons aucun compte des affirmations sans nul point d'appui, sans nulle autorité, de Formentin.

---

(1) Opinion très-contestable.
(2) M. Louandre. *Hist. d'Abb.*, tom. I, liv. II, chap. I.

Ces affirmations sont pures fantaisies, comme beaucoup
trop de celles qui émaillent la partie de son recueil
relative aux comtes de Ponthieu. L'historien de science
facile a eu entre les mains, pourrait-on croire, la lettre
de convocation envoyée par Godefroy de Bouillon aux
principaux seigneurs croisés et y a lu, en toutes lettres,
pour lieu de rendez-vous le mot Abbeville; il sait avec
quelle magnificence notre comte (le comte Guy premier)
a reçu les princes et seigneurs croisés; il a parcouru le
château où s'est tenue l'assemblée de ces seigneurs; il
a entendu, en [ce château, au milieu des cris *Diex el
volt*, le comte Guy, plein de feu d'ailleurs pour l'entreprise, déplorer son âge qui l'attache aux collines du
Ponthieu; il sait qu'après cette assemblée le rendez-
vous des croisés de Flandre, d'Angleterre, de Normandie et du Boulonnois a été marqué auprès d'Abbeville;
il donnerait, au besoin, la mesure du camp où a tenu
près d'Abbeville « l'armée chrétienne »; il a compté
dans les rangs de cette armée « la plus belle noblesse
du Ponthieu »; enfin, il a vu partir les croisés « fort
satisfaits de notre comte » au nombre de quarante
mille. Rien en tout cela n'est sérieux et ne mérite discussion. Mais rien de tout cela non plus ne doit étonner
de la part d'un homme qui vient d'écrire : « Pierre
de Lhermite (Pierre DE Lhermite, entendons-nous bien),
gentilhomme picard et du diocèse d'Amiens, se rendit à
la cour de notre comte pour lui faire part du mauvais
état où étoient réduits les chrétiens de la Terre-Sainte
et l'engager à les délivrer de la tyrannie des infidèles. »
Ainsi Formentin a introduit Pierre de Lhermite chez

notre comte et cette circonstance explique comment il
a pu si bien pourtraire le comte lui-même dont tous
les portraits seraient sans lui perdus : « Guy premier du
nom étoit d'une taille avantageuse, d'une grosseur assez
proportionnée ; son regard étoit vif et perçant ; son
corps robuste et propre à soutenir les grandes fatigues
si ce n'est sur la fin qu'il fut fort affaibli par les infirmités de l'âge et étoit naturellement très-vaillant et, avec
cela, sage, prudent et adroit, et fut bon ami, etc. »

Les bras tombent quand on lit certains passages de
Formentin et on se demande, en retrouvant une histoire
écrite ainsi au milieu du dix-huitième siècle, quelle foi
on peut ajouter à la conservation par l'écriture, en des
temps plus anciens, des souvenirs si vite transformés
par l'imagination populaire. J'aurai à mettre un jour
Formentin à sa vraie place entre nos historiens locaux,
dans l'*Histoire littéraire d'Abbeville*. Revenons tout
simplement aujourd'hui aux faits qui ont des dates et,
autant que possible, des preuves.

Le sage et immense savant Du Cange, en son histoire (manuscrite) des comtes de Ponthieu, ne touche
pas un mot de la réception des croisés par le comte Guy
ni même d'un séjour de croisés près d'Abbeville. Pour
le point qui nous occupe, il est donc prudent de nous
en tenir, et encore avec réserve, à la simple et vague
tradition, fixée par le P. Ignace, d'un campement de
croisés sur la place où devait s'élever le Saint-Sépulcre.

Que la première église du Saint-Sépulcre ait été construite à la fin du onzième siècle par le comte Guy pre-

mier (1) en témoignage immédiat du départ des croisés,
ou dans la première moitié du douzième siècle par le
comte Guy second (2), il n'en est pas moins vrai que
deux cent trente—six ans après le départ de Godefroy
de Bouillon, cent quatre—vingt—cinq ans après la mort
du comte Guy II, l'église du Saint-Sépulcre était en
construction ou en reconstruction (3).

Nous voyons dans le Livre rouge de l'Échevinage
qu'il advint, au mois de juillet 1332, à la *batisse* (4) *du
Saint-Sépulcre,* que « Guerard de Pardieu navra d'une

(1) Mort le 13 octobre de l'an 1100 suivant le nécrologe du
prieuré de Saint-Pierre, date qu'accepte Du Cange. .

(2) Mort à Éphèse, en l'an 1147.

(3) Au moment où je corrige les épreuves de cette notice, *la
Picardie* m'apporte un travail de M. l'abbé Théodose Lefèvre, travail intitulé : *Essai sur l'église du Saint-Sépulcre d'Abbeville.*
Je demanderai à M. Lefèvre la permission de lui emprunter, en
guillemettant mes emprunts, les faits propres à compléter mon travail.

« C'est seulement en 1206, dit M. Lefèvre (1), que nous pouvons
« constater d'une manière certaine l'existence de cette église, à
« propos d'une fondation de vingt livres parisis de cens, plus
« trente pains et trente chapons, faite par Guillaume de Visme,
« curé du Saint-Sépulcre et doyen d'Abbeville, en faveur du prieuré
« de Saint-Pierre. Il est parlé incidemment encore de cette église à
« propos de la construction du refuge de Saint-Riquier et nous la
« voyons figurer au pouillé de 1301.

« D'après l'abbé Buteux, cette église de bois et de placage fut
« remplacée, vers la fin du règne du roi Jean et le commencement
« de celui de Charles V, par l'église actuelle. »

(4) Il faudrait vérifier le mot. Pressé par l'épreuve, je le laisse
comme je l'ai trouvé dans une note dont l'écriture ne me révèle pas
l'auteur.

(1) « La charte », ajoute en note M. Lefèvre, extraite du livre noir du prieuré de Saint-
Pierre est rapportée dans les notes de l'abbé Buteux (notes en marge d'un exemplaire de la
chronique de Rumet de Beaucoroy en la possession de M. de Caïeu). Ce Guillaume est sans
doute le Willame dont parle le P. Ignace dans sa *liste des doyens de chrétienté.*

hache Jehan Crimon . . . . et se mit ledit Guerard à
refuge et à . . . . Saint-Pierre en lieu saint. A quoy
les majeur et eschevins le sommèrent pour ledit cas à
obéir, lequel refusa », etc.

De l'an 1332 où nous sommes arrivés, rappelons
donc jusqu'à nos jours, en suivant l'ordre chronologique,
les faits ayant date certaine qui constituent l'histoire du
Saint-Sépulcre.

Nous trouvons d'abord, et cette situation devait du-
rer jusqu'à la Révolution, la paroisse du Saint-Sépulcre
sous le patronage, dans la dépendance en quelques
points du prieuré de Saint-Pierre (v. le P. Ignace, *Hist.*
ecclésiastique, chap. xlviii, p. 165). La dépendance
était telle dans les temps anciens, quant aux sépultures
du moins, que jusqu'en 1400 les paroissiens du Sépulcre,
n'ayant pas de cimetière particulier, étaient enterrés,
ainsi que les morts des autres paroisses du même patronage, dans le grand cimetière que leur départait le
prieuré et qui est devenu la place Saint-Pierre (le
P. Ignace, *Hist. eccl.,* chap. xlix, p. 170. Voyez notre
chapitre de la Place Saint-Pierre). En 1400 seulement,
le prieur, à la sollicitation de messieurs les gens du roi,
de messieurs de l'Échevinage et de « plusieurs gens de
bien », permit aux trois paroisses du Saint-Sépulcre,
de Notre-Dame de la Chapelle et de Saint-Éloi, d'avoir
leurs cimetières « proches de leurs églises ». Je ne
veux pas discuter l'assertion du P. Ignace, très-fondée
sans doute, bien qu'il ne produise pas ses preuves, mais
comment concilier cette assertion avec la déposition de
notre Livre blanc (fol. xvi, *verso)* qui mentionne en l'an

1257 une maison des religieux de Saint-Acheul située
devant « l'âtre du Saint-Sépulcre », le mot âtre signi-
fiant, chez nous, cimetière ? Il faut, si cet âtre n'était
pas voisin de l'église, qu'il ait été une part distincte du
cimetière divisé par le prieuré entre les trois paroisses,
et c'est sur un des côtés de notre place Saint-Pierre que
nous aurions alors à chercher la maison de Saint-Acheul.
Quant au cimetière de Notre-Dame de la Chapelle « com-
passé », nous dit ailleurs le P. Ignace (chap. XLIV), par
les pas de la Vierge, l'assertion de notre historien for-
cerait à bien rapprocher le miracle des temps modernes.

Maintenant un mot de l'étendue de la paroisse au
quatorzième siècle, au quinzième siècle (et depuis les
temps anciens, sans doute) :

« La cure du Saint-Sépulcre, dit le P. Ignace, estoit
si grande, qu'elle s'estendoit jusques aux Chartreux (à
Thuyson), si bien qu'une chapelle dédiée à Notre-Dame
lui servoit de secours (1). » Cette chapelle a fait place
depuis à l'église de Notre-Dame de la Chapelle, qui
nous occupera prochainement, et qui fut érigée en
paroisse distincte en 1454.

C'est très-probablement aux environs de cette époque (2) que fut reconstruite (de nouveau?) l'église du

(1) *Histoire ecclésiastique de l'archidiaconé de Ponthieu*,
p. 137.
(2) C'est-à-dire au milieu du quinzième siècle. J'ai consigné en
1849 cette opinion dans mes *Notices sur les rues d'Abbeville*. Cette
opinion n'était fondée alors et n'est fondée encore maintenant que
sur le caractère du quinzième siècle reconnu à l'architecture de
l'église. Depuis que le Livre rouge m'a appris la bâtisse de 1332 je
trouve les constructions et reconstructions bien rapprochées, mais
quelle était l'importance des travaux de 1332? Dans *la Picardie*

Saint-Sépulcre, qui, bâtie d'abord en charpente, présenta dès lors jusqu'en 1863, tous les caractères de l'architecture du XV⁰ siècle (1). La tour plate qui lui sert
de clocher était alors surmontée d'une flèche percée
à jour et couverte de lames de plomb. Nous ne pourrons
bientôt plus retrouver que dans les campagnes ces
jolis clochers en pointe qui semblent montrer le ciel du
doigt, suivant l'ingénieuse expression des poëtes.

Il est certain qu'un peu après le milieu du quinzième
siècle il y eut, tout au moins, des travaux dans l'église
du Saint-Sépulcre. La chapelle de sainte Magdeleine,
qui figure au chapitre xLvⅡI de l'*Histoire ecclésiastique*
du P. Ignace (p. 165) parmi celles du patronage du
prieuré de Saint-Pierre, fut fondée l'an 1458 « dans
l'église du Sépulchre par Jean Le Roi, bourgeois d'Abbeville ». — Le P. Ignace, *Hist. eccl.*, chap. xLⅡI, note
en marge de la p. 137.

En 1472, la ville donne deux chênes à cette église
pour l'aider à construire « la maison ou chambre là où
les malades font leur neuvaine à ladite église. » — *Reg.
aux délibérations de l'Échevinage, note fournie par
M. Louandre.*

que je reçois, M. Lefèvre émet l'avis que la reconstruction « de
la fin du règne du roi Jean ou du commencement de celui de
Charles V » — où M. l'abbé Lefèvre s'est-il pu procurer ces indications
précises ? — « dut s'opérer lentement puisque le chœur et l'autel ne
furent achevés que vers 1459. » — Et M. l'abbé Lefèvre nous apprend ensuite qu'un des principaux bienfaiteurs de l'église fut alors
Jean de la Warde qui donna mille livres tournois en 1459 pour
achever le chœur et l'autel.

(1) L'église fut, pour la plus grande part, démolie en 1863 comme
nous le dirons.

Ces indications que nous voudrions plus nombreuses ne permettent pas de reconstruire devant les yeux l'église du quinzième siècle, et nous rejetons plus loin, pour obéir à l'ordre des dates, une description de l'église du dix-septième siècle.

Un maieur dont M. Louandre place la magistrature en 1555 et le P. Ignace en 1556 (MDLVI), Josse Beauvarlet, seigneur d'Ailly-le-Haut clocher, de Villiers (Villers) sous ledit Ailly et de Frucourt, fit avec sa femme des fondations importantes en l'église du Saint-Sépulcre. Un legs de cinquante-trois journaux de terres labourables accompagna ces fondations (1).

Cette fondation du maieur Josse Beauvarlet est le

(1) Ce maieur (Josse Beauvarlet) avoit, dit le P. Ignace, une grande dévotion au très-saint Sacrement de l'Autel, et pour tesmoigner davantage l'affection qu'il luy portoit, il fonda à perpétuité en la paroisse du Sainct-Sépulchre, une haute Messe du Très-adorable Sacrement, tous les jeudis de chaque semaine et damoiselle Marguerite Papin sa vefve, pour imiter la dévotion de feu son mary, fonda dans la mesme Église les premières et secondes Vespres solemnelles du très-auguste Sacrement, qui se chantent et se doivent chanter comme la Messe à perpétuité, avec les Orgues, le carillon des cloches, chappes, ornemens et luminaires tel que de deux gros cierges chacun pesant deux livres et deux torches de mesme poix *(sic)* pour honorer l'exposition du très-Saint Sacrement le mercredy et le jeudy de chaque semaine durant ledit Office. Et pour cette fondation a esté donné à ladite Eglise du Sainct-Sépulchre cinquante-trois journaux de terres labourables, scizes au terroir d'Ailly et de Villers, par la libéralité dudit sieur et Damoiselle d'Ailly. Et depuis ladite Damoiselle par son Testament a fondé à perpétuité en ladite Eglise (ce qui a esté accepté par le Curé et les Marguilliers de la Paroisse) trois Obits solemnels avec Vigiles, chacun an, au mois de May; et encore une Messe basse qui se doit dire tous les jours de l'année, à neuf heures du matin, à l'Autel de Saint-Anthoine. — *Histoire chronologique des maieurs d'Abbeville*, p. 682-683.

seul fait un peu important du seizième siècle dans l'histoire du Saint-Sépulcre. La seconde moitié du dix-septième siècle et le commencement du dix-huitième siècle
voient notre église s'enrichir d'œuvres estimables et
ses murailles s'honorer des noms de Hallé, de Poilly,
et des orgues nouvelles s'élever sous la tour pour accompagner dignement les chants de David.

En 1658 un tableau, de quelque valeur sans doute,
est donné à l'église du Saint-Sépulcre par le cardinal
de Mazarin (1).

A quelle date et de qui l'église reçut-elle la Résurrection de Hallé, le père? L'histoire de l'art aurait bien
à retrouver dans les registres (malheureusement souvent
perdus) des fabriques, et il a toujours été fait une place
honorable à l'art dans l'église du Saint-Sépulcre.

On le savait bien au dix-huitième siècle. Les peintures
dont la paroisse était fière attirent, en 1783, l'attention
d'un critique notre compatriote, mais particulièrement,
entre les autres toiles, la Résurrection de Hallé :

« Rien de si flatteur que le gracieux du coloris, dit
N. Douville, en parlant de ce tableau; on convient en
le voyant que le clair obscur ne saurait être ménagé avec
plus d'art, le dessin plus juste, l'invention plus hardie,
enfin l'exécution plus belle. Les deux médaillons qui
accompagnent ce tableau sont de Nicolas de Poilly, ori-

---

(1) Le roi s'était arrêté, comme nous l'avons dit, à Abbeville avec
sa mère et le cardinal Mazarin. « Le cardinal qui fut voir les
églises remarqua que dans celle du Saint-Sépulcre il n'y avoit pas
encore de tableau à l'autel de la Vierge qui venoit d'être fait en bois.
Il voulut faire présent d'un à cet autel. Le tableau vint de Paris.
On y mit les armes du cardinal et la date 1658. » *Mss. Siffait.*

ginaire d'Abbeville. Ils font regretter ce jeune peintre dont le pinceau eut fait autant d'honneur à sa patrie que le burin de François de Poilly son père (1). L'autel qu'on voit à droite dans cette église est encore orné d'un tableau de M. Hallé représentant le martyre de saint Quentin. » — *Almanach de Ponthieu*, 1783.

La Résurrection fut restaurée en 1840 par M. Mothyon qui s'acquitta de ce soin, suivant *le Journal d'Abbeville* du 12 septembre 1840, avec autant d'habileté que de bonheur. « Tout le monde, ajoutait le journal, peut aller admirer et la perfection de son travail et les beautés

---

(1) Ces grands médaillons étaient aimés des paroissiens. Nous pouvons les suivre pendant la Révolution.

Le 29 floréal an V, deux citoyens viennent, au nom des habitants de l'ancienne paroisse du Sépulcre, réclamer les deux tableaux déposés dans la maison commune, l'un représentant saint Pierre, l'autre saint Jean, qui étaient encadrés dans la boiserie au-dessus des deux portes de la sacristie de leur ci-devant église. L'administration municipale arrêta que les deux tableaux seraient remis aux pétitionnaires à la condition qu'ils s'engageraient par écrit à représenter et à remettre ces tableaux lorsqu'ils en seraient requis par elle, ce qu'acceptèrent les deux sollic iteurs.

Nous avons pu voir encore ces médaillons, les derniers, les seuls spécimens sans doute de la peinture de Nicolas de Poilly, dans l'église du Saint-Sépulcre jusqu'au jour où cette église fut démolie pour livrer terrain net à la reconstruc tion de la nouvelle. Ils furent alors mis en vente. M. l'abbé Dairaine, le collectionneur dévoué au pays, ne pouvait laisser fuir ces deux témoins du talent d'un peintre mort jeune, notre compatriote par son origine et cependant presque inconnu chez nous. (Il ne faut pas confondre cet artiste fils de François avec le graveur son oncle, du nom de Nicolas comme lui.) Les deux tableaux de Nicolas de Poilly, précieusement conservés par l'abbé Dairaine, ont disparu de la ville après la vente qui suivit le décès du sauveur de tant de curiosités, de tant d'œuvres intéressant notre ville, œuvres et curiosités trop dispersées hélas ! maintenant.

depuis longtemps invisibles qu'il a remises à découvert. »

L'œuvre de Hallé s'élevait alors au-dessus du grand autel.

Nous avons suivi les tableaux anciens jusqu'à nos jours ; remontons de nouveau vers le passé, c'est-à-dire à la fin du dix-septième siècle.

Les Mss. de M. Siffait nous donnent, sous la date de 1687, une description de l'église à cette époque.

« Étoit pour lors l'église du Saint-Sépulcre ornée ainsi qu'il suit ; savoir : le grand autel avec une boîte où étoit dedans en relief doré la Passion du Sauveur et au côté droit étoit en relief une Résurrection en bois doré de bonne grandeur (posée sur une muraille où dessous étoit une porte pour entrer dans une petite sacristie qui étoit derrière l'autel) ; de l'autre côté étoit une sainte Anne avec la sainte Vierge enfant. Au milieu de cet autel étoit une grande croisée garnie de vitres et au devant étoit un appui de communion en bois. L'autel de saint Antoine étoit aussi orné d'une boîte où étoit dedans, en relief doré, saint Antoine assailli par une multitude de diables », scène « partagée en plusieurs représentations ; au haut de boîte étoit un saint Antoine. Il y avoit aussi au haut une grande croisée de vitres. Le jour de saint Antoine on y chantoit l'office pour les boulangers. Au pilier contre la chaire étoit un autel de saint Quentin martyr. Le jour de sa fête, on y chantoit un office pour un bâtonnier pris des bourgeois de la paroisse. Dans la chapelle du Saint-Sépulcre étoit un autel où étoit représenté, en relief de moelon sculpté à la muraille, une Notre–Dame de Pitié. Cette chapelle étoit fermée d'une grille de bois qui a servi depuis pour enfermer les fonts baptismaux ; et quant à l'autel de la sainte Vierge, il étoit déjà comme il est à présent. »

Les paroissiens, par tout ce que nous venons d'exposer, ne se montraient pas indignes de leurs prédécesseurs du quinzième siècle, les Jehan Le Roy, les Jehan de le Warde, les Jehan Du Bos. Cependant un reproche est à leur faire. Par leur négligence ou par un mauvais dédain, de vieux souvenirs disparaissaient parfois de l'église qui eut dû les garder comme titres d'honneur, comme titres constatant la part prise aux siècles précédents par les hommes importants de la paroisse dans l'administration de la commune. Ainsi les armes des Laudée, des Malicorne, des Clabaut, des Desmarets (1), qui figuraient dans l'église du Saint-Sépulcre, disparurent au commencement du dix-huitième siècle. — *L'abbé Buteux.*

Consolation sérieuse, les orgues furent renouvelées en 1739. — *Mss. Siffait.*

LE CLOCHER.

Nous regrettions tout à l'heure la flèche à jour du Saint-Sépulcre ; M. E. Pannier nous l'a restituée dans un dessin aujourd'hui entre les mains de sa fille, madame A. Prarond.

Dans le clocher que surmontait cette flèche se balan-

(1) Ce dernier nom n'est pas un nom de l'Echevinage.

çaiént au moins quatre cloches en 1693 (1). A cette date la quatrième cloche, s'étant cassée, fut refondue deux fois, — on ne l'avait pas trouvée d'accord après la première fonte, — et les marguilliers de la paroisse, gens paisibles de tradition immémoriale, tenaient à un régime de bonne entente pour leurs oreilles. Lorsqu'elle sortit pour la seconde fois de la fonte, l'inscription qui la couvrait, disait : « *J'ay été bénite par messire Charles* BECQUIN *écuyer seigneur du Fresnel bachelier et curé de la paroisse du Saint-Sépulcre d'Abbeville, nommée Charlotte Françoise par messire Jacques* GODART *écuyer seigneur de Beaulieu, Brucamps, Thuyson, la Fertelles, Dommart et autres lieux, conseiller du roi, maire perpétuel de la dite ville* (2) *et par dame Françoise* CRIGNON *épouse de messire Charles Antoine* BEAUVARLET *écuyer seigneur de Bomicourt, Moismont et autres lieux, conseiller du roi, maître des eaux et forêts et capitaine des chasses de Picardie, et fondue par les soings de Charles* MAUVOISIN, *Jean* LEGRAND, *Jean* ROUSSEL, *Adrien* RICOUART, *marguilliers de la dite paroisse en* 1693. *Jean et Pierre Buret de Rouen m'ont faite.* — Mss. *Siffait.*

On ne sait quels noms plus anciens avaient été remplacés par ceux-ci sur le bronze rajeuni de la vieille cloche.

En 1778 on descendit la seconde cloche de l'église du Saint-Sépulcre pour la refondre. On ne put lire les écritures « qui étoient en gothique ». Elle était haute de 3 pieds 4 pouces et avait de largeur 4 pieds 1 pouce,

(1) On assure qu'il en avait eu onze autrefois.
(2) d'Abbeville.

épaisseur 4 pouces six lignes ; elle pesait 3,367 livres.
(Datait-elle de Godefroy ?) Elle fut refondue le 8 août
1778. On lisait sur cette nouvelle cloche : « *L'an* 1778 *j'ay
été bénite par messire Pierre-Antoine* Deunet, *prêtre
bachelier en droit de la faculté de Rheims, curé de cette
paroisse et supérieur des dames religieuses Ursulines.
J'ay été nommée Claudine Adelayde Thérèse par messire Claude* Griffon, *écuyer, seigneur d'Offoy, Mérèles-
sart et autres lieux, chevalier de l'ordre royal et militaire de Saint-Louis, ancien capitaine au régiment de
Flandre et aussi ancien majeur commandant de cette
ville, et par dame Catherine Charlotte Adélaïde* Duchesne,
épouse de messire Charles Antoine Beauvarlet, *chevalier
seigneur de Moismont, Yvrigny et autres lieux. Messieurs
Noël-François* Mullot, *Pierre* Bridoux, *Jean-François*
Bourgeois *et Pierre-Jacques* Ricquier, *marguilliers en
charge. — Claude et François Lemaire fondeurs.*

Cette cloche pesait 130 livres de plus que l'ancienne.
— Mss. *Siffait.*

La seule cloche qui restait au Saint-Sépulcre depuis
la révolution fut enfin remplacée en 1826 par quatre
autres qui furent bénites le jeudi 25 mai, à dix heures du
matin. La plus grosse de ces cloches, pesant 4,000 et
d'une valeur de 7 à 8,000 francs environ, avait été donnée par M. de Riencourt ; les trois autres, pesant ensemble environ 7 à 8,000, provenaient de la fonte de
l'ancienne cloche rejetée au moule, des économies de
l'administration de la fabrique et des dons nombreux de
plusieurs personnes pieuses et zélées.

Les parrains et marraines étaient M. de Riencourt et

madame Danzel de Boffles ; M. des Essarts et madame
d'Émonville ; M. Felix Cordier et madame veuve Joseph
Cordier, sa belle-sœur.

Un calice, une patène, des burettes, un plateau et un
lustre, etc., tels sont les présents étincelant d'or, d'argent et de cristaux qui ont été offerts et acceptés par
l'église. *Journal d'Abbeville* du 27 mai 1826. Le fondeur de ces cloches était M. Cavillier.

FAITS DIVERS.

En cette église du Saint-Sépulcre, si nous redescendons du clocher et des cloches, avait été érigée au commencement du dix-huitième siècle la confrairie des
agonisants. En 1720 le pape Clément XI accorda à cette
confrairie « érigée depuis peu » des indulgences dont
les jours étaient la Purification, l'Annonciation, l'Assomption, la Nativité et la Conception de la sainte
Vierge. — *Mss. de M. Siffait.* — Voyez plus loin l'*office du Saint-Sépulcre.*

En 1737, le lundi 22 juillet, Monseigneur l'évêque
après avoir béni un christ dans l'église de Saint-Vulfran
bénit la bannière et les chaperons des confrères des
agonisants sis à Saint-Sépulcre. Ce jour là la confrairie des agonisants alla pour la première fois à la procession générale. — *Ibid.*, ce qui n'empêche pas les
Mss. de répéter que, le 15 août de l'année suivante,
1738, jour de la fête de l'Assomption (où fut renouvelée

la centième année de la déclaration de Louis XIII qui mettait la France sous la protection de la Vierge), la confrérie des agonisants assista pour la première fois à la procession générale.

Il y avait, en 1724, une place spéciale de *chasse-chiens* dans l'église du Saint-Sépulcre. Un jour, le chasse-chiens ayant voulu faire sortir le chien d'un soldat du régiment de Saxe, celui-ci tira son épée du ceinturon avec le fourreau et en porta audit chasse-chiens un coup assez violent pour que le sang se répandît sur les dalles. L'église fut interdite pendant plusieurs jours et rebénie ensuite avec pompe sur une permission de l'évêque. Pendant les cérémonies expiatoires, un détachement du régiment de Saxe, qui était sous les armes dans le cimetière, fit de nombreuses décharges. Le coupable avait disparu et le blessé était guéri. Jamais pourtant la place de chasse-chiens, supprimée de fait par l'accident de son premier titulaire, ne fut rétablie, et les attributions qui y étaient attachées revinrent grossir celles des suisses (1).

La révolution enleva à la fabrique du Saint-Sépulcre tout ou partie de ses biens. L'église possédait-elle encore alors intégralement les cinquante-trois journaux du maieur Josse Beauvarlet, sis à Ailly et à Villers-sous-Ailly? L'État succinct des adjudications faites au District d'Abbeville ne peut me l'apprendre. Voici d'ailleurs ce que je relève dans ce registre des ventes : — Le 29 octobre 1791, vingt journaux de terre, à Ailly, appar-

(1) Mss. de M. Siffait.

tenant à la fabrique du Saint-Sépulcre, sont adjugés au prix de 18,200 livres ; le 8 novembre 1791, vingt autres journaux, à Villers-sous-Ailly, appartenant à la même fabrique, sont adjugés au prix de 18,100 livres ; le 9 novembre, neuf journaux, à Ailly, à la même fabrique, 8,300 livres ; le même jour, huit journaux, à Gorenflos, à la même fabrique, 5,475 livres ; le 10 novembre, cinq quarts d'aire et prés, à Cambron, à la même fabrique, 1,000 livres.

Le 2 septembre 1792, six cents électeurs abbevillois s'assemblèrent dans l'église du Saint-Sépulcre pour procéder à l'élection des députés conventionnels. Cette réunion, dit un Ms. de M. Macqueron, fut très-tumultueuse. Des électeurs étrangers y excitèrent les ouvriers contre les manufacturiers. On voit que dès ce temps les procédés de l'agitation étaient déjà ceux d'aujourd'hui. Après avoir servi de salle d'élection, l'église du Saint-Sépulcre servit de fabrique de poudre. On y établit l'année suivante des ateliers pour la préparation du salpêtre. On allait enlever le salpêtre avec la terre qui le renfermait dans les écuries et dans les caves des maisons les plus importantes de la ville. Ces enlèvements de terre n'avaient d'autre objet que de rechercher dans ces maisons l'or et l'argent que l'on y supposait caché (1).

(1) Ms. de M. Macqueron.

L'ÉGLISE MODERNE JUSQU'A LA DERNIÈRE
RECONSTRUCTION.

Histoire depuis la Révolution : — L'église du Saint-Sépulcre fut rendue au culte très–probablement assez longtemps avant le Concordat, et dès que la pratique des cérémonies religieuses put être permise. La date sera précisée dans le tome second des ANNALES MODERNES D'ABBEVILLE, *la Révolution.*

Elle retrouva pour décoration les anciennes peintures heureusement conservées, mais eut évidemment besoin de réparations qui furent faites mais dont il faudrait rechercher les dates, l'importance, etc., dans les registres de la fabrique. Je vois seulement sur un devis de travaux que j'ai sous les yeux que des réparations importantes furent faites en 1809 à l'horloge du clocher.

Vers 1856, la grande chapelle de gauche qui rappelle le nom même de l'église par la représentation sculptée du tombeau de Jésus–Christ dans un enfoncement du mur fut enrichie d'une verrière représentant Godefroy de Bouillon à Abbeville avant son départ pour la croisade. M. Charles Louandre a apprécié ainsi (1) l'œuvre d'art exécutée sous la direction de l'éminent archéologue M. Didron : « Cette verrière représente l'un des faits les plus importants de notre histoire locale, nous voulons parler du séjour que Godefroy de

(1) *Pilote de la Somme* du 3 février 1857.

Bouillon fit à Abbeville avant de partir pour la croisade. Parmi les chevaliers qui accompagnaient ce guerrier célèbre se trouvait un sire de Riencourt, et c'est l'un des descendants de ce vaillant soldat de la croix, M. le comte de Riencourt, qui a fait don à l'église du Saint-Sépulcre de la magnifique peinture sur verre que nous y admirons aujourd'hui. Nous sommes certain de nous faire l'interprète fidèle de tous les amis des arts et de tous ceux qu'intéressent les monuments que nous a légués la piété de nos aïeux en remerciant M. le comte de Riencourt. »

Peu de temps après le don de M. de Riencourt, M. le curé Carpentier donna le vitrail de la *Charité* que nous retrouverons dans le bas-côté droit de la nef.

Enfin le conseil de fabrique décida en 1862 la démolition et la reconstruction du chœur et du transsept, même de l'église, et nous avons vu s'élever, en quelques années, une église tout à fait nouvelle, en quelque sorte, qui conserve encore cependant de l'ancienne, la tour du clocher, les premiers piliers de la nef, le bas-côté droit à peu près jusqu'au transsept et le bas côté gauche jusques au delà de la chapelle du Saint-Sépulcre qui est elle-même ancienne (1).

(1) On peut étudier dans la collection de M. O. Macqueron sept vues d'ensemble ou de détails de l'ancienne église :

1° Flèche en bois qui surmontait autrefois la tour du clocher de l'église du Saint-Sépulcre, d'après un dessin communiqué par M. Pannier.

2° Vue de l'église, prise du coin de la rue du Saint-Esprit, 1850.

3° Vue prise de la rue de la Briolerie, autre prise de la chaussée du Bois.

Cette démolition fit disparaître un certain nombre de pierres tombales chargées d'inscriptions et d'armoiries que M. le comte de Bussy avait heureusement relevées quelque temps auparavant et que je dois à son obligeance. Les voici avec l'indication de la place qu'occupaient les pierres et les remarques de M. de Bussy :

Devant l'autel de la Vierge, en dehors de la grille, une large table de marbre noir et portant :

ICY GISENT LES CORPS
DE DÉFUNTS . . .
DU BOVR . . . .

« Le reste de l'inscription, remarquait M. de Bussy, est entièrement effacé. Un écusson timbré d'un casque, orné de lambrequins et chargé d'un chevron accompagné en chef de deux croissants et en pointe d'une rose, sert seul à faire reconnaître que là était la sépulture de la famille du Bourguier qui portait ces armes et dont était Jean du Bourguier, seigneur de Rouvroy, conseiller avocat du roi au présidial d'Abbeville en 1719.

« Du même côté de l'église, au pied du pilier contre lequel est la chaire on voit sur une table de marbre l'inscription suivante :

ICY REPOSE LE CORPS DE TRÈS PIEUSE, TRÈS VERTUEUSE ET TRÈS

4° Chœur de l'église du Saint-Sépulcre démoli en janvier 1863 pour l'agrandissement de ladite église.

5° Boiseries en chêne qui garnissaient le mur de la chapelle de la Vierge démolie en janvier 1863.

6° Boiseries du chœur de l'église du Saint-Sépulcre démoli en janvier 1863. — Elles provenaient, dit-on, de l'ancienne église Saint-André.

CHARITABLE HAUTE ET PUISSANTE DAME MARIE DE TROUVILLE, FEMME ET ÉPOUSE (1) DE HAUT ET PUISSANT SEIGNEUR MESSIRE RENÉ-ALEXANDRE DE FONTAINES, COMTE DE VUIRY, CHEVALIER DE L'ORDRE ROYAL MILITAIRE DE SAINT LOUIS, EN SON VIVANT DAME DE MÉRÉLESSART (2), LAQUELLE DÉCÉDA LE VINGT-TROIS JUIN MIL SEPT CENT TRENTE-SIX.

Priez Dieu pour le repos de son âme. Pater noster. Ave Maria. De profundis. Requiescat in pace.
PIERRE WLFRAN LONGUET *sculpsit.*

Dans la chapelle du Saint-Sépulcre :

ICY REPOSE EN ATTENDANT LA RÉSURRECTION LE CORPS DE DAME. MARIE-MARGUERITE HECQUET, ÉPOUSE DE H.-H. PIERRE MICHAUT, MARCHAND BOURGEOIS DE CETTE VILLE. SON AMOUR POUR DIEU LUI FIT FAIRE LE SACRIFICE DE SA VIE POUR LE SALUT DE SON ENFANT, CAR EN MOURANT ELLE LUI CONSERVA ASSEZ DE VIE POUR LUI PROCURER CELLE DE LA GRACE PAR LE BAPTÈME. SON HUMILITÉ ET SON AMOUR POUR LES PAUVRES LUI ONT FAIT CHOISIR SA SÉPULTURE DANS CE LIEU. ELLE EST DÉCÉDÉE LE 25 D'AVRIL 1757.

Priez Dieu pour son âme.
P. WLFRAND LONGUET *sculpsit.*

« On voit encore dans la même chapelle différents fragments d'inscriptions entre autres l'épitaphe collective d'un Beauvarlet, eschevin d'Abbeville, de demoiselle Beauvarlet sa fille, avec les dates 1640 et 1649 et encore d'une autre épitaphe où sont deux écus accolés,

(1) « Femme et épouse » ; la famille de Fontaine était naïve dans l'énumération des qualités de ses membres.
(2) La terre de Mérélessart était déjà possédée par les seigneurs de Trouville-le-Normand en 1550. Leurs armes sont : de sinople au lion d'argent. — *Note de M. de Bussy.*

celui de la femme aux armes de Beauvarlet avec la date 1784. Cette épitaphe commençait ainsi :

AU NOM DE DIEU
TRÈS BON TRÈS SAINT
GLOIRE ET LOUANGE

Au-dessus un triangle, symbole de la Trinité.

Dans la chapelle de Saint-André, sur une belle table de marbre rouge, au-dessous d'un écu timbré d'un casque de profil, orné de lambrequins et chargé d'une fasce accompagnée en chef de deux croissants et en pointe d'un trèfle, on lit :

ICY REPOSENT
LES CORPS D'HONORABLE HOMME JEAN MAURICE, MARCHAND DE CETTE VILLE, DÉCÉDÉ LE 23 JUIN 1635, ET DE DAMOISELLE CATHERINE GALLET, SON ÉPOUSE, LE..... MAY 1670 ;
DE JEAN MAURICE, SECOND DU NOM, MARCHAND DE CETTE VILLE, DÉCÉDÉ LE 28 FEBVRIER.... ET DE DAMOISELLE ANNE MICHAUT, SON ÉPOUSE, LE 27 AOUST 1699.
D'ANTOINE MAURICE, SEIGNEUR DE DONQUEUR ET DE BAINAST, CONSEILLER DU ROY, ASSESSEUR EN LA MAIRIE DE CETTE VILLE, ANCIEN JUGE DES MARCHANDS ET ANCIEN MAIEUR D'YCELLE, DÉCÉDÉ LE 18 FÉVRIER 1730 ET DE DAMOISELLE CHARLOTTE FUZELIER, SON ÉPOUSE, LE..... AVRIL 1711.

Priez Dieu pour leurs âmes.

« Devant la grille de la même chapelle, sur une petite table de marbre noir, on lit :

CY GIST LE CORPS DE REVERENDE SŒUR CLAUDE FOULLON, PREMIÈRE DIRECTRICE DE CEST HOSPITAL (1) ETABLI PAR LETTRES

(1) Il s'agit de l'hôpital des pauvres orphelines dédié à sainte Anne, autrement dit, hôpital de saint Joseph ou de sœur Claude.

PATENTES DU ROY EN 1665, DÉCÉDÉE LE 28 DE SEPTEMBRE 1676 (?), AGÉE DE 80 ANS.

Requiescat in puce.

« A la porte du bas-côté de cette église, sous le clocher, on voit une pierre tumulaire dont l'inscription est presque entièrement effacée ; il y avait en haut deux écussons dont l'un, celui de droite, est seul conservé ; il porte trois maillets. Voici le reste d'inscription qui subsiste :

> CY GIST LE CORPS DE
> HONORABLE HOMME
> JEAN G. . . . . .
> BOURGEOIS DE . . . .

La sépulture pourrait bien être, suppose M. de Bussy, celle « d'un membre de la famille Guigne qui portait d'argent à trois maillets de gueules. »

L'église, telle que nous la voyons maintenant, a été, pour le transsept et le chœur tout entier, reconstruite et complétée dans les années 1863, 1864 et suivantes ; elle est remarquable par ses grandes et belles verrières ; on peut dire qu'elle représente aujourd'hui, parmi les églises d'Abbeville, le triomphe du vitrail.

Entrons et notons pour les écrivains qui continueront notre travail les objets qui frappent nos yeux en 1872.

« Cest hospital » signifie, dans l'intention du rédacteur de l'épitaphe, l'hôpital portant le nom même de Claude Foullon, l'hôpital Claude Foullon.

L'ÉGLISE DEPUIS LA DERNIÈRE RECONSTRUCTION.

L'orgue sous lequel nous passons d'abord n'est plus celui de 1739, il a été fait en 1852. Facteur, M. Ch. Lefebvre. Tout récemment (1870, je crois), il a été très-bien restauré et augmenté par M. Gadault (1). Nous rencontrons un autre orgue (le petit orgue) dans la chapelle du Sacré-Cœur.

Devant nous se présente maintenant l'église, une nef ayant en perspective les beaux vitraux du chœur, et de chaque côté de cette nef principale deux bas-côtés.

LA NEF.

La nef n'a rien, comme architecture, qui puisse attirer notre attention que les deux grandes arcades ogivales qui la séparent des bas-côtés avant le transsept.

La chaire offre sur ses trois faces trois sujets médiocrement sculptés qui sont : face du milieu : Jésus s'élançant du sépulcre et au-dessus cette inscription : SI CHRISTUS NON RESURREXIT INANIS EST FIDES NOSTRA ; face de gauche : l'évangéliste saint Jean ; face de droite : l'évangéliste saint Luc.

Devant la chaire s'élève un grand crucifix en bois qui ne mérite deux mots que pour son histoire pendant et depuis la révolution. Il avait été enlevé de l'église pour

(1) Notes fournies par M. l'abbé Dufourny, vicaire de la paroisse.

être brûlé avec des statues de saints sur la place Saint-
Pierre. Il fut sauvé par le C. Joseph Cordier qui le ca-
cha dans un double plancher de son grenier, « où il fut
retrouvé, il y a une vingtaine d'années, par M. John
Delegorgue neveu de M. Cordier (1). »

LE BAS-COTÉ GAUCHE.

Si nous nous engageons dans le bas-côté gauche de la
nef, nous rencontrerons d'abord trois fenêtres garnies
de vitres blanches avant la chapelle du Saint–Sé–
pulcre.

La chapelle du Saint - Sépulcre qui précède de
quelques pas le transsept est une partie ancienne de
l'ancienne église et qui doit nous arrêter. Elle est profonde et assez large ; au dehors elle semble un petit
édicule accolé au flanc de l'église. La grande entrée
ogivale de cette chapelle mérite d'abord notre attention.
Elle est bordée d'un double jet serpentant de vignes,
pampres et raisins, partant de la gueule de deux animaux. Huit petits personnages endormis, en costumes
et en armes du moyen–âge, se reposent à différentes
hauteurs dans le feuillage. Au-dessus de l'ogive est un
grand ovale sculpté en bois et représentant la Résurrection, Jésus s'élevant du sépulcre au-dessus de trois
gardes renversés par la terreur.

(1) Note fournie par M. l'abbé Dufourny. M. John Delegorgue était
gendre de M. Félix Cordier. MM. Félix et Joseph Cordier étaient
frères.

En cette chapelle, dans un enfoncement ouvert (1) derrière deux ogives à feuillages bibliques de pampres et de raisins, est couché un christ en bois sous une étoffe de damas rouge. Ses pieds nus sont l'objet de l'adoration fréquente des fidèles.

A notre gauche étincelle, et surtout vers le soir, quand le soleil baisse, le vitrail représentant le départ de Godefroy de Bouillon. La légende DIEX LY VOLT se détache sur une bannière au-dessus de la tête de Godefroy. En arrière, près d'une ville, qui est Abbeville, se pressent les tentes des croisés qui partent. Godefroy en cotte de mailles dorée, l'écu à la cuisse, et l'épée haute, monte un cheval argenté. Beaucoup de guerriers à cheval le suivent. Un évêque, debout entre deux diacres agenouillés, bénit la marche des croisés. En arrière, un guerrier, sous une armure d'écailles d'or, portant au bras gauche l'écu de Riencourt et de la main droite une lance avec un pennon blanc à croix rouge, monte, sur une selle de pourpre, un cheval bai-brun. — La verrière porte la date de 1855.

A notre droite, et faisant face au précédent, brille un autre vitrail au-dessus d'une sculpture de pierre.

La sculpture — une *Pietà* — représente la Vierge tenant le Christ sur ses genoux au pied du Golgotha qu'on voit au fond chargé de trois croix. Un peu en arrière et à droite la ville de Jérusalem. Une longue suite de

(1) M. l'abbé Lefèvre rappelle, d'après l'abbé Buteux, que ce tombeau est dû aux libéralités de Jean Du Bos — quinzième siècle. — Nous ajouterons que le christ couché est très-probablement l'œuvre d'un tailleur d'images abbevillois.

croisés descend de la ville ou du Calvaire vers le groupe. Les premiers arrivés sont déjà à genoux, les mains jointes et l'épée touchant la terre.

Au—dessus de la sculpture étincelle aux feux du matin le vitrail. Il représente, transpercé par la lumière même de l'orient, le Christ en croix entre la Vierge et saint Jean. Cette verrière a été donnée par madame Douville de Fransu.

Les fonts baptismaux, de marbre brun et très-simples de forme, sont dans cette même chapelle. Ont—ils été placés dans cette chapelle du Saint-Sépulcre par quelque allusion symbolique ?

Un peu après la chapelle du Saint—Sépulcre nous rencontrons, en poursuivant notre marche dans le bas—côté gauche, un confessionnal bien sculpté et décoré par le ciseau de l'artiste de motifs symboliques : sur la porte une tiare devant la croix et les clefs ; de chaque côté des allégories dans lesquelles figurent surtout des cœurs.

Nous sommes maintenant dans le transsept éclairé aux deux extrémités par deux grandes fenêtres ogivales garnies de vitres blanches qui jettent dans cette partie de l'église une ample lumière. Aussi est-ce dans ces bras de l'édifice qu'ont été placés les trois grands tableaux sauvés de la vente faite à l'occasion des démolitions et des travaux de 1863.

Ici, en face du bas-côté gauche que nous venons de parcourir, se présente la *Résurrection* de Hallé, bien moins avantageusement placée, il faut le dire, qu'autrefois, bien qu'éclairée, et très-convenablement, à

gauche, par la grande fenêtre blanche du transsept. Il
faut signaler sur cette toile quelques gouttes de chaux
tombées de la voûte quand on l'a reblanchie.

LE BAS-COTÉ GAUCHE DU CHŒUR. — LA CHAPELLE DE LA VIERGE.

Le bas-côté gauche de l'église se prolonge au delà
du transsept par une chapelle parallèle au chœur nais-
sant.

Cette chapelle est celle de la Vierge. Au-dessus de
l'autel, la Vierge avec l'enfant, groupe en bois peint ;
à droite et à gauche deux autres statues en bois peint,
saint Joseph et sainte Anne. Plus haut, et à la hauteur
des épaules de la Vierge, deux anges tenant chacun un
encensoir. Au-dessous des trois statues principales
quatre médaillons représentant l'Annonciation, l'Adoration des bergers, l'Assomption, le Couronnement de
la Vierge dans le ciel.

A notre gauche, le vitrail exposé au nord, et signé
Didron, porte la date de 1864. Il est dédié à la Vierge.
Au centre la Vierge avec l'enfant. Au-dessus la Vierge
en reine, couronnée, assise avec l'enfant sur ses genoux
et distribuant des aumônes à deux mendiants dont l'un
a la tête environnée d'une auréole de saint. Autour de la
Vierge debout au centre, plusieurs sujets : un saint enseignant et laissant d'une de ses mains se dérouler la légende *salve, virgo, singularis ;* un architecte présentant le
plan d'une église, un sculpteur taillant une image de la
Vierge, une sainte frappant les touches d'un clavecin

ou d'un buffet d'orgue, des pèlerins de toutes les classes venant implorer la Vierge, enfin le travail sacré, figuré par un homme qui bêche, par une femme ramassant des gerbes ; des personnages en bateau. Ces différents motifs, dans lesquels on retrouve l'éloquence, la musique, l'architecture, la marine, l'agriculture, etc., ont fait parfois intituler ce vitrail *Hommage du travail, des sciences et des arts à Marie*. Dans le haut de la verrière, entre les branchages de pierre de l'ogive, les litanies de la Vierge sont figurées par bon nombre des images de ce chant.

Avant la reconstruction de 1863, aux environs de l'endroit où se trouve maintenant la chapelle de la Vierge, était appendu au mur le tableau miraculeux donné, suivant les Mss. Siffait, par le P. de Goye aux religieuses de la Visitation (voyez plus haut chap. XXI). Caché pendant la révolution, ce tableau fut remis lors de la réouverture des églises à la paroisse du Saint-Sépulcre. La peinture surnaturelle, ayant besoin de quelques retouches, attend aujourd'hui les restaurations chez le président de la fabrique.

LE BAS-COTÉ DROIT DE LA NEF.

Remontons maintenant le bas-côté droit de la nef jusqu'au transsept et au delà.

Nous trouvons dans ce bas-côté deux fenêtres ogivales garnies de vitraux coloriés.

Première fenêtre : vitrail de *la Charité divine*. Le

sujet principal est là cène. Au-dessus de Jésus distribuant le pain et le vin est cette inscription : *Deus caritas est*, et un peu plus haut un pélican abandonnant sa poitrine à la faim de ses petits, et dans la partie tout à fait supérieure de la verrière Jésus en croix entre la Vierge et saint Jean. A droite et à gauche de la cène, le puits de Jacob près duquel Jésus converse avec la Samaritaine et l'eau changée en vin aux noces de Cana. L'inscription *Deus caritas* est elle-même entre plusieurs allégories ; d'un [côté, Jésus accueillant le repentir (un ménestrel attiré par Jésus repousse la volupté représentée par une femme qui tient une coupe et un carafon de cristal égayé par un vin haut en couleur) ; de l'autre côté, deux groupes de personnages couronnés qui s'embrassent saintement et qui figurent le *Misericordia et Veritas obviaverunt sibi* et le *Justitia et Pax se osculatæ sunt*. Cette verrière porte : DIDRON *anno* MDCCCLVI.

Seconde fenêtre : vitrail de *la Foi*. Le mot CREDO occupe le milieu du vitrail au-dessous d'un aigle sur son nid. Tout au haut de la verrière Jésus étendant les mains. Plus bas différents actes ou témoignages de foi : Abraham recevant les anges, la femme de Capharnaüm touchant le vêtement de Jésus, Thomas convaincu par l'inspection des plaies, saint Dominique, une figure allégorique portant l'Eucharistie. Au-dessous, les apôtres composant (d'après la tradition) chacun un des articles du symbole ; saint Pierre au milieu d'eux tient un volume sur lequel on lit : *Credo in Deum patrem* etc.; les onze autres personnages tiennent comme lui un rouleau portant par fragments les autres affirmations de la foi. Cette verrière a été mise en place peu de temps après la précédente.

Nous sommes au transsept. Là se trouve un confessionnal dans le style de celui que nous avons rencontré en parcourant le bas-côté gauche. Toujours des cœurs. Ces deux confessionnaux expriment le triomphe du cœur.

Dans ce bras du transsept sont accrochés deux tableaux de même dimension, de même ton et faits évidemment pour se servir de pendants. L'un représente le repas d'Emmaüs, l'autre l'incrédulité de saint Thomas. Ces deux tableaux sont assez bons ; je ne sais de qui ils sont. C'est à tort qu'on les attribue maintenant à Nicolas de Poilly ; les deux tableaux de Nicolas de Poilly étaient bien les deux grands médaillons cités par N. Douville dans l'*Almanach de Ponthieu* de 1783 et représentant saint Pierre et saint Jean, qui ont passé dans la collection de l'abbé Dairaine lors des changements apportés au chœur en 1863.

LE BAS-COTÉ DROIT DU CHŒUR.

Au delà du transsept et contre le chœur, et faisant face à la chapelle de la Vierge, est la chapelle du *Sacré-Cœur*.

L'autel de cette chapelle est surmonté d'un petit orgue, et en avant de cet orgue se présente une statue en bois de Jésus montrant de la main son cœur visible en sa poitrine. Une fenêtre dont le vitrail doit être intitulé, dans la langue de l'Église, les *Œuvres de la charité cor-*

porelle ou les *Œuvres de miséricorde*, éclaire la chapelle.

Description de ce vitrail : En haut le Christ révélant à une religieuse (la bienheureuse Marguerite-Marie Alacoque) la dévotion du Sacré-Cœur ; au-dessous quatre anges portant les symboles de la passion, l'échelle, la croix, la couronne, etc. Plus bas les œuvres de miséricorde: au milieu Jésus, la main droite levée et bénissant; à sa droite la parabole du Bon Pasteur; à sa gauche celle du Bon Samaritain. Au-dessous de ces sujets, trois autres scènes : Jésus enseignant les enfants ; un groupe de faibles et de malheureux, un vieillard aveugle, un boiteux, un adolescent, implorant la protection d'un guerrier; enfin l'enfant prodigue de retour et bien accueilli par son père. — Ce vitrail est signé : Didron, *Paris*, mdccclxiv.

LE CHŒUR.

Le chœur proprement dit dans lequel nous entrons est éclairé par sept fenêtres garnies de vitraux peints. C'est en cette partie où le ton de la pierre neuve est encore un peu cru, qu'éclate, par contre, la gloire du vitrail. Le moyen-âge avait trouvé le mot. Cet ensemble de sujets frappant l'esprit par les couleurs et par la lumière constitue bien le *Livre des laïques*.

Les trois premiers vitraux sont exposés au nord (1), le quatrième à l'orient, les trois autres au sud.

_____

(1) Quand j'écris nord, c'est pour simplifier; je devrais dire nord-est; l'église est orientée vers le sud-est, de sorte que le prêtre qui officie regarde véritablement Jérusalem.

Nous examinerons successivement ces fenêtres de notre gauche à notre droite, c'est-à-dire en tournant du nord au sud.

Première fenêtre, vitrail de *la Passion*. — Au milieu Jésus en croix ; tout autour les différentes scènes qui ont précédé ou marqué la passion. Dans le bas le jardin des Oliviers, les apôtres endormis, le baiser de judas. Plus haut, et de chaque côté de la grande scène de la croix : à gauche les saintes femmes (le *Stabat*), à droite Joseph d'Arimathie et d'autres personnages. Au-dessus enfin la flagellation, le portement de la croix.

Seconde fenêtre, vitrail du *Baptême de Jésus-Christ*. — Au milieu le baptême, à l'entour différentes scènes du premier âge ou du commencement de la vie de prédication de Jésus : Jésus enfant prêchant devant les docteurs, la tentation dans le désert, la vocation des apôtres, les marchands chassés des abords du temple.

Ce grand vitrail, dont l'azur foncé ne reçoit jamais directement les rayons du soleil, renvoie cependant mon souvenir, avec des regrets, vers un petit, un très-simple vitrail, dans lequel se traduit, comme dans un éclair, le mot de l'évangile ébionite : καὶ εὐθὺς περιέλαμψε τόν τόπον φῶς μέγα ; humble châssis d'une ville de montagnes, qui m'a laissé une joie, une vision de lumière exaltée dans la lumière :

> O Jourdain ! souvenir qu'illumine le Livre !
> Ce vitrail, où la terre et le ciel semblent vivre
> Dans l'étincellement de l'Eden, est plus vrai
> Que ton eau, que tes bords, que ton ciel révéré,
> Plus vrai que l'eau courante et que l'arbre et que l'herbe,
> Et que le bleu perlé de l'arc du ciel superbe,

6

Tels qu'un jour je les vis au gué de Josué
Quand je trempai mes mains dans ton flot salué
Et, contre le soleil trop lourd à mon épaule,
Cherchai dans tes roseaux l'ombre pâle du saule.
Il nous rend, ô Jourdain de Jean et de Jésus,
Une autre vérité transcendante, au-dessus
De celle qu'on saisit dans le toucher des choses,
L'éclair subit rompant le fond scellé des causes,
La minute éblouie où l'océan du bleu,
Portant le ciel, devint translucide sous Dieu.

Peut-être sera-t-il pardonné à l'antiquaire d'avoir tiré de sa mémoire, devant la haute fenêtre un peu sombre du Saint-Sépulcre, l'impression rhythmée par le voyageur amoureux de poésie devant le clair panneau de Luchon.

Troisième fenêtre, vitrail d'*Élie* que l'on pourrait intituler aussi de *l'Immortalité*. — Au milieu, comme scène principale, Élie enlevé dans le char de feu et laissant tomber son manteau entre les mains d'Élisée ; *ascendit Elias per turbineum in cœlum*. Le char est emporté par deux chevaux qui se dressent avec ardeur ; au-dessus d'Élie est un phénix sur le bûcher ; quatre autres motifs complètent la signification de ce sujet principal : Jonas glorifiant Dieu au sortir de la gueule du monstre marin(1), le fils de la Sunamite, Daniel dans la fosse aux lions, les trois jeunes hommes dans la fournaise.

Quatrième fenêtre, vitrail du *Triomphe de la Religion*. — Au milieu Jésus-Christ, en vêtement pontifical d'or, la tête ceinte de la tiare et tenant en main la croix à triple croisillon, sur un char traîné par les quatre évangélistes

_____

(1) *Sicut Jonas fuit in ventre ceti, sic erit filius hominis in corde terræ*. Office du Saint-Sépulcre à matines. S. Mathieu, XII, 40.

(sous leurs figures symboliques). Au-dessus du Christ triomphant, Moïse entre Noé et David. Au-dessous du Christ, saint Jean-Baptiste, saint Pierre, saint Christophe, saint François d'Assise et d'autres saints.

Cinquième fenêtre, vitrail de *la Résurrection générale.* — L'inscription sur un écusson rouge qui explique le sujet principal explique aussi tout le vitrail : *Lazare, veni foras.* Au-dessus de Lazare sortant du tombeau, un phénix sur le bucher exprime encore la même pensée. Ce vitrail est le pendant et le complément, dans la loi nouvelle, de celui d'Élie. Quatre sujets accompagnent le sujet principal, Lazare ; savoir : deux résurrections, celle du jeune homme de Naïm, celle de la fille de Jaïre; deux guérisons, celle du fils du centurion, celle d'une autre personne à qui Jésus dit: *Surge, amica mea*, qu'on suppose la belle-mère de saint Pierre. Le sujet du centurion, à gauche au bas du vitrail, n'est pas étranger à la pensée générale ; il explique que c'est par la foi qu'on guérit et qu'on ressuscite. Dans le haut du vitrail apparaît le Christ ressuscité lui-même. Deux banderoles portent ces inscriptions : *Mortui qui in Christo sunt resurgent primi* et *Christus resurgens primitiæ dormientium.*

Sixième fenêtre, vitrail de *la Transfiguration.* — Au milieu la Transfiguration, Jésus lançant la lumière de tout son corps entre Moïse et Élie et au-dessus des trois apôtres. A l'entour Jésus touchant les yeux de l'aveugle, Jésus entrant en triomphe dans Jérusalem, Jésus payant le tribut avec la monnaie trouvée dans le poisson, la multiplication des pains. Didron, *Paris*, 1854. C'est le vitrail des miracles, de la puissance manifestée de Jésus.

Septième fenêtre, vitrail du *Saint-Sépulcre* et de *la Résurrection du Christ.*—Au milieu Jésus s'élançant hors du tombeau. Au-dessus la Vierge entre les apôtres ; au-dessous la mise au tombeau.

L'enseignement catholique est complet en ces chapitres que tous les rayons lumineux se chargent d'animer.

J'ai trouvé et je possède trois offices du Saint-Sépulcre : *Officium Sancti Sepulchri ad primas vesperas,* volume manuscrit et ne portant pas de date ; *Office du Saint-Sépulcre,* volume manuscrit encore et ne portant pas de date ; *Office du Saint-Sépulcre,* un volume. Abbeville, Boulanger, 1836.

Le premier fort complet, avec la musique et d'une écriture du dix-huitième siècle, renferme en outre « ce qui regarde la confrérie des agonisants » (voyez plus loin). Le second, d'une écriture du commencement de ce siècle, n'est qu'un abrégé dans lequel se trouvent bon nombre de variantes. Les offices n'étaient pas chantés sans doute après le rétablissement du culte exactement comme avant la révolution. Ce second manuscrit renferme en outre *l'office de saint Léger évêque et martyr, feste des prêtres de Saint-Jacques,* et *l'office propre de saint Eloy.* Le troisième est l'office *rédigé et traduit en français par les soins de M. Jean-Baptiste-Emmanuel Crimet, curé de ladite paroisse :* « Composer, ou trouver tout préparé, dit M. l'abbé Crimet à ses paroissiens, un Office propre pour la fête patronale de votre paroisse, tel a été, depuis plus de trente années, le vœu de mes vénérables prédécesseurs. Le goût sévère de M. Cauchy l'a empêché de vous livrer le fruit de ses recherches; son successeur, M. Cauët, enlevé trop tôt à l'amour de ses ouailles, n'a pas eu le loisir de réaliser ce projet. Plus heureux qu'eux, je bénis le ciel de ce qu'il m'est donné de pouvoir offrir à votre piété ce qu'elle attendait depuis si longtemps. J'ai appelé à mon aide le zèle et les lumières de plusieurs ecclésiastiques respectables, notamment de M. l'abbé Voclin, vicaire général d'Amiens ; et un office particulier pour votre fête patronale a été présenté à Mgr l'évêque, qui a daigné l'honorer de son approbation (1). »

M. l'abbé Crimet a rendu ainsi justice aux travaux préparatoires de ses prédécesseurs, mais, dans son désir de la rendre, il a oublié un peu trop l'ancien office du dix-huitième siècle (et remontant plus haut sans doute), office que ses prédécesseurs MM. Cauchy et Cauët ont eu sûrement entre les mains et qu'il a eu seulement après eux à ordonner et à reproduire.

Nous avons noté sommairement par un mot « ce qui regarde, dans le premier de nos manuscrits, la confrérie des agonisants »; voici les divisions de cette partie du manuscrit :

1° *Indulgences accordées à la confrérie de Notre-Dame des agonisans érigée dans la paroisse du Saint*

---

(1) Effectivement l'approbation épiscopale est en tête du livre et porte la date du quatorzième jour du mois de mars de l'an de N. S. mil huit cent trente-six.

Sepulcre à Abbeville au diocèse d'Amiens par notre saint père le Pape Clément XI, sous le nom du Saint Viatique et des agonisans.

Pour servir de monument perpétuel. Ayant appris que dans l'église de Saint Sépulcre d'Abbeville il est érigé ou se doit ériger etc . . . .

. . . . Donné à Rome à Sainte Marie Majeure sous l'anneau du pécheur le dix—huitième jour de novembre mil sept cent dix-neuf, de notre pontificat dix-neuf.

F. card. Oliverius (1).

APPROBATION DE L'ORDINAIRE.

Pierre, par la grâce de Dieu et du Saint-Siége apostolique, évêque d'Amiens, ayant vu les lettres de Notre Saint Père le Pape cy-dessus transcriptes, touchant les indulgences. Nous avons permis de les publier selon leur teneur, et nous assignons les cinq festes de la sainte Vierge, sçavoir de la Purification, de l'Annonciation, de l'Assomption, de la Nativité et de la Conception, dont une sera choisie par M. le curé pour la principale feste de ladite confrérie. Donné à Amiens, le second jour de janvier mil sept cent vingt.

Pierre, *évêque d'Amiens.*

Par le commandement de Monseigneur,

La Pierre.

(1) Je copie ainsi que porte le Ms. pour les noms propres comme pour le reste.

2° Autre indulgence accordée à ladite confrérie par Notre Saint Père le Pape Clément XI : Pour servir de monument perpétuel. Étant appliqué et attentif au salut de tout le monde, etc. . . . .

. . . . Donné à Rome à Sainte-Marie-Majeure, sous l'anneau du pasteur, le ·dix-huitième de novembre mil sept cent dix—neuf, la dix-neuvième de notre pontificat.

F. card. Oliverius.

Nous, évêque d'Amiens, etc . . . . . Donné à Amiens, le deuxième jour de janvier mil sept cent vingt.

Pierre, *évêque d'Amiens.*

Par le commandement, etc.

3° Articles des obligations des confrères et consœurs du très-saint Viatique et des agonisants.

« Ce jourd'hui sixième aoust 1719 se sont présentés par devant nous Mᵉ Charles Becquin Dufrenelle, curé de Saint—Sepulcre et doyen de chrétienté, plusieurs paroissiens· pleins de zèle et armés de charité qui nous ont demandé la permission d'établir la confrérie des agonisants pour le bien et l'avantage de toute la paroisse ; pourquoy nous avons dressé plusieurs articles ainsi qu'il ensuit. . . . . . »

Suivent onze articles.

4° Prières pour la recommandation des âmes agonisantes (plusieurs pages).

5° *Missa de quinque plagis Domini nostri.*

Je regrette de ne pouvoir donner encore la liste des curés du Saint–Sépulcre. M. l'abbé Dairaine n'avait pas fini de la dresser, lorsqu'il me remit celles des autres paroisses de la ville. Je ne sais s'il me sera possible de suppléer un jour par mes rencontres aux recherches du patient abbé (1).

Je rencontre aujourd'hui, en remontant au plus haut, Willaume, curé du Saint–Sépulcre, avril 1225. Le nom de ce curé a été extrait par le mᵘ Le Ver, du *Cartulaire de l'hôtel-Dieu de Saint-Riquier*. Ce Willaume était-il le même que le Guillaume, prêtre, fondateur, en 1231, de

---

(1) L'heureuse fortune qui m'apporte dans *la Picardie* la notice de M. l'abbé Lefèvre vient à mon aide, je demande la permission à M. l'abbé Lefèvre de lui emprunter cette *liste de quelques curés du Saint-Sépulcre.*

« Guillaume de Visme, vers 1206. Il s'intitule doyen d'Abbeville « dans une fondation que nous avons rapportée plus haut. » (Nous avons nous-même emprunté à M. Lefèvre cette indication.) M. Lefèvre pense que ce Guillaume de Visme est le doyen de chrétienté nommé Willame, à la date 1211, par le P. Ignace.

« Philippe Boulanger, vers 1568.

« Gabriel Clément, vers 1599. Il est fait mention de ces deux « noms dans les registres de catholicité, conservés au bureau de « l'état civil d'Abbeville.

« Daniel Guernu, 1640 à 1685. Il était conseiller, aumônier et « prédicateur ordinaire de Sa Majesté, d'après les mêmes registres.

« Charles Becquin du Fresnel, 1685 à 1726. Nommé doyen en « 1715. Il légua en mourant, en 1726, une rente de 105 livres à « prendre sur la communauté des marchands de vin, en faveur des « pauvres. Il lègue ses livres à la bibliothèque de la ville avec une « rente de 30 livres pour son entretien.

« Jean Lesueur, 1726 à 1729. Il fut vicaire de cette paroisse, « puis curé de Saint-Jean des Prés et de Saint-Eloy.

« Jean-Charles Lesueur, 1729-49. Licencié en théologie, doyen « de chrétienté en 1739. Il meurt en 1749, en faisant plusieurs legs

l'hôpital du Saint-Esprit ? Il y a grande vraisemblance
à notre avis (1).

Parmi les anciens curés du Sépulcre il faut citer
Charles Becquin, sieur du Fresnel, de la famille municipale de Becquin, mort le 8 mars 1726, et qui fit rebâtir
à ses frais le presbytère de la paroisse. — *Mss. de
M. Siffait.* Charles Becquin, qui aimait les livres, n'était
cependant que bachelier en théologie.

Je dois à l'obligeance de M. l'abbé Dufourny, vicaire
de la paroisse, quelques renseignements sur les curés
depuis quatre-vingts ans.

» Pendant la révolution M. le doyen Deunet demeura
caché chez mademoiselle de Boffles, dans la maison (rue
du Fossé) qui devint la maison des Frères de la Doctrine chrétienne avant la construction de celle qu'ils
occupent maintenant. De cette maison M. Deunet pouvait voir l'église dans laquelle il lui était interdit d'entrer. Il y avait en ce temps un curé assermenté connu
dans la paroisse sous le nom de Grand Pierre. A la réou-

« en faveur des frères de la Doctrine chrétienne et des sœurs de
« Saint-Joseph.

« Vuateblé, 1749-53. Docteur de Sorbonne. Démissionnaire en
« 1753, pour être théologal de la cathédrale de Boulogne.

« Joseph Petit, 1753-74. Démissionnaire en 1774 pour être cha-
« noine de Saint-Vulfran.

« Pierre-Antoine Deunet, 1774. Doyen de chrétienté en 1780. »

Ici finit la liste donnée par M. l'abbé Lefèvre. Elle se trouve complétée dans le texte supérieur par celle qu'a bien voulu me fournir
M. l'abbé Dufourny.

(1) Il doit y avoir cependant une succession de Guillaume. Guillaume en 1206, Willame (peut-être) en 1211, Guillaume en 1225,
Guillaume en 1231, il est impossible que tous ces Guillaume ne
soient qu'un seul homme.

verture des églises, M. Deunet reprit ses fonctions. Dans
sa vieillesse il eut d'abord pour coadjuteur M. Becquet,
puis M. Cauchy (1804) qui ne tarda pas à lui succéder.
Mais dans les Cent jours, M. Cauchy, qui avait démé-
rité du parti de l'empire pour certaines paroles violentes
prononcées en chaire à Saint-Vulfran dans le service du
21 janvier (anniversaire de la mort de Louis XVI), crut
devoir se cacher chez Mlle Noizeux, rue des Teinturiers. M. Cauchy mourut en novembre 1828. Son successeur M. Cauët ne fit que passer. Il mourut en 1830.
M. Cauët eut pour successeur M. Crimet mort en 1852.
M. Crimet était déjà en 1836 chanoine honoraire de la
cathédrale d'Amiens. A M. Crimet succéda M. Carpentier, mort en 1866. Le curé maintenant en fonctions
est M. Coyette ».

La grande fête de l'église du Saint-Sépulcre est célébrée tous les ans le 15 juillet, en mémoire de la délivrance du tombeau de Jésus-Christ par l'entrée de Godefroy de Bouillon dans Jérusalem, le même jour de
l'année 1099. Nous n'avons eu pour cette constatation
d'un usage de vieille date qu'à reprendre les paroles
mêmes du P. Ignace (*Hist. ecclésiastique*, p. 137).

La paroisse du Saint-Sépulcre resta longtemps, de
toutes celles de la ville, la plus scrupuleusement rivée
aux menus travers, aux petites pratiques, et un certain
Lefebvre, ancien juge de paix et curieuse mine de poète,
fit sur elle, vers 1810, une satire qui mit fort en émoi
les bonnes âmes du quartier. Nous avons retrouvé une
copie de cette satire qui existe encore manuscrite entre
les mains de quelques personnes et nous en risquerons

des extraits dans notre histoire littéraire d'Abbeville.

Il n'y a pas de quartier de la ville qui ait obtenu plus de fois l'honneur de la monographie. Le poëte Lefebvre l'a raillé dans la *Titisserie*. Comme compensation M. De Poilly lui a consacré élogieusement, sous le titre de Fête du Saint-Sépulcre, deux articles du *Franc-Picard* (n°ˢ 17 et 18). *Consacré* est de style Prudhomme, mais de langage classique aussi, et le classique et savant pédagogue n'eut pas renié le mot. Paroissien du Sépulcre, il avait voulu pieusement donner, en opposition à son confrère en poésie (?) et en épigrammes, Lefebvre, une équitable étude morale du quartier et des habitudes des habitants.

Malgré la moralité antique et reconnue de ses aborigènes, ce quartier subit peu à peu les exigences du luxe. MM. Brion et Paillart signalaient dans leur *Mémoire sur la dépopulation* cinq maisons supprimées récemment dans les rues Charlet, du Saint—Esprit et du Saint—Sépulcre, pour faire place à des magasins ou à des constructions plus grandes. A la même époque beaucoup de vieilles servantes et de *vieux ménages* habitaient les maisons près de l'église.

CHAPITRE XXV.

La rue du Saint-Esprit.

La rue du Saint-Esprit, parallèle à la rue du Saint-Sépulcre, nous ramènera à la chaussée du Bois.

Cette rue tire son nom de l'hôpital du Saint-Esprit, qui y était situé. L'hôpital du Saint-Esprit fut fondé au mois d'avril de l'an 1231, par un vertueux prêtre nommé Guillaume. Ce saint homme, ainsi que ne le fait pas remarquer le P. Ignace qui n'entendait guère malice aux affaires de ce monde, n'était pas seulement vertueux, mais habile. Les établissements du genre du sien, courant alors de grands risques de spoliation, il intéressa l'évêque d'Amiens, l'archidiacre de Ponthieu et leurs successeurs à la conservation de cette maison par une

L'hôpital du Saint-Esprit.

rente de quinze livres à prendre sur les cens provenant de ses acquêts.

A propos de cet hôpital du Saint–Esprit, je dois cependant livrer à la discussion un extrait que j'ai fait autrefois dans Dom Grenier (1). La discussion doit porter sérieusement sur les dates. Nous avons dit, d'après le P. Ignace, l'hôpital fondé en 1231 ; voici maintenant l'extrait : « hôpital du Saint-Esprit à Abbeville confirmé par Thibaut, évêque d'Amiens, en 1160. Nouvelle confirmation en 1166 par le même. » Ces dates enlèveraient la fondation au prêtre Guillaume. Mais ce n'est pas tout, il y a dans l'indication de la collection de Dom Grenier erreur sur les dates ou sur l'évêque. En 1160, l'évêque d'Amiens était Théodoric ou Thierry ; en 1166, l'évêque était Robert de la Chambre, et Thibaut ne fut évêque qu'en 1169.

Dans un pouillé de tous les bénéfices du diocèse d'Amiens(2), je vois que, vers 1700, il y avait « quatre chapelles dans l'hospital de Saint-Esprit d'Abbeville. » Je pense qu'il faut rapprocher cette indication de cette autre : « le prieuré simple du Saint-Esprit dans Abbeville, ordre de....., dépendant de....., revenu 250 livres. » *Même pouillé.* — J'ai rencontré dans l'État succinct des adjudications faites au District d'Abbeville: le 24 janvier 1791, « la chapelle du Saint-Esprit à Abbe-

---

(1) Dom Grenier, paquet 14, article 9. Table des pièces recueillies dans les archives de l'évêché d'Amiens pour servir à l'histoire de la province de Picardie. Je dois faire remarquer que, depuis mes stations à la Bibliothèque de la rue Richelieu, une classification nouvelle a été faite des Mss. de Dom Grenier.

(2) Supplément aux manuscrits de Pagès, p. 69.

ville appartenant au prieuré du Saint-Esprit » adjugée au prix de 3,100 livres ; et le 30 mars de la même année, huit journaux de terres à Menchecourt « et appartenant à la chapelle du Saint-Esprit, adjugés au prix de 6,100 livres. »

La chapelle du Saint-Esprit était située rue du Saint-Esprit entre la maison faisant l'angle de la chaussée du Bois (dernièrement Saint-Stanislas) et la maison n °2 de la place actuelle du Saint-Sépulcre.

Refuge de l'abbaye de St.-Riquier. Près de l'hôpital du Saint—Esprit était le refuge de l'abbaye de Saint-Riquier, qui se trouvait à peu près derrière l'église.

Hugues de Chevincourt, trente-troisième abbé de Saint-Riquier, suivant Sangnier d'Abrancourt, fit bâtir cet hôtel en 1236.

J'ai soin de citer Sangnier d'Abrancourt, par probité d'abord, par précaution ensuite, n'ayant pu vérifier encore son assertion. Je lis seulement dans l'inventaire des titres de l'abbaye de Saint-Riquier :

Acquisition de notre maison d'Abbeville en l'an mil III^c xxiii (1423), au temps de l'abbé Cuillerel. — Les titres de cette maison mentionnés dans l'inventaire sont XXXIX lettres qui occupent dans cet inventaire l'intervalle de la page XIII^{xx}IX à la page XIII^{xx}XVI. — On voit dans quelques-unes de ces lettres que le jardin de la maison était clos de haies. — Les religieux de Saint-Riquier achetèrent en outre « toutes les maisons nommées le Porc sengles (Sanglier), en la chaussée de la porte du bos d'Abbeville. »

Et cette date d'acquisition, 1423, m'est confirmée ainsi par Dom Cotron :

Die xx *julii*, *prædictus* **Abbas** (Hugues Cuillerel),
tot bellorum strages attendens, quamdam domum Abbatis-
villæ sitam prioratu Sancti Spiritus adjacentem cum horto
et appenditiis comparavit a domino Huré *et domicellâ*
Joannâ Cumbières *ejus uxore, mediantibus octoginta sep-*
tem florenis auri ad plenum persolutis. Hæc autem do-
mus annuo censu sex librarum parisiensium erga priorem
Sancti Spiritus obstricta est et pro ea personam caducam
debemus ipsi sufficere. Emit etiam pedetentim alios re-
ditus et tenementa prædictæ domui proxima ibique do-
mum nostram ex parte magnis sumptibus ædificavit (1).

Je crains donc bien que Sangnier d'Abrancourt n'ait
confondu deux Hugues, et pris Hugues Cuillerel pour
Hugues de Chevincourt.

Saint-Riquier eut plus tard, dans ce refuge des religieux de sa maison, une grande statue de bronze qui
fut enlevée, puis changée en canons, en 1544, par les
ordres du duc de Vendôme, gouverneur général de
Picardie et d'Artois (le grand-père de Henri IV).

Anno 1544, *die* 29 *julii sublata est magna imago ænea*
Sancti Richarii quæ extabat in hospitio S. Richarii apud
Abbatisvillam præcepto illustrissimi Caroli de Bourbon
ducis Vindocinensis præfecti generalis in Picardia et
Atrebatensi provinciâ, etc. *et redacta in tormenta bellica.*
— Dom Cotron.

(1) J'avais déjà trouvé les mêmes faits résumés dans la chronique
de Jean de la Chapelle :

Iste Hugo (Cuillerel) emit de novo managium nostrum de Abbatisvilla, et alternatim et successive omnes redditus et omnia tena-
menta nobis pertinentia in Abbatisvilla quæ ab hospitali Sancti
Spiritus tenentur hæreditarie acquisivit, et in parte domum nostram
ædificavit, sicut latius continetur in novo repertorio.

Les impériaux ayant pris et incendié le 14 septembre 1554 l'abbaye de Saint-Riquier, tous les religieux, à l'exception de trois gardés prisonniers par les ennemis, se réfugièrent dans leur maison d'Abbeville, mais comme ils n'y pouvaient facilement vivre conformément à la règle, leur abbé (commendataire) Claude Dodieu, s'emparant de cette considération pour se décharger peut-être de leur entretien, obtint de les répartir dans divers monastères. Les religieux voulurent résister et il fallut de grandes menaces pour les décider à quitter le refuge devenu pour eux l'abbaye même. —*Dom Cotron.* Mais ces querelles sortent des limites de notre étude.

Pendant l'administration du cardinal de Richelieu abbé commendataire de Saint-Riquier, la maison de l'abbaye à Abbeville fut rebâtie en partie. — *Le P. Ignace.*

Nous retrouvons en 1662 l'hôtel de Saint-Riquier divisé en trois parts :

Hospitium S. Richarii apud Abbatisvillam situm in tres partes diviserunt Nicolaus Hemecq latomus et Ludovicus Levillard faber lignarius quarum duæ D. abbati, tertia monachis obtigit, quod ratum habuit D. abbas die 29 aprilis. — Dom Cotron.

Cotron n'a garde d'oublier la maison d'Abbeville parmi les propriétés conservées de son temps par le monastère. — Chapitre cinq, *de feodis in proprietate monasterii adhuc existentibus.*

Enfin je trouve, dans l'État succinct des adjudications au District d'Abbeville, l'hôtel de Saint-Riquier, adjugé, le 26 février 1791, au prix de 10,800 livres. La maison qui occupe l'emplacement de cet hôtel porte le n° 2 sur la place du Saint—Sépulcre, et a appartenu successivement à M. Félix Cordier, ancien procureur de la commune d'Abbeville, à M. Delegorgue-Cordier et à M. Paul Manessier. Elle appartient aujourd'hui (1878) à M. Courbet-Poulard.

Nous voici de nouveau sur la chaussée. Tout un ré-seau de petites rues prenant naissance à notre gauche contre la porte même de la ville et devant nous entraî-ner trop loin du point où nous sommes sans nous y ra-mener, il est convenable d'en finir d'abord avec la chaussée, avec la porte et les quelques souvenirs que nous trouvons au delà, sauf à revenir sur nos pas, comme nous l'avons déjà fait bien des fois (1). *Suite de la chaussée du Bois.*

MM. Brion et Paillart signalent dans leur Mémoire sur la dépopulation des suppressions et des agrandissements de maisons dans la chaussée du Bois par suite desquels quinze maisons avaient disparu peu de temps avant l'an-née où ils écrivaient. Quinze familles d'ouvriers avaient

(1) Finissons-en d'abord avec la chaussée du Bois elle-même. Cette chaussée, disent les Mss. de M. Siffait, qui commence à la porte Comtesse, — on voit que le Pilori était réputé dès ce temps faire partie de ladite chaussée, — et finit au bout du glacis, a 290 toises de longueur et 3 toises de largeur, ce qui fait en toises carrées ... toises. — Nous devons fixer aussi, avant d'aller plus loin, un souvenir qui n'a pu trouver place plus haut, faute de ren-seignements assez précis sur le point de la rue M. Le Boucher de Richemont, qui demeurait dans la chaussée du Bois, y possédait en 1757 une riche collection de tableaux ; on y remarquait des œuvres de Rembrandt, de Watteau, de Van Ostade, de Feti, de Lafosse, etc., etc. Cette collection a subi le sort de presque toutes les col-lections particulières ; elle a été dispersée et perdue pour la ville qui eût pu en être fière.

7

aussi quitté ce quartier après la destruction de la fonderie en 1840.

Nous voici devant la porte du Bois (1).

Cette porte fut élargie en 1774 du côté de la ville. Jusque-là on passait sous plusieurs voûtes séparées. — Les Mss. de M. Siffait donnent des dessins représentant cette porte avant et après 1774.

Chacune des portes de la ville pourrait avoir une histoire. Celle devant laquelle nous sommes exista dès que la porte Comtesse et les fortifications défendues par la Rabette ne furent plus les limites de la ville vers l'est. Je ne puis remonter si haut, mais je rencontre quelquefois la porte *du bos* dans les comptes municipaux du quinzième siècle ; ainsi, par exemple, en l'année échevinale 1476-1477 :

« A Nicolas Le Roy, plommier, et Toussaint de le Porte, painctre, la somme de...... c'est assavoir aud. Nicolas, pour avoir fait de ploncq (plomb) un grant escu de France à trois fleurs de lys et une grande couronne, mis à la porte du bos, au-dessus du pont-levis.... Item audit Toussaint, pour avoir paint ledit escu de fin azur et les fleurs de lys et couronne d'or là où il a tout trouvé (2). » — Mandement du xx° jour d'aoust (1477).

La porte du Bois, ainsi que « le rampart proche d'icelle », fut réparée en 1595 et dans les années suivantes. (V. dans La Ligue a Abbeville, t. III, pp. 273-275, la délibération des 4 et 7 août.)

Il est encore arrêté dans une délibération générale du

(1) Écrit en 1860. La porte a été démolie depuis.
(2) Que signifient ces derniers mots ?

29 avril 1596 de travailler en toute diligence à la porte du Bois.

Les réparations n'étaient point d'ailleurs restreintes à la porte ou aux abords immédiats de la porte. La délibération du 21 janvier 1597 nous montre que les boulevards (ou fortifications) des portes sainct Gilles, du Bois et de Marcadé ont été commencés l'année précédente (1596) et que le roi veut qu'on les fasse achever.

Du côté de la ville des degrés servaient à monter sur le rempart élevé et carrossable qui passait sur la voûte épaisse de cette porte. Ils existaient bien avant la fin du seizième siècle. Je lis dans une note des *accensements faits par la ville* : « 158., bail à cens à Jacques Quenu d'une portion de terre contre les degrés de la porte du Bois, moyennant un écu de cens et une paire de gants à M. le maïeur. » Ces degrés sont mentionnés encore dans une délibération échevinale du 29 avril 1616 comme servant à monter au rempart du côté du jardin des arbalestriers.

Ils n'ont disparu qu'avec la porte. Un officier de cavalerie, en garnison à Abbeville en 1849—1850, M. Thornton, devenu général depuis ce temps, les gravissait fréquemment au galop.

Parmi les cinq vues de la porte du Bois que conserve la collection de M. O. Macqueron, deux sont prises de l'intérieur de la ville. La première représente cette porte comme elle était avant 1774, (encre de Chine d'après les Mss. Siffait) ; la seconde, telle qu'elle était en août 1856, (aquarelle).

Hors de la porte était, sur le fossé de défense, un

pont qui fut réparé en 1561, ainsi que je le vois dans les délibérations échevinales sous la mairie de Nicolas Rumet, 1560-1561 :

« Du xviii° jour de juillet an mil V° soixante et ung. Sur ce que led. sieur Maïeur a remonstré que le pont levis près la porte du Boys par lequel l'on soloit tirer terre des fossés pour la fortiffication de ceste ville a esté trouvé poury et en danger de tomber de bref s'il n'y est prouveu, a esté délibéré que visitation s'en fera par les maistres des ouvrages pour, suivant icelle, estre procédé à la démolition dud. pont et à la refection de la ferme-ture nécessaire...... dont sera parlé à monsieur le gou-verneur. »

Il y avait à côté de ce pont, dès lors ou plus tard, un corps de garde qui fut acheté par la ville moyennant 220 francs en nivôse an vi.

Vue extérieure des fortifications. Ce pont menait, avant le déclassement militaire de la ville, vers la demi-lune des Noyers que traversait l'a-vant-porte. L'intervalle entre la porte et cette demi-lune était planté de noyers. De cette particularité sans doute le nom de la demi-lune. Les noyers périrent dans le rigoureux hiver de 1709 : « De gros arbres furent fendus par l'âpreté du froid ; entre autres des noyers près le corps-de-garde de la porte du Bois, entre la pre-mière et la seconde porte, qui produisoient beau-coup. » - *Mss. de M. de Bommy.*

Postons-nous en imagination sur la demi-lune dé-truite et jetons les yeux sur les fortifications anciennes dont il ne restera bientôt que des souvenirs.

Devant nous est la porte précédée d'un pont-levis ; un

peu à droite le bastion de Rambures ; un peu plus loin la tour du Haut-Degré sous laquelle passe le Scardon. La vue de cette tour sera sauvée par la collection des dessins de M. de Saint-Amand (maintenant à la ville). — Pour cette tour du Haut-Degré voyez encore l'*Histoire des mayeurs* du P. Ignace, p. 764.

Au delà de la tour du Haut-Degré est la petite tour de Fontaine (V. un dessin de M. de Saint-Amand).

Au delà encore les remparts, couverts d'arbres et accentués de quelques ouvrages, se profilent vers la porte Marcadé.

Maintenant si nous ramenons les yeux sur notre gauche, ils rencontreront d'abord, non loin de la porte, la petite tour de la Cloche. — Cette tour tirait son nom d'une sorte de coiffure qui lui donnait la forme d'une cloche. Elle existe encore mais décoiffée.

Plus loin ils glisseront sur la tour dite le Moignelet, — au bout de la rue Millevoye.

Plus loin encore sur le bastion de Longueville. Ce bastion, coupé (1877) par le chemin de fer de Béthune, a été construit du temps de Henri II ; il était daté par les armes de ce roi sculptées à l'angle saillant ; ainsi notablement plus ancien que les autres qui sont du temps de Henri IV.

Dans ce renfoncement est la porte Saint-Gilles et un peu plus loin le bastion de Saint-Paul, — dans lequel se trouve le manége militaire.

Tous ces bastions ont été dessinés par M. de Saint-Amand. La ville déclassée retrouvera toujours sa vieille armure dans les cartons de la ville.

L'écrivain qui aurait le loisir de feuilleter tous les registres de l'Échevinage, délibérations et comptes, en pourrait extraire, d'année en année, l'histoire de cette armure toujours renouvelée ou maintenue en état aux frais de la ville.

En janvier 1473, les maieur et échevins, les gens d'église et les officiers du duc de Bourgogne se réunissent au Grand-Échevinage (et dînent ensuite) pour aviser « comment l'on porroit avoir certaine grand somme d'argent pour convertir et employer au nétoiement du fossé estant entre les portes du bos et sainct Gilles et faire aucuns bolvers, » etc. — *Comptes de* 1472-1473.

L'année suivante, grandes réparations ou travaux aux boulevards (*bolverts*). En outre on pave « les terraches (terrasses) des portes et tours d'icelle ville, parce que les gens de guerre qui estoient en lad. ville en garnison avoient prins et emporté la plus grand partie des ploncs estans auxd. terraches ; » et on pave particulièrement « dedens le bolvert de la porte du bos. » — *Comptes de* 1473-1474.

Les réparations aux « tours et bolverts » sont continuées en 1474-1475. — *Comptes.*

Etc.

De la demi-lune des Noyers que nous n'abandonnons pas encore portons nos yeux vers le faubourg qui monte et vers la route de Doullens qui se sépare de celle d'Amiens pour gravir la côte dite des Moulins. Oublions un instant rues vieilles ou nouvelles, salles champêtres de danse, cabarets, caserne; remontons les siècles. Transformation complète de ce côté de la banlieue! Un bois s'élève vers la plaine ; la verdure des arbres borne assez près notre vue.

Ce bois a droit à une histoire ; voici ce que nous en savons.

LE BOIS.

La porte du Bois s'appelle ainsi, dit le P. Ignace, d'un bois contigu qui, planté en l'an 606, comme on le lisait sur une lame d'airain attachée à une croix de pierre voisine de la porte même, fut déraciné tout à fait en l'an 1557. Le P. Ignace a-t-il vu de ses propres yeux cette lame d'airain qui indiquait si bien la date précise où le bois avait été planté ? Nous pouvons en douter. Ce qu'il y a de certain, c'est qu'un bois que l'on appelait le bois d'Abbeville, et qui fut peu à peu diminué par des abatis successifs, couvrit autrefois la chaussée du Bois et les rues plus basses du côté du Scardon, et que, plus tard, ce bois, lorsqu'il se retira de devant les maisons et une enceinte nouvelle, continua à couvrir les environs de la ville en dehors de la porte.

Le bois d'Abbeville.

Nous ne constatons son existence que dans des temps relativement rapprochés, c'est-à-dire lorsque l'abbaye de Saint-Pierre est fondée, lorsque le quartier de Baboë couvre déjà les bords du Scardon et lorsque la lisière verte est repoussée déjà assez haut dans la plaine.

Je ne suivrai pas pour le classement des faits recueillis d'autre ordre que celui des dates.

Mai 1271. Il est question du bois d'Abbeville et de la garde de ce bois dans des lettres de Jean de Neele, comte de Ponthieu, lettres contenant transaction avec les maire et échevins sur plusieurs sujets. — *Livre blanc de l'Hôtel de ville*, folio xvii.

1291. Dans une vente faite par Jehan Entre deux Ponts et Agnès sa femme à Jehan Roussel, bourgeois d'Abbeville, il est question de terres aboutissant *Kemino per quod itur ad nemus Abbatisville*, 1291, *feriâ secundâ post Trinitatem*. — *Livre blanc de l'Hôtel de ville*, folio lxxiiii. — *Lettres de l'Official* sur ladite vente, 1291, le lendemain des bienheureux apôtres Pierre et Paul. — *Ibid.*; folio lxxvi.

La ville possède, depuis la vente de la bibliothèque de M. de Saint-Amand, le titre en parchemin (du jour de la Magdelene, — 22 juillet, — sans date d'année, mais du quatorzième siècle, je crois) de l'abandon fait au chapitre de Saint-Vulfran « d'une piecbe de terre au Brulle jouste le bos d'Abbeville, » etc.

Partout où se rencontre le mot Brulle il doit y avoir, ou y avoir eu, un bois, un buisson (V. Ducange : *Brolium, Brotetum, Bruillium*), et, en effet, nous savons qu'il y avait à gauche du faubourg actuel de Saint-Gilles, vers le haut, un bois qui s'appelait le Brulle. Il est à croire que le bois dit d'Abbeville et le bois dit le Brulle se rapprochaient avant les défrichements, s'ils ne se touchaient pas.—J'ai oublié le Brulle dans le tome Ier de cette *Topographie* ; je donnerai dans l'appendice de cet ouvrage ce que j'ai pu recueillir sur ce bois.

En ce chapitre je ne m'écarte pas du bois d'Abbeville.

Le bois d'Abbeville contenait en 1310 deux cent vingt-trois journaux qu'Édouard II, roi d'Angleterre, et comte de Ponthieu par sa mère, Aliénor de Castille, donna à cens, en cette année-là même, aux maieur et échevins d'Abbeville, moyennant la somme de dix sols parisis de cens annuel par journal, à condition de ne pas l'essarter (le défricher) et d'y réserver une garenne (1). — *Mss. de Jean Hochart complété par Sangnier d'Abrancourt, à la bibliothèque de la ville.*

Ce bois s'étendait, suivant Sangnier d'Abrancourt, de la croix de Jean Guerlon à la porte Saint-Gilles (2).

Comment les deux cent vingt-trois journaux du bois d'Abbeville ne se trouvent-ils plus être que cent soixante-quatre en 1540, date du bail à cens? Point d'explication connue de nous. Je livre la question aux recherches avec ces points subsidiaires à résoudre : Ne s'agit-il dans la concession de 1540 que d'une portion du bois? Pourquoi l'expression de nos registres *grands et petits bois* ? Ces mots n'indiqueraient-ils pas des défrichements d'une date très—antérieure ayant divisé le bois en plusieurs morceaux petits et grands? Si les cent soixante-quatre journaux composaient tout le bois d'Abbeville en 1540, comment les cent cinquante—neuf autres étaient—ils sortis de la propriété communale? Les journaux livrés à cens en 1540 étaient-ils tous défrichés comme semble

(1) Pour la garenne du bois d'Abbeville V. l'*Hist. chron. des Mayeurs* du P. Ignace, pp. 269 et 631.

(2) En dehors, je n'ai pas besoin de le dire, des limites actuelles de la ville qui étaient, de fort longtemps, celles d'aujourd'hui. C'est donc à tort que l'auteur de *Quelques études sur les biens communaux* (1866) a cru que le bois pouvait encore en 1540 envahir les abords de la ville jusque vers la porte Comtesse.

l'avoir compris M. Traullé, — *Table de Chartes*, etc.?
Ne le furent-ils que plus tard, en 1557, comme l'affirme
le P. Ignace? Je n'ai pas la prétention de donner, aujourd'hui du moins, le dernier mot sur ces incertitudes.
Je ne sortirai pas de textes précis mais qui ne nous
disent pas tout ce que nous voudrions savoir.

Les grands et petits bois d'Abbeville ayant été baillés
à cens en 1540, j'ai voulu interroger le registre des résolutions échevinales de cette date ; j'ai trouvé absente la
partie des délibérations qui correspond au bail. Les indications de MM. Sangnier d'Abrancourt et Traullé me
demeurent donc bonnes fortunes.

Sangnier d'Abrancourt me dit :

« En 1540, le sénéchal de Ponthieu et les maïeur et
échevins d'Abbeville ont baillé à cens cent soixante-quatre
journaux quatre-vingt-douze verges et demie de terres,
vulgairement appelés le bois d'Abbeville. »

Noms des concessionnaires, division des terres et quo-
tité des censives d'après Sangnier :

1. — Hugues Flouret, quatre journaux, moyennant . . . . 4^l 12^s 0^d
(Trente-six ans plus tard, nous ne retrouverons plus
de Flouret mais nous rencontrerons un Flourye).

2. — Jean de May. . . . 4^{jx} 5^l 4^s 0^d

3. — Ledit et Penart. . . 6   8 8 0

4. — Ledit et Penart. . . 5   7 14 0

5. — Jean de Monstreuil. . 6   8 8 0
(Nous retrouverons de Monstroeul en 1576.)

6. — Nicolas Colnot . . . 6^{jx} 8^l 8^s 0^d
(Nous retrouverons Collenot en 1576.)

7. — Jacque Roulet . . .	9^{jx}		14^l	8^s	0^d
8. — Guillaume Henocq. .	2^{jx} 16^v		3^l	17^s	6^d

(Nous retrouverons Henocque en 1576.)

9. — Ledit Henocq . . .	4^{jx} 80^v		10^l	3^s	6^d
10. — Nicolas Legrand . .		45^v	00	15	3

(Nous retrouverons Legrand en 1576.)

11. — Charles Amilliot [?]. .		32^v	00^l	10^s	3^d
12. — François de le Vuard .	1^{jl} 75^v		3^l	17	0

(Nous lirons de le Ward en 1576.)

13. — Pierre Legrand. . .	1^{jl} 25^v		2^l	2^s	6^d.
14. — Charles Amilliot [?] .	1^{jl} 75^v		3^l	6^s	00^d
15. — N.	8			15	4 00
16. — Hugue Horet (Flouret ?)	3		00	2	13
17. — Guillaume Henocq .	7^j 50^v		12	16	00
18. — N	1^j 30^v		00	00	00
19. — { François Lardé } { Hugue Flouret } . .	8^j 9^v		9^l	14^s	2^d
20. — Jean Durand . . .	6^j		6^l	12^s	0^d

(Nous retrouverons Durand en 1576.)

21. — Douai et Penart . .	5^j 80^v		6^l	12^s	0^d
22. — Jean Lesueur . . .	4^j 50^v		6^l	17^s	0^d
23. — Pierre Saveuse . .	6			6	17 0
24. — Jean Roussel . . .	8^j 50^v		11^l	1^s	0^d
25. — Jean Lesueur . . .	6^j 25^v		8^l	2^s	6^d
26. — François Delwarde .	5^j 75^v		6^l	6^s	6^d
27. — Jean Lesueur. . .	6		11	8	0
28. — Le Fuzelier . . .	6		7	4	0
29. — Le Fuzelier . . .	6		4	16	0
30. — Jean Cambier. . .	6		8	8	0

31. — Daniel Laignel. . . 7^j 50^v(1) 6^l 15^s 0^d
(Nous retrouverons Laignel en 1576.)

32. — Fremin Leroy. . . 3^j 25^{v}1/2 4^l 1^s 0^d
(Nous retrouverons Leroy en 1576.)

33. — Jean Roussel . . . 6^j 5^l 8^s 0^d
34. — Ledit Roussel. . . 6^{jx} 4 16 0
35. — Ledit Roussel. . . 4^j 75^v 4 16 0
36. — Ledit Roussel. . . 6   6 0 0
37. — Ledit Roussel. . . 7^j 25^v 7 7 0

164^{jx} 92 verges 1/2

Signé : Desgroseillier   Signé par l'ordonnance
de Messeigneurs   L'hiver avec paraphe(2).

« Les propriétaires de ces terres ne pourront rembourser les cens desdites terres, paieront le quint denier en vente, et tel cens, tel relief. » — Sangnier d'Abrancourt, *Remarques sur le Ponthieu*; *Mss.* à la bibliothèque de la ville.

M. Traullé me dit :

« Après les défrichements les terres furent baillées à cens, bail de 1540. » — *Table de Chartes*, etc.

J'ai été plus heureux avec les registres aux comptes dans lesquels est annuellement consignée la recette des cens. J'ai copié tout le chapitre qui regarde l'ancien bois d'Abbeville dans le compte de 1576-1577 et j'ai jeté pour quelques éclaircissements, un coup d'œil sur ceux des années suivantes jusqu'en 1591-1592. On remar-

(1) Ou 6^j 50 ?
(2) Je copie la disposition de ces lignes sur le manuscrit.

quera que bien des noms de détenteurs ont changé depuis
1540.

« Aultre recepte faicte par ledict Pallette, argentier, à
raison des grands et petits bois baillés à cens annuels et
perpétuels le troisième jour de mars mil c' quarante, en
la présence et du consentement de messieurs les gens et
officiers du roy en la senesch aucée de Ponthieu, à la charge
que les preneurs et propriétaires, enssemble leurs hoirs
et successeurs et aians cause, sont et seront tenus paier
le quint denier en cas de vente, tels cens, tels relliefs
d'hoirs et aultres quand le cas y eschera ; Aussy de ne
pouvoir bastir ne ediffier aucuns amasement sur iceulx
immoeubles, mesmes de ne les délaisser et remectre, n'est
en payant, au précédent, quatre livres pour chacun journel, enssemble tous et ung chacuns les arrerages des
censsives sy aucunes estoient deues et aultres charges
et conditions. plus au long déclarées par le bail faict par
devant et signé de, à présent deffunct, lors vivant,
M° Jacques Desgroiselliers, lieutenant général en ladicte
seneschaucée. Partie desquelles terres auroient esté de-
laissées et depuis rebaillées à nouveaux cens ainsi qu'il
est cy après déclaré.

ɪ (1). — De Jacques do Vinchenoueul par achept de Pierre
Poictau chaufourier pour quatre journeulx et de demy
quart de terre acostant d'un costé au chemin menant de ceste
ville à Sainct Ricquier, d'aultre aux six et cincq journeulx
spéciefs (les comptes de 1586-1587 donnent déclarés) aux
deux articles suivans ; d'un bout à la motte Jehan Quennelon
et d'aultre à Jehan Manier, vingts sols pour chacun journeulx

(1) C'est moi qui mets ces chiffres aux articles pour rendre plus
loin un petit nombre de remarques plus faciles.

paiable aux trois termes de lad. ville , icy pour cest
an . . . . iiii^l xii^s vi^d

ii. — De Me Jehan Delestoille pbre (presbtre) par donnation
de Denis Delestoille son père pour huict journeulx et demy
desd. terres que soulloit tenir Mathurin Lefebure dict Paielle,
délaissées en friches et riés, rebaillées par bail à nouveaux
cens moiennant cincq sols chacun journel chacun an, tels
cens, tels relliefs, le quint denier en cas de vente et à la
charge ne souffrir ne mettre lesd. terres à aultre usaige que
de labour ou jardinaige, tenant d'un costé à Jacques de
Vinchenoeul, d'aultre à Nicolas Collenot et à Simon de Monstroeul, d'un bout à Jehan Belle et Jehan Toullet, d'aultre à
Claude le Grand, pour ce . . . . x^l ii^s vi^d

iii. — Du dict Delestoille pour deux journeulx et demy
desd. terres de celles délaissées par le trespas de Hucgues
Flourye (1) rebaillées à mesmes censsives de cincq sols pour
journel et ausdictes charges, tenant d'un costé à Jehan Apaul
(en 1588-1587 Apaoul), d'aultre à Nicolas Collenot, d'un bout
à Obry Mareschal, d'aultre à la pièce cy dessus . xii^s vi^d

iv. — De Thibault Gaudry par achept de Jehan Stoup et
sa femme demeurans à Blangy pour quatre journeulx ung
quartier sept verges desd. terres faisans le quart de dix sept
journeulx trente vergues (sio cette fois) desd. terres quy
ont esté partyes (partagées) tant en l'article de Maturin Lefebure prins à cens par led. Delestoille et aultres, tenant
d'un costé à Jehan Belle et claude Le Grand, d'un bout à
Adrien de Monstroeul et d'aultre aux ayans cause Jehan
Durand, tenus par douze sols de cens chacun an pour chacun
journel, cy . . . . li^s xi^d

v. — De Marye Stoup veuve de Nicolas Le Grand et Claude
Le Grand fils et héritier du dict feu Nicolas pour trois
journeulx ung quartier sept vergues et demye procedans de
la dicte pièce de dix-sept journeulx trente vergues en l'article cy-dessus mentionnés, cy . . . . . vi^l i^s i^d o^b.

vi. — De Jehan Le Grand au lieu de Marye Stoup sa mère
et Salomon de Lavergne au lieu de Claude Le Grand pour

(1) Ou Flourys, en 1586-1587 Flouries.

deux journeulx seize vergues de terre acostans à Jacques de
Bommy et au préau du camp Saint Georges, d'un bout à
Jacques de Vinchenoeul et d'aultre à Jehan Brimard, tenus par
vingt six sols chacun journel, cy. . . . . . LXXVII' IX^d

VII. — Dudict Claude Le Grand pour cinq quartiers ou environ de terre dont y en avoit cy devant cinq quartiers et
demy avant la vendition par luy faicte de la portion cy après
déclarée scitués au devant de la porte du Bois et amasée
d'une maison vulgairement appelée la Vache-d'Or, acostant
et aboutant d'un bout au frocq, d'aultre à François de Francières, tenu par vingt sols de cens le journeulx, icy pour ce
qu'il en tient. . . . . XVII' VI^d.

VIII. — De François de Francières charron pour portion
dudit tenement (le compte de 1586-1587 dit pour une portion de terre prinse audict tenement) à luy vendue par led.
Le Grand, prinse sur le costé de devant de ladicte maison contenant en longueur et largeur environ cincquante pieds et
en profondeur en entrant dedans le jardin vingt pieds dont il a
esté saisi à la charge de dix sols de cens en diminution de
cens que debvoit led. Le Grand sans desmembrer ny séparer ladicte censsive, et la ville entiere à demander à quy bon
luy semblera le total d'icelle. . . . . X^s.

IX. — De Simon de Monstroeul par retraict lignager à luy
adjugé sur Nicolas Gauvin aiant droict par acquisition de
Adrien de Monstroeul frère audict Simon pour deux journeulx de terre prins en une pièce de six, les quatre aultres
vendus à Pierre Marguant et sa femme, tenant la totalité à
Me Jehan Delestoïlle et à Jehan Sanson, d'un bout à Jacques
de Bommy et d'aultre à Nicolas Collenot, tenus par douze sols
le journel. . . . . XXIIII^s.

X. — De Jacqueline Tempeste veuve de feu Pierre Marguant
en son nom et comme aiant acquis le droict de Jean Marguant pour iceulx quatre journeulx de terre tenus à semblable cens de douze sols le journel . . . . . XLVIII^s.

XI. — De Nicolas Collenot pour la moictié de vingt journeulx et demy quart de terre en quatre pièces, la première
contenant six journeulx tenant aux aians cause Jehan Durant
et à Me Jehan Delestoile, d'un bout à Simon de Monstroeul et à

ladicte Tempeste, d'aultre à Jacques de Bommy, tenus par vingt huict sols de cens chacun journel ;

XII. — La seconde contenant pareil nombre tenant á Guille Tagault et audict Collenot, d'un bout aux aians cause Jehan Gambier, d'aultre aux terres que soulloit tenir Daniel Laignel, tenus par seize sols de cens chacun journel ;

XIII. — La troisiesme contenant quatre journeulx trois quartiers tenant aux aians cause Henry Enoult, d'aultre aux terres que soulloit tenir M° Christofle Bloteflere, tenus par xx sols de cens chacun journel ;

XIV. — La quatriesme et dernière pièce contenant trois journeulx un quart et demy tenant à Charles de le Warde et audict Collenot, d'un bout aux terres que soulloit tenir ledict Bloteflere et d'aultre aux terres Hugues Flourye, tenus par xxiiii sols de cens chacun journel, et, quant à l'aultre moictié desd. terres non appréhendées, elles auroient esté baillées à nouveaux cens avecq aultre nombre à Jehan Le Roy laboureur, demeurant hors la porte sainct Gilles, icy pour la moictyé des censsives dudict Collenot. .   xi^l iiii^s ix^d.

XV. — De Jehan Le Roy laboureur demeurant hors la porte Sainct Gilles, tant pour l'aultre moictyé desd. terres, que aultre nombre aussy délaissées et demeurées en friche, le tout revenant à trente quatre journeulx ung quartier et une verge à luy baillés à nouveaux cens moiennant cincq sols pour chacun journel le quint denier en cas de vente les relliefs semblables ausdicts cens et à la charge de n'y pouvoir fossoier ny les mettre à aultre usaige que de labour et jardinaige icy. . . . . viii^l xi^s iiii^d

XVI. — De Charles de le Warde aiant droict par donnation de Galliot de le Warde pour trois journeulx et demy deux vergues de terre baillés de nouveaux à cens aux charges et redebvances susd., cy . . . . xvii^s vi^d

XVII. — De Pierre Platel laboureur demeurant hors la porte du Boys pour ung journel soixante douze vergues de terre aussy rebaillés de nouveaux à ladicte redebvance de v^s pour journel et aux charges devant dictes. . . x^s

XVIII. — De Jacques de Vinchenoeul, marchant, demeurant en lad. ville pour le nombre de douze journeulx de terre à luy semblablement baillé à cens moiennant v^s le journel

aux charges que dessus, tenant d'un costé à Anthoine Tiremont, d'aultre à . . , d'un bout à . . . , et d'aultre
à . . . . (1) . . . . **lx**ᵉ

xix. — De Jacques de Bommy pour noeuf journeulx de
terre tenant à Nicolas Poictau d'un bout à Nicolas Collenot
et d'aultre aux aïans cause Jehan Bonnard, tenus par trente
deux sols de cens chacun journel. . . . . xiiii¹ viii sols.

xx. — De Jacques de Vinchenoeul par achept au lieu de
Claude Lecat pour trente deux vergues de terre tenans à la
fosse où l'on lict les Ballades le jour des Carresmiaux, d'un
bout à Jehan Bonnard, icy . . . . x**ᵉ** iiiᵈ

xxi. — Dudict Vinchenoeul par achept de Jehan Lecat
pour sept quartiers et demy de terre quy se seroient recouverts de trois journeulx au travers desquels passe le grand
chemin quy maisne de la porte du Boys à la porte Sainct Gilles,
lesquels sept quartiers se seroient rebaillés moiennant xxii
sols le journeulx, icy. . . . . xli**ᵉ** iiiᵈ

xxii. — Dudict Vinchenoeul par achept du dict Jehan Le
Cat pour quarante cincq vergues de terre tenans à Jehan
Bonnard, d'aultre à Pierre Le Grand, d'un bout audict Le
Grand et d'aultre aux aïans cause Jacob Delattre, tenus par
quinze sols trois deniers. . . . . xv**ᵉ** iiiᵈ

xxiii. — De Jehan Bonnard au lieu de Guillaume Henocque
pour quatre journeulx quatre vingts vergues de terre à
quarante deux sols de cens chacun journel acostant au camp
Sainct Georges et aux aïans cause dudict Delattre, d'un bout
au dict Le Grand et à Jacques de Bommy, icy . x¹ iii**ᵉ** viiᵈ

xxiv. — De Jehan Cauchon à cause de Nicole Perache sa
femme aiant droict par donnation de Mᵉ Jehan Morel lequel
avoit le droict acquis de Jehan Delattre et Marie Morel sa
mère pour sept journeulx demy quart de terre acostant à la
fosse aux Clercqs, d'un bout à la sablonnière appartenant à
la ville et d'aultre à Jehan Bonnard, tenus par vingt deux
sols le journeulx, icy . . . . vii¹ xvi**ᵉ** ixᵈ

xxv. — De Jacques de Bommy au lieu de Loys de Bommy
pour cincq journeulx noeuf vergues de terre acostans au

(1) Ainsi en blanc dans le registre.

dict Loys, à Thierry Pottentier et aultres, d'un bout au dict
Delattre et à la dicte sablonnière, tenus par xxiiii sols de cens
chacun journeulx, cy . . . . vi^l ii^s vi^d

xxvi. — De la vefve et héritiers Jehan Durand pour six
journeulx de terre acostans à Nicolas Collenot et à Nicolas
Gavin au lieu de Thierry Pottentier, d'un bout à Marin Le
Grand et d'aultre à Jacques de Bommy, tenus par vingt-deux
sols chacun journel, cy . . . . vi^l xii^s

xxvii. — De Berthelemy Dorion pour quatre journeulx et
demy de terre acostans des deux costés à Anthoine Houllier,
d'un bout à Loys de Bommy, d'aultre à Nicolas Gavin, tenus
par vingt six sols le journeulx, cy . . . . . . cxvii^s

xxviii. — De Jacques de Vinchenoeul aiant droict de
Claude Lecat quy estoit au lieu de Jehan Violette et d'Anthoine Houllier pour six journeulx ung quartier de terre
tenans à Jehan et Loys de Bommy et des deux bouts à Jehan
de le Warde, tenus par vingt six sols chacun journel. viii^l v^s.

xxix. — D'Anthoine Tiremont musnier pour six journeulx
de terre sur partie desquels est assis ung mollin à vent acostant aux terres rebaillées à Jacques Vinchenoeul, d'aultre à
Blaise Le Grand et à Jehan Douville et d'aultre à Charles de le
Warde, tenus par trente-huict sols le journel, icy. xi^l viii^s

xxx. — De Nicolas Gavin au lieu de Jehan Pottentier, fils
et héritier de Thierry Pottentier, pour six journeulx de terre
tenans à Berthelemy Dorion, d'aultre à la vefve de Durant,
d'un bout au hoirs Guillaume Tagault et d'aultre à icelluy
Dorion . . . . vi^l

xxxi. — De Charles de le Warde pour cincq journeulx de
trois quartiers de terre tenans à Guillaume Tagault et à Jehan
du Marcq, d'un bout à Estienne Tiremont et à Anthoine Houllier et d'autre à la sablonnière cy-dessus, tenus par vingt deux
sols le journeulx, icy . . . . vi^l vi^s viii^d

xxxii. — De Loys Neudin au lieu de Jehan Gambier et les
héritiers et aians cause Guerard Mallet pour six journeulx de
terre acostant à Jacques de Vinchenoeul et aux terres quy
furent à la vefve Daniel Laignel, d'un bout audict Gambier
et d'aultre à Nicolas Collenot, tenus par vingt huict sols le
journel, sur la part duquel Neudin Nicolas Dumarcq a prins

ypotbèque pour seuretté (sûreté) du recours des garanties
de demy journel de terre à luy vendu par led. Neudin, icy
pour la censsive deue par icelluy Neudin . . uıı¹ ıııı*

Et pour la censsive deue par les aians cause Guerard
Mallet . . . . ıııı¹ ıııı*

xxxiii. — De Jacques de Vinchenoeul au lieu de Pierre Poictau par achept de Jehanne Poictau sa sœur aiant ratraict par
proximité de lignage sur François de Francières pour quatre
journeulx vingt vergues de terre acostans à Pierre Ringot,
d'un bout à Berthelemy Dorion, d'aultre à messire Jehan
de Monchy chevalier seigneur de Senerpont et de l'aultre
au chemin menant à Sainct Ricquier, tenus par vingt-deux sols
le journel, icy. . . . . ıııı¹ xıı* ıııᵈ

xxxiv. — De Anthoine Tagault héritier de Marie Cacaue sa
mère femme de Guillaume Tagault pour quatre journeulx
ung quartier de terre acostans à Loys de Bommy et à la sablonnière dessus déclarée, d'un bout à Nicolas Gavin, tenus
par dix huict sols le journel, cy . . . . . LXXVI* vıᵈ

xxxv. — Dudict Tagault audict tiltre pour six journeulx
de terre acostans des deux costés à Nicolas Collenot, d'un
bout aux terres que soulloit tenir Mᵉ Christofle Blotefiere
et d'aultre aux terres que soulloit aussy tenir Hugues Flourye, tenus par dix-huict sols chacun journel, cy. . cvııı*

xxxvi. — De Pierre Ringot chaufourier pour quatre journeulx de terre que l'on dict à usaige de pré de longtemps
baillé à louage à Raoul Cacaue moiennant six livres acostant d'un costé à Nicolas Poictau et à Collin Briet, d'un bout
à Jacques de Bommy et audict Tagault, dont il n'est deub que
quatre livres suivant les lettres qu'il dict avoir du xxvı fre-
vier mil vᶜ lix. . . . . ıııı*.

Dès le compte de 1579-1580, on écrit pour l'article qui
précède « ..... pour quatre journaux de terre labourables
cy-devant à usage de pré..... » Ces quatre journaux avaient
d'ailleurs changé de mains et n'étaient plus entre celles de
Pierre Ringot.

xxxvii. — De messire Jehan de Monchy chevallier sieur
de Senarpont pour ung journel de terre sur lequel est assis
ung mollin à vent acostant au chemin menant à Sainct Ric-

quier et à Pierre Poiclau, d'un bout à la motte Jehan Guennelon, tenu par. . . . . xxiiii°.

Je remarque que les comptes portent quelquefois aussi
Guennellon.

xxxviii. — De sire Mathieu de Bommy (1) à cause de la
femme (2) pour la moictyé d'un journel de terre sur lequel
est assis ung mollin à vent, dont l'aultre moictyé appartient
à Jehan de Bailloeul (3) par acquisition, tenant des deux
costés et d'un bout aux terres de ladicte ville hors la porto
du Boys et d'aultre bout au chemin menant à St-Ricquier, la
totalité tenue par vingt sols de cens, icy pour moictyé   x°.

Dudict de Bailloeul pour l'aultre moictyé. . . . .   x°.

xxxix. — De Jehan Doisemont pour sept journeulx de
terre acostant aux terres du bois appartenans à ladicte ville
et au chemin menant à Ailly, d'un bout à la fosse de la
Pelle (4) et à Charles de le Warde, le tout tenu par .   xxvi°.

(1) Les comptes de 1586-1587 portent Mathieu de Bommy antien
maieur En effet Mathieu de Bommy fut élu maieur d'Abbeville en
1551. Il devait être bien vieux en 1586 ou bien jeune (comme
maire) en 1551.

(2) Les comptes de 1586-1587 disent : à cause de damoiselle
Marguerite Papin, sa femme.

Dans les comptes de 1587-1588, au lieu de : « de sire Mathieu
de Bommy à cause de sa femme..., » on lit : « de Hector Beauvarlet par relief au lieu et comme légataire de deffuncte damoisell
Marguerite Papin sa tante vefve de sire Mathieu de Bômy pour la
moictyé d'ung journel de terre surlequel est assis ung mollin à vent
dont l'aultre moictyé appartient à Jehan de Balloeul, etc. . . . .
Ce qui pourrait étonner c'est que, dans les comptes de 1590-1591,
on lit de nouveau : « de sire Mathieu de Bommy à cause de damoiselle Marguerite Papin sa femme pour la moictyé » etc.

(3) Le moulin avait-il été bâti par ce dernier? Une délibération
échevinale du 19 juin 1539 pourrait le faire croire. — Concession
à Jehan de Bailloeul de la *motte aux gallets* au bois de la ville
hors la porte du Bois.— Mais la *motte aux gallets* est indiquée vers
le chemin d'Ailly et notre article xxxviii nomme le chemin de
Saint-Riquier. Quel écart pouvait-il y avoir au sortir de la ville
entre les deux chemins ?

(4) Ce compte est le seul où je trouve cette fosse nommée de la
Pelle. Comptes de 1577-1578, la fosse de la Pielle ; — de 1578-
1579, de la Pielle ; — de 1579-1580, de la Pielle ; — de 1581-1582,
de le Pielle ; — de 1585-1586, de la Pielle ; — de 1586-1587 de le
Pielle, et toujours de le Pielle dans les comptes de 1587-1588 ; —
1589-1590 ; — 1590-1591 ; — 1591-1592.

ꜱʟ. — De Lheureux Lequien fils et aiant droict par donnation de Jehan Lequien..... (un mot que je ne peux lire mais
les autres comptes me donnent *son père*) pour demy journel
de terre à lui baillé à cens tenant le long du tenement de
Simon de Monstroeul à prendre du bout vers le chaufour,
d'aultre costé et des deux bouts aux terres du bois, sur
lequel demy journel de terre est assis le mollin à vent
dudict Lequien, lequel demy journel à lui baillé le xix* jour
de novembre mil vᵉ ʟxxɪɪɪ est tenu de rente et plusieurs
charges (1) vers les hoirs dud. Sʳ de Senarpont . . .   xxx*

 xʟɪ. — De Jacques de Vinchenoeul pour quatre journeulx
de terre ou environ estant en cruppes, fosses et riez (2) prez
le mollin dudict Vinchenoeul cy devant mentionné, tenant
d'un costé au chemin allant de la porte du bois à la porte
Sainct-Gilles, d'aultre à. . . . . (3), d'un bout à . . . . (4)
et d'aultre à . . . . . (5), à luy baillé à cens le cinquiesme
d'octobre mil vᵉ ʟxxv. . . . .   xx*.

Quelques remarques topographiques sont à tirer de
ces articles.

Ainsi pour les chemins :

1º Chemin menant d'Abbeville à Saint-Riquier. —
Voyez pour ce chemin les articles I (ce même article
indique la pièce longeant le chemin comme tenant à la
motte Jehan Quennelon sur laquelle nous reviendrons),
XXXIII et XXXVII (par lesquels on voit encore que le
chemin n'était pas loin de la même motte), et XXXVIII.

---

(1) Dans les autres comptes : 'chargé de rente et plusieurs
aultres charges (ou choses).

(2) Dans les comptes de 1586-1587 : . . . . estans en
croupes, riés et fosses.

(3) Ainsi en blanc dans le registre.

(4) Dans les comptes de 1586-1587 :... estans en croupes, riés et
fosses.

(5) Ainsi en blanc dans le registre.

2° Chemin de la porte du Bois à la porte Saint-Gilles. Ce chemin traversait le bois. Voyez les articles XXI et XLI.

3° Le chemin menant à Ailly, article XXXIX.

Ainsi pour les moulins :

1° Le moulin de Tiremont, article XXIX.

2° *Le moulin de messire Jehan de Monchy, seigneur de Senarpont*, article XXXVII. (On voit par cet article qu'il était près de la motte Jehan Guennelon et du chemin menant à saint Riquier.)

3° *Le moulin de sire Mathieu de Bommy*, article XXXVIII. (Non loin de la porte du Bois et près du chemin de saint Riquier.)

4° *Le moulin de Lheureux Lequien*, article XL.

Ainsi pour les fosses:

1° Celle à laquelle tout honneur est du d'abord, la fosse *où l'on lit les ballades*, article XX.

2° La fosse aux Clercqs, article XXIV.

3° La fosse de la Pielle, article XXXIX.

Ainsi pour la motte Jehan Guennelon, articles I et XXXVII.

Ainsi pour le préau du camp Saint-Georges, article VI ; pour le camp Saint-Georges, article XXIII (1).

Pour les friches et riez (rideaux), articles II et XV.

Pour les cruppes, fosses et riez près du chemin de la porte du Bois à la porte Saint-Gilles, article XLI.

Pour un pré, article XXXVI.

(1) Le camp Saint-Georges était près du Champ de Mars actuel. Le camp de Saint-Georges était le lieu des duels judiciaires. — M. Louandre, *Histoire d'Abbeville*, t. II, p. 293.

Pour les conditions du bail ; labourage et jardinage seuls permis, articles II et XV.

Pour un chaufour voisin du bois, article XL.

Pour une sablonnière appartenant à la ville, articles XXIV, XXV, XXXI et XXXIV (1).

Enfin pour le peu d'intervalle entre le bois et la porte de la ville, article VII. (Article de la Vache d'Or.)

Quelques notes encore sur les *essarts* du faubourg.

Il est probable que, bien avant la concession de 1310, nombre de mesures de terre avaient été enlevées aux arbres au profit de la charrue, soit par les comtes, soit par les bourgeois eux-mêmes, entre la concession verbale de la commune et la charte, et depuis la charte. Voyez, dans le Livre blanc de l'Hôtel de ville fol. XCVII, 7 avril 1155 : « Ensuit la charte du comte Jehan de six carrue de terre ou de plus ez *eschars* (essarts, défrichements) des bourgeois. » Les *eschars* pouvaient avoir déjà rendu au soleil la côte *de la Justice* qui fit mûrir des vignes à peu de distance des pendus ; mais ils purent aussi éclaircir, aux alentours, les bois extirpés définitivement au seizième siècle. Je ne crois pas que, du côté de la ville où nous sommes, nous puissions poser un pied où ne fut pas un arbre.

Depuis la concession de 1310 les démembrements du bois continuèrent du fait de l'échevinage ; ainsi le 7

(1) Je lis dans les comptes de 1 86-1587 : « de Nicolas Hallattre, Jehan Le grand et Nicolas Ballen chaufourniers la somme de neuf escus pour la permission de prendre et tirer sables dans le bois au dessoubs du Mollin du Cocq pour six ans commencés le deuxiesme juillet M. V^e quatre vingt trois. . . . . IX escus. »
— *Recettes diverses.*

janvier 1518, de cinq à six journaux à riez (à rideaux)
au bois de la ville sont donnés à cens au profit de la ville,
moyennant 4 sols le journal.—On retrouverait sans doute
beaucoup d'autres concessions semblables.

C'était dans le bois d'Abbeville que les joueurs d'é-
pée, d'armes et de barres, se réunissaient à différentes
époques, mais surtout au carnaval pour jouer devant les
officiers municipaux.

Le bois d'Abbeville était quelquefois plus mal fréquenté. Vers 1525, des bandes de pillards de l'armée
de l'empereur Charles-Quint étendirent leurs courses
jusqu'aux portes de la ville ; ils couchaient dans le bois
et la garenne pour y attendre les passants et les rançon-
ner, ce qui fit que les habitants reçurent l'ordre d'a-
battre tous les arbres. Par suite, les terres de ce bois et
de la garenne furent converties en terres labourables,
moins cependant celles qui ne furent entièrement défri-
chées qu'à la date du P. Ignace. Le mot de garenne,
employé par nous plus haut d'après les documents que
nous avons consultés, dit assez qu'une partie de ce bois
était très-peuplée de lapins. Les bourgeois d'Abbeville
étaient devenus si adroits, qu'une ordonnance municipale dut leur interdire, sous des peines sévères, d'exer-
cer leur habileté dans le bois communal. Le gibier
saisi des braconniers était mangé, à l'Échevinage même,
par les officiers municipaux. On voit que, si ces derniers avaient cru nécessaire de faire des lois sur la
chasse, ils ne s'étaient pas interdit le transport du
gibier.

La réputation galante du bois d'Abbeville le disputait

à celle du bois de Saint-Ribaud près de Saint-Milfort.

Une ordonnance échevinale de 1494 ne laisse aucun doute à cet égard : « Pour obvier, y est-il dit, aux grands et énormes péchés qui cy-devant ont été commis et se sont faits et se font journellement à l'occasion des femmes et filles reparans (repairans, se repairans sans doute) et jouans de jour au bos d'Abbeville et lieux circonvoisins, a été deffendu à toutes femmes, filles, que, désormais en avant, aucunes d'elles ne hantent, ne se tiennent, ne reparoissent de jour ou autrement, esd. bos..... sous peine d'estre bannies de la ville et autre pugnition exemplaire. »

Il m'est difficile de quitter les futaies, même lorsqu'elles ne sont plus qu'un souvenir.

Que ne pouvons-nous revoir le bois sauvage tel que le virent les habitants de la ville naissante !

Le bois d'Abbeville, à cette époque inconnue, couvrait la côte aujourd'hui dite *des Moulins*, et, redescendant peut-être, allait rejoindre, ou peu s'en faut, le bois de l'Abbaye, centre d'autres bois. A cette date reculée, les sangliers et les cerfs, aujourd'hui exilés même de la forêt de Crécy, leur dernière retraite, venaient sans doute se désaltérer dans le Scardon aux portes de la ville nouvelle, et tombaient parfois sous les arcs ou dans les piéges des bourgeois braconniers. Regrets perdus ! Les derniers arbres ont fait place aux champs et aux maisons du faubourg du Bois. Ce qui va suivre est donc l'histoire bien incomplète de ce faubourg, bâti, comme les autres, en des siècles inconnus, mais dont les développements et la population plus nombreuse ne remontent vraisemblablement qu'à l'époque où la ville grossissante recula ses murailles de la porte Comtesse à la porte actuelle (1860), et lorsque l'apaisement des guerres put laisser voir la sécurité ailleurs que derrière ces murailles.

HISTOIRE DU FAUBOUBG.

Le faubourg du Bois.

Je classerai les souvenirs en sortant de la ville et en marchant d'abord vers l'embranchement des routes d'Amiens et de Doullens.

Vers l'été de 1812, hors la porte du Bois, lors de travaux aux fortifications, on découvrit sous un « redoutable » bastion, à une profondeur de 50 pieds, une belle voûte en pierres de taille, bien conservée, de 40 pieds de long sur 30 de largeur, voûte inconnue jusqu'ici et sans issue. — *Journal d'Abb. du* 13 *juin* 1812.

Laissons à notre gauche la caserne bâtie depuis 1871 et qui a remplacé le cimetière de la Révolution, le cimetière *Ducrocq*. Elle est toute moderne et n'entrera dans l'histoire que pour nos descendants.

Nous tournons l'angle de la route de Doullens et nous sommes sur l'emplacement même du cimetière bénit en des temps de consternation. « Ce cimetière est aujourd'hui bien diminué, écrivait Sangnier d'Abrancourt, en ayant été pris, en 1758 et 1759, une bonne partie pour faire le nouveau grand chemin d'Abbeville à Saint—Riquier et à Doullens. »

Le cimetière des pestiférés.

Ces mots ne permettent point d'erreur.

Non-seulement les pestiférés morts étaient enterrés en
ce lieu, mais quelquefois les pestiférés vivants étaient
transférés de la ville en un champ des défrichements du
bois et soignés sous des tentes ou des constructions légères, en vue même du lieu sinistre. Il en fut ainsi en
l'année échevinale 1581-1582. Cette année, la veille du
renouvellement de la loi (23 août 1582), le procureur
de la ville proposa l'édification d'une petite chapelle
contre le cimetière des pestiférés « pour y dire des
messes et consoler les pauvres malades. » L'échevinage
adopta l'avis, mais renvoya l'accomplissement de la
pieuse pensée à la mairie qui devait lui succéder. Nous
voyons, en effet, que trois jours après (26 août) l'administration nouvelle décida la construction de la chapelle
dite. Je ne sais, aujourd'hui du moins, s'il fut donné
suite à l'arrêté.—V. La Ligue à Abbeville, t. III, p. 299.

Le cimetière avait été créé sur les défrichements du
bois d'Abbeville. En cette place, nous dit le P. Ignace,
on réserva une pièce de terre carrée qui fut bénite et au
milieu de laquelle on planta une croix de fer. Cette pièce
de terre devait servir et servit de cimetière aux morts
des temps de peste. Tous les ans, les chanoines de
Saint-Vulfran se rendaient en procession le jour des
Rameaux au lieu qui tenait les pestiférés séparés de
leurs proches jusque dans la mort, et, du pied de la
croix, l'un d'eux prêchait. Les chanoines sortaient par la
porte Saint-Gilles. Ainsi, voit-on dans les Mss. de
M. Siffait, sous la date de 1718, que le dimanche des
Rameaux de cette année, le 10 avril, le Chapitre de
Saint-Vulfran, après avoir chanté *Primes*, fut en pro-

cession, avec la châsse de saint Maxime portée par les notables bourgeois, au cimetière hors la porte du Bois, accompagnés des confrères de la Charité. M. Lavernier jeune, chanoine, prêcha au cimetière; ensuite MM. de Saint-Vulfran se dirigèrent vers la porte Saint-Gilles où ils chantèrent l'évangile et *Attollite portas*, etc., puis ils retournèrent par la rue Saint-Gilles en leur église collégiale où ils chantèrent tierce, la grande messe et sexte.

L'usage de cette procession, repris en 1718, avait subi une interruption d'environ cinquante ans. « M. Dubos, clerc de Saint-Georges, dit qu'il étoit enfant de chœur quand on l'avoit faite pour la dernière fois, » — en 1668 probablement. — *Mss. de M. Siffait.*

Le cimetière des pestiférés était situé, avons-nous dit, à la naissance et à la gauche de la route d'Abbeville à Saint-Riquier.

Lorsque, il y a quatre ou cinq ans, on approfondit un des fossés de la route d'Abbeville à Doullens pour y poser les tuyaux de fonte qui amènent à la sucrerie le jus de betteraves de la râperie de Saint-Riquier, les ouvriers rendirent à la lumière, contre la haie du jardin où s'attablent joyeusement, en été, les buveurs d'un cabaret (1), une très-grande quantité d'os, évidemment ceux des malheureux pestiférés au-dessus desquels maintenant la vie et le contentement éclatent.

Il est bien évident qu'il ne faut pas confondre le cimetière des pestiférés, qui n'existe plus depuis longtemps,

(1) « M. Fissot-Lefèvre donne à boire et à manger. » 1878.

avec le cimetière Ducrocq que nous trouvons encore aujourd'hui, à gauche également de la route d'Amiens, au delà des glacis de la place (1). Ce dernier ne date que des premières années de la Révolution, alors que l'ensevelissement dans les villes fut interdit. Ce cimetière, appelé dans les derniers temps *Cimetière de la porte du Bois*, fut nommé primitivement *Cimetière Ducrocq*, du nom du premier mort qui y fut enterré, le 7 mars 1795. Les sépultures nouvelles y sont aujourd'hui défendues et les dernières traces des anciennes disparaîtront bientôt, le génie militaire ayant l'intention d'établir un champ de manœuvres sur le terrain qu'elles occupent (2).

Il y aurait certainement des recherches à faire sur l'antiquité et sur l'origine de la motte qui exhaussait près de l'ancienne route d'Abbeville à Saint—Riquier la croix dite de Jean Guerlon et que nous avons vue mentionnée dans le bail à cens des anciens bois. M. Briez, dont elle accentue le jardin sous une allée qui monte, a trouvé, en faisant travailler au pied même de la butte, des os humains, des débris de fer ; on a cru reconnaître un éperon. Quant à la croix, elle ne fut posée sur cette élévation que dans le premier quart du seizième siècle par un pèlerin de retour de Jérusalem. M. Traullé a retrouvé, sous la date de 1520, un bail à cens moyennant quatre livres huit sols par an, à Jehan Guennelon, de quatre journaux de terre hors la porte du Bois, sur les-

La croix Jehan Guennelon

(1) Écrit en 1860. Le cimetière a fait place depuis la guerre de 1870 à une caserne d'infanterie.
(2) Écrit en 1849. Voir la note ci-dessus.

quels ledit Jehan fit bâtir une croix. — *Table de Chartes*, etc.

M. Traullé s'est trompé cependant quelque peu, très-probablement, sur la date. On voit dans l'obituaire de Saint-Georges que Jehan Quennelon eut pour femme..... Delewarde (un nom que nous avons rencontré plus haut parmi ceux des censitaires) et que la fondation de son *obit*, à lui, est de 1510. Il avait planté la croix à son retour de Jérusalem et fondé à Saint-Georges un salut journalier, le *Salve, Regina*, etc. — *Obituaire de Saint-Georges.*

Le crucifix renommé, but des dévotions de la ville, était vu « de fort loing, dit le P. Ignace, à cause qu'il est sur un petit mont qui représente le Mont du Calvaire ». On y allait en grande dévotion le jour du Vendredi-Saint. La croix de Jean Guerlon fut renouvelée en 1764. En cette année, lit-on dans les Mss. de M. Siffait, MM. les curé et marguilliers de la fabrique de Saint-Gilles firent faire une croix neuve pour remplacer l'ancienne ; quant au christ lui-même on ne remplaça que les bras et les jambes. M. Duval, curé de Saint-Georges et doyen de chrétienté, bénit le christ restauré et la croix nouvelle dans l'église de Saint-Gilles le samedi 20 octobre, et le lendemain, à l'issue des complies, on dit les vêpres du Saint-Sacrement ; ensuite M. le curé et son clergé, précédés des confrères, portèrent processionnellement la croix et le christ au lieu consacré par le pèlerin des vieux temps. La procession ne gagna la porte du Bois que par la rue des Minimes ; le christ était porté par quatre confrères. Aussitôt que le christ fut monté et attaché à la croix, un jacobin prêcha ; l'adoration suivit, puis la procession retourna par la porte Saint-Gilles.

La croix de Jean Guerlon a été appelée aussi la croix de Lheure. — *Cueilloir de Saint-Georges.*

M. O. Macqueron conserve dans sa collection un plan portant cette mention : « Plan du fief de Saint-Martin scitué hors la porte du Bois, sur lequel est plantée la croix Jean Guerlon, et appartenant, en 1780, à h. h. Jacques de Lattre, consul des marchands à Abbeville. » Je n'ai rencontré que sur ce plan le nom du fief de Saint-Mart in.

Après la Révolution, un moulin remplaça la croix. Ce moulin avait été apporté presque de toutes pièces de Lambercourt. Il existait encore en 1849 et plus tard. En 1815, il est question dans une annonce judiciaire de ce moulin « au lieu dit *la motte Jean Quennehen ou Jean Guerlon.* »

Près de la porte du Bois et dans les environs du dernier cimetière, appelé cimet ière Ducrocq, était un lieu dit la Barre-aux-Quevaux. On y brûlait les femmes condamnées à mourir par le feu (1). La Barre-aux-Quevaux.

La Barre-aux-Que vaux était sans doute la même chose que le Marché aux Besles.

La vente de la bibliothèque de M. de Saint-Amand a mis en la possession de la Ville un titre en parchemin du 5 juin 1504 pour 16 livres de cens (au profit du chapitre de Saint-Vulfran) « sur un pré séant hors la porte du bos et que len nomme de présent le pré Cornebœuf [?],

_____

(1) M. Louandre, *Histoire d'Abbeville*, tom. II, page 279. Abbeville eut donc aussi sa vallée de Ben-Hinnom ou de la Géhenne.

acostant, d'un costé, à un chemin qui meine d'Abbeville
à Sainct-Riquier, d'autre costé et d'un bout, au bos de
lad. ville, d'autre bout au marché que len nomme le
marché aux bestes. »

Le Marché aux pestes était lui-même près du chemin
de Saint-Riquier, des fossés où les bouchers fondaient
leurs suifs, et d'un moulin : 7 mars 1541 (1542) bail à
cens moyennant xvi' de censives au profit de Josse
Beauvarlet, marchand bourgeois de ceste ville, « d'un
journal de terre hors la porte du bos près et devant la
maison de Raoul Cuillerel, joignant le chemin de Saint_
Riquier, tenant d'un costé aux fossés où de toute ancienneté les bouchers fondent leurs suifs et d'aultre au
marché aux bestes, pour y construire un mollin à vent au
quint denier. »

Ces fossés où l'on fondait le suif ne donnent-ils pas
l'explication de l'eau de Putre ou de Putren ?

C'est entre la croix Jean Guerlon, la route d'Amiens
et celle de Saint-Riquier, que s'élève, en s'éloignant de
la ville, le faubourg du Bois.

Deux principales rues : la route d'Amiens d'abord, Route
bordée à gauche de quelques maisons, auberges ou cabarets, puis la Grande rue même du Faubourg qu'on
appelait autrefois rue du Crinquet, parce qu'il fallait y
monter une rampe assez raide. *Crinquet* est un mot
picard qui veut dire butte.

On ne se considère bien dans le faubourg du Bois
que lorsqu'on est dans la rue du Crinquet. L'ancienne La rue
route de Saint-Riquier passait par cette rue (1). Au delà, qu

(1) Voyez plus haut l'extrait des comptes de la ville pour les
grands et petits bois.

dans les champs, se trouvait alors une petite place où l'on allait danser à certains jours ; cette place était plantée d'arbres. Arbres et place furent vendus lorsqu'on fit la route actuelle de Saint-Riquier.

Une impasse dite impasse du Crinquet s'ouvre encore dans la grande rue du faubourg. L'impasse du Crinquet.

Les autres rues sont : 1° la rue des Chartreux, appelée ainsi on ne sait pourquoi ; cette rue descend de la grande rue du faubourg à la rue de Haut à Lheure ; 2° la rue de Haut à Lheure, qui ne demande aucune explication ; 3° une rue sans nom qui tourne autour d'une partie du faubourg et va rejoindre la route de Saint-Riquier ; 4° la rue de Bas à Lheure ; 5° enfin la rue aux Porcs et 6° un sentier longeant le Scardon dans cette partie du faubourg du Bois qu'on appelle quelquefois improprement aujourd'hui la Bouvaque. La rue des Chartreux.
La rue de Haut.
La rue de Bas.
La rue aux Porcs.

Le crucifix qui est à cent pas à peu près du cabaret du sieur Delacroix a été élevé le dimanche 1er août 1823 à l'issue des vêpres, à la place même où il y en avait un autre anciennement. Ce crucifix est un don du cabaretier Delacroix.

C'est dans une carrière de gravier ouverte à peu près en face de ce crucifix, que M. Oswald Dimpre a fait des découvertes analogues à celles de M. de Perthes au moulin Quignon.

Je dois, avant de poursuivre, donner les noms anciens de quelques rues du faubourg du Bois.

Rue de Putren. — Le nom de cette rue paraît en 1300 dans les archives de l'Hôtel-Dieu. — *Note donnée par M. Ch. Louandre.* La rue de Putren.

Les mêmes archives fournissent, en 1406, le mot rivière de Putren près du chemin de Lheure ; — *note de M. Ch. Louandre* ; — ce qui porterait, ce semble, à croire que la rue de Putren était le chemin même de Lheure ou plutôt un chemin plus rapprochée de la ville, à peu de distance de la tour du Haut-Degré, par exemple, et menant au chemin de Lheure. — Ce qu'il y a de certain, c'est que l'eau qu'on appelait l'eau de Putre ou de Putren était au delà de la Barre aux Quevaux, ainsi que le prouve l'extrait suivant: « L'église Saint-Eloy......pour un gardin et tenement contenant III quartiers de terre ou environ, séant en le paroisse Saint-Sépulcre au dehors de le porte du bos, oultre le bare aux quevaux, sur l'eaue de putre, acostant, d'un costé, à l'eaue de putren et, de l'autre vers les camps (champs), à le terre etc..... et est ce tenement le desrain (dernier) gardin clos, etc. etc. » — *Cueilloir de la communauté ou cure de Saint-André, du XVᵉ siècle, — à la Ville, venant de la bibliothèque Saint-Amand.*

La rue du Pavillon. Rue du Pavillon, 1751. — L'explication de ce nom est donnée peut-être par un article du cueilloir de Saint-Sépulcre à cette date : « Les héritiers représentant Catherine Lemaire veuve Despreaux (Despreaux greffier des eaux et forêts de Picardie) pour un pavillon hors la porte du Bois, etc..

La rue Baillette. Rue Baillette 1751. — La grande rue du faubourg s'appelait alors le chemin d'Abbeville à Vauchelles et la rue Baillette était voisine de ce chemin. — *Cueilloir de Saint-Sépulcre.*

Chemin du bois Laurette, 1751. — Plus bas, près du

Scardon, était le chemin du bois Laurette, et la désignation d'une pièce de terre (trois journaux de pré,) touchant à ce chemin, montre, par les *aboutissants*, que le bois Laurette, un bien petit bois sans doute avec un gracieux nom, existait encore. — *Cueilloir de Saint-Sépulcre.*

Ce faubourg a été particulièrement celui des auberges, des cabarets, des guinguettes. Nommerai—je le cabaret qui avait pour enseigne le *Cheval-Rouge*, à vendre, cabaret, en 1831 ; à vendre, auberge, en 1837 ? les cabarets sur la route d'Amiens qui ont conservé l'estime des buveurs de cidre ? le cabaret de Delacroix, sur le chemin de *Haut à Lheure*, où l'on dansait, où l'on danse peut-être encore? et le jardin du sieur Comtois où l'on dansait et où des acrobates donnaient des spectacles (1) ?

Par permission des Autorités, annonçait-on en 1812, GRAND SPECTACLE EXTRAORDINAIRE, FÊTE CHAMPÊTRE ET BAL, *au jardin du sieur Comtois, hors la porte du Bois.* M. Coppini, danseur italien, avec ses associés, privilégié de S. M. le Roi de Bavière, a l'honneur de prévenir le public qu'il donnera deux représentations de ses exercices extraordinaires dimanche 20 septembre et lundi 21. » (Etc. Programme des danses de corde). Puis: « Dans l'intermède du spectacle, les amateurs de danse pourront danser, sans aucune rétribution. M. Coppini a fait, dans cette intention, illuminer le jardin dans un goût chinois, et n'a rien négligé pour rendre cette fête brillante. Le

---

(1) Je pense que le jardin du sieur Comtois et celui de l'Ermitage ne font qu'un.

spectacle commencera à quatre heures et demie » etc.

L'Ermitage a changé depuis longtemps son nom contre celui de *la Belle Jardinière*. Le jardin où l'on dansait autrefois tous les dimanches dans les mois tièdes ou chauds, où l'on danse quelquefois peut-être encore, est clos d'une haie très-haute. Il se présente à l'entrée de la grande rue du faubourg et regarde la ville. Le souvenir en sera conservé par une aquarelle de la collection de M. O. Macqueron du 12 septembre 1851. La guinguette vivante n'était séparée que par quelques lignes d'arbres du cimetière Ducrocq maintenant détruit.

Nous demanderons-nous, avant de le quitter, quel âge peut avoir le faubourg du Bois ? Je suis porté à croire, sans être en mesure de le prouver, que c'est un des moins anciens de la ville. Il a dû sortir assez tard du bois, tandis que du sol qu'il couvre sortaient les pierres qui ont appuyé le revêtement des murs de la ville. D'anciennes carrières, dont les entrées sont bouchées et oubliées, minent, assure-t-on, dans tous les sens, les environs de ce faubourg. Les pierres qui en ont été extraites, ont servi, suivant la tradition, aux fortifications voisines.

Ce qui est plus sûr, c'est que ce faubourg a été plusieurs fois incendié ou menacé du feu.

L'échevinage arrête le 9 octobre 1539, que tous ceux qui ont eu des maisons brûlées hors la porte du Bois ne les rebâtiront pas à cause du danger que présentent les maisons hors et près de la ville en temps de guerre.

Le 17 mai 1555 Henri II signe à Fontainebleau l'ordre de détruire les faubourgs de la porte Marcadé et de la

porte du Bois. — M. LOUANDRE, *Hist. d'Abbeville*, *t. II,*
p. 39.

En 1658 (ou 1659), B. de Fargues fait contre Abbeville une tentative repoussée, mais il incendie, en se re-
tirant, le faubourg du Bois. — ID., *ibid.*, *p.* 127.

Un dernier coup d'œil entre le faubourg du Bois et le
faubourg de Saint-Gilles.

Un chemin qui longe les travaux de défense extérieurs
de la ville et qui s'appelle, je crois, Chemin des fortifications ou des demi-lunes, amène du faubourg Saint-
Gilles au faubourg du Bois. Entre ce chemin et la route
d'Amiens est un moulin que l'on appelle le moulin *Qui-*
gnon, et près de ce moulin est une sablière ouverte dans
un terrain diluvien. Les publications de M. Boucher de
Perthes ont fait connaître au monde la sablière et le
moulin (1).

Chemin des forti-
fications.

Du Champ de Mars incliné vers la ville nous ne dirons
rien, si ce n'est que les hauts talus qui le bordaient de
trois côtés et qui prêtaient si bien leurs pentes de gazon
aux spectateurs des fêtes et des revues, ont été jetés en
1850 et en 1851 dans les fossés qui les longeaient
alors extérieurement.

Le champ de
Mars.

N'oublions pas, en revenant vers la porte du Bois, le
pont qui y conduit. C'est par sa longueur et par son
établissement le plus beau de tous ceux qui sont jetés
sur les fossés de la place (2).

(1) Voyez *Antiquités celtiques* pp. 78 et 79, 350, 354, 380, 515,
557, 603, 615 et 617.

(2) Écrit en 1860. Le pont a été détruit depuis ; le fossé a été
comblé.

C'est à la porte du Bois que se présenta, le 13 juillet
1815, le petit corps de volontaires royaux que l'on bap-
tisa alors ironiquement du nom d'*Armée de l'Arc-en-ciel*.
Abbeville avait déjà reconnu l'autorité du roi. — Remarquons à cette occasion que notre ville ne fut jamais
prise d'assaut, qu'elle n'ouvrit jamais ses portes qu'à un
pouvoir autorisé et que, si elle changea souvent de do-
mination, ce fut toujours par suite de traités ou en vertu
du droit de succession ; aussi nos pères lui donnaient-
ils avec un certain orgueil le nom d'Abbeville la Pu-
celle. — Cette observation écrite avant la guerre de
1870-1871 est encore exacte aujourd'hui. La ville n'a
reçu les prussiens en 1871 qu'en vertu des conditions
d'un armistice pour lesquelles elle ne fut pas consultée.

La porte du Bois, — c'est ici, et à propos de l'armée
de l'Arc-en-ciel, le lieu de rapporter cette anecdote, —
portait extérieurement au-dessus de son arcade les
armes d'Abbeville avec la légende *Fidelis*. Cette légende
donna naissance à deux interprétations qui avaient chacune un sens politique. *Fidelis !* criaient les royalistes.
Fi des lys ! répondaient les libéraux. Des réparations
nécessaires ont entièrement fait disparaître les restes de
cet écusson martelé après 1830.

CHAPITRE XXVI

En rentrant dans la ville, nous retrouvons à droite, contre la porte même, la rue du Haut-Mesnil que nous avons négligée à notre gauche en sortant.

La rue du Haut-Mesnil s'appelait autrefois aussi rue des Écuries du Roi. Ce dernier nom lui venait des écuries des régiments en garnison à Abbeville. Elles étaient construites dans la partie droite de la rue, du côté du rempart. On les trouve indiquées dans une carte ou plan de la vicomté de Saint-Pierre, année .... collection de M. de Saint-Amand. — Après la vente de ces écuries, devenues inutiles par suite de la construction des casernes, la rue des Écuries du Roi s'appela pendant quelque temps rue Neuve. Son nom de Haut-Mesnil vient d'un vieux mot de la langue romane qui veut dire habitation (1).

La rue du Haut-Mesnil.

(1) MESNIX, MESNIL : habitation, petite ferme, métairie, maison

La rue Basse du Rempart.

Parallèlement à la rue du Haut-Mesnil court la rue Basse-du-Rempart, dont le nom s'explique de lui-même. Cette rue, non pavée et non bâtie, est bordée d'un côté par les terrassements du rempart et de l'autre par les haies des jardins de la rue du Haut-Mesnil.

La rue du Haut-Mesnil se termine par un abreuvoir dans le Scardon (1) et nous jette à gauche dans la rue du Bas-Mesnil.

Pour l'abreuvoir voici ce que j'ai pu trouver.

Un abreuvoir, nommé l'abreuvoir du Pont-aux-Pourcheaux, existait évidemment déjà contre le Scardon dès 1574 : — « Bail à cens du 28 juin 1574, d'une portion de

de campagne seule dans les champs; famille, maison, tous ceux qui la composent; de *mansio*. — GLOSSAIRE DE LA LANGUE ROMANE DE ROQUEFORT.

MESNIL : vieux mot qui signifioit autrefois *maison de campagne* et quelquefois *village*, *villa*, qui venoit du latin *manile*, dérivé de *maneo*, ou *mantionile*, ou *masnile*, ou *masnilium* qu'on a dit dans la basse latinité... — DICTIONNAIRE DE TRÉVOUX.

Il est probable qu'une petite ferme, un *mesnil*, a existé autrefois quelque part en cet endroit, sur la lisière du Bois d'Abbeville, et que ce nom de mesnil, traditionnellement resté à ce lieu, a servi plus tard à désigner la rue qui l'a enfin conservé jusqu'à nos jours.

(1) Le Scardon, qui prend sa source près de Saint-Riquier et dessine le plus profond d'une vallée entre ce bourg et Abbeville, entre sous nos murs par la tour du Haut-Degré, longe la rue du Dauphiné, passe sous le pont Gaffé, passe derrière les maisons de la rue du Colombier, longe la rue d'Avignon, passe sous le pont Grenet, fait un coude brusque et longe la rue aux Pareurs, passe sous le pont du Scardon (vulgairement pont à Cardon), longe la rue des Teinturiers, passe derrière les maisons de la rue des Cuisiniers, sous le Pont-aux-Poirées, derrière la Boucherie, et se jette dans la Somme au canal Marchand, un peu au-dessus de la fontaine le Comte, après avoir fait tourner le moulin du Roi. — 1849.

terre tenant à l'abreuvoir du pont aux Pourcheaux au bas de la tour du Haut-Mesnil. » — M. Traullé, *Tables de Chartes,* etc. M. le baron Tillette de Clermont-Tonnerre, dans des extraits divers qu'il a bien voulu nous livrer, nous apprend qu'une pièce, citée en 1705 à l'occasion d'un procès, fournit mention d'une rue de l'Abreuvoir située près le cimetière du Sépulcre. Cette rue de l'A – breuvoir pourrait très-bien être celle que nous quittons, la rue du Haut-Mesnil.

Le pont aux Pourcheaux existe encore mais il a perdu son nom. Il couvre le Scardon à son entrée dans la ville et c'est celui sur lequel passe la promenade du rempart devant la tour du Haut-Degré. M. O. Macqueron en conserve une représentation à l'aquarelle faite par lui en 1852.

La tour du Haut-Degré au pied de laquelle nous nous trouvons maintenant à l'intérieur de la ville, est-elle la même que la tour dite autrefois du Haut-Mesnil ? Je le crois et je puis donner à l'appui de cette opinion d'autres extraits de M. Tillette de Clermont, dans lesquels nous rencontrerons, d'ailleurs encore, l'abreuvoir à côté du pont aux Pourcheaux devenu le pont aux Pourchers et le pont à Porcher.

Dans un contrat de constitution de rente du 8 février 1627 par devant M. Pierre Lefebure, notaire royal en Ponthieu, hypothèque est prise sur « une maison, lieu jardin, pourpris et tenement comme elle se comporte et étend située en cette ville proche du rempart de cette dite ville, tenant d'un côté à la rue menant au corps-de-garde de la tour du Haut-Degré et d'autre côté audit rempart, tenue de l'église de Saint-Éloy par les censives foncières, ordinaires et accoutumées, » etc. — *Note de M. Tillette de Clermont.*

Dans un autre contrat du 14 février 1654 devant M. Godefroi Boully, notaire royal en Ponthieu, cette maison est dite sise en cette ville, « proche le rempart, aux lieux nommés le Haut-Degré, d'autre bout contre la porte du Bois, tenue de l'Église Saint-Éloy par seize sols.... etc... — *Note de M. Tillette de Clermont.*

Dans un autre contrat du 24 novembre 1657 devant M. Anthoine Lefébure, notaire royal en Ponthieu, vente est faite « d'un jardin sur lequel il y a un petit pavillon en forme de maison situé en cette ville, en la rue qui mène, à l'abreuvoir qui est au-dessous du Haut-Degré derrière ladite église du Sépulchre, anciennement l'abreuvoir du pont aux Pourchers fermé (1), sur la rue par une muraille de pierre blanche et de brique, tenant d'un côté à un autre jardin appartenant à Charles Hequet, mercier, d'autre côté à un autre jardin appartenant encore audit vendeur sur lequel il y a aussi une petite gloriette, d'un bout par derrière à la rivière qui fait moudre le moulin Gaffé, et d'autre bout, par devant, à la rue conduisant audit abreuvoir... » etc. — *Note de M. Tillette de Clermont.*

Dans un contrat du 22 avril 1682 devant M⁰ Henri Delahaie, notaire royal en Ponthieu, il est dit : « Une masure non amasée située en cette dite ville, derrière les jardins des sieurs de Bouillencourt et de Vauchelle, con-

(1) Il s'agit du jardin qui est fermé etc.

tenant un journal de terre environ, autrefois amasée de maison, chambre et étable, tenant d'un côté à l'abreuvoir du pont à Porcher, d'autre côté aux fortifications de la ville, d'un bout au rempart de la dite ville et d'autre bout à une petite rue qui conduit de la porte du Bois à l'abreuvoir et le long des dits jardins des dits sieurs de Bouillencourt et de Vauchelle et du prieuré de Biencourt, tenu de l'Église de Saint-Éloy... » etc.— *Note de M. Tillette de Clermont.*

Par un bail du 11 juillet 1708 par devant M. Pierre Lefébure, notaire royal en Ponthieu, la susdite propriété est louée à Jean Lebègue, manouvrier, demeurant en cette ville, paroisse du Saint Sépulchre, « en la rue qui conduit à la rivière appelée l'Abreuvoir du Haut-degré. Ladite propriété, contenant un journal où environ, tient d'un côté au chemin qui sépare ladite masure avec le jardin de l'*hôtel de Blangy* et le jardin du *refuge du Prieuré de Biencourt...* etc. — *Note de M. Tillette de Clermont.*

Enfin dans un acte de délimitation sans date, mais présumé du 18e siècle, la susdite propriété est dite « touchant la rue du Haut-Mesnil, » ce qui est conforme à ce qui précède et dans un acte de vente du 7 janvier 1766 par devant Me Pierre-François Watel, notaire royal à Abbeville, « sise au bout de la rue des Jongleurs qui est celle du Bas-Mesnil, allant de l'abreuvoir à la rue de la Briolerie. » — *Note de M. Tillette de Clermont.*

Le nom de la rue du Bas-Mesnil a évidemment la même origine que celui de la rue du Haut-Mesnil. On l'appelait autrefois aussi la rue des Jongleurs, parce que, suivant une opinion, la police municipale y reléguait

La rue du Bas-Mesnil.

les jongleurs, faiseurs de tours et montreurs d'ours. J'aime mieux songer aux jongleurs ménestrels.

La rue du Bas-Mesnil est étroite, déserte, garnie de grands et longs murs, surtout à gauche en descendant de l'abreuvoir vers la rue de la Briolerie. L'autre côté de la rue est occupé maintenant par les murs, non percés de portes, du couvent du petit Saint-Joseph (1878.) C'est une ruelle de ville lugubre, monastique. Il ne ferait pas bon à un Montaigu d'y rencontrer un Capulet. Où est la gaîté, où est la musique, où sont les chansons des fleuteors, des menestrez et des jougleors? Mais où est la Fosse aux Ballades ?

Le nom de rue du Bas-Mesnil paraît antérieur à celui de rue aux Jongleurs. Les deux noms étaient d'ailleurs employés concurremment dans la seconde moitié du seizième siècle. M. Tillette de Clermont a trouvé dans un cueilloir de saint Pierre de 1579-1580 : « Article 208: pour un tenement en la rue du Bas-Mesnil à présent la rue aux Jongleurs..... » etc... ; et « Article 210: pour une maison séant au Bas-Maisnil, dit la rue aux Jongleurs, du côté de la rivière..... au molin Baboë..... » J'ai moi-même trouvé les deux noms conservés et rapprochés encore dans des comptes de Saint-Georges postérieurs d'un peu plus de cent ans au cueilloir de Saint-Pierre. Ces comptes citent « une maison au Bas-Mesnil, rue aux Jongleurs. » — 1685-1687.

Le Bas-Mesnil semble alors, il est vrai, être devenu, de désignation spéciale de rue, désignation un peu vague de quartier. Un cueilloir du Sépulcre de 1751 me donne

« ..... tenement et jardin rue aux Jongleurs pour aller
à l'abreuvoir. »

Les chanoines de Longpré, pour une maison rue des
Jongleurs, devaient par an à l'une des églises de Saint-
Jacques, de Sainte-Catherine ou de N.-D. de la chapelle, trois sols et quatre deniers. — *Dernier cueilloir de
Saint-Jacques* 1791, (après la réunion des trois paroisses.) Je lis dans le même cueilloir : « Le roy notre
sire, pour une maison rue de Beaumesnil, doit par an
seize sols. » — Beaumesnil est ici sans doute pour
Bas Mesnil.

On lit encore dans le *Journal d'Abbeville* de 1825 :
« rue du Bas Mesnil dite des Jongleurs; » et le
16 février 1833 : « à vendre deux petites maisons
situées à Abbeville, rue des Jongleurs, près le moulin
Gaffé. »

La rue du Bas-Mesnil aboutit à la rue de la Briolerie,
un peu au-dessous du pont Gaffé.

La rue de la Briolerie s'appelait ainsi des brioliers ou
braïoliers, marchands de braies ou de culottes, qui l'habitaient (1).

La plus ancienne mention que je rencontre de la rue
de la Briolerie est dans un *cueilloir de la communauté*

---

(1) BRAIE : culottes, haut-de-chausses, caleçons : *bracœ*. BRAYEL
brayette : partie de la culotte qui tenait lieu de ce qu'on appelle à
présent le pont : en basse latinité *brayetta*; en prov. *braios*, braghios.
— GLOSSAIRE DE LA LANGUE ROMANE DE ROQUEFORT. — On a prétendu
aussi que le nom de la Briolerie venait d'une composition résineuse
appelée brai, qui s'y fabriquait et que l'on employait à différents
usages, entre autres à marquer les moutons. Nous croyons la première explication plus vraie. — 1849. — J'en doute aujourd'hui.

de Saint-André (très-vieux, du quinzième siècle. On
couvrait encore d'*éteule* les maisons neuves dans la
rue Saint-Gilles au temps de ce cueilloir.) J'y lis :

« La ville d'Abbeville, à cause de l'aumosne Sire
.Pierre de Mareul, . . . pour une maison et tenement
séant en le paroisse Saint-Sépulcre, en le rue de la Braio-
lerie au dextre costé, en deschendant vers Saint-Sépulcre à le maison et tenement Jaquemin de l'Esquelle
(de l'Ecuelle), jongleur, qui (qu'il) tient du prieur de
Saint-Esprit et de l'aultre costé à le maison et tenement
Jehenne de Buigny qu'elle tient des Béguines d'Abbe-
velle, abouté par derrière au gardin du curé de Saint-
Sépulcre et par devant au froc, et est ceste maison à
Jaque Annet, jongleur. . . . . . »

Jacquemin de l'Esquelle, Jacque Annet ! Je me sens
heureux de sauver ces noms. Un bourgeois du quinzième siècle soupçonna-t-il jamais que les obscurs rhap-
sodes de notre vieille littérature valaient bien Monsieur
le Maieur escorté des sergents à masse ?

Au seizième siècle, une maison, de l'entrée de la rue
vers l'église du Saint-Sépulcre, était désignée par une
enseigne empruntée peut−être aux instruments des jongleurs de ce quartier, *la Vielle*. M. Tillette de Clermont
a rencontré dans les feuilles détachées d'un cueilloir de
Saint-Pierre du dix-huitième siècle (article 350) « un
tenement..... et une masure derrière ledit tenement à
laquelle souloit être l'enseigne de la *Vieille*, le total accostant d'un côté vers ladite église du Saint-Sépulcre au
frocq devant ladite église et l'entrée de la rue de la
Briolerie..... » etc. — Et l'article reporte à un bail « du

5 mai 1566, devant maître Leprevost, notaire royal en Ponthieu, résidant à Abbeville, d'une maison, lieu, pourpris et tenement située en cette ville, à laquelle prend pour enseigne *la Vielle*, — sans autre désignation. »

Dans la rue de la Briolerie est un couvent de religieuses dit du Petit-Saint-Joseph. Il n'existe que depuis une vingtaine d'années. On y reçoit des pensionnaires et on y élève des jeunes filles pauvres moyennant une modique pension. — Une vue de ce couvent a été prise par M. O. Macqueron du haut de la tour du Hautdegré. — Aquarelle de sa collection portant la date du 14 septembre 1856.

La rue de la Briolerie qui commence à l'extrémité du second embranchement de la rue Charlet, finit au pont Gaffé. — Ce pont tire son nom évidemment du moulin voisin que fait mouvoir le Scardon, et que l'on appelait autrefois le moulin de la Baboë ; de la Baboë, dit-on, parce qu'il était situé au bas du bois qui couvrait ce côté de la ville ; Gaffé, parce qu'un de ses anciens propriétaires s'appelait ainsi (1).

Le pont Gaffé.

Le moulin de Baboë, est nommé dans la charte de 1100, de Gui, comte de Ponthieu, dans l'acte de dotation de Saint-Pierre : *Et molendinum de Baboth totum in eadem villa (dedi).*

Le moulin de Baboe.

On rencontre partout dans les archives, dans les livres, dans les délibérations de la ville, le moulin de Baboth, de Baboë ou Gaffé.

(1) Nous avons, à propos du moulin du Comte, indiqué l'ancienneté reculée de ce moulin.

La charte de 1100 nous a donné le premier nom. Une note d'ont je ne retrouve pas l'origine me dit que le moulin de Baboë a été reconstruit en 1200. Je n'insiste pas sur cette note jusqu'à vérification.

Le nom Baboe, avec mention du moulin, nous a été donné dans une charte de 1195-1196. — *Trésor des chartes, Tome* 1er, *p.* 188, *colonne I.*

J'hésite à transcrire la note suivante qui intéresse la rivière motrice du moulin, mais qui ne regarde pas particulièrement le moulin : « Transaction entre Mathieu, comte de Ponthieu, et les prieur et relligieux de Saint-Pierre pour la peskerie et l'yaue des cardons (du Scardon), an 1243, el mois de décembre. »—*Livre blanc de l'hôtel-de-ville* fol. xii.

Le moulin est intéressé un peu plus peut-être dans la sentence des assises qui condamne en 1375 Firmin Le Ver, bourgeois d'Abbeville, à entretenir, nétoier, avec faux et rateaux, la rivière qui vient de la Bouvaque jusqu'au moulin de Baboe et au moulin Le Comte (ou du Roi). — *Livre rouge de l'hôtel-de-ville ; folio* xxiii *verso.*

Voir encore un jugement pour les moulins Le Comte et Baboe. — *Livre rouge de l'hôtel-de-ville, folio* xxxi *verso,* suivant la table que j'ai sous les yeux.

Un cueilloir de 1579-1580 pour Saint-Pierre mentionne (article 38) un tenement « séant sur la rivière de la Bouvaque au molin de Baboë. » — *Note fournie par M. le baron Tillette de Clermont-Tonnerre.*

Le meunier du moulin de Baboë était en 1586 Charles ou Jehan Gaffé. Charles et Jehan occupent en

cette année les registres aux comptes et les registres aux
délibérations de la ville.

Le registre aux comptes nous donne d'abord au chapitre des amendes :

« Le VI⁰ dudict mois (d'août 1586) Charles Gaffé, meunier, pour avoir charié des immondices en la place Saint-
Pierre. . . . . XL sols. »

Le registre aux délibérations nous donne peu après, à
la date du 10 octobre de la même année :

EXTRAIT DES REGISTRES DU PARLEMENT.

Veu par la chambre des vaccations le procès criminel
faict par les maieur et eschevins de la ville d'Abbeville à
la requeste du procureur fiscal de ladicte ville demandeur
allencontre de Jehan Gaffé, muisnier, prisonnier es prisons de la Conciergerie du Palais, appelant de la sentence
contre luy donnée par laquelle, pour reparations des
cas contenus audict procès, ledict Gaffé auroit esté condamné à paroir par devant lesdicts maieur et eschevins en
la chambre du conseil du grand Eschevinage et illecq,
teste nue et genoux flexis, tenant une torse ardente en
sa main du poids d'une livre, dire et déclarer à haulte
voix que, malicieusement, il avoit faict soir (choir?) et
osté le nocq (?) traversant la rivière qui faict mouldre
son mollin, aboutant des deux bouts aux fossés de la
ville, dont il se repentoit et crioit mercy à Dieu, au roy et
à justice, ce faict, banny de ladicte ville et banlieue d'i-
celle, le temps de III ans, et enjoinct garder son ban

à peine de la vie ; condamné *outre* (?) en deux cens escus
d'amende envers la .ville et es despens du procès ; *de la-*
quelle sentence ledict procureur fiscal (de la ville) auroit
appelé *a minima* ; requeste présentée par ledict Gaffé
avecq les pièces y attachées mises audict procès ; oy et
interrogé par la dicte Chambre le dict Gaffé, etc. — dit a
esté, pour le regard de l'appel *a minima* dudict procureur
fiscal, que la Chambre a mis et met la dicte appellation au
néant..... et, en ce qui touche l'appel interjetté par led.
Gaffé, a mis et met lad. appellation au néant sans amende
et, en émendant ladite sentence, condamné et condamne
ledict Gaffé à faire remettre et restablir, à ses frais et despens, en bon et suffisant estat, dedans trois mois prochainement venant, le nocq dont est question aud. procès, en
douze escus de reparations envers lad. ville, à tenir
prison pour lad. somme es prisons d'Abbeville esquelles
il sera tenu se rendre dans ung mois prochainement venant, et, pour ce faire, luy a baillé et baille le chemin
pour prison.... le premier jour d'octobre l'an mil cincq
cens quatre vingts et six. — *Registre aux délibérations,*
X octobre 1586 (1).

De Charles ou de Jehan, ou de leurs descendants, le

---

(1) On trouve encore à propos de cette affaire dans le registre
aux comptes de 1586–1587 : « A Jacques Le Cat, sergeant à masse et
geollier du grand eschevinage, la somme de cinq escus quatorze
sols à luy deuhe et ordonnée pour la nourriture et geollage de
Jehan Gaffé prisonnier et pour plusieurs frais par luy déboursés
pour l'instruction du procès criminel contre luy faict sellon qu'il est
au long contenu et déclaré par les parties dud. Lecat . V escus XIVᵉ

« A Jehan Gruel et auttres sergeans à masse la somme de quarante
escus, qui leur avoit esté ordonnée et taxée par arrest ou exécutoire

moulin de Baboë a pris dans l'usage le nom de moulin Gaffé qu'il a conservé depuis (1) sans perdre officiellement son ancien nom mentionné dans les actes publics jusqu'à nos jours probablement.

Dans le testament de Jean Gaffé du 15 mai 1637 déposé à Maître Lefébure, notaire royal en Ponthieu, nous dit M. Tillette de Clermont, on voit le moulin à eau nommé « le moulin de Baboé avec la maison, bâtiments et jardins en dépendant et joignant audit moulin ».

A une date que je ne peux fixer dans ce chapitre les religieux de Saint-Pierre vendirent leurs droits sur le Scardon à N. Gaffé.

Une note de M. L.-J. Traullé nous donne : « 1655. Nicolas Ducastel, sieur de Follemprise, . . . , [?] Maisoncelle, Villy, Eu [?], et Anne Brunet, sa femme, vendent une redevance sur le moulin Baboë au sieur Gaffé. — *Étude de M. Flaman, notaire à Abbeville.*

La notoriété du nom de Gaffé attaché au moulin fit nommer par un usage, qui a passé quelquefois dans les annonces, et peut-être dans les actes, la rue où se trouve le moulin rue du Moulin Gaffé.

Dans le même sens à peu près que la rue du Bas-Mesnil, en revenant sur nos pas, descend la rue du Dauphiné. La rue du Dauphiné, qui n'a qu'un seul rang de maisons, le Scardon la bordant de l'autre côté, s'appelle

La rue du Dauphiné.

la Court de Parlement à Paris pour avoir mené et conduict Jehan Gaffé prisonnier de ceste ville es prisons de la Conciergerie du Pallais, lequel exécutoire.. etc. . . . . . . XL escus. »

(1) On l'a appelé aussi quelquefois, je ne sais à compter de quelle date ni jusqu'à quelle date, moulin Farois.

ainsi probablement, dans l'incertitude où nous sommes
sur son étymologie, d'un régiment du Dauphiné qui y
aura demeuré. Cette supposition est d'autant plus vraisemblable que la rue des Écuries du Roi est toute voisine. Les maisons de la rue du Dauphiné dans lesquelles,
pour la plupart, il faut descendre en entrant, sont s
basses, qu'il en est peu dont on ne puisse toucher le
toit avec la main. C'est sans contredit celle dont l'aspect accuse le plus de misère dans toute la ville. —
1849.

J'ai trouvé, depuis, cette rue appelée rue Dauphine
dans les comptes de Saint-Georges de 1685-1687.

La rue du Dauphiné aboutit à gauche au pont Gaffé,
et à droite à la rue du Colombier.

La rue du Colom-
bier.

Cette rue du Colombier tire, dit-on, son nom d'un
Colombier qui dépendait du prieuré de Saint–Pierre ou,
précédemment, du château antérieur au prieuré dans le
même lieu. On voit dans le cueilloir de Saint-Georges
déjà souvent cité, que dans la rue du Dauphiné ou aux
environs était une maison dite *du Colombier*. Vers 1830,
la moitié de la rue du Colombier était encore traversée
par un fossé ou espèce d'égout. — 1849.

Je me suis, depuis 1849, préoccupé du Colombier
auquel la rue doit son nom. Les comptes de la maison
du Val-aux-Lépreux de 1673–1674 (rachetés par la ville
à la vente de M. Delignières de Saint-Amand) m'ont
donné aux *Recettes* :

« De Jean Froissart pour un ténement près la porte
du Bois et la voie quy meine de la muraille au *jardin
des Coulombes*, accostant d'un costé à l'hostel où pend

pour enseigne *la Queue de Regnard*, et par devant au frocq . . . . 4 sols. »

Les comptes de Saint-Georges de 1685-1687 m'ont donné encore une maison *du Colombier* dans la rue de ce nom.

Un cueilloir de l'église du Saint-Sépulcre de 1751-1752, désignant une maison de la rue du Dauphiné, me l'a montrée voisine d'un colombier qui doit être celui qui nous occupe. La maison, de laquelle dépendait un jardin, tenait d'un bout « au colombier et d'autre bout, sur le froc » — (c'est-à-dire avait ses ouvertures sur la rue du Dauphiné).

Enfin, les comptes de Notre-Dame de la Chapelle de 1764-1765 mentionnent le jardin du Colombier dans la rue d'Avignon.

Que peut-on inférer de ces divers témoignages? Qu'une maison dite du Colombier, un colombier en réalité peut-être, et, dans tous les cas, un jardin dit des Coulombes, faisaient le centre de ce petit quartier.

La rue du Colombier a été récemment élargie sur une certaine longueur.

La rue du Colombier, qui forme trois coudes bien marqués (1), s'arrête brusquement contre le Scardon, et à son extrémité, à droite, prend naissance la rue d'Avignon.

La rue d'Avignon, dont l'étymologie est aussi dou- La rue d'Avignon
teuse, sinon plus, que celle de la rue du Dauphiné, n'a

---

(1) 1849. — Un des coudes a disparu à peu près depuis l'élargissement.

comme elle qu'un rang de maisons, le Scardon la bordant à gauche aussi, dans toute son étendue du côté où nous la prenons. Dans la carte de la vicomté de Saint-Pierré on voit entre la rue d'Avignon et la rue de la Briolerie une rue, un pont et un moulin portant le nom de *Faroi.*

La rue d'Avignon paraît dans une délibération échevinale du 17 octobre 1657. Une ruelle de quatre pieds et demi de large, qui y est ouverte, est donnée à cens, moyennant douze deniers, au sieur Louis Meurice.

Je la retrouve dans les comptes de la maison du Val-aux-Lépreux de 1673-1674.

Les rues du Colombier et d'Avignon me paraissent être, pour tout ou partie, le passage dont il est question dans une délibération échevinale de 1653 et qui menait du moulin Gaffé au pont Grenet.

Le 5 août 1653, Charles Gaffé, bourgeois marchand, est déchargé de logement de gens de guerre pour faire un vernis en un passage qui conduit du pont Grenet près du moulin de Charles Gaffé, ledit passage étant dangereux suivant la requête de dom Pierre Guaillard (ou Gueullard ou Gueillard) sacristain, les receveurs et marguilliers du Sépulcre et les voisins dudit moulin, ledit passage gênant beaucoup pour l'administration des sacrements. — *Extrait des délibérations de la ville, Mss. en la possession de M. Aug. de Caïeu.*

La rue d'Avignon finit près du pont Grenet, au carrefour qu'elle forme avec les rues Planquette, aux Pareurs et Babos.

Le pont Grenet. Le pont Grenet, autrefois Garnet, et que nous trou-

vons écrit Grenat dans les Mss. de M. Siffait, tire son
nom on ne sait d'où, mais probablement, autant qu'on
en peut juger par la tournure du mot, d'un bourgeois
de la ville. — Dans l'été de 1773, voyons-nous dans les
Mss. cités plus haut, on le fit reconstruire à neuf, en
briques et avec une seule arcade. Auparavant, il avait
deux arcades de briques également, mais plus basses.
Autrefois, dit l'auteur de ces Mss. sur la foi des traditions
de son temps, la petite rivière de l'Eauette commençait
à ce pont, passait la rue Planquette, la rue Pado et la
rue Médarde, pour gagner la rue de l'Eauette. MM. de la
Ville, pour embellir ces rues en comblant le ruisseau et
en les rehaussant, ont fait percer un canal dans la rue
des Teinturiers, passant par le ténement qui est à présent
l'hôpital des Sœurs-Orphelines, — les sœurs Claudes,
— pour fournir le même volume d'eau à la rue de
l'Eauette ainsi qu'on le voit encore aujourd'hui.

En 1841, le pont Grenet fut démoli et reconstruit par
la ville. Sa voûte fut élargie et baissée, et les garde-fous
de chaque côté, au lieu d'être rétablis en briques, le
furent en fer. — A la même époque fut creusé pour la
rue Babos un égout nouveau qui se jette près du pont.

Il me reste à emprunter une tradition, un racontage
peut-être, à Nicolas Collenot.

Nous avons à Abbeville un proverbe très-répandu
et que voici : *Elle a passé le pont Grenet, elle a bu sa
honte.* En sa qualité d'érudit, le vieux Collenot appré-
ciait parfois la probabilité des origines sur leur invrai-
semblance. Ce proverbe nous vient, dit-il, de Gournay-
sur-Marne, petite ville à quatre lieues de Paris, sur la

rive gauche. M. de Valois le rapporte dans sa Notice des
Gaules. Les religieuses de Chelles et les religieux du
prieuré de Gournay n'étaient séparés que par la rivière,
mais justement la rivière avait un pont en cet endroit.
Les religieux envoyaient-ils par les fenêtres de leurs
cellules des signaux aux religieuses? Les religieuses, co-
quettant sous guimpe, répondaient-elles aux religieux au
moyen d'un alphabet télégraphique? On ne sait; ce qu'il
y a de certain, c'est que le pont *intermonacal* devint
bientôt le pont le plus fréquenté de la ville après le
couvre-feu. De là le dicton : *Elle a passé le pont de
Gournay, elle a sa honte bu.* Ce dicton, apporté chez
nous par quelque voyageur, a été ajusté au pays ainsi
qu'on le sait. Collenot était un habile faiseur de rapprochements, mais le P. Ignace et la tradition lui eussent
fourni une explication beaucoup plus simple à notre
sens. Il y avait autrefois, au haut de la grande rue aux
Pareurs, près du pont Grenet, un hôpital que l'on appelait l'hôpital de Saint-Quentin. Cet hôpital, dit le P.
Ignace, « estoit désigné pour y recevoir les filles ou
femmes qu'on nommoit *rendues*. » Lorsque ces filles
sortaient, elles étaient infailliblement saluées par les
saintes âmes du Saint—Sépulcre du dicton du pont
Grenet qui a pu naître ainsi spontanément dans notre
ville comme à Gournay; dicton qui, généralisé ou appliqué à tort et à travers, était devenu la plus grosse injure
que pussent échanger les commères de certains quartiers. — 1849.

Ce qui est certain, c'est que le nom du pont Grenet
existait déjà en 1579. — Note de M. Tillette de Cler-

mont d'après le *Cueilloir de Saint-Pierre de* 1579–
1580.

Le pont Grenet était-il le même que le *Pont où l'on
sacre le Pape* rencontré dans une note d'un cueilloir de
Saint-Gilles à l'occasion de la rue des Plancques? Je le
crois. Le *Pont où l'on sacre le Pape* précédait, suivant
cette note, la rue *des Plancques* (des planquettes) et n'é-
tait pas loin du Saint–Sépulcre, ce qui est bien la situation du pont Grenet entre la rue Babos et la rue Planquette, mais à quel fait ou à quel usage se rapportait
l'appellation légèrement irrévérencieuse?

J'ai fait depuis 1849 quelques recherches nouvelles
sur l'hôpital voisin du pont et sur les Repenties. Pour la
situation même de l'hôpital M. Tillette de Clermont est
venu à mon secours avec deux extraits ; l'un d'un cueilloir de 1579-1580 pour le prieuré de Saint-Pierre :
« Article 126, pour trois tenements près l'hôpital de
Saint-Quentin séant au bout de la grande rue aux Pareurs, à
main destre en descendant du pont Grenet en ladite rue;
— cet extrait n'indique qu'un voisinage ; — l'autre d'une
saisine du 7 décembre 1671 dans laquelle il a trouvé une
maison rue d'Avignon, paroisse de Saint-Sépulcre, appelée l'hospital de Saint-Quentin. Cette maison appartenait alors à honorable homme Antoine Mauvoisin.

Il résulte de ces deux extraits que l'hôpital de Saint-
Quentin se trouvait au bout de la rue d'Avignon et
couvrait même une partie de la rue nouvelle que nous
avons décorée du nom de Claude Mellan, rue qui n'existait pas alors ou qui n'était qu'une ruelle ainsi que nous
l'établirons. Le premier extrait dit : « ...... au bout de

L'hôpital de
Saint-Quentin.

la grande rue aux Pareurs, à main destre en descendant du pont Grenet en ladite rue. » Venez de la rue Babos au pont Grenet et tournez à droite, vous arrivez juste à l'angle de la rue d'Avignon. Cela s'accorde bien aussi avec le dicton : *Elle a passé le pont Grenet*, etc. Le second extrait est encore plus explicite et ne peut laisser de doute.

L'hôpital de Saint—Quentin fut d'abord ouvert pour recevoir de pauvres pèlerins.

L'histoire de ce couvent et du changement de destination qui lui fut donné nous a été conservée dans le registre aux délibérations de l'Echevinage. J'emprunte le résumé ou le texte un peu rajeuni de cette histoire à un manuscrit en la possession de M. A. de Caïeu : « 23 juin (1586) sire Hugues Cailleu, chapelain de l'hôpital de Saint-Quentin, bâtonnier, Nicolas Morel, André Duval, Cristophe Pierrard [?], Hector Siffait, Jacques Delavergne, Jean Gaffé et autres, ont dit que l'hôpital ou tenement de l'hôpital de Saint-Quentin a été donné dès l'an 1500 par un nommé Jean Lesueur au profit d'icelle confrérie, pour y recevoir et coucher tous pauvres pèlerins voyageant au nom dud. saint et à la charge de faire dire à son intention par an deux obits, l'un le premier vendredi de carême et l'autre le lendemain des morts, de payer 18 sols de censives à la maison du Val et de l'entretenir et édifier (d'entretenir et édifier le couvent de Saint-Quentin) ; où ils (1) ont établi un concierge pour y gar-

(1) Ils, c'est-à-dire les bourgeois mêmes qui sont venus faire à l'Échevinage cette déclaration, savoir Hugues Cailleu, etc., anciens bâtonniers.

der et faire œuvre d'hospitalité ; que s'il s'est commis quelques abus, c'est la faute dudit concierge (1). — Sur ce qui a été proposé auxd. anciens bâtonniers de recevoir les filles repenties de l'hôpital Jean Le Scellier où le collége vient d'être établi, lesd. anciens bâtonniers ont, d'un commun accord, délaissé et remis ès mains de MM. de Ville le manoir, lieu et tenement appelé l'hôpital Saint-Quentin, pour y donner asile aux pauvres filles repenties, à la charge qu'ils ont réservé à la confrérie le dortoir où a accoutumé de gitter (gîter) les pauvres pèlerins, pour lesquels recevoir y pourront commettre homme suffisant et de bonne vie, et, en outre, à la charge d'acquitter les deux obits et de payer les 18 sols de censives, ce qui a été fait. »

Nous n'avons pu savoir si les pèlerins voyageant au nom de saint Quentin et les malheureuses pèlerines de la Madeleine et de Jehan Le Scellier s'accommodèrent bien ou mal de la rencontre et du voisinage dans le nouvel asile resserré ; ce que nous voyons, c'est que, « le 30 juillet 1587, l'échevinage décide qu'il achètera une petite maison et un jardin près l'hôpital Saint-Quentin qui est fort étroit, où sont maintenant les filles repenties, pour l'agrandir. » — *Mss. en la possession de M. de Caïeu.*

Le zèle de l'échevinage devait se refroidir bientôt. L'institution des Repenties n'eut pas longue existence près du pont Grenet. Je l'avais rencontrée assez souvent

---

(1) Il faut croire que les bourgeois susnommés, anciens bâtonniers, venaient défendre l'hôpital contre quelques accusations.

dans mes lectures des registres municipaux lorsque je
travaillais à en tirer les années de *la Ligue*. J'y vis l'institution condamnée, à tort peut-être, par l'échevinage :
« Nous annoncions dans le dernier chapitre de l'année
1592—1593, la délivrance au principal du Collége, pour
sa chapelle, des meubles servant au culte dans la maison
« où naguaire les Repenties faisoient leur demeure »
cette année, l'échevinage ordonne que « les maisons cy-devant acheptées pour accommoder les Repenties de cette ville seront vendues, et qu'à cette fin publication sera faicte ; mesmement les mœubles quy ont
esté saisis en la dite maison. » LA LIGUE A ABBEVILLE,
t. III, p. 178; *reg. aux délib.* 1593-1594, du viii° jour
d'octobre 1593.

La rue Babos. La rue Babos, qui prend naissance dans la rue de la
Briolerie et qui aboutit au pont Grenet, sert de corde à
l'arc informe décrit par la rue de la Briolerie, le pont
Gaffé, la rue du Colombier et la rue d'Avignon. Son nom
lui vient, comme celui du moulin de Baboë, dont nous
avons parlé plus haut, de sa situation vers le bas du bois
d'Abbeville ; c'est, à proprement parler, la rue du *Bas-
Bois*, par opposition à la chaussée du Bois qui est plus
élevée. Le nom de *la Babole*, qu'on lui attribue vulgairement, a la même étymologie. — 1849.

J'ai, depuis 1849, recueilli différents extraits intéressant les noms Baboë, Babos, Babole.

Babos apparaît déjà en 1492, mais alors la rue était
dite aussi vulgairement *le Trou Michault*. A cette date,
le prieuré de Saint-Pierre devait douze sols de cens à
l'abbaye de Saint-Riquier et homme vivant et mourant

pour quatre maisons dans la rue Babos ; mais j'aurai plus vite et mieux fait de copier ici une page de la *Chronique manuscrite* de Dom Cotron :

Anno 1492, *die vigesimâ quintâ septembris, per sententiam majoris et juratorum Abbatisvillæ, Dominus Antonius de l'Esquielle, religiosus et præpositus Sancti Petri abbavillensis compellitur solvere duodecim solidos census Ecclesiæ Sancti Richarii personamque caducam sufficere pro quatuor domiciliis seu tenementis in vico* de la Babos *qui vulgo dicitur* le trou Michault, *et die vigesimâ octavâ martii sequentis prædicti præpositus et monachi Sancti Petri personam caducam exhibuerunt magistrum Joannem Lecat presbyterum et collegialis Ecclesiæ Sancti Vulfranni capellanum.*

M. Tillette de Clermont a trouvé dans un cueilloir du prieuré de Saint-Pierre (1) pour l'année 1579-1580, mention (article 315) d'un four de Baboë dans la rue de Baboë.

. Le nom Babole ou Babolle existe déjà en 1673 : « de Marie Griffon, fille et héritière de François Griffon, pour un pré scéant au marest (marais) de la Babolle, accostant à la rivière, d'autre et d'un bout à . . . . . . vi sols. » — *Comptes du Val-aux-Lépreux,* 1673-1674.

Ne s'agit-il pas dans cet extrait d'une désignation de quartier plutôt que d'une désignation de rue?

Je trouve enfin dans le cueilloir du Sépulcre de 1750-1752, rue de la Babolle ou simplement rue Babole. Mais

---

(1) Cœuilloir de dom Quentin de Cayeu, religieux et receveur du prieuré de Saint-Pierre d'Abbeville.

qu'était-ce alors que la *Miséricorde*? Le cueilloir nous
donne « une maison, rue Babole, tenant d'un costé à la
veuve La Carrier, amidonnier, de l'autre costé à la *Miséricorde*, d'un bout à la rivière et d'autre bout sur le
froc (c'est-à-dire s'ouvrant sur la rue Babole). La *Miséricorde* était une simple enseigne peut-être.

Babos est demeuré le nom officiel cependant : « A
vendre une maison rue Babos n° 402, à usage de cabaret avec enseigne : *Au bienheureux.* » — *Journal d'Abbeville du* 20 *avril* 1820.

La fontaine de Saint-Pierre était dans la rue Babos,
ou du moins voisine de cette rue, dans le quartier de la
Babole; mais à quelle place?

Je vois dans le cueilloir du Sépulcre (1751-1752) une
maison tenant d'un côté à la rue qui conduit à la fontaine de Saint-Pierre, d'un bout à ladite fontaine et
d'autre bout sur le froc (de la rue de la Babole).

Et dans l'article suivant (article 50) une masure « qui
estoit anciennement une maison faisant le coin de la rue
menant à la fontaine de Saint-Pierre, à présent bouchée. »
Cette masure tenait d'un côté à la rue (de la Babole),
d'un autre au prest (pré) de Saint-Pierre.

Il est question dans le même cueilloir des ruisseaux
de Saint-Pierre :... « maison tenant par derrière aux
ruisseaux de Saint-Pierre et par devant sur le froc de la
rue (de la Babole); — plusieurs autres maisons dans le
même cas.

La fontaine de Saint-Pierre qui formait sans doute les
ruisseaux mentionnés plus haut devait s'écouler dans le
Scardon un peu au-dessous du pont Grenet. Le cueil-

loir du Sépulcre désigne une maison de la grande rue
aux Pareurs par ces mots : « du côté et jardin et fontaine Saint-Pierre. »

Une fontaine est marquée dans l'enclos même de
Saint-Pierre sur un plan de la vicomté de Saint-Pierre
(collection de M. de Saint-Amand). Elle est indiquée
assez près des bâtiments du couvent, pas très-loin de la
rue Babos.

La rue Babos a été élargie il y a une dizaine d'années du côté du pont Grenet, par suite d'une acquisition faite par la Ville le 6 juin 1836. On passait alors
très-difficilement avec une voiture à cet endroit ainsi
que sur le pont. — 1849.

Nous parlerons plus loin de la rue Planquette et de la
rue aux Pareurs. On nous permettra, en attendant, de
rétrograder jusqu'à la place Saint-Pierre, afin de remonter avec nos digressions ordinaires la chaussée Marcadé, comme nous avons remonté la chaussée du Bois.

CHAPITRE XXVII

La place Saint-
Pierre.

La place Saint-Pierre, il est inutile de le dire, tire son
nom du prieuré de Saint-Pierre et Saint-Paul, qu'elle
précédait. Cette place, dit le P. Ignace dans son *Histoire Ecclésiastique*, « estoit anciennement un cimetière
où l'on enterroit les corps de ceux qui mouroient ès paroisses de la ville dépendantes du prieuré de Saint-
Pierre, lesquelles n'avoient pour lors aucun cimetière.
Mais cette place cessa d'être un cimetière environ
l'an 1400. D'autant que, n'étant point fermée, toutes
sortes de bestes y entroient et la prophanoient. Cela fut
cause que messieurs de l'Échevinage, les gens du roy et
autres s'assemblèrent pour représenter humblement au
Prieur de Saint-Pierre, que ce lieu, estant bénit pour
cimetière, estoit rendu prophane à cause que les chariots,
tombereaux, charrettes, chevaux et autres bestiaux y
passoient journellement et qu'il seroit plus convenable

qu'il permist à chaque paroisse dépendante de Saint-Pierre d'avoir un cimetière à part pour enterrer les paroissiens. » Cette demande fut favorablement accueillie, « et depuis ce temps les paroissiens du Sépulchre, de Notre-Dame-de-la-Chapelle et de Saint-Eloy ont eu leurs cimetières proches'de leurs églises, enclos de murailles, avec des grilles de fer au passage, pour empescher les bestes d'y entrer. » — *Hist. ecclés.*, chap. XLVI, p. 170.

La place Saint-Pierre a changé fréquemment de destination. De cimetière elle devint lieu de fêtes et de réjouissances.

Tous les ans, la veille de la fête de Saint-Pierre, les religieux allumaient un feu de joie sur la place. A huit heures du soir ils sortaient en procession de leur église et se rendaient sur la place où les attendait un búcher auquel le prieur mettait le feu après l'avoir béni. La flamme montant, le prieur entonnait le *Te Deum* que continuaient les religieux. Environ à la moitié du cantique, les religieux reprenaient le chemin de leur église et ils achevaient le chant dans le trajet. Puis « la populace emportoit ce qui restoit de bois et même l'arbre. » — Mss. Siffait.

La fête du bûcher était ancienne, antérieure même à la date que donne le P. Ignace pour la suppression du cimetière. Elle était accompagnée de danses, ce qui prouverait, à défaut d'autres témoignages, que le cimetière n'occupait pas d'ailleurs toute la place, mais seulement le milieu de la place ; et les danses n'allaient pas toujours sans querelles, ni les rixes sans mort d'homme, témoin la rixe de 1394 que nous rapporte le *Livre Rouge* de l'hôtel de ville.

« Il advint dans la nuit de Saint Pierre de cette année (1394) que Jacques de Flexicourt, Mahieu de Flexicourt son frère, Nicolas Faffelin fils de feu Jehan Faffelin et Pierretin Faffelin fils Colart Faffelin d'Escu de France (1) dansoient à la feste du feu qui se faisoit devant l'huis des Lombars en le plache Saint-Pierre, à laquelle feste se print à danser Pierretin Gaude. Les autres s'en allèrent, » mais une querelle s'étant émue derrière eux sur la place de danse, ils revinrent. « Ychaulx Jackel et Mahiel de Flexicourt, Pierretin et Nicolas Faffelin coururent sus aud. Pierretin Gaude et le tuèrent, » malgré la parenté qui les unissait. Ils furent appelés à trois cloques (cloches) et bannis par jugement du 10 juillet 1394. — Fol. 154 recto. — *Analyse ancienne du Livre rouge.*

La fête du feu tomba en désuétude à partir de l'année 1778. — *Mss. Siffait.*

Saint Pierre se plaît cependant à être honoré par des feux. Les habitants du Crotoy n'ont garde de l'oublier encore ainsi que j'ai pu le constater le 28 juin 1852. Seulement ils ajoutent au bûcher des danses et même quelques libations auxquelles aide le prix des derniers tisons vendus aux enchères.

L'empressement municipal, prodigue d'estrades, a quelquefois aussi honoré les princes de la terre sur notre place.

(1) « La maison de l'Ecu de France à M. Devismes-Glachant en 1827. » — *Note d'une analyse du livre rouge.*

Les sirènes qui y firent accueil, en juillet 1430, au jeune roi Henri VI d'Angleterre étaient, dans l'estime de M. Louandre, des jeunes filles nues, auxquelles la température estivale avait permis de donner pour voile l'eau d'un bassin.

« Mon très-redoubté Seigneur Monseigneur le Duc de Bourgogne » est venu à Abbeville 1471. On l'a fêté. Une somme est payée à divers pour hourds construits en plusieurs lieux et sur lesquels des mystères ont été joués. Un de ces hourds s'est élevé sur la place Saint-Pierre. — *Registres aux comptes de la ville*, 1470-1471.

De municipales, les réjouissances devinrent un jour tout-à-fait libres et profanes. La note suivante, sous la date de février 1719, nous tombe sous les yeux :

« Plusieurs particuliers se sont ingérés d'établir dans la place Saint—Pierre certains jeux à passer avec des balles de plomb, où s'assemblent quantités de jeunes gens, même des personnes mariées et des soldats de la garnison, qui y passent leur temps à jouer du matin au soir, sans en excepter les dimanches et fêtes pendant les offices divins ; ce qui est scandaleux, contraire aux règlements de police et aux devoirs de religion et donne lieu à de fréquentes querelles, mauvais traitements, jurements et blasphèmes du saint nom de Dieu. On ordonne que les jeux à passer avec des balles de plomb seront détruits ; on défend d'en établir de nouveaux, même dans les maisons particulières, et aux habitants d'y jouer à tel jour et heure que ce puisse être sous peine de punition corporelle. »

Le premier théâtre sérieux, un théâtre classique,

construit à Abbeville, s'éleva sur la place Saint-Pierre. C'était une « vaste loge en planches. » Dans cette loge, comparable à celles où les Hercules soulèvent des poids avec leurs dents, des Abbevillois convaincus purent entendre en 1764, du mois de mai au mois d'août, *Mahomet, l'Avare, Mérope, Tartufe, Zaïre, Tarcaret,* etc. — V. M. Louandre, *Histoire d'Abbeville,* 2. I, *p.* 325.

Lieu de réjouissance, la place Saint-Pierre était aussi lieu d'exécution. Le chevalet tranchant sur lequel on faisait asseoir les filles publiques y était dressé ; la potence s'y élevait quelquefois. Les Mss. de M. Siffait nous en donnent un exemple que nous citerons pour montrer avec quelle facilité la peine de mort était encore appliquée au dix-huitième siècle pour des actes justiciables au plus maintenant de la police correctionnelle. — Le mardi 4 janvier 1724, disent ces Mss., furent exécutés sur la place Saint—Pierre trois soldats de notre garnison du régiment de Saxe. Ils furent pendus à la même potence qui n'avait que deux bras. Le bourreau repoussa contre le poteau un de ces soldats déjà mort, pour ménager place au troisième. Ils avaient forcé la haie d'un jardin de la rue de la Pointe pour s'emparer des chandelles que l'on y mettait blanchir. Le poids des chandelles volées était de quarante-sept livres, ce qui, à huit sols la livre, faisait dix-huit livres seize sols. Une dénonciation du vol avait été faite aux officiers du régiment. Ceux-ci firent conduire leurs trois hommes à l'Hôtel-de-Ville et les condamnèrent à mort. La grâce des coupables avait été vainement sollicitée par le propriétaire des chandelles lui—même.

Au dix-huitième siècle, le recours au cheval de bois d'échine coupante pour punir l'oubli des règlements a été, depuis longtemps, abandonné. Le Conseil urbain imagine cependant un procédé de correction où reparait quelque air de moyen-âge. Une cage de fer tournante est placée en 1751 « près le corps de garde de la place Saint-Pierre, » par ordre des maire et échevins, pour remplir la mission salutaire de l'ancien chevalet. (Cette inventive année 1751 fut aussi celle de l'établissement, ce qui vaut mieux, de lanternes dans plusieurs rues.) La cage de 1751 fut enlevée en 1753 « intacte et vierge. » — *Petit ms. de M. Traullé*, copié, je crois, en partie du moins, sur les *Mss. Siffait*.

Il y avait donc dès 1751 un corps de garde sur la place Saint-Pierre. Il ne faut pas le confondre avec celui qui fut construit à peu près au même lieu en 1780.

En 1780, les soldats de la garnison, « qui montoient la garde à Abbeville et qui, jusque-là, s'étoient contentés d'un corps-de-garde sur le Mail derrière la prison, ayant réclamé du feu, on leur établit, pour donner satisfaction à leur demande, un corps-de-garde sur la place Saint-Pierre. » — *Note de M. de Bommy.*

La dépense pour la construction du corps de garde de la place Saint-Pierre à Abbeville, nous dit M. de Boyer de Sainte-Suzanne, fut prélevée sur les fonds du gros octroi de Picardie prorogé en 1770. — *Les Intendants de Picardie*, p. 51.

L'almanach de Ponthieu de 1783 nous dit : « La PLACE D'ARMES (*Saint-Pierre*) a été embellie d'un bâtiment de briques et en pierres de taille portant vingt pieds de long, dont le milieu en arcades du côté de la place sert de halle pour le marché aux laines, au fil, au lin et au chanvre. Les deux pavillons sont destinés, l'un à un vaste corps de garde pour les troupes, et l'autre, ainsi que le premier étage, à des appartements propres et commodes pour les officiers de la garnison. »

Nous retrouverons cette construction en causant de l'église de Saint-Etienne.

Depuis fort longtemps la place Saint-Pierre était déjà lieu de marché.

J'ai déjà donné dans la LIGUE A ABBEVILLE, au chapitre de la police (p. 88), les places des marchés selon l'ordonnance du mois de septembre 1585 ; savoir : pour le bois et le charbon amené en la ville par charroi, la place Saint-Pierre; etc. — *Registre aux délib. de la ville* 1585–1586.

Il est décidé le 24 décembre 1602 que le marché aux chevaux sera établi en la place Saint-Pierre où sont des hôtelleries, et cette place étant jugée plus commode pour le marché que le lieu où il est tenu près de la porte Saint-Gilles.

Un règlement transfère le 23 avril 1664 en la place Saint—Pierre le marché aux chanvres et aux lins tenu jusqu'alors, tous les jours de franc—marché et tous les jeudis, en la rue des jeux de Paulme et de Larquet.

Au mois d'avril 1791 les habitants de la place d'armes, s'appuyant dans leurs plaintes sur les torts que leur cause la suppression des couvents, demandèrent qu'une partie des denrées exposées sur la place de Saint-Georges (Marché au blé) fût vendue sur la place Saint—

Pierre. Le conseil municipal leur répondit le 13 avril que la parade des troupes de la garnison aurait lieu désormais sur la place dépossédée des couvents, ainsi que la vente des arbres, de la faïence, des porcs gras et de la friperie.

Pendant la Révolution, le 10 décembre 1793, un arbre de la Liberté fut planté sur la place Saint-Pierre au-dessus d'une montagne de terre de plus de vingt pieds de haut. J'ai raconté deux fois la fête républicaine qui accompagna la plantation; d'abord dans les *Notices sur les rues d'Abbeville*, d'après un manuscrit du temps, puis, et, plus exactement, dans les *Annales modernes d'Abbeville*, QUATRE ANNÉES DE LA RÉVOLUTION, d'après le registre aux délibérations de la ville.

La montagne de la Liberté avait été élevée à l'endroit où une croix, seul vestige du cimetière ancien, en avait longtemps conservé le souvenir. En 1842, on a retrouvé, lorsque l'on aplanit la place, les fondations de cette croix.

La place Saint—Pierre, appelée déjà place d'Armes en 1783, est restée le lieu principal des exercices de la garde nationale, des revues militaires (1), des fêtes publiques, des manifestations politiques. Rappeler toutes ces réunions, les prises d'armes, les fêtes, serait résumer l'histoire d'Abbeville depuis bientôt quatre-vingt-dix ans ; je ne le peux pas ici. Je me contenterai de remettre en mémoire deux dates. Le 3 avril

(1) Les annonces du *Journal d'Abbeville*, 1814, 1819, 1823, 1824, me donnent toujours Place d'Armes. Elle est encore nommée indifféremment place d'Armes et place Saint-Pierre.

1848, la place Saint—Pierre a reçu un nouvel arbre
de la Liberté, un peuplier, qui a peu vécu ; le 10 août
1852, elle a vu et entendu inaugurer le monument élevé
à notre musicien Lesueur.

La place Saint—Pierre était entourée de couvents,
Les hôtels. d'églises et d'hôtels. Les hôtels étaient l'hôtel de Gamaches, qui devint en 1642 la maison des Carmes (1) ;
l'hôtel de Rubempré, entre ce couvent et le Pilori ; l'hôtel de Selincourt, qui se compose des deux maisons
qui sont au fond de la place, en face du Pilori, et qui
fut construit par M. Manessier de Selincourt, vers 1780 ;
et enfin l'hôtel de Monchy-Senarpont, en face de la rue
des Capucins, et où s'est tenue longtemps la justice consulaire (2).

(1) En 1463, le roi Louis XI étant venu à Abbeville pour racheter
les villes qui étaient le long de la rivière de Somme, logea en la
maison de Jean Gilain, avocat, demeurant place Saint-Pierre. Ce
logis est celui que le sieur Gilain vendit au seigneur de Gamaches,
que les descendants de celui-ci vendirent à l'élu Manessier ; il fut
retrait par les héritiers de la maison de Gamaches qui le reven-
dirent aux religieuses ursulines, en 1613, et que celles-ci re-
vendirent après aux Carmes Déchaussés, en 1642. — Ms. de
M. Macqueron. — 1849.

(2) La justice consulaire fut établie à Abbeville en 1568 ; elle fut
composée, nous dit Sangnier d'Abrancourt à qui nous empruntons
textuellement cette note, de cinq notables marchands dont le plus
ancien est qualifié de juge et les autres nommés consuls ; ils sont
tenus de prêter le serment de fidélité au Sénéchal de Ponthieu ou
à son lieutenant et tous les ans on en doit créer de nouveaux le
jour et fête de l'invention du corps de Saint-Firmin, 13e de janvier.
Cette justice fut érigée par un édit du roi Charles IX pour le bien
public, l'abréviation des procès entre les marchands et pour écar-
ter les chicanes des avocats qui ne sont que trop ordinaires dans
les autres juridictions. Cette justice fut établie d'abord dans une
chambre de l'hôtel de ville, mais ce lieu n'étant pas commode par

Chacun de ces hôtels a une histoire. J'ai déjà donné
en note celle de l'hôtel de Gamaches. Un nom me permet de remonter un peu plus haut encore dans l'histoire de cet hôtel et de la place même. Ce nom est celui de l'avocat Vilain ou Le Vilain.

Jean Le Vilain fut un bâtisseur. On rencontre d'abord
au 14 janvier 1436 (1437), dans le registre aux délibérations de la ville, une permission à Jehan Le Vilain advocat de planter arbres (six ormeaux ou tilleuls) dans la
place Saint-Pierre. Jehan le Vilain tenait à cens des
religieux de Saint-Pierre le lieu qu'il désirait planter. — *Regist. aux délib. de* 1426 *à* 1460, *fol. XL
verso.* Et on voit un peu plus tard dans le même
registre, en 1439, qu'un froc est baillé dans la place
Saint-Pierre à Jehan Le Vilain, advocat du roy, moyennant un verre martellé à pied au maïeur et quelques
autres charges. Jehan Le Vilain amasera la place de
maisons.

Il y a tout lieu de croire que nous sommes déjà ici
sur le terrain où s'élèvera l'hôtel de Gamaches.

Je reviens au séjour de Louis XI à Abbeville chez l'a-
l'avocat Vilain (et non Gilain). Je lis dans le registre aux
délibérations de l'hôtel de ville : « Le lundi XXVI° jour

---

ce qu'ils (les juges consuls) se trouvaient souvent interrompus dans
leurs jugements par différents commerces qui s'y font, les marchands achetèrent en 1717 l'hôtel de Rubempré (1) dans la place
de Saint-Pierre, contre le presbytère de Saint-Eloy qu'ils ont fait
rebâtir à leur usage par les soins du sieur Homassel, lors juge des
consuls, où ils ont la plus belle chambre d'audience qu'on puisse
voir et une chambre du conseil à côté.

(1) Erreur pour l'hôtel de Monchy-Senarpont.

de septembre mil IIII° LXIII, Loys par la grâce (1) roy
de France, nostre souverain seigneur, fist sa première
entrée en ceste ville d'Abbeville par le porte Docquet
à lequelle fut tendu le drap armorié des armes de
France...., fu alé à l'encontre de, lui, de cheval, par le
maïeur, eschevins, conseillers, maïeurs de bannière,
plusieurs notables gens et du commun de lad. ville,
vestus de parure et couleur perch (perse, bleue), lui
firent la révérence sur les champs par la bouche de
M° Jehan Postel, conseiller d'icelle ville, et depuis
l'entrée de ladite porte jusques à l'ostel Jehan Vilain, advocat d'icellui seigneur es mettes (dans les bornes) de
la conté de Pontieu, séant en le place Saint-Pierre où
il deschendy.... » etc.

Pour l'hôtel de Rubempré on peut consulter l'*His-
toire* chronologique des mayeurs du P. Ignace, p. 539·
—Un acte du 16 mai 1703 est passé par devant M°Bel-
lache en la maison nommée l'hostel de Rubempré.—
Note de M. le baron Tillette de Clermont-Tonnerre. —
« Hôtel de Rubempré, place Saint-Pierre où fut depuis
la *Ville de Calais* et une brasserie. » — *Note de M. F.-
C. Louandre.*

L'hôtel de Rubempré devait être déjà, en 1703, l'auberge de la *Ville de Calais*, mais il paraît par le témoignage du notaire Bellache que l'usage maintenait
encore l'ancien nom, et Bellache ne peut être suspect
d'ignorance. « Je trouve l'hostellerie de la *Ville de Calais*,
me dit M. de Clermont, citée continuellement dans les

1. De Dieu évidemment, mais le mot ne se trouve pas sur le registre.

actes du notaire Bellache de 1702 à 1706. Dans l'acte du 24 décembre 1703 il est dit : Au nom et au profit de Jean Belleguelle, maître de l'hostellerie à laquelle est pour enseigne la *Ville de Callais*, sise en cette ville d'Abbeville, place de Saint—Pierre, paroisse de Saint-Éloy. Cette hôtellerie d'après ceux qui la fréquentaient devait être de second ordre. »

La *Ville de Calais* est remplacée aujourd'hui par une des maisons qui regardent de face la statue de Le Sueur.

L'hôtel de Selincourt, divisé en deux maisons, appartient aujourd'hui, pour une grande part, à M. Tillette de Buigny et, pour une moindre, à M. Foucque d'Émonville.

J'ai recueilli d'autres noms de maisons que je regrette de ne pouvoir placer dans un ordre certain autour de la place.

Je trouve dans les comptes de la ville en 1586 des maisons et des jardins appartenant à Sébastien de Rentières et à Charles Lamiré de Caumont (1).

1. Je lis dans les comptes de la ville de 1587-1587 :
« de Sébastien de Rentières vingt sols pour le jardin de sa maison en la place Saint-Pierre aboutant au pignon de brique de ladicte maison, d'aultre bout et d'ung costé, à Mᵉ Charles Lamiré sieur de Caumont, d'aultre costé, au frocq, lesdits vingt sols faisant moictyé de la somme de quarante sols moiennant laquelle ladicte ville a fait bail à cens d'une portion de terre dont ledict jardin faict partie et l'article suivant le reste, cy . . . . XX sols
Dudict Lamiré vingt sols pour le reste de ladicte portion de terre, de présent comprinse et enclavée en sa maison et faisant une court ou jardin devant l'hospital Saint-Nicolas, acostant d'ung costé à ladicte maison dudict Lamiré, d'aultre et d'ung bout au frocq et d'aultre bout audict sieur de Rentières. . . . . . XX sols

Un plan de la vicomté de Saint-Pierre, de la collection de M. de Bommy, me montre sur la place et sur le
retour de la rue du Fossé à l'église de Saint-Éloy une
maison nommée l'*Épée royale* jadis le *Grand Four*, puis
l'*Hôtel consulaire*, puis le presbytère, puis l'église de
Saint-Éloy précédée de son cimetière qui avance sur
la place actuelle et la régularise en quelque sorte, en
s'alignant avec la rue des Capucins. Une entrée, une
allée assez étroite et profonde, resserrée entre ce cimetière et l'hôpital Saint-Étienne, donne accès au prieuré
de Saint-Pierre.

Reprenons d'abord cette face de la place.

Dans une pièce probablement du dix-huitième siècle et
qui concerne le prieuré de Saint-Pierre, me dit M. de Clermont, je trouve ce qui suit : « Les six livres dues par la
maison de l'*Épée royale* place Saint-Pierre font partie des
censives dues au petit couvent qui sont reprises dans le
dénombrement de 1547. »

Et dans un cueilloir de 1653 du prieuré de Saint-
Pierre M. de Clermont a trouvé :

« Article 222. Pour la maison du Four Saint-Pierre
d'Abbeville située en ladite place Saint-Pierre tenant...

Dudict Lamiré pour une portion de terre par luy entreprinse au
pardessus ledict premier bail, qu'il auroit faict enclore de muraille
le long de la chaulcée en l'article précédent et laquelle sur sa requeste luy a esté accordée et baillée à cinq sols de cens le quatrième
jour de mars M. V°. quatre vingts et ung. . . . . V sois
« Des héritiers de M. de la Rue président pour le recongnois-
sance de l'ypothèque par lui prinse sur les dictes portions du dict
Lamiré pour la somme de cinquante escus de rente chacun an lé
XII° jour d'avril M. V°. quatre vingts quatre . . . . . . XII sols. »

d'autre côté et d'un bout à la maison et hostel de Rubempré. »

De l'église de Saint-Éloy nous parlerons plus loin. Le
prieuré nous fournira à lui seul un grand chapitre.

L'hôpital Saint-Étienne que nous rencontrons avant
la rue des Capucins est représenté de nos jours par la
construction que nous appelons le *Pavillon du Génie.*

Cet hôpital conservait le nom d'une « église » de Saint-
Étienne, simple et fort ancienne chapelle dépendante du
prieuré de Saint-Pierre et fondée à une époque que le
P. Ignace ne dit pas et que nous ignorons. Établi en cette
église à la fin du seizième siècle, il dépendait en conséquence du prieuré. « C'est en ce lieu, dit J. Sanson
(1646), où Messieurs du Bureau des pauvres s'assemblent, pour faire la distribution des aumosnes. »—*Histoire
ecclésiastique de la ville d'Abbeville*, p. 379. On logeait
à l'hôpital Saint-Étienne les pauvres passants ; une chapelle y avait été conservée où l'on disait la messe tous les
dimanches à quatre heures du matin ; les enfants pauvres
de la ville s'y réunissaient pour être catéchisés et recevoir les aumônes que les administrateurs étaient chargés
de leur distribuer.

Un corps-de-garde était déjà à côté de l'hôpital.

Un dessin de la collection de M. de Saint—Amand nous
montre l'hôpital de Saint—Étienne avec une grande porte
et trois fenêtres, et, à côté, un corps-de-garde avec une
petite porte entre deux fenêtres inégales.

La collection de M. O. Macqueron conserve un dessin
avec ces mots : église de Saint-Étienne et corps-de-garde
situés sur la place Saint-Pierre démolis en juin 1780.

L'église Saint–Étienne fut démolie en 1780, avons-nous dit, avec un corps-de-garde y attenant. « Ce fut le jeudi, 1ᵉʳ juin, qu'on découvrit le corps–de–garde et l'ancienne église de Saint–Étienne qui servoient ancien-nement d'hôpital. Depuis l'année 1708 ou environ, on ne disoit plus la messe dans cette chapelle qui, plus tard, servit de magasin à fourrage pour la troupe. » —*Mss. Siffait* (1).

Le 5 juillet 1780, trouvons–nous dans une note que nous avons sous les yeux, la première pierre d'un corps-de-garde fut posée sur la place Saint-Pierre par M. Blondin de Bazonville, maire d'Abbeville, accompagné du corps municipal. Une grande médaille de fonte de sept pouces de diamètre fut scellée dans les fondations. Cette médaille portait sur ses faces les inscriptions suivantes gravées en relief ; MAJORE URBIS (Gab. Aug. Blondin de Bazon-ville). PRO MAJORE (Pet. Nic. Duval de Soicourt). SCABINIS (M. L. J. de Boileau, Pet. Hecquet d'Orval, F. C. Lefebvre de Cormont, C. R. Aliamet de Martel). ASSESSORIBUS (J. B. Lefebvre de Wadicourt, N. A. Delf, Fr. Pas. Delattre, F. M. Champion). Procuratore regio urbis (C. F. Duval de Grandpré). Scriba (P. N. Coulombel). Argent. (F. L. Devismes), anno MDCCLXXX. XXVII junii extructa fuere.

---

(1) Ces manuscrits s'expriment ainsi sous la date de 1763 : « La chapelle de Saint-Étienne dans laquelle autrefois on disoit la messe tous les dimanches fut interdite dans le cours des dernières guerres et les reliques, la cloche et autres ornements d'église furent donnés à la fabrique de Saint-Éloy (église toute voisine) à la condition de chanter un office particulier de Saint-Étienne le jour de sa fête à un autel qui lui seroit dédié. La chapelle supprimée servit de magasin aux fourrages pour la cavalerie. »

Et sur le revers : Reg. Lud. XVI. Præfecto civili pro~
vinciæ, F. M. Bruno Comite d'Agay. Præfecto militari
urbis, Aug. J. Comite de Mailly. anno MDCCLXXX extructa
fuere. Cette médaille, après avoir été portée par un
sergent de ville de première classe à l'église des Carmes,
où elle fut bénie en présence de M. Duval de Grandpré,
que le corps municipal avait délégué à cet effet, fut mise
dans une boîte de chêne et étendue sur un lit de charbon
pilé avec plusieurs pièces d'argent et monnaies de France
au cours du jour. Une couche de charbon recouvrit la
boîte fermée à clous et scellée avec du mastic.

L'ensemble des constructions de 1780 s'appelle aujour-
d'hui le *Pavillon du Génie* parce que le Génie y a eu
longtemps ses bureaux. Le tout, malgré l'éloge de
l'Almanach de Ponthieu, constitue un bâtiment assez
maussade d'aspect et dont l'une des faces se présente
sur la place et l'autre sur la rue des Capucins. Le *Pavillon du Génie* relève encore du ministère de la guerre
qui y logeait, avant le déclassement militaire de la
ville, le commandant de la place et les officiers du
génie.

Le Pavillon du Génie.

Reprenons les maisons en continuant le tour de la
place.

Du côté qu'occupent aujourd'hui l'ancien hôtel de
Selincourt (n°* 23 et 25) et les maisons de M. de Lanni-
gou (n° 21) et du prince de Berghes (n° 19), se trouvaient sans doute une partie des maisons que je vais
rappeler sans ordre certain.

Le *Livre Rouge* de la ville nous a donné, en 1394, la
maison (probablement l'auberge) des *Lombars*, et nous

avons retrouvé en 1591 l'auberge des *Trois Lombarts*, dont l'hôtelier était alors Toussaint de La Fosse (*Comptes de la ville*, 1591-1592), mais aucune indication même de lieu ne nous a appris si nous pouvions reconnaître la seconde maison dans la première.

Les feuilles détachées d'un cueilloir de 1784 (?) pour Saint—Pierre ont fourni à M. Tillette de Clermont la *Maison d'Éstrées* : « article 449 pour une maison sise devant la place Saint-Pierre, anciennement nommée la *Maison d'Éstrées*, à droite en allant de Saint-Pierre en la rue du *Puits à la Bourette*, tenant d'un côté.... » etc.

Un cueilloir de 1579-1580 l'hôtel de *Theienbrongne*: « Article 261 : pour une maison et tenement en la place, à l'encontre de la rue du Puits à la Bourette, qui se nomme l'hôtel de *Theienbrongne*. »

Le plan de la vicomté de Saint-Pierre nous donne le *Chevalet* ; les recherches de M. de Clermont, le *Grand* et le *Petit Chevalet*.

Suivant le plan, le *Chevalet* fait exactement face à l'ouverture de la rue du Fossé ; suivant M. de Clermont, les maisons du *Grand* et du *Petit Chevalet* étaient à peu de distance de la rue à la Bourette (aujourd'hui la rue des Carmes).

Le nom de *Chevalet* ou de *Quevalet* était ancien sur la place Saint-Pierre. Une note tirée des archives de l'Hôtel-Dieu par M. Charles Louandre nous apprend que, en 1487, il y avait une mare du *Quevalet* « vis-à-vis la place Saint-Pierre. »

J'ai retrouvé la mare, moins le nom cependant, à une date un peu plus reculée encore,—dans le troisième quart

du quinzième. Le quartier était déjà alors assez hono-
rablement bâti et habité pour que le chancelier de l'é-
clatant duc Charles—le-Téméraire y vînt loger. Les
comptes communaux de 1471-1472 mentionnent une
somme payée pour le nettoiement de la mare « estant en
la place Sainct-Pierre» et de la ruelle «joignantà l'ostel
Galois de Sainct-Remy là où estoit logié M. le chancelier
de Bourgongne en la place Sainct-Pierre. »

Quant à ce nom du Quevalet ou du Chevalet donné à
une mare êt à deux maisons, n'indique-t-il pas un voisinage de l'instrument de supplice et de discipline ? Les
hôtes du *Grand* et du Petit *Chevalet* pouvaient prêter
ou louer leurs fenêtres aux bourgeois attirés par les exé-
cutions.

M. de Clermont a rencontré les maisons du *Grand* et
du *Petit Chevalet* dès 1579 et depuis :

Dans un cueilloir de 1579-1580 pour le prieuré
de Saint-Pierre :

« Article 41 de l'église Saint-Éloy pour un tenement
séant en la place Saint-Pierre accostant au tenement du
Chevallet. »

Et depuis :

« Donation entre vifs par acte du 17 avril 1592 devant Mᵉ François Descaules, notaire royal en Ponthieu,
d'une maison et tènement séante au dit Abbeville en la
place Saint-Pierre appelée le *Grand Chevallet*. Il est dit
plus loin dans le même acte : « pour suivre le procès
en.... pour raison de quelques charges et servitudes entre les dites maisons du *Grand* et du *Petit Chevallet*.....
etc.....

12

« Dans le contrat de mariage d'Antoine Obry et de
d^{elle} Marie Toullet du 9 janvier 1695 devant Me François
Michault, notaire à Abbeville, je trouve, me dit M. de
Clermont, donation d'une maison, lieu, pourpris et tènement, vulgairement appelée le *Chevallet*, sise en cette
dite ville sur la place de Saint-Pierre. »

Une vente de censives et de surcens du 30 juin 1674
a fait relever à M. de Clermont une « maison proche le
Chevalet appelée les *Arondelles*. »

Le cueilloir du prieuré de Saint-Pierre pour 1579-
1580 lui a donné, article 534 : « Pour deux maisons
séant en la place Saint-Pierre, entre la maison du *Chevalet* et la rue à la Bourette, où pend pour enseigne *le
Sagittaire*. »

Il y avait, en 1825, sur la place d'Armes, une auberge
dite de *la Ville de Boulogne*. — *Mémorial d'Abbeville du
3 décembre* 1825. — Cette auberge existait encore en
1830 : « Vente d'une maison à usage d'auberge portant
pour enseigne *A la Ville de Boulogne*, située place d'Armes n° 5. — *Mémorial d'Abbeville du 9 octobre* 1830.

En 1832, une autre auberge, située sur la place
d'Armes, n° 8, portait le nom de *l'Épée d'Or*. — *Mémorial d'Abbeville* du 13 octobre 1832.

Les couvents et
les églises.
Les couvents et les églises étaient : l'église de Saint-
Éloy, le prieuré de Saint-Pierre, l'église Saint-Etienne
et enfin les Carmes, qui, du reste, appartiennent plutôt,
ainsi que l'hôtel où ils s'établirent, à la rue qui porte
leur nom.

Une opinion de Sangnier d'Abrancourt et dont je lui
laisse toute la responsabilité voudrait que la paroisse ou

de Saint-Pierre, puis qu'elle était la paroisse du château

l'église de Saint-Éloy fût « plus ancienne que le prieuré de Saint-Pierre, puis qu'elle était la paroisse du château que les comtes de Ponthieu donnèrent aux Bénédictins pour y bâtir un monastère.... » — Jacques Samson ne dit rien de cette antiquité dans son *Histoire ecclésias-*

L'église de Saint-Éloy fût « plus ancienne que le prieuré de Saint-Pierre, puis qu'elle était la paroisse du château que les comtes de Ponthieu donnèrent aux Bénédictins pour y bâtir un monastère.... » — Jacques Samson ne dit rien de cette antiquité dans son *Histoire ecclésias- tique d'Abbeville.*

L'église de Saint-Éloy, voisine de l'hôtel de Senarpont, faisait face comme lui à la rue des Capucins. En
1379, le roi Charles V prît sous sa protection, par ses
lettres patentes, l'église paroissiale de Saint-Eloy de la
ville d'Abbeville ; ces lettres sont datées du dernier jour
d'avril de l'an 1379, en ces termes :

*Carolus Dei gratia Francorum Rex Gubernatori Senes-
challiæ de Pontivo,* etc...

La copie que je rencontre de ces lettres dans un des
recueils de Sangnier d'Abrancourt, — à la bibliothèque
de la ville, — me donne un texte trop incomplet et trop
incorrect pour que j'ose le reproduire. Les lettres sont
datées ainsi : *Datum Parisiis die ultimâ aprilis anno
Domini* 1379 *et regni nostri* XVI°.

Le cimetière qui dépendait de cette église, la précédait du côté de la place. Il était planté d'arbres et fermé
par un mur à hauteur d'appui, ainsi qu'on le voit dans
la collection de M. de Saint-Amand. Ce fut dans ce cimetière que furent transportés des ossements retrouvés
sous la place Saint-Pierre, dans une circonstance que
rapporte le P. Ignace. « L'an 1490, dit-il, lorsqu'on fit
une profonde fosse dans la place Saint-Pierre, pour y
fondre la grosse cloche de Saint-Jacques, on y trouva
des anciens cercueils de pierre où estoient des corps, et

plusieurs ossements à l'entour, lesquels furent portez au cimetière Saint-Eloy. »

La croix d'une mission prêchée par les capucins en 1716 fut plantée dans le cimetière de Saint-Éloy. Ce cimetière était fermé du côté de la place par un mur de briques assez bas. — *Dessin de M. de Saint-Amand.*

Nous savons peu de l'église de Saint-Eloy en elle-même, et nous ignorons l'époque où elle fut fondée.

Elle était sous le patronage du prieuré de Saint-Pierre, et possédait un marteau d'argent renfermant des reliques de Saint-Eloy. On touchait avec ce marteau les chevaux malades ; on préservait de mal les sains en les amenant en pèlerinage sous ce marteau.

« Anciennement, dit le P. Ignace, les gentilshommes du pays, les laboureurs et autres, tant des villes que des villages, qui avoient des chevaux, les conduisoient en la place Saint-Pierre le premier jour de décembre qui est le jour de la feste de Saint-Eloy, ou le 25 du mois de juin, qui est le jour de sa translation, où ces bonnes gens arrivoient à la foule pour honorer la feste de Saint-Eloy et le prier pour la préservation de ces animaux. Un prestre de la même église, revestu de son surplis et estole, faisoit sur ces animaux le signe de la croix avec un petit marteau de Saint-Eloy enchâssé en argent, qu'on garde pour relique en cette église, et après leur donnoit de l'eau bénite. » Ainsi le conseiller de Dagobert était fêté à Abbeville principalement à deux époques, au 1er décembre et au vingt-cinq juin. Mais, dit le P. Ignace, j'ai toujours remarqué que la seconde est la plus solennelle « d'autant que les jours de l'Esté sont plus beaux et plus serains que ceux de l'Hiver. » La cérémonie du marteau de Saint-Eloy fut abolie par M. de Caumartin, évêque d'Amiens.

En 1657, un sacrilège fut commis dans l'église de Saint-Eloy.

Le traité d'alliance (de 1655) entre Louis XIV et Cromwell avait fait donner en 1657 quartier d'hiver à Abbeville à de nombreuses troupes anglaises ; dix mille hommes suivant Formentin et suivant Sangnier d'Abancourt. Accord des deux historiens sur les désordres commis par ces hôtes : habitants maltraités, maisons rançonnées. En outre, comme ces étrangers « étoient presque tous hérétiques, ils entroient dans les églises, même pendant le service divin, et y commettoient mille indécences en présence du peuple. » Le jour de la Toussaint, vingt de ces soldats, suivant Formentin, douze, suivant Sangnier d'Abrancourt, entrèrent pendant les vêpres dans l'église de Saint-Éloy, allumèrent leurs pipes aux cierges voisins du tabernacle et s'assirent pour les fumer sur les marches de l'autel, mêlant leurs cris et leurs chansons au chant des psaumes. « M. le président Vaillant qui m'a rapporté cette impiété, dit Sangnier, étoit aux vêpres proche M. le marquis de Mailly, tous deux paroissiens, qui n'osèrent rien dire, non plus que les autres. Enfin on cessa vêpres et on s'en plaignit au commandant de la place et à MM. les maieur et échevins qui, vu le grand nombre de troupes qu'il y avoit alors dans la ville, ne purent leur faire faire les réparations que demandoit une impiété semblable. »

L'état des revenus de l'église de Saint—Éloy
en 1762 nous montre qu'à cette date la fabrique
eût dû recevoir, tant en censives qu'en rentes, la
somme de 672 livres 4 sols 1 denier; mais il fallait, de
cette somme, déduire celle de 60 livres 11 sols 7 deniers
de renvoi et celle de 34 livres 8 sols 4 deniers de non-
valeurs ; le revenu net était donc de 577 livres, 4 sols,
2 deniers.

La plus ancienne donation, portant date approximative,
à l'église de Saint-Éloy est celle d'un fief noble situé au
village et au terroir de Saint-Maxent. En 1665 la fabrique servait aveu de ce fief à messire Augustin de
Grouche, chevalier, marquis de Chepy, Saint-Maxent et
autres lieux, « à cause de sa terre et seigneurie de Saint-
Maxent qu'il tient du roy notre sire à cause de son comté
de Ponthieu ». Ces mots *qu'il tient du roy* donnèrent
lieu à contestation et nous permettent de remonter
plus haut dans l'histoire du noble fief de Saint-Éloy à
Saint-Maxent. Le comté de Villers-sur-Authie réclama.
Suivant son procureur, le fief de Saint-Maxent relevait
de la seigneurie de Villers et non du roi, ne se trouvant pas dans des aveux servis au roi le 2 avril 1381
et le 29 aoust 1584, mais au contraire dans un autre de
1600 servi au comte de Villers. Le même procureur
invoquait un aveu du 27 juin 1387 « servy par le seigneur de Villers-sur-Authie. » Cet acte de 1387 devait
établir un droit au moins honorifique. La fabrique de
Saint-Éloy relevait bien de M. de Chepy à cause de la
seigneurie de Saint-Maxent, mais M. de Chepy ne tenait
pas sa terre de Saint-Maxent du roi, mais de la seigneurie

de Villers. Quant au fief de Saint-Éloy, on pouvait reconnaître par cet aveu qu'il avait déjà été donné à l'é-
glise de ce nom par Aubine d'Offencourt.

Le fief de Saint-Éloy à Saint-Maxent était divisé, en
1665, en treize articles. La somme totale tirée des censives de ces treize articles était de 8 livres, 7 sols, 6 deniers.

Les cens ou surcens perçus dans la ville et dans les
faubourgs montaient à un peu plus de deux cents livres.
Le reste de la fortune de l'église était en fondations, en
rentes, la plupart établies par testament.

Les legs de damoiselle Marie Manessier ne furent pas
délivrés sans procès.

Elle avait écrit dans son testament olographe des
4 novembre 1725 et 9 octobre 1726 :

« Je donne à l'église de Saint-Éloy mon manteau
blanc de la Chine, plus je veux qu'on *leur* donne vingt
aunées de toille pour faire du linge à l'église ; plus je
donne à ladite église deux flambeaux d'argent, une
grosse salière, plus une tasse, le tout d'argent, pour
mettre devant le Saint-Sacrement, et deux, un peu plus
petits, pour mettre à l'autel de la Sainte-Vierge, et veux
qu'il *leur* soit donné cinquante livres, tant pour la façon
que pour faire graver mes armes. De plus je donne à
ladite église..... » Suit la désignation de plusieurs rentes
perpétuelles montant ensemble au principal de 3,020 livres et des arrérages de toute espèce pour une forte
somme. Les rentes étaient tranférées à la charge de
chanter à perpétuité, tous les jeudis de l'année, la
messe de la Sainte Vierge avec exposition du Saint—Sa-

crement et après la bénédiction le *De profondis* et les *Oremus*, et de faire tous les ans la procession de la Sainte Vierge à Monflières..., etc. Le tout à perpétuité.... etc.

En 1739 la fabrique faisait solliciter à Amiens pour le procès soutenu par elle à l'occasion de ces legs. Le jugement avait tardé. Le lieutenant général d'Amiens, M. de Genonville, chargé du rapport, était mort sans l'avoir fait; le dossier même de l'affaire ne se retrouvait pas, et on le réclamait aux héritiers de M. de Genonville.

J'ignore quand le procès fut jugé.

L'office de Saint-Éloy. — Il doit exister encore dans la ville quelques exemplaires (manuscrits) de cet office qui n'a jamais été imprimé, je crois, du moins pour Abbeville. J'en possède un. Je l'ouvre pour en donner une idée. C'est un petit cahier de vingt pages d'une assez grosse écriture. Les qualités historiques du saint se trouvent indiquées dans les diverses parties de cet office. Éloy appartient comme saint à la chrétienté, comme ministre de Dagobert à l'histoire des Francs, comme évêque de Noyon à la Picardie. De très-bonne heure il a eu une église sur le sol de notre ville.

Saint Éloy était assez populaire à Abbeville comme ailleurs par son marteau.

L'auteur de l'office (non particulier évidemment à notre église d'Abbeville) eût aimé, semble-t-il, à traiter l'évêque de Noyon en saint populaire. Il s'est plu à honorer l'orfèvre. Le copiste abbevillois a pris plaisir à ne pas séparer dans son culte l'artiste du saint. Deux gravures volantes ont été fixées par lui devant les pages du petit recueil.

L'une représente le saint dans une campagne, en mitre auréolée, la crosse à la main, et bénissant, près d'une enclume que charge un marteau. (*I. Picart incidi.*) Au-dessous ce distique :

> Aurifaber, Præsul, Divus, struit, instruit, implet
> Vasa, gregem, terras, celte, docendo, bonis (1).

L'autre représente le saint dans son atelier, en mitre, la crosse en main, et bénissant un fourneau enflammé. (*Hurel f.*) Au-dessous : s. eligius episcopus 1692.

L'office, en ce qui concerne spécialement saint Eloy, se compose de quelques allusions empruntées à des textes bibliques, de deux hymnes et d'une prose. Les onze premiers versets du chapitre xxxi de l'Exode suscitent dans l'esprit un rapprochement entre l'habile ouvrier en or, en argent et en airain, choisi par Dieu pour la construction du tabernacle, et le ministre du roi mérovingien.

*In diebus illis locutus est Dominus ad Moïsen, dicens:
— Ecce vocavi ex nomine Beseleel, filium Uri, filii Hur, de tribu Juda, — et implevi eum spiritu Dei, sapientiâ et intelligentiâ et scientiâ in omni opere, — ad excogitandum quidquid fabrefieri potest ex auro et argento et ære,—marmore et gemmis et diversitate lignorum. Etc.*

Les hymnes demeurent dans les généralités, mais la prose n'oublie pas les œuvres manuelles dans les emplois de l'or par le saint :

_____

(1) Un peu subtil. Il faut décomposer ainsi : *struit vasa celte, instruit gregem docendo, implet terras bonis.* Le seizième siècle aimait quelquefois ces recherches, même dans les vers français.

Aurifaber sanctis thecas,
Auro pater curat escas
In egenos condere

Une autre copie de l'office de saint Eloy, à la suite d'un office manuscrit du Saint-Sépulcre, ne me donne que de légères variántes de transcription.

M. Aug. Dubois, de la société des Antiquaires de Picardie, a retrouvé le nom d'un curé de saint Eloy d'Abbeville, en exercice en 1497, Pierre Bloquel. Les curés de saint Eloy ont été quelquefois aussi les receveurs de la fabrique. Un recueil de saisines me donne tenant les comptes ceux dont les noms suivent : 1722-1723, Sangnier ; 1724–1725, Lesueur ; 1732, Lucas ; 1738-1741, Delafosse.

L'église et le presbytère de Saint-Eloy furent démolis au mois de mai 1792, et sur leur emplacement furent bâties deux maisons en pierres blanches (nᵒˢ 8 et 10).

La collection de M. Delignières de Saint-Amand, maintenant à la Ville, conserve une vue de la place Saint-Pierre, à la date de 1793.

En 1863 la place Saint-Pierre était en assez mauvais état. Le macadam en contre–bas de la chaussée qui le traverse présentait de distance en distance des cuvettes qui retenaient l'eau. Un crédit fut voté par le conseil de la ville le 17 mars, pour les réparations nécessaires, le nivellement.

CHAPITRE XXVIII

LE PRIEURÉ DE SAINT-PIERRE.

Fondation. — Le comte Gui — Le Livre Noir. — La vicomté. — La fortune du prieuré. — Etendue du patronage religieux. — L'église. — Le tombeau du comte Gui. — Pierre Carpentier. — Les prieurs réguliers et les prieurs commendataires. — Un prieur salé. — Claude de Vert. — La visite d'un archevêque supérieur de tout l'ordre de Cluny. - Compétition de prieurs. — Les tribulations d'un bénéficier commendataire. — Les cérémonies pour la prise de possession du prieuré. — Ecroulements, travaux à l'église. — Les reliques. — Confrérie. — La bibliothèque. — Les tableaux de Bommy. — Les rois et les comtes de Ponthieu. — La vente du prieuré. — Les Ursulines. — La serre de M. d'Emonville.

Un peu plus loin, dans le coin le plus reculé de la place, était la porte du prieuré de Saint-Pierre, qui réclame à lui seul un chapitre tout entier.

Le prieuré de Saint-Pierre et de Saint-Paul, de l'ordre de Cluny, fut fondé par Gui comte de Ponthieu, en 1100, *in castri loco juxta Abbatis villam*, dit le P. Ignace (1), c'est-à-dire dans un lieu où « estoit auparavant un ancien chasteau près d'Abbeville, lequel estoit du domaine du roy Philippe I. » Ce château ayant été donné au comte Guy, « l'an 1075, » ce comte, du consentement

(1) D'après un manuscrit que lui avait communiqué maître Claude Becquin, avocat. — Nous pouvons consulter mieux. La charte de Gui a été publiée tout entière dans le *Gallia Christiania*, p. 295, colonne 2, et p. suivante.

du même roi, y fit bâtir l'église et le monastère de Saint-Pierre, qu'il dota richement (1). Le prieuré de Saint-Pierre était encore hors la porte d'Abbeville en l'an 1110, ainsi qu'on le voit dans « une donation du comte Guy (2), et par la confirmation d'un achat d'une pièce de terre où il est dit : *ista vero terra adjacet extra portam Abbatisvillæ, ante atrium Ecclesiæ Sancti Petri.* »

Le prieuré de Saint–Pierre, fondé à l'extrême fin du onzième siècle, paraît dans quelques actes du douzième et du treizième.

D'abord en 1110.

Etienne Baluze a publié (*Miscellaneorum lib. quint. p.* 395) l'acte de quelques concessions faites, en 1110, *in Bethuniensi territorio*, par Lambert évêque d'Arras à Guarin prieur de Saint–Pierre d'Abbeville et à ses successeurs : *in nomine Patris et filii et spiritus sancti, unius, veri ac summi Dei, amen. Ego Lambertus, Dei*

(1) Il y a là une confusion de dates que je demande au carme mon prédécesseur la permission de relever. La fixation 1075 vient sans doute de ce que Guy fonda en effet un premier monastère de l'ordre de Cluny en 1075, mais à Barly près de Doullens. S'il eût été dès lors en possession du château, n'est-il pas vraisemblable qu'il eût dès lors aussi réalisé le projet effectué seulement vingt-cinq ans plus tard et que, au lieu d'établir les Bénédictins à Barly, il les eût immédiatement établis à Abbeville ? Le don du château, — on n'a pas même une copie de l'acte de ce don, — est probablement postérieur à la fondation de Barly et n'est pas sans rapport sans doute avec la pensée de fonder le prieuré d'Abbeville.

(2) Je demande encore pardon au P. Ignace. Guy mourut le 13 octobre 1101. La confirmation d'achat citée pourrait être probante si l'historien en fournissait tous les termes, mais une donation de Guy ne peut faire preuve. Les présomptions les plus fortes imposent cependant la croyance que la ville n'enfermait pas encore le prieuré en 1110.

miseratione Atrebatensis Episcopus, pro etc.............
reverende mi frater Guarine, prior de Abbatis villâ, con-
cedimus tibi et successoribus tuis de Abbatis villa etc....
Actum Atrebati, anno Dei Christi MCX, etc.

Notre prieuré reparaît en 1119 dans une charte de
Louis VI qui prend sous sa protection le monastère de
Cluny et les prieurés de l'ordre de ce nom. — *Layettes
du trésor des Chartes* publiées par M. A. Teulet, t. 1er,
p. 42.

Par des lettres de 1205 dont Jacques Sanson a tiré
copie du cartulaire de Saint-Vulfran, le comte Guillaume
III donnait, entre autres biens, à cette église, une
maison dans l'abbaye de Saint-Pierre, *domum in abbatiâ
S. Petri.* Que faut-il entendre par ces mots ? S'agissait-
il d'une maison dans l'abbaye même ? Ne s'agissait-il
pas plutôt d'une maison dans l'étendue de la vicomté de
Saint-Pierre ?

Le Livre Blanc de l'Hôtel-de-Ville d'Abbeville con-
serve copie des lettres de 1218 de Marie comtesse de
Ponthieu, qui concernent les franchises de la fête Saint-
Pierre et Saint-Paul, Fol. VIII.

Le même livre garde copie des transactions passées
en 1243 entre Mahieu, comte de Ponthieu, et les prieur
et religieux de Saint-Pierre, fol. XII.

Le Livre Rouge nous donne : Procès entre la ville et
Saint-Pierre pour la justice terminé au profit des maire
et eschevins, 1274. — Fol XXVI, *recto. Analyse ancienne
de ce livre.*

Le Livre Blanc de nouveau : 1292, arrest du Parlement intitulé : Philippe, par la grâce de Dieu roy des

Franchois..... touchant plusieurs difficultés entre les maire et eschevins et les religieux de Saint-Pierre, à Paris l'an 1292 el mois d'avril. — Fol. XXIII.

Et encore : 1327, composition et accord fait entre le comte de Ponthieu, le prieur de Saint-Pierre, Jean de Lannoy, chevalier sénéchal et garde de la comté de Ponthieu, le samedy après la fête de la Saint-Nicolas d'hyver. — Fol. XLI.

Le Trésor des Chartes conserve (*registre* 100, *pièce* 198,) des lettres de Charles V qui portent que les procès du couvent et des religieux de Saint-Pierre seront portés en première instance au bailliage d'Amiens. — Donné au bois de Vincennes au mois de juing, l'an de grâce M. CCC. LXIX et de nostre règne le VI°. Ces lettres ont été publiées dans le cinquième volume du *Recueil des Ordonnances*, p. 201.

Le prieuré de Saint-Pierre avait eu d'abord un pouvoir temporel très étendu. Ce pouvoir constituait, avant l'institution de la commune d'Abbeville, une importante vicomté qui a survécu à la naissance de cette commune et que l'Echevinage dut acheter plus tard.

La collection dom Grenier contient (t. 84) un extrait du Livre Noir ou cartulaire de Saint-Pierre qui nous donne d'amples renseignements sur cette vicomté. Il y aurait bien d'abord quelque remarque à faire sur ce livre.

Sangnier d'Abrancourt écrivait au dix-huitième siècle :

« Le Livre Noir de Saint-Pierre est un recueil de chartes et actes anciens qui ne doit avoir aucune foy en justice, parce que ce ne sont que des copies informes

et qui peuvent être fausses ou tout au moins très-sus-
pectes. Ce livre est une bride à tous chevaux dont les
religieux se servent en toutes occasions dans les procès
qu'ils ont à soutenir.

« Ce livre ayant été examiné au Grand Conseil
en 1697 a été déclaré nul et de nulle conséquence par
arrest de cette Cour rendu en faveur de Mre Charles
Le Grand, curé de Coquerel, à l'occasion d'un tiers de
dixme que ces religieux prétendoient sur tout le terri-
toire de Coquerel. »

Je lis dans un recueil de compilations de la bibliothèque de M. de Bommy : « Le cartulaire de saint
Pierre se nomme Livre Noir de la couleur de la couverture. C'est un livre pernicieux pour les faussetés qui s'y
rencontrent en foule parmi quelques vérités. » Et après
avoir rappelé l'arrêt de 1697 en faveur du curé de Coquerel, l'auteur de la remarque poursuit : « C'est cependant sur la foy de ce livre qu'ils se prétendent seigneurs des rivières du Scardon, de Touvoyon et
Nouvion qui coulent entre les prairies de la banlieue,
entre les faubourgs du Bois et de Thuison, et qui se dé-
chargent dans les deux bras de la Somme, quoique ils
n'y aient que le droit de pêche qui leur a été concédé
par les comtes de Ponthieu mais sans aucune justice ni
seigneurie sur icelles... » etc. Il s'agit d'un procès dans
lequel les acquéreurs des droits vrais ou supposés du
prieuré tentaient de faire prévaloir à leur profit ces
droits. Les affirmations doivent donc être tenues à
priori comme un peu suspectes aussi.

Cela dit, je vais fournir pour l'état de la vicomté, des

droits, de la fortune du prieuré, des extraits du Livre Noir même, d'après la copie de dom Grenier.

Le vicomté de Saint-Pierre s'étend en quatre paroisses : Saint-Esloy, Saint-Sépulchre, Sainte-Catherine et Saint-Jacques (1).

(1) Je connais deux plans de la vicomté de Saint-Pierre, l'un qui faisait partie des collections de M. de Saint-Amand et qui appartient peut-être maintenant à la bibliothèque communale ; l'autre, qui appartient de longue date à la ville, lui ayant été donné en 1732, — copié par M. Pannier, maire d'Abbeville. J'ai eu le premier et la copie du second sous les yeux. Les remarques que j'ai faites, soit sur l'un, soit sur l'autre, sont celles-ci :

L'impasse dite aujourd'hui des Merciers est indiquée cul-de-sac des Carmes. Ce cul-de-sac bornait la vicomté sur la place du Pilory.

La rue des Pots s'appelait rue Senain-Luchet.

Dans la petite rue aux Pareurs, (actuellement des Teinturiers), était une fontaine dite *des Trois Pucelles*.

Dans la rue des Pots était le *Four de l'Image*.

Le pont Gossiame est indiqué près de la tour à Borel.

Le pont « à cardons » sur le Scardon ; le pont de « Touvion » (pour Touvoyon) sur la Sotine.

Le fossé Gifflet, courant parallèlement à la chaussée Marcadé, dans les jardins que borne le rempart.

La rue Saint-Jacques est dite rue Mourette.

La rue d'Argonne actuelle est dite rue Canteraine et paraît s'arrêter au fossé Gifflet.

Une ancienne rue Vibert Carpentier « aujourd'hui cul-de-sac » est indiquée à égale distance des Dames de Willencourt et des Minimesses, mais du côté opposé de la rue. Une grande maison qui précède cette rue, du côté du pont de Touvoyon, appartenait alors a M. du Maisniel, mayeur et gouverneur de la place en 1731.

Les religieux assuraient aussi que tous le bas du faubourg, de l'autre côté des remparts de la ville, était vicomté de Saint-Pierre.

Vers 1729 madame la comtesse de Verrue à qui la vicomté du Pont-à-poissons avait été donnée ayant élevé des prétentions exagérées sur les limites de sa vicomté du côté de la vicomté de Saint-Pierre, un procès s'en suivit qui fut perdu par elle.

En 1732, M. l'abbé de Fontenilles, prieur commendataire, déposa

Elle commence à la porte Saint-Pierre (c'est-à-dire à la porte du prieuré) allant jusqu'au pont à Cardons en la grande rue, à dextre XXXI maisons ; la senestre, en l'autre rang, depuis la maison d'Adam de Sorel, rue Dameudin (1), en venant par devant le presbytère de Saint-Esloy (il estoit vis-à-vis les Capucins) jusqu'au dit pont à Cardon, XXXII maisons.

Item en la rue Sernin-Luchel (Dameudin) à dextre depuis la maison de Nicaise de Nouvion sur le pont à Cardon, en allant devant le four de l'Ymage (2), jusque à la maison Pierre de Laissel, XIII.

Et, en l'autre rang (3), depuis la gœulle du chelier de la maison de pierre, qui fut Aleaume Le Normant, où il y a un baril de fer, près dudit four de l'Ymage, en venant à la maison de messire Jean Despos, de présent à Jean Le Roux, XIIII.

Item depuis ledit pont à Cardon, dans la petite rue aux Pareurs-Saint-Esloy, en allant, le rang senestre, sur la rivière jusques à la maison Pierre de Laissiel, XVI.

Item, en l'autre rang de la rue aux Pareurs en Sainte-

au greffe du bureau des finances d'Amiens, par acte du 10 octobre, le plan figuratif de la vicomté de Saint-Pierre avec copie collationnée des rues de cette vicomté, copie extraite du *Livre Noir* du fol. 264 *verso* au fol. 265 *verso*. — Une copie de ce plan demeura au prieuré ; une autre fut mise dans le trésor de la ville. La copie de la bibliothèque de M. de Saint-Amand devait être celle du prieuré.

Je vois dans le *Cabinet historique, seconde série*, T. I, p. 65 : Plans, etc., conservés aux archives nationales : « Abbeville : ville et environs, prieuré de Saint-Pierre et Saint-Paul. »

(1) Aujourd'hui rue des Pots.
(2) En la rue des Pots.
(3) Encore rue des Pots.

Catherine, depuis le ruissel courant qui commence en la rue aux Telliers, depuis la maison de Huet de Crosmaignil, pareur, jusques à la cauchie du pont à Cardons, à la maison Jehan du Hamel le jeune, cambier, qui est de présent à ....., XII.

Item, depuis le pont à Cardons en la grande rue aux Pareurs, en allant au pont Grenet, depuis la maison Adamant, cambier, jusques à la maison Drouet Grosse, en Sainte-Catherine, et depuis une maison....... en Saint–Sépulchre jusque à la vallée du pont Grenet à la rue qui meine au pont Gossiame (1), LVIII.

Item, en l'autre rang, commenceant aux maisons de Colart Le Ver le josne près du pont aux Cardons (2) en la paroisse Saint-Esloy, jusques à la maison Pierre Prullon, pareur, en Saint-Sépulchre, en allant jusques au pont Grenet, LXIII.

Et depuis le pont Grenet en Baboë, le long du vivier Saint-Pierre en Saint-Sépulchre, devant le four Baboé, jusques au fossé Saint-Sépulchre, et depuis le cornet de la rue du Fossé en allant à dextre, le rang vers l'église par devant le manoir de la porte Étienne Le Caton en passant par devant l'église de Saint-Esloy, jusques à l'église de Saint Pierre, IIII^{xx}.

Item, en la rue du Fossé à senestre, en allant vers la rue du Bos (3) que l'on dit la rue du Marquis, commençant au coing du logis du sieur de Senarpont, à l'endroit

---

(1) Ce pont est sur le rempart prez le pont (sic) à Bourel.
(2) Nous sommes toujours dans la grande rue aux Pareurs.
(3) Du Bois.

du chœur de l'église Saint—Pierré, en allant vers le pilory, XX.

Item, en la grande rue du Bos (1), devant le manoir Estienne Le Capon, en l'autre rang à senestre, en Saint-Sépulchre, commençant la seconde maison rue Charlet, en allant à la mare Saint Sépulchre (2) jusques à la maison Le Caron, où il y a un bourne de pierre, VIII maisons.

Item, en ladite rue du Marquis(3), de la porte Comtesse au Pilory en Saint Sépulchre, depuis le Hallier aux Merciers, la gueule du chelier, un bourne au coing de la maison Pétart Yver Wauthier (4) et venant par devant l'hostel du Quevalet (5) jusques à l'issue du manage Eustache Au Costé, rue Dameudin (6), XXV.

Item, dans la grande rue qui meine du dessusdit pont-aux-Cardons en Saint-Jacques au pont-Noblet (7), XL.

Et dudit pont-Noblet au pont de Touvoyon (8) jusqu'au fossé Guifflet (9) en la maison qui commence en la paroisse de la Chapelle, les deux rangs, LXVII.

Item, en la rue Vuibert Carpentier (10) dans les deux rangs en Saint-Jacques, XX.

(1) Du Bois.
(2) C'est où il y a aujourd'hui un puits, vis-à-vis la petite rue qui conduit directement de la chaussée du Bois au Saint-Sépulcre.
(3) Du Bois.
(4) Plus tard cul-de-sac des Carmes.
(5) Plus tard la maison de M° Obry.
(6) Plus tard des Capucins.
(7) C'est le carrefour vis-à-vis les rues Médarde et Padot.
(8) C'est le pont près les Minimesses et M. Homassel.
(9) C'est le fossé qui est derrière les dames Vuillencourt et Minimesses.
(10) Plus tard cul-de-sac vis-à-vis les Vuillencourt.

Item, en la rue Le Dien en Saint-Jacques, les deux rangs depuis le pont de Touvoion en allant à Saint-Jacques, à dextre jusques à la maison de Fremin de Cromont, tisserant, et en l'autre rang jusques à un fossé qui est devant le manage qui fut Jehanne de Sabeaux, XLIIII.

Item, en la Canteraine (1) jusqu'au fossé coulant, sept maisons, en Saint-Jacques, VII.

Item, toute la rue d'Argonne (2) à dextre et à senextre, depuis ledit pont de Touvoion en allant jusques au pont qui meine de Watteprés, en Saint-Jacques et Saint-Sépulchre, XX.

Item, en la rue qui meine du pont Le Dien par devant Saint-Jacques à senestre et le rang jusques à la rue aux Telliers ; commençant à la maison qui fut Jehan Labbé, pareur, en allant jusques au pont Noblet, XLVI.

Item, toute la rue Gobert (3) à dextre et à senextre, XII.

Item, en ladite rue des Telliers (4) en Saint-Jacques, en allant depuis le ruissel au manoir Hue de Crasmaignil et chet en la rivière du pont Noblet à dextre, XXVI.

Item, depuis le pont Noblet rue de Watteprés (5), en Saint-Jacques et Saint-Sépulchre, en deux rangs, IIII^x VI.

Item, depuis le pont de Gossiame (6), en allant vers le pont Grenet de rang (ou revenant ?) vers la forteresse (7)

---

(1) C'est la rue entre les Minimesses et le rempart.

(2) C'est la rue depuis le pont Noblet jusqu'au pont de Touvoion, chaussée Marcadé.

(3) Plus tard cul-de-sac rue Médarde.

(4) La rue Médarde.

(5) La rue Pados.

(6) Pont sur le rempart près la tour à Bourel.

(7) La tour du Haut-Degré sous laquelle entre le Scardon dans la ville.

jusques à la rivière, qui commence au tenement qui fut
Alix Vitelle et la maison Mahieu Roussel, dit Maupin,
tisserand, XL.

Total des maisons qui sont en ladite vicomté de Saint-
Pierre 754. État de date inconnue, mais produit en
1729.

Telle était, sous le nom de vicomté, la partie de la
ville sur laquelle le prieuré avait exercé des droits seigneuriaux et conserva plus particulièrement encore,
jusqu'à la Révolution, quelques droits utiles de cens,
distincts de la seigneurie vicomtière.

La vicomté avait été acquise des religieux en 1327
par les maire et échevins, Thomas Le Ver étant
maieur. — Hermant, *Hist. du Ponthieu* (1).

(1) Et Sanson, *Hist. eccl. d'Abb.*, p. 159.
La vicomté avait été baillée à rente aux maire et échevins par
120 livres par an, à deux termes, à l'Ascension 60 livres et à la
Toussaint 60 livres, et deux sols « de paine » pour chacun jour de
retard du paiement.
Depuis cette vente les religieux avaient perdu leur droit d'exer-
cer pendant vingt-quatre heures, lors de fête de Saint-Pierre, le
pouvoir de maieur.
En conséquence, les maire et échevins désignaient un échevin
qui remplissait particulièrement les fonctions de maieur, de la
veille de la fête, midi sonné, à midi sonné du lendemain. — *Note
de M. de Bommy.*
Voici d'ailleurs toutes les indications que j'ai pu recueillir sur les
rapports des religieux et des bourgeois concernant la vicomté de
Saint-Pierre.
Par lettres de 1228, Marie, comtesse de Ponthieu et de Montreuil,
fille du comte Guillaume IV et femme de Simon de Dammartin, accorda aux bourgeois d'Abbeville que la foire de la prévôté de
Saint-Pierre dureroit depuis midi sonné du 28 juin de chaque
année, veille de la fête de saint Pierre saint Pau., jusqu'après l'octave. - Sangnier d'Abrancourt, *mss.*

Mais la vicomté dans Abbeville n'était qu'une faible part de la fortune des religieux. Les fiefs tenus du Prieuré et qui lui faisaient une fortune étaient disséminés des faubourgs de la ville dans le Ponthieu et dans le

On peut croire, — la remarque n'est pas de moi, — que la foire de Saint-Pierre contribua à faire bâtir le quartier.

Procès entre la ville et Saint-Pierre pour les droits de justice, terminé au profit des maire et échevins, 1274. — *Livre Rouge* de l'hôtel de ville, fol. xxvi, *recto*.

Jugé que le bled qui doit minage au vicomte du roi peut être suivi dans la vicomté de Saint-Pierre afin que le paiement soit fait. — *Ibid*, fol. xxvii, *verso*.

Franchise du pain de maille dans la vicomté de Saint-Pierre au pont as cardons. — *Ibid*, fol. xxxiv, *recto*.

Jugement rendu par les maire et échevins entre le comte de Ponthieu et les religieux de Saint-Pierre pour un droit dans la rue aux Pareurs, 1284. — *Ibid*, fol. xxxiv, *verso*.

Copie d'arrêt obtenu par la Ville contre les religieux pour la haute justice dans la vicomté de Saint-Pierre. — *Ibid*, fol. lix, *verso*.

Serment fait par le vicomte de Saint-Pierre aux maire et échevins, présent un des religieux de Saint-Pierre. — *Ibid*, fol. civ, *verso*.

Depuis la vente de 1327, une visite de cérémonie renouvelait chaque année l'accord ancien entre l'Echevinage et le prieuré. Le maieur nouvellement élu se rendait, le premier dimanche après la Saint-Barthélemy, dans la cour de l'abbaye, escorté de tout le corps de ville. Il arrivait au bruit des trompettes et le prieur le recevait à la tête de ses religieux. Le maieur prononçait une harangue à laquelle le prieur répondait. Il paraît que l'on jurait de part et d'autre l'exécution des divers concordats faits entre la ville et le prieuré. Dans un manuscrit de la main de Collenot et dans lequel l'entrevue n'est pas représentée très sérieusement, il est dit : « Les spectateurs trouvaient assez étrange qu'un commandant pour le roy, — les maieurs étaient commandants militaires de la ville, — fût obligé de se déplacer pour faire une harangue à un bénédictin. Personne, pas même le maieur, ne savait d'où venait l'usage. Rumet nous l'apprend. Les mayeur et échevins achetèrent en 1327 la vicomté de Saint-Pierre moyennant 120 livres parisis et

Vimeu. J'en emprunte encore la liste au tome 84 de
dom Grenier. — Extraits du Livre Noir de Saint-
Pierre (1).

cet hommage. » La cérémonie eut lieu pour la dernière fois en
1785. « Elle se passa dans la cour, entre la porte d'entrée et celle
de la cour des religieux, à l'endroit où l'on voit encore actuellement couchées en manière de pavés deux espèces de bornes de grès
sur lesquelles sont représentées en relief les armes de la ville et
celles du prieuré. » Le maire était alors M. Douville.

Un prieur commendataire s'était avisé cependant, tout à la fin du
seizième siècle, d'inventer ou de faire revivre un droit de la vicomté.
Le 17 avril 1600, M⁰. Guillaume Poisle a fait assigner « par devant
le prevôt de Paris Cristophe Lucas, Marguerite Duval veuve de Jean
Griffon, et plusieurs autres bourgeois de cette ville, pour se voir
condamner en 60 francs d'amende et à démolir les fours qu'ils ont
fait construire en leurs maisons sans son congé. » L'assemblée
échevinale arrête « avant de prendre le fait et cause des habitants
sur un droit de banalité dont on n'a jamais entendu parler, de se
transporter au prieuré vers ledit Guillaume Poisle, pour entendre
de lui plus amplement les raisons qui lui ont fait donner ladite
assignation. » Dans l'entrevue qui suit au prieuré, M⁰. G. Poisle
« fait ouverture de son intention » et communique même « les titres
constitutifs d'icelle. » Alors lui est déclarée la résolution du corps
de ville de prendre le fait et cause des habitants. Les assignés sont
exempts de toute « sujétion et banalité de four ; ils ne sont en rien
sujets au prieuré; ils ne reconnaissent que le roi comme souverain
seigneur, sinon Nous Maieur et Echevins. Si quelques pauvres particuliers assignés à même fin depuis un an ou environ par devant
M⁰. Nicolas Becquin, bailly dudit prieuré, ont mieux aimé reconnaître le droit que de plaider si loin en la ville de Paris, cela ne
peut valoir titre. Les actes sont vicieux et extorqués. Ils ne doivent
plus se renouveler. » — *Ms. en la possession de M. A. de Cateu.*

(1) Extraits du *Livre Noir*...., je le suppose pour une grande part,
mais je crois que le relevé reproduit dans la collection de dom
Grenier avait été fait, (au point de vue des intérêts du prieuré,)
pour quelques difficultés ou contestations, et qu'il avait été tiré,
non seulement de ce Livre Noir, mais aussi de beaucoup de pièces
des archives conventuelles. Ce relevé n'est pas clair partout ni de
transcription sûre. J'espère qu'il pourra aider aux travaux de mes
successeurs dans ces études.

Fiefs tenus du prioré de Saint-Pierre d'Abbeville (1).

Jean Carûe, pour un Fief sur les greniers dudit Prieuré ; à cause duquel il prend, chacun an, deux muids de bled ; et se font les adjournemens d'iceluy sur les degrez d'iceux greniers, comme sur chef lieu ; et chaque samedy une mine de bled doit paier 60 sols de relief. — J'ai veu un tiltre entre les mains de M. Maillart Menchecour, propriétaire dudit Fief, qui prouvoit que ce Fief étoit autrefois de 48 setiers de bled, reduits à 24 setiers. Il a été originairement constitué et établi pour un droit de gambage sur les habitans des rivières de Nouvion et de Scardon, cédés à Saint Pierre.

Jean Carûe, pour un autre Fief, à Demenchecourt, qui fust à Mr Jean Boutery, et se nomme le Fief de Lambert Caubercq ; le chef-lieu duquel est au commencement de la rue qui meine du molin de Nouvion à l'église de la Chapelle, et à un mur de blanque piérre qui fait le pan sur rue de laditte rue. Si y a autre Fief vicomté qui se nomme le Viscomté du Fief Kamberq. (5° 11° de censive par an, pour les pierres mises dans les fortifications.)

Madame Jeanne Boutery, dame de Caumont ; un Fief à Hupi, en Vimeu et à l'environ ; le chef lieu duquel est à Hupi, joignant de l'église d'icelle ville et aboute au frocq d'icelle même église. Tenu de Saint-Pierre, par deux muids de grains, 60 sols de relief, suivant les plaids dudit Hupi, en est et fait partie, avec la grande maison joignant ; et consiste en plusieurs cens, rentes, dixmes et en l'église, à cause dudit Fief, et du droit d'hotelage, y prend cires et autres choses.

(1) Je dois dire que je n'ai pas copié moi-même cette partie des extraits de dom Grenier que j'ai rencontrée, si je ne me trompe, dans le paquet xii, article 5, p. 53. Depuis mes stations à la bibliothèque impériale, j'ai trouvé dans le *Cabinet historique, neuvième année, catalogue général*, p. 51. cette indication : « Prérogatives du Prieuré de Saint-Pierre d'Abbeville, douzième et treizième siècle, dom Grenier, tome C, p. 315. » — Quelque chose serait à reprendre peut-être dans ce tome.

Depuis ce Fief appartint à Louis de Hupi-Teuffles, 1564. —
(Jean de Caumont, escuyer, héritier de feu la femme à Messire Henri de Tilly.)

Pierre de Menessier, pareur, un Fief à Buigny Saint Macleu, et s'étend iceluy Fief en quinze journaux de terre, près Beauvoir. Duquel Fief il doit chacun an, au jour de Saint Pierre, à M. le Prieur, quatre deniers pour une paire de gants wairs de reconnoissance. Les dits 15 journaux en deux pièces : 1° 4 journaux aboutans à Jaque Le Carbonier, et les onze autres aboutans à Ramaye Douville. Tenu en plain homage, par 60 sols de relief. — (En 1568 ce Fief apartenoit à Phelipes Toulet ou Toulley. — Les censives montans à 43ᶠ ont esté alienez au profit du Sʳ Dompierre.)

Fief audit terroir de Buigny, qui fut à Honneuré de Santy ; duquel Fief les terres sont baillées à cens à Jean Le Febvre dudit Buigny.

Jean Broquet, un Fief qui fut à Colart Le Vuasseur.

Colart Brocquet, un Fief à Sailly-le-Sec et environ ; duquel Fief le chef lieu est trois quartiers de terre près l'église, où est assise l'église dudit Sailly. Et doit iceluy Broquet, à cause dudit Fief, neuf livres parisis de cens, chacun an, au sacristain. A cause duquel Fief ledit Broquet a la moitié des grosses dixmes des champs contre Guillaume Dubois qui a aussy droit, à cause d'un Fief tenu de Noyelle-sur-Mer, auquel il y a 1200 à 1300 journaux de terre. A cause duquel Fief il doit plaids, et doit avouer de Sailly, chacun an, un muid de grain, et doit acquiter le curé de Lenne [?] ; doit au secretain ou au lieutenant dudit secretain noblement avouer tous les droits seigneuriaux.

M. Jehan du Bos, seigneur de Raincheval, un Fief situé en la villé de Dourlens, sur le cours de la rivière d'Authie, nommé le Moulin de Wargnies, et près d'iceluy moulin qui est à usage de moudre bled, y a un autre moulin à usage de...

Louis Parmentier, au lieu de Eustaché Aucosté, changeur, pour un Fief à Limeu ; 24 journaux de terre en une pièce, acostant à Charle Regnier, Colart Le Sellier, caron, à jadis Henry Cardon, par 60 sols de relief, 20 sols de cambage. (Tenu de la prevosté d'icelle église ; à Mᵉ Claude Gaillard, fils de feu Claude Gaillard ; 24 journaux en plusieurs pièces.)

Le Sr de Broutelle, au lieu de Henri Auvrai et de Damoiselle Boussart, sire Pierre Auvrai, prestre ; un Fief à Limeu, en dix journaux de bois, aboute à la terre de feu Reyneaud Resnueur, à présent à Simon, son fils ; et au bos de feu Colart Legagneur, à présent à Jean Dupont, bourgeois d'Abbeville ; et 42 journaux de terre labourable, en dix. Le chef lieu dudit Fief est le..... 1° 8 journaux jadis à Pierre d'Espoménil ; item, 7 journaux ; item, 3 journaux ; item, 2 journaux. Aboute à la Motte du Fay ; item, 3 journaux ; item, 2 journaux ; item journel et demy ; item, un journel ; item, onze journaux ; item, 3 journaux. Doit service à ronchin. Toutes ces terres sont en la main du propriétaire du Fief.

Maistre Jehan Jouglet, un Fief à Limeu, en plusieurs pièces de terre au nombre de.....

(Un Fief à Mr de Hoquincour, à Limeu ; 10 journaux de bois et 20 journaux de terre dans un autre endroit ; 2 journaux de bois et 20 journaux de terre labourable dans un autre endroit ; 27 journaux, savoir : 9 journaux de bois et 19 journaux de terre labourable, en trois pièces.)

Goulle Care, Fief à Limeu, en trois pièces de terre, contenant environ vint journaux. 1° 12 journaux aboutant à Pierre Auvray, Colart Le Sellier ; item, cinq journaux de terre aboutans à Pierre Poulet. Service foncier, 60 sols de relief.

(Fief à Limeu, à Binon Tronye, 9 journaux. — Autre Fief à Limeu, à Me Pierre de Resnueur, 20 journaux de terre.)

Simon Doresmieux, du depuis à Nicolas Doresmieux, au lieu d'Henry Cardon, pour un Fief à Limeu, de 22 journaux, en la place dite le Monthenry, doit de cens par an 20 sols, avec pitanches. Tenu par 60 sols. (Simon Doresmieux, demeurant en Bailleul, à Limeu, soy disant héritier ou ayant cause de Henry Cardon, 1447.)

Pierre Regnier, dit Le Fèvre, un Fief sis à Limeu, en onze journaux de terre, en trois pièces au bos de Coquier, et un Fief restraint par 2 sols au Prieur, et par trois plaids. — Ce Fief depuis à Simon et Matthieu Morton ; du depuis... Saflos, par achat desdits Morton, en juillet 1576.

Fief à Limeu de Jean Grisel. Soit enquis. (Au vieil registre de Cambresis.)

Fief à Limeu de Jean Le Febvre, bail et mary de la fille de sire Pierre de La Cauchie. Soit enquis.

(Fief à Jean Gaude, à Limeu, de 30 journaux de terre, en plusieurs pièces.)

Robert Grisel, demeurant à Amiens, Fief à Oumatre, s'étend en manoirs et plusieurs pièces de terre de la ville d'Aumatre. Tenu d'iceluy Fief, tenu par service restraint de 12 deniers à Saint Remy et autant de relief, quand le cas eschet. Ce fief depuis à M' de Vaux.

Le dit Grisel, un autre Fief à Oumatre, en plusieurs pièces de terre. Le chef lieu est un manoir aboutant en ladilte ville, d'un costé au manoir dudit Robert Grisel.

Le dit Robert Grisel tient encore un autre Fief à Omatre ; s'étend en un manoir, chef lieu du Fief, et en d'autres manoirs, et en plusieurs pièces de terre audit manoir.

Le S' de Vinacourt tient en Fief 17 vingts journaux de marès que l'on apelle Sommechierche ; desquels marès la ville de Flechicourt rend audit sieur 60 livres par an, pour raison de pâturage. Item, partie des Fiefs Bourdonchel.

Porte Routel à Blanche Manche au Prieur.

Maistre Pierre Roussel, fils à sire Jacque Roussel, un Fief à Rûe, sis sur les moulins de Rûe. Duquel Fief le chef manoir est la place où estoit le moulin de la Grève, hors la porte de la ville. S'étend en un droit de prendre chacune semaine, sur les moulins de Rûe, trois provendiers de bled, du meilleur. Le Fief du depuis a été à M. de La Motte, 1564.

Le couvent d'Abbeville, à cause des capellenies dont est homme vivant et mourant Engueran Vilain, un Fief en la ville, banlieue et environ de Rûe, nommé le Fief d'Ivregni, lequel fut baillé ausdittes capellenies par feu Jacques Roussel, pour le parfin de l'assignation de la chapelle Saint-Jacques. Lequel Fief est dit restraint, tant de service que des aulcunes autres choses. Le chef lieu siet près Nostre Dame de Beauvoir, à un manoir où soloit avoir un mur de blanque pierre sur le pan qui étoit sur le frocq.

Item. Gellé, l'ainé, fils de feu Bernard Gellé et Jeanne Le Prevoste, fille de Bernard Le Prévost, propriétaire dudit Fief. — Fief en la ville de Cramont, qui s'étend en plusieurs masures et terres, dont le chef lieu est un gardinet d'un journel, en icelle ville ; tenant, d'un costé, au tenement de Firmin de Canterel ; d'autre costé à une maison que ledit tient de La Fresté-Saint-Riquier, Robert Dorion, Élie Petit. Ce Fief du depuis, à Sire Antoine Gellé, prestre, vivant 1573. Item, une petite masure devant l'église, aboutant à Jeanne Duparc. Item, 5 journaux aboutans à Jean Duboille, Mahieu Bellehache. Item, 3 journaux en mouvance, 1 maison par 5 sols parisis, un journel de terre, deux sols, 6 deniers, 2 capons, 1 poule. Doit 4 plaids, 5 sols de relief, 20 sols de chambelage, justice foncière, relief, ayde et autres droits seigneuriaux. (Mr Mannessier, escuyer, Sr de Cromont. Franc Fief de la prévosté, par chacun ajournement fait à Broncourt, pour gens francs et non sujets de l'église, 8 deniers ; et de chacune fausse clameur devant moy 7 sols 6 deniers. Item. luy compète de bailler les saisines des héritages tenus de Saint Pierre ; pour chacune, 4 deniers.

Damoiselle Françoise Le Moittié a acquis devers le Sr Gelée ledit Fief qui consiste en chef lieu, 5 autres journaux de terre labourable et 17 sols de cens.)

Robert Despagne, d'Agenville, tenoit un Fief en la ville et terroir d'Agenville. Soit enquis en quoy il consiste. (Nicolas Le Sot et Pierre Michaut. Consiste au droit de terrage sur plusieurs terres audit terroir de Cramont, par aliénation.)

Fief de La Loge, apartient au Sr Papin de Caumesnil.

Jean Blondelet tient Fief à Barly, en un manoir chef lieu et plusieurs pièces de terre, montans à 45 journaux et domaine. Du depuis aux héritiers de Roussel de La Fosse, 1564. — Il n'y a aucune justice ny seigneurie audit Fief, sinon que le chef lieu est franc de toute redevance, et est franc du forage, d'herbage, et d'aquit. C'est sur ce chef lieu qu'est bâtie la maison de feu Philippe Papin, à Barly.

(Manoir de 4 journaux, 46 journaux de terre labourable, en 9 pièces, en domaine, sans aucune censive ny seigneurie. Ce Fief, de La Loge, a passé des Blondelet, par alienne, aux Roussels, d'iceux, par alienne, aux Asselin, et d'iceux, par la même voie, aux Papin.)

Fief de la Mairie à Barly. Apartient au Sr Papin de Caumesnil, par achat des de Begard, marquis de La Londe.

Mr Jean, Seigneur de Beauvoir et de La Rivière, vivant en 1300.

Fief sis en la ville et terroir de Barly, s'étend en un manoir nommé le Fief de la Mairie, chef lieu, et en plusieurs pièces de terre, sans justice ny seigneurie. Depuis à M. de Brosse, à cause de Madame de Riou, sa femme. Depuis 1575 à M. Tiercelin, fils de M. de La Brosse et de feu Madame Jeanne Rouault, sa mère, a relevé le Fief de la Mairie et de Loret à Barly.

Des Tiercelin de Brosse, par alienne, ce Fief est tombé aux de Begard qui l'ont vendu à Philippe Papin, lieutenant général d'Abbeville.

Le chef lieu du Fief de la Mairie, prez et terres en dépendans, baillez à cens par dix livres, plus environ 20ᵉ de censive.

(Les manoirs dudit Fief contiennent 3 quartiers, 3 journaux de prez, et 597 journaux de terre labourable. Tenu par 10ᵉ de cens, et plusieurs autres terres labourables, au nombre de 143 journaux, et 4 maisons tenues par 20ᵉ. Il y a audit Barly environ 60 journaux de terre labourable à la solle, audit Sr Papin, dont environ 100 journaux en Fief, le reste en roture ; tenu de Barly, savoir : 46 journaux du Fief de La Loge, et 52 journaux du Fief de la Mairrie, le surplus en roture. La maison de 4 journaux ; plus, huit journaux en roture, partie planté ; environ 30ᵉ de censive du Fief de la Mairrie, 20ᵉ de celuy de Saint Fourcy, au Petit Frohens, tenu de la seigneurie du Grand Frohens, et 30ᵉ du Fief de Caumesnil, en censive ; ayant eu de plus 270 journaux de bois ; plus, le Fief Courcelle. Total 1,600ᵉ ou 1,800ᵉ.

Jacque Carue, Fief à Sallenelle, tenu du prevost de ladite église ; sis en la ville et terroir de Sallenelle ; le chef lieu duquel est un manoir nommé le Fief du Coulombier, parce qu'il y en a un qui aboute avec un jardin ; tenu à la vigne Saint-Valery, d'autre au froc de la rue du Cay. Iceluy Carue, à cause de son dit Fief, a le moittié du terrage des terres vilaines dudit terroir, même prend pour chascune saisine baillée de nouvel une paire de gands wairs, ou quatre deniers. A cause duquel Fief ledit Carue doit audit prevost, à la Saint-Remy, deux setiers de sel, mesure des salines de Sallenelle, et deux muids d'ablay, rendus à Saint-Vualery, à la mesure dudit lieu, ou à la campagne, à la mesure de ladite ville, où des deux il plaira audit prevost ou à son command, c'est à savoir, un muid de soille et demy muid d'orge et demy d'avoine.

Jean Mannessier de Phlebaucourt.

Guillaume Manechier tient Fief à Flebaucourt. S'étend en un courtil, nommé le Courtil le Roy, chef lieu dudit Fief, et en deux autres pièces de terre, par 4 plaids à 60 sols de relief, 20 sols de chambellage, avec 18 deniers aux pitanches. Ezechias Boujonnier, pr, a relevé ledit Fief, 1578 ; depuis à Claude Boujonnier. Le courtil le Roy contient un journal, trois autres journaux dudit Fief séans outre ladite ville, vers Noyelle ; aboutant aux terres du Fief que Pierre Humbert tient de Noyelle sur Mer. Item, journal et demy séant en Langlée [?], doit aux pitances 76 deniers ; aboute au bout de Cantastre.

Les héritiers de..... Dompierre, Sr d'Yonval, tiennent en fief la seigneurie de Buigny Saint-Maclou et les censives vendues et aliénées du prioré de Saint Pierre d'Abbeville, à deux différentes fois par Mrs les commissaires subdéleguez de Nosseigneurs illustrissimes et reverendissimes Cardinaux de Bourbon et de Guise, suivant la Bulle de Nostre Saint Père le Pape du 18 juillet 1576. La première contient la vente de 19ℓ 5s 6d d'argent, 21 chapons, 1 poule et 4 setiers d'avoine par an, à prendre sur plusieurs particuliers à Buigny ; à la charge de les tenir en fief des prieurs, par 60 sols parisis de relief et 20 sols de chambelage. La dernière contient l'aliénation de cinq boisseaux Le bled froment, sept boisseaux d'avoine ; avec la justice et seigneurie et droits seigneuriaux, en cas de vente, sur les maisons et terres labourables seulement ; à la charge de tenir les dittes censives et seigneuries dudit prioré, par 60 sols parisis de relief, 20 sols parisis de chambelage, 60 sols parisis d'aide, service de plaids de 15 en 15 audit prioré et abbaye, et le quint denier, en cas de vente.

Les héritiers ou ayans cause de feu damoiselle Charlotte Gaillard, fille puinée de deffunt Alexandre Gaillard, sieur d'Hochencourt, tiennent en fief dudit prieuré onze livres, cinq sols, onze deniers de cens, chacun an, à prendre sur plusieurs particuliers du village de Vauchelle ; aussy aliénez par les commissaires, par 60 sols parisis de relief, 20 sols parisis de chambelage, le quint denier, en cas de vente.

Prioré de Saint Pierre.

Recette de Saint-Pierre d'Abbeville : Barly, 3, 800ᵉ. Consiste en 150 journaux de terre à la solle, à 15ᵉ la couple ; 300 journaux de bois, à couper à 9 ans, de valeur de 50ᵉ le journel ; champart et dimage, censive d'environ 400ᵉ. — Saint Bertin, 1000ᵉ. — Abbeville, tout déduit, au Prieur, vaut 3,000 livres. Total, 8,000ᵉ.

Dimage à Acheu ; à Ailly sur Somme ; à Auxy ;
Bailleul en Vimeu ; Baynast ;
Buigny Saint Maclou ; Bellinval ;
Canaple ; Caubert Puchot, *alids.*
Fontaine Puchot.
Coquerel et Longuet ; Canchy ;
Eaucourt et Pont de Remy ;
Erecourt ; Fontaine le Secq ;
Fransleux ; Frestemeulle ;
Frieulle et Monchaux ;
Franecive [?] ; Meneslie ;
Neuilly le Dien ; Oysemont Villeroy ;
Noyelle ; Hohencourt [?] ;
Tours Longuemort ; Villers sous Ailly.

Terres et Fermes.

Campagne, avec les dixmages de Himmeville et du Quesnoy.

Menchecourt, avec le dixmage.

La ferme de Genville.

Abbeville, censives.

Baboë, moulin bled, 26 setiers.

Caumont et Hupy, bled et avoine, 12 setiers.

Belloy Hocquencourt.

L'Église du Sépulchre, argent 36ᵗ.

Les 4 curez de Rue, 60ᵗ de Beauvoir, Saint Vulphy, Jean des Maretz et de.....

Le moulin de Rue 60ᵗ.

Les mayeurs de Marquentaire, 37ᵗ 4ˢ 6ᵈ.

Autres censives en argent, chapons et poules, 215ᵗ.

Plus, bled de censive, cinquante quatre setiers.

Avoine, soixante neuf setiers.

Total en bled, 600 setiers.

Total d'avoine, 330 setiers.

Total d'argent, 4162ᵗ.

Le renvoy de bled monte à 168 setiers, pris sur 600 setiers, reste 432 setiers; à raison de 4ᵗ le setier, font 1728ᵗ.

Le renvoy de l'avoine monte à 73 setiers pris sur le nombre de 330 setiers, reste de net 257 setiers, à raison de 40 sols le setier, font 514ᵗ.

Le renvoy d'argent monte à 2900ᵗ, pris sur 4162ᵗ, reste 1262ᵗ.

Par ainsy resteroit à payer à Mʳᵉ le Prieur la somme de 3500ᵗ sous renvois acquittez. (La recepte de Saint Pierre produit de net à Messire le Prieur 3500 francs, tout déduit.

Barly, affermé.		3,800ᵗ.
Plus saint Bertin		1,000
Total, par an.		8,300 .)

Les Maire et Eschevins de Marquenterre donnent au Prioré Saint Pierre 24ᵗ 4ˢ par an, pour la justice et seigneurie de Froise, de Saint Quentin en M...llemont, en prez, en terres labourables, en cens, en bled, en chapons, en poules, en deniers et en censives, en hommes, en vente en la banlieue de Marquenterre, outre cinq journaux de terre tenus d'eux à Estalmalot. Les marès de Gouy sont communs et indivis entre

Saint Pierre et la seigneurie de Gouy. *Les habitans* doivent
14ª 4 deniers.

Les communes de Port apartiennent au sʳ de Gouy et Saint
Pierre et sont tenus par 34ᵀ 4 deniers, par indivis du sʳ de
Gouy et Saint Pierre.

Les Maire et Eschevins d'Abbeville doivent, à deux termes,
120ᵀ par an, pour la vicomté de Saint Pierre, pris à cens de
Saint Pierre et Religieux ; plus 40ᵀ par an, pour la prévosté
Saint Pierre pris à cens des mesmes.

A Cromont, les Prieur et Religieux de Saint Pierre, par le
don d'un Archidiacre, suivant qu'il est repris dans une vieille
chartre de Guy de Pontieu et d'Ade, sa femme, de 1100, où,
suivant la transaction faite entre eux et Messire Gaultier,
sʳ de Châtillon et de La Ferté, de 1344, apartient à laditte
église Saint Pierre seul, et pour le tout héréditablement, la
justice et seigneurie, haute, moyenne et basse, en tout leur
domaine ou tenu d'eux en fief, arrière fief ou autrement, en
la ville de Cromont, V.... Val et au terroir d'icelle, en tant que
tenu en est desdits Religieux ou de leur domaine fief ou
arrière fief des Religieux. Item, accorde que toute la justice
et seigneurie, haute, moyenne et basse, qui équerra hérita-
blement ès frocqs de la ville de Cromont, V... Val, au dehors
des seuils des maisons et tous les pourfls que pour icelles
justices pourront venir, demourront partageables, par moitié,
ainsy que des confiscations, bannissements ou punition de
hart; excepté la nouvelle rue, dite la Neufve Rue, qui sera
au seul seigneur de La Ferté. Cet Acte est très intelligible de
1344.

(En 1228, *Maria, domina de Firmitate*, etc... *recognovi
habere debere monachos contra me et heredes meos medie-
tatem telonei vicecomitatus et totius alte justitie in supradictis villis* (*utriusque de* Cromont) *cum earum apenditiis.*)

A Genville, par sentence de Jacque Pacqués, lieutenant de
Monseigʳ le Bailly d'Amiens, 1385, l'église de Saint Pierre et
Gautier, seigneur de La Ferté étoient joints contre le vicomte
de Domart, pour des prisonniers pris en la justice desdits Religieux et Gautier à Agenville, emmenez en la prison dudit
vicomte de Domart, qui en fust déboutté.

14

On ne peut recueillir estoulles à Agenville ès terres tenues
de Saint Pierre, sans le congé d'icelle, par traité de 1331.

Le bail à cens du moulin de Nouvion. Jean de Bersaques,
bourgeois de Saint Riquier, garde du sel; pardevant Colart
de Maisons et Jehan Godart, auditeurs à Saint Riquier, est
venu Guerard Leulier, fils de Jaque Leullier, bourgeois d'Abbeville, pour prendre à rente une maison, tenement et moulin à œule (huile), dit de Nouvion, avec la pasqueru [?] desous
la roue, pour 17ᵗ parisis et 10ᵉ de cens, par an; 16ᵗ au
Prieur, 20ᵉ au Prevost, et 10ᵉ au Convent, qui se réserve toute
justice et poura faire toute sorte de moulins, hormis à draps,
1417. — Le second bail à cens dudit moulin de Nouvion est
de 1483, à Jean Thorel, meugnier, moyennant 38ᵗ 7ˢ au
Prieur, 21ˢ au Prévost et Couvent, à cause des pitances, 26
setiers; duquel nombre six setiers seront au Secretain, pour
l'Ave Maria; 4 chartées de foins et tous les chanvres; réservent
toute justice, haute, moyenne et basse.

(Les moulins de la Bouvaque ont été donnés à Saint Pierre
par Madame Marie de La Ferté et son fils Gaulier; confirmé
par Guillaume de Talvas, 1192.)

Le moulin à œule sur la rivière de Touvoion fut baillé
à Jean Journé, bourgeois d'Abbeville, pour 6ᵗ et 20ᵉ de relief.
Retiennent les Religieux toute la justice, haute, moïenne et
basse; et le pecquier qu'il n'aura que près les roues, 1421.

Le moulin à draps de la Bouvaque donné à Pierre Noël,
avec la maison, pour 23ᵗ parisis de rente, 21ᵗ au Prieur,
20 sols au Convent et 20ᵉ au Prévost. Avec liberté d'en faire
un moulin à bled, 1421.

Le Prioré de Saint Pierre a cy devant été afermé à Jean
d'Amiens et Nicolas Mannessier, excepté Barly cy après et la
redevance deue par Saint Bertin, 5100ᵗ payables à Paris; sur
quoy les pensions aux Religieux de 2220ᵗ, 86 setiers de bled,
31 setiers d'avoine et deux setiers de poix. Les releveurs
obligés d'aquiter d'autres charges en grand nombre, montans
à 694ᵗ par an, 86 setiers de bled, et 31 setiers d'avoine cy
dessus marqués; plus 6 torches d'une livre et demie, pour le
Saint Sacrement. Plus doivent encore payer 12 couples de
grains aux Religieux, à cause de la ferme de Genville; 3 à

4 setiers de bled au s^r de La Ferté lez Saint Ricquier, 6 setiers de bled, et 6 setiers d'avoine au Curé de Genville, au lieu du droit de disme, sur la ferme dudit Genville; plus 6 setiers de bled au curé de Saineville, au lieu de dîme sur la ferme de Campagne.

Barly afermé en 1660 à Robert de Theunt, demeurant à Dourlens, consistant en terres labourables, bois à couper, dîme, prez, censives et droits seigneuriaux. Mouvance 3200e par an; plus tenu d'aquiter plusieurs autres charges dcues à cause de Barly, tant aux dames abbesses de Saint Michel de Dourlens, Curé de Barly, Abbé de Saint Josse et aux officiers.

Le s^r de Vinacourt tient de Saint Pierre dix-sept vingt journaux de marès que l'on appelle Sommechierche, desquels la communauté de ladite ville et deux de Flechicourt rend par an 60e parisis audit Seigneur, pour raison de paturages que ceux de Flessicourt ont ès devant dis marès tant seulement.

Item, ledit Seigneur tient partie de ce que Henry de Bourdons tenoit ès fiefs Monsr Henry de Nouvihon; lesquels fiefs on appelle Bourdonchel, et partie que Adde Pultolle tient de luy. Le dit S^r tient toutes ces choses en fief et en homage, par une courroye et un coutel à blanc manche, au Prieur ou à celuy qui est en son lieu.

Le bailly de Saint Pierre doit avoir 12e deux muids d'avoine, et deux chartées de foin, pour ses gages, suivant les lettres de Bailly de Jean Vilain, portant la date de 1452.

Le prieur de Saint Pierre prend huit muids de grain, moitié bled, moitié avoine, mesure de Dourlens et rendu à Barly, sur l'abaye de Vuillencourt, par traité de 1268, pour les droits que Saint Pierre avoit à Saint Acheu et à Biaullecourt, qu'il a cédé à ladite abaye Saint Pierre, à huit setiers de bled par an, sur le moulin de Villers, pour et au lieu du tiers qu'il avoit dans ledit moulin, 1281, par traité.

L'aliénation des droits de la seigneurie vicomtière n'affecta pas la fortune du prieuré de Saint-Pierre. Nous

le trouvons au dix-huitièmè siècle riche de beaucoup
de biens.

Les Mss. de M. Siffait nous ont gardé le texte de cette
affiche placardée aux carrefours de la ville en mai 1767 :
« De par le Roi et de Nosseigneurs de la Cour du Parlement de Paris... on fait assavoir qu'en vertu des arrêts de
la cour du Parlement du 10 février et premier avril 1767,
il sera donné à ferme à tous présentement, pour neuf
années consécutives, les baux du prieuré de Saint-Pierre
Saint-Paul d'Abbeville, consistant en maisons, terres
labourables, prés, dixmes et champart, circonstances et
dépendances. Il faut s'adresser à M. de Valois, receveur
général, qui donnera les éclaircissements nécessaires et
fera les baux de chaque partie de bien en vertu desdits
arrêts. »

En 1770 les revenus du prieuré sont de 27,000
livres, mais, suivant un mémoire imprimé à cette date
pour M. Marcland, ils n'étaient peu d'années auparavant que de 24,000 livres employées ainsi : pensions
des religieux, 4,600 livres ; décimes, 2,500 livres ;
autres charges, 2,900 livres ; net pour le prieur, 14,000
livres.

Dans l'ordre religieux le prieuré de Saint-Pierre étendait son pouvoir fort loin. Le P. Ignace, donne la liste
des cures, chapelles et prieurés que cette antique maison,
fille de Cluny, patronait. Les cures, chapelles et prieurés
étaient au nombre de vingt-huit, encore le consciencieux
historien a-t-il soin d'ajouter que quelques autres échap-
paient à sa connaissance. — V. Hist. *Ecclésiastique*
d'Abbeville, pages 165, 166. — L'énumération donnée

par le P. Ignace est à peu près conforme à celle que je trouve dans l'extrait du Livre Noir. Je vois cependant en outre dans ce dernier livre « la maîtrise du Saint-Esprit, les quatre chapelles du Saint-Esprit, les deux chapelles de Saint-Éloy, la chapellenie de Saint-Étienne, les chapelles du Saint-Sépulcre, etc. Le chapitre a pour titre : *Cures et chapelles de la donation du prieur de Saint-Pierre qui viennent prendre possession et faire le serment à la dite église quand aucun meurt ou permute* (1).

L'église de Saint-Pierre, que nous voyons encore survivre au couvent et servir aux religieuses ursulines, héritières des moines de Cluny, date des années qui suivirent 1770. La précédente était déjà fort avancée

_____

(1) Les religieux de Saint-Pierre et les chanoines de Saint-Vulfran, se partageant dans leurs prétentions la ville comme curés primitifs, eurent souvent à régler entre eux des différends ainsi que deux puissances limitrophes. Il y aurait un petit chapitre à écrire sous ce titre : *Accords entre les chanoines de Saint-Vulfran et les religieux de Saint-Pierre*. Je l'écrirai un jour. Peut-être même pourrai-je le donner en appendice à ce volume. J'indiquerai dès maintenant ces divisions :

1257, accord entre les religieux de Saint-Pierre et les chanoines de Saint-Vulfran s'engageant réciproquement à assister aux obsèques des morts du prieuré et de la collégiale.

..... Fragment d'un ancien concordat en douze articles pour les places aux offices et dans les processions.

1476, concordat pour les processions générales, réglant, entre autres détails, le pas des châsses de saint Foillan et de saint Vulfran.

1653, 1er août, sentence du lieutenant général de la Sénéchaussée de Ponthieu, réglant par provision les places des religieux et des chanoines dans les processions générales.

1688, 7 juillet, dernier concordat entre MM. les chanoines et MM. de Saint-Pierre pour les rangs dans les processions où ils se rencontrent.

lorsque Charles le Téméraire s'empara des derniers matériaux rassemblés autour d'elle et en fit bâtir son château
au point où la Somme sort de la ville.

C'est de celle-là que M. Louandre, l'appelant à tort
primitive, écrivait :

« L'église primitive du monastère de Saint-Pierre se
faisait remarquer par la légèreté et la délicatesse de son
architecture et renfermait plusieurs objets intéressants :
le tombeau du fondateur, le comte Guy, celui du savant
Claude de Vert ; des stalles et des sculptures curieuses ;
un obélisque surmonté de la statue de Saint-Pierre à
genoux et la châsse de Saint-Foillan, qui était l'objet
d'un culte particulier dans ce monastère (1).

En 1770, lorsque l'église et le couvent de Saint-Pierre
qui tombaient en ruines furent reconstruits (2), on trouva,
disent les mss. de M. Siffait, dans une excavation de la
maçonnerie, deux corps et une épée ; on pensa que c'é-
taient les corps de Guy, comte de Ponthieu, fondateur
du couvent, et de sa fille Agnès ou Mathilde. Ces
Mss. se taisent sur le lieu où les ossements furent mis,

---

(1) *Hist. d'Abb.*, tom II.

(2) Il serait plus exact de dire démolis. Voici en effet ce que
nous trouvons dans les Mss. de M. Macqueron sous la date de 1774 :
En cette année a été reconstruite la maison conventuelle de l'abbaye
de Saint-Pierre. Cette reconstruction a été terminée en 1775, suivant qu'il appert de la mention de cette année faite sur les vitraux
de l'église. La maison abbatiale seule est restée debout de l'ancienne construction.

Les trois portes d'entrée du couvent de Saint-Pierre furent
abattues ainsi que les appartements y joignant en 1778 ; quant au
clocher, il avait été abattu dans les années 1773, 1774 et 1775. —
Voir le dessin qu'en gardent les Mss. de M. Siffait, reproduits par
M. Pannier, maire d'Abbeville, et par M. O. Macqueron.

mais nous voyons dans l'*Histoire d'Abbeville* qu'ils furent enveloppés dans une tapisserie et enterrés près de l'église actuelle (1).

(1) Ces lignes sont écrites depuis longtemps. — *Notices sur les rues d'Abbeville*, 1849. — Je n'ai pas songé à les revoir avant la composition nouvelle, mais je puis les compléter.

Le comte Gui avait évidemment tenu à se faire ensevelir dans le prieuré fondé par lui. Il reposait donc dans la première église de ce prieuré, mais la première église fut remplacée par une seconde, — quinzième siècle, temps de Charles le Téméraire, — la seconde par une troisième, — dix-huitième siècle, règne de Louis XV et de Louis XVI. — Gui demeura toujours sous une tombe de marbre rouge, sans autre épitaphe qu'une épée sculptée en relief sur cette tombe, jusqu'au jour où l'on bâtit la troisième église; mais déjà la seconde église avait changé un peu de place. La première, ou une partie de la première, n'était plus représentée que par une chapelle dite de Notre-Dame de Pitié, conservée uniquement peut-être parce qu'elle abritait le comte sous la dalle rouge et sous la figure de l'épée. Dès longtemps cependant les religieux ne s'étaient pas contentés de la pierre muette cachée pour ainsi dire dans l'ombre d'une chapelle à l'écart. Un des prieurs avait fait élever en l'honneur du fondateur un cénotaphe portant la figure couchée du comte sous cette inscription qui donnerait l'an 1237 pour date du monument :

Annus millenus, bis centum ter quoque denus.
Si quis plus quærat, septimus annus erat.

Ces trois autres distiques complétaient le tour de la pierre et de la figure; je rectifie un peu, à l'aide des copies Traullé, de Bommy et des *Comtes de Ponthieu* de Du Cange, le texte donné par le P. Ignace :

Clericus, archilevita, comes, milesque, maritus
    Adæ, Guido bonus hic jacet iste situs.
Et quia nos fundans, nobis largitor abundans,
    V........ s........ sedit, libera multa dedit.
Hæc tum (1).................... tempore rexit
    P.... m.... ista notes, tempora scire potes.

L'auteur d'une des transcriptions fait remarquer que le premier mot du quatrième vers pourrait être *Vir*; que le vide du cinquième

(1) Ou *tunc.*

C'est dans le couvent de Saint—Pierre que le savant Pierre Carpentier, continuateur du Glossaire de Du Cange, prit l'habit et fit ses vœux vers 1737, au sortir de la congrégation de Saint-Maur.

Nous ne rappellerons pas d'ailleurs les noms de tous les prieurs réguliers ou commendataires de Saint-Pierre dont le P. Ignace donne soigneusement la liste avec notices biographiques jusqu'en 1642 ; on pourra les rechercher dans cette rare *Histoire ecclésiastique d'Abbeville* dont les exemplaires ambitionnés des curieux deviennent introuvables. Seulement M. de Bommy a ajouté

vers pourrait recevoir les mots *carmina sunt scripta et quo*... et qu'enfin la première lettre du sixième vers doit commencer le nom d'un prieur. Il trouve bien Pomereaux, mais Aleaume de Pomereaux ne paraît qu'en 1298. On ne sait pas le nom du prieur de 1237.

Cette pierre tombale sous laquelle rien ne reposait fut placée d'abord au milieu de la nef, au niveau du pavé. On la déplaça vers 1690 pour la reposer dans le chœur à gauche du maître-autel (côté de l'Évangile).

La démolition de l'avant—dernière église fit troubler enfin le sommeil du comte Gui. La note de M. Traullé dit : « M. Hecquet d'Orval qui a vu démolir le tombeau maçonné de Gui en 1773 dans la chapelle de Notre-Dame de Pitié a bien observé que son corps était enveloppé de serge brune ; qu'il y avait une niche pratiquée dans la maçonnerie pour recevoir la tête ; qu'une femme, enveloppée de même, était couchée au-dessus de lui ; que la tête de cette femme avait aussi sa niche ; et que sur la pierre il n'y avait qu'une épée. On retira les restes du comte Gui de cet asile ; on les enveloppa dans un morceau de tapisserie et on les déposa dans le chœur, le long d'un mur. » Que fit-on de la tombe de marbre rouge et de la représentation de l'épée qui avait armé chevalier le fils du roi Philippe I*r* ?

Le corps de la femme devait être, en effet, celui d'une fille du comte, non celui de sa femme. Ade, morte avant Gui, était ensevelie dans l'abbaye de Saint-Josse-sur-Mer.

à la liste quelques notes que je dois livrer aux écrivains qui poursuivront ces travaux sur Abbeville.

Ainsi à propos de Girold qui vivait, suivant le P. Ignace, en 1190 : « Girold était encore prieur en 1202. Il souscrivit alors la charte de Dourlens. — *Ordonnances du Louvre*, t. XI, p. 314.

Après Simon de Laiseville qui figure dans l'histoire du P. Ignace à la date ds 1216, cinq prieurs font défaut à la liste. M. de Bommy a retrouvé un de ces prieurs : *Arnulphus humilis prior Sancti Petri de Abbatis villa et fr. Johannes de Biencourt* (1258) dans des pièces relatives à Valoires.

Je retrouve moi-même dans un extrait des archives de l'hôtel-Dieu d'Abbeville un prieur du nom de Jehan : « 1293 el mois de octembre devant la fête saint Simon saint Jude, (cette fête tombe le 28 octobre,) Jehans, humble prieur de saint Pierre en Abbeville, et tout le couvent de ce même lieu font sçavoir, etc.... »

Pour le prieur Guillaume d'Aigrefeuille, prieur avant 1348, plus tard protonotaire du saint-siége, archevêque de Sarragosse, cardinal-prêtre de Sainte-Marie au delà du Tibre, évêque de Sabine, que des auteurs espagnols ont voulu faire espagnol et qui était de Limoges, voyez la dissertation de François Duchesne. — *Hist. des Cardinaux français*, pages 521, 522, où se trouve le portrait de G. d'Aigrefeuille gravé d'après un tableau conservé dans le cabinet de M. le marquis de Sessac ; V. aussi *l'Histoire d'Espagne* de Mariana, et les registres du Trésor des Chartes, Reg. CVII, an 1375.

Entre les prieurs Garin des Prez, Guillaume le

Chambeli et Gerault il faut placer un prieur que le
P. Ignace ne nomme pas, Jean de Neufchâtel, prieur de
Saint-Pierre d'Abbeville avant de devenir évêque de
Nevers et de Toul, cardinal prêtre du titre des Quatre
saints couronnés, enfin évêque d'Ostie et de Vélitre. —
Voyez sur ce prieur François Duchesne, *Hist. des Car-
dinaux français*, pages 673-674, où se trouve le portrait
de J. de Neufchâtel tiré de son tombeau au chœur des
PP. chartreux de la ville neuve d'Avignon.

Le P. Ignace nomme un prieur du nom de François
de Pila. On lit dans dom Grenier, paquet XIV (ou tome
XC) : « Au mois d'octobre 1588. D. François du Pile,
provincial ou visiteur, abbé de Saint-Michel—sur-Mer et
prieur de Saint-Pierre d'Abbeville, meurt de la taille
à Paris, âgé de plus de soixante ans. »

Edme de Bely, dit le P. Ignace, fut le dernier des prieurs
réguliers.

Edme de Bely n'avait pas été reçu sans résistance. J'ai
relevé, au douzième jour de novembre 1588, dans le
registre aux délibérations de la ville, cette résolution :

« Sur ce qui a été proposé à l'assemblée que quelcun
se présentoit pour prendre et entrer en possession du
prieuré de saint Pierre en cette ville, lequel n'estoit de la
quallité requise par les saints décrets et ordonnances pour
tenir led. bénéfice, [ce] quy seroit faire bresche aux
remonstrances que les depputés des États de ceste province
estans en court ont à faire à Sa Majesté pour la réformation
des abbus qui se commettent en telles provisions et affin
d'y avoir à l'advenir quelque réglement, a été advisé
que lesd. Sanson et Le Devin se transporteront aud.

prieuré pour demander et requérir au commissaire à ce député communication des titres et quallité de celuy quy prétend à lad. possession pour, iceulx veus, se pourvoir comme de raison ; ce que instamment lesd. Sanson et Le Devin ont faict et rapporté avoir faict lad. requeste, sur laquelle M*. Jehan Cavillon, doien rural, leur a promis faire droict. » — *La Ligue à Abbeville,* t. II, p. 22.

La résistance commune du prieuré et de la ville persista jusqu'à la consommation de leur défaite. Je trouve une suite de l'affaire dans un ms.(extraits des reg. municipaux que possède M. Aug. de Caïeu.) Les religieux pour repousser Edme de Bely s'appuyèrent sur la passion que l'Échevinage portait, de ce temps, dans les questions d'ordre ecclésiastique. Ils exposaient, le 10 juillet 1589, qu'Edme de Bely, soi-disant étudiant écolier à Paris, n'étant pas de leur ordre, ni prêtre, ni ordonné seulement pour être prêtre, poursuivait pour être maintenu en la provision du bénéfice du prieuré comme commendataire, contre les saints décrets et canons, contre l'institution du prieuré, l'intention des fondateurs, les mémoires et plaintes envoyés à Blois, leur opposition constante, l'appel interjeté par eux à Paris de la prise de possession par Edme de Bely. Ils demandaient que, pour la conservation de l'honneur de Dieu, le bien et repos public et l'édification des habitants, la Ville se voulût bien joindre à eux dans le procès. L'Échevinage décida alors (10 juillet) que la ville corps et communauté d'icelle s'unirait aux religieux pour soutenir qu'il ne doit être pourvu au titre de prieur qu'un religieux de l'ordre de Cluny et de qualité requise ; qu'autrement ce serait occasionner du désordre et un scandale. — Edme de Bely n'en fut pas moins nommé prieur et prieur régulier. — *Hist. ecclés. d'Abb.*

Il était certainement maître incontesté du prieuré en 1594. Les délibérations de la ville confirmant Waignart en font foi. Je reprends une page de la *Ligue à Abbeville.* Le samedi, 10 septembre 1594, assemblée à l'Échevinage sur la requête du procureur de la ville. Il s'agit d'expulser des murs mêmes de la cité un religieux de Cluny, Estienne Pennet (1). Il y va « d'émotion » à prévenir. Pendant les troubles qui ont agité Abbeville, Estienne Pennet s'est introduit dans le prieuré de Saint-Pierre et l'a voulu retenir comme de force avec quelques adhérents. Chassé par Edme de Belly, supérieur du prieuré, Pennet, pour continuer à diviser les religieux, s'est fait pourvoir de l'office de visiteur provincial et de sousprieur. Edme de Belly lui a refusé la porte du prieuré, mais Pennet, faisant de la ville son terrain de bataille, s'est retiré en la maison de Louis de Dourlens, « homme factieux et espagnol (l'expression est de Waignart) procureur et notaire. » Pennet est expulsé de la ville. — *Regist. aux délib. X septembre.* — Voir pour plus de détails la *Ligue à Abbeville*, t. III, pages. 189–190.

Le P. Ignace ne dit pas quand fut nommé le premier

(1) Dom Estienne Pennet, religieux de l'ordre de Cluny, était depuis environ trois mois à Abbeville « contestant pour le prieuré de saint Pierre allencontre de M⁰ Edme de Belly, prieur d'icelluy, en estant en possession en vertu des arrests tant de la court de Parlement à Paris que du Grand Conseil. » – *Regist. aux délib.* x *septembre* 1594.

prieur commendataire, de sorte que je ne peux savoir, aujourd'hui du moins, si les désordres dont témoignent nos registres municipaux s'introduisirent dans le prieuré du temps d'Edme de Bely ou de son successeur Guillaume Poisle. Quoi qu'il en soit, le mercredi 1er août 1618, l'Échevinage arrêtait « sur l'occurrence de l'arrivée et séjour de Mgr l'évêque d'Amiens de le supplier d'apporter quelque ordre et règlement à la maison du prieuré de Saint-Pierre touchant la réformation des vies et mœurs des religieux dudit prieuré et visite des livres et ornements servant à la célébration du service divin, sans néanmoins entendre se faire partie et dénonciateur contre lesdits religieux, mais en remettre la poursuite à M. le promoteur. » — *Ms. en la possession de M. A. de Caïeu.*

Le premier prieur commendataire fut Guillaume Poisle, « parisien, sçavant prédicateur ».

Sa mort fut tenue quelque temps secrète d'une façon qui impliquait plus le souci d'intérêts peu religieux que le respect de la personne.

Nous empruntons à Pierre Waignart cette histoire du prieur salé et conservé dans le grenier de sa maison.

« Le 29 mars 1625 mourut à Paris M°... Poille, prieur du prieuré de Saint-Pierre d'Abbeville. Le corps fut quelque temps caché et mis dans le grenier de la maison. M'... Machau, maistre des requestes de l'hostel du roy, qui avoit son indult sur Clugny, descouvrit que ledit feu sieur Poille n'avoit résigné son bénéfice, [et] que l'on avoit envoyé à Rome pour l'obtenir ; [il] fit aller le commissaire du quartier, (avec quelque nombre de soldats des gardes du roy,) lequel fit faire ouverture de toutes les chambres de ladite maison, rechercha partout, enfin monta au grenier où il trouva le corps salé. Ce faict, [il] obtint lettres, envoya procuration à M°... Gau, docteur en théologie, chanoine d'Amiens, archidiacre de Ponthieu et grand-vicaire de Monseigneur d'Amiens, pour prendre possession dudit prieuré, ce qu'il fit le 3 avril, et le 20 juin ledit sieur Machau, maistre des requestes, arriva en ceste ville avec sa femme. » — *Waignart*.

Sangnier d'Abrancourt a dressé une liste des prieurs commendataires, successeurs de Louis de Machaut, le dernier nommé par le P. Ignace. Je vais la suivre en cherchant à la compléter par quelques autres recherches.

M. du Cambout de Coislin, évêque d'Orléans, cardinal (1) ;

Henri de la Tour d'Auvergne :

Il y avait alors nécessairement à la tête de la maison de Saint-Pierre deux prieurs, le prieur commendataire d'abord, puis, au-dessous de lui, le prieur claustral.

Dom Claude de Vert fut élu prieur claustral en 1695. Cl. de Vert est connu par des œuvres importantes, parmi lesquelles *Explication des cérémonies de l'Église* en quatre volumes. Cl. de Vert mourut le 1er mai 1708. Son portrait a été gravé.

De son temps, en 1698, le conseil de la ville s'émut d'un bruit intéressant le prieuré. Les réformés de

---

(1) Au temps où le cardinal de Coislin était titulaire du prieuré de Saint-Pierre, le prieur avait 8,000 livres de revenu, les religieux 4,000. — *Supplément aux mss. de Pagès*, p. 108.

l'ordre de Cluny prétendaient, disait-on, s'établir à Saint-Pierre au lieu et place des anciens religieux. Le procureur du roi de la ville fut chargé de se transporter au prieuré pour prier les anciens religieux de ne faire aucun traité avec les réformés. Au cas où les anciens religieux eussent refusé de déférer à la prière, le sieur Danzel devait écrire au conseil de Mgr le cardinal de Coislin pour supplier Son Eminence d'accorder à la ville sa protection et d'empêcher le nouvel établissement. — *Ms. en la possession de M. A. de Caïeu.*

Les Mss. Siffait ont conservé les termes de cette invitation :

« Vous êtes prié d'assister au convoi, service et enterrement de Révérendissime et religieuse personne Dom Claude de Vert, prieur claustral, du prieuré de Saint-Pierre de cette ville, trésorier de l'abbaye de Cluny, vicaire général de son Éminence Monseigneur le cardinal de Bouillon, etc. visiteur de la province de France audit ordre, qui se feront mercredi 2 mai 1708, à dix heures du matin, en l'église dudit prieuré, aux vigiles le même jour à quatre heures du soir, le lendemain au service à la même heure où Messieurs et Dames se trouveront s'il leur plaît. »

Claude de Vert fut inhumé devant le lutrin. On plaça depuis sur sa sépulture une pierre où furent inscrits son nom et ses qualités en vers latins. (*Ibid.*)

L'abbé de Mesmes. Il était fils de M. de Mesmes, premier président au Parlement.

Mᵉ Antoine-René de la Roche-Fontenilles, abbé d'Auberive, chanoine de Paris, ci-devant grand-vicaire d'A—

miens. Il succéda en 1714 à son oncle l'abbé de Mesmes.
« La Roche, ajoute, M. de Bommy, porte d'azur à
trois roches d'argent 2 et I. »

A.-R. de La Roche fut nommé évêque de Meaux après
la mort de l'éminentissime cardinal de Bissy. Il fut sacré
le... janvier 1738, mais n'en conserva pas moins jusqu'à
sa mort le prieuré d'Abbeville. Il mourut le 7 janvier 1759.

Le mois de janvier où se produisit la vacance « étant
un de ceux destinés pour les gradués », le sieur Courtin
de Saint-Vincent, religieux cluniste réformé, demeurant
en l'abbaye de Saint-Martin(1) des Champs de Paris, demanda le prieuré, reçut sa nomination de l'abbé de Cluny
et prit possession, mais, dans l'intervalle des six mois
après la mort du dernier titulaire, un autre religieux
bénédictin non réformé demanda à son tour le prieuré
et en prit possession au mois de décembre 1759. De là
procès au Grand Conseil entre les deux contendants dom
Courtin et dom Marcland, puis arrangement, le premier
abandonnant le prieuré au second moyennant une pension de 4,000 livres.

Dom Marcland ne devait pas encore avoir la jouissance
tranquille de sa commende. L'histoire de ses débats avec

(1) Je ne suis pas bien sûr de lire Saint-Martin. D'un autre côté
je trouve dans Sangnier d'Abrancourt : « dom Bertrand Courtin de
Saint-Vincent, religieux de l'étroite observance de Cluny, résidant
au prieuré de Saint-Denis de la Chartre à Paris, prit, quelque temps
après la mort de M. l'évêque de Meaux, possession du prieuré
d'Abbeville en vertu de ses grades. Lui et dom Gabineau, procureur général de l'ordre, passèrent devant Devismes notaire à Abbeville, le ...., au sieur Deroussen, receveur dudit prieuré, une
procuration pour affermer par détail les dîmes et autres biens du
prieuré.. . etc. »

le prieuré d'abord, puis avec des cessionnaires de peu
de foi, pourrait être intitulée : *Les tribulations d'un
bénéficier commendataire.*

D'après un mémoire qu'il fit publier plus tard, deux
difficultés se présentèrent à lui dès sa nomination : d'a-
bord sa contestation avec dom Courtin, puis le mauvais
état du prieuré, M. de Fontenilles n'ayant fait faire, pendant quarante-cinq ans, aucune des réparations auxquelles
il était tenu et sa succession étant notoirement insolvable.

Plus tard il eut à compter, un peu par sa faute, avec
des compétiteurs qui le jouèrent, mais n'anticipons pas.

Nous l'avons dit à l'occasion de l'élection de dom
Claude de Vert, depuis que l'abbaye est en commende il
faut distinguer entre le prieur commendataire et le prieur
claustral.

En 1766, le prieur claustral était Dom de Buissy (1),
qui reçut cette année-là même en son prieuré de Saint-
Pierre Mgr de la Rochefoucault, archevêque de Rouen.
Le prélat était arrivé à Abbeville le mardi 10 juin, à
5 heures du soir, par la porte Saint-Gilles, — il venait d'Amiens. — Son carrosse à six chevaux avait
assez impressionné le public pour que les Mss. de
M. Siffait en fassent mention. « Mgr de La Rochefoucault
étoit, disent ces Mss., entre deux ecclésiastiques. Comme
il est abbé chef supérieur de tout l'ordre de Cluny, il
fit sa descente au prieuré de Saint-Pierre. Sitôt qu'il en
approcha toutes les cloches furent sonnées à la volée.

(1) Il appartenait tout à fait à notre ville, étant fils de M. Pierre
de Buissy, premier président au Présidial d'Abbeville et de Dame...
Le Blond d'Acquest. — Sangnier d'Abrancourt.

Il descendit du carrosse après avoir passé sous le clocher où il trouva les religieux qui, après l'avoir salué, marchèrent devant lui, précédés du maître de cérémonies, pour entrer dans l'église où il trouva Dom de Buissy, prieur claustral, qui lui présenta le goupillon pour prendre l'eau bénite, et, après en avoir pris, il en jeta lui-même à ceux de sa suite qui étoient derrière lui ; ensuite Dom de Buissy lui fit un petit discours, puis il entra avec le même cortége au chœur où il fit sa prière à l'autel, et ensuite il fut encore, avec le même cortége, au couvent par la porte du cloître où on lui servit une collation. Les filles des écoles de la Providence d'Abbeville et des environs lui firent compliment. Ensuite il fut à pied aux Ursulines, à l'église collégiale de Saint-Vulfran et entra dans la chapelle du Christ outragé, (le Christ du Pont-Neuf,) pour y considérer plus distinctement les coups dont il a été frappé. Il fut aussi voir l'église de l'Hôtel-Dieu, des Sœurs-Grises, de Saint-Georges, etc...; alla voir la manufacture royale des Draps fins et celle des Moquettes ; il logea et coucha dans la chambre de Dom de Buissy, prieur, et ses deux prêtres dans les chambres de Dom Darnaux et Blondin. Ils y couchèrent deux nuits. Le jeudi, l'archevêque devoit aller diner chez M. de Buissy, premier président, mais il reçut un courrier de M. le comte de Lannoy, route [?] ou près la ville d'Eu, qui l'attendoit à diner ; il partit à dix heures du matin en carrosse précédé de trois chevaux, dont deux étoient montés par deux de sa suite ; le troisième portoit seulement ses armes relevées en broderies. On avoit encore

sonné à sa sortie toutes les cloches comme à son arrivée. On dit, ajoute en terminant l'auteur émerveillé du
manuscrit, que sa dignité de chef supérieur de tout
l'ordre de Cluny, lui vaut cinquante mille livres. »

Ouvrons une parenthèse pour encadrer une prise
d'habit de quelque éclat. « Le lundi 23 mars 1767, disent
les Mss. de M. Siffait, le fils de M. de Polignac, maréchal de camp fit profession religieuse de l'ordre de Cluny
sur les 11 heures du matin dans l'église du prieuré de
Saint-Pierre en présence de M. son père, du prieur de
Lihons et du grand prieur de tout l'ordre de Cluny. Ce
dernier reçut ses vœux. Il avoit la croix d'or sur son
estomac. Ils étaient tous trois venus exprès de Paris
pour cette cérémonie. »

Revenons à dom Marcland et à ses tribulations.

Il avait fait, assurait-il, dans les années 1761, 1762
et 1763, des réparations montant à 8,000 livres. Les six
religieux qui résidaient « dans les lieux réguliers », estimant ces travaux insuffisants, « surprirent, » c'est le
mot de l'avocat de dom Marcland, le 30 septembre 1763,
un arrêt de Grand Conseil qui ordonnait le sequestre de
tous les revenus du prieuré.

Dans la situation difficile que cet arrêt lui fit, dom
Marcland chercha à battre quelque monnaie avec son
titre.

Je vais suivre le récit des Mss. Siffait.

En 1767, M. Marcland et Dom de Tourne, prieur de
l'abbaye de Forêtmontiers, firent ensemble un voyage
dans leur pays. Pendant la route, M. Marcland donna à
Dom de Tourne son prieuré de Saint-Pierre moyennant

une pension de 3,000 livres. Quelque temps après il
en témoigna du regret à Dom de Tourne qui lui remit
la grosse pour qu'il n'en fût plus question. Ensuite, étant
tous deux revenus à Abbeville, Dom de Tourne apprit
que M. Marcland, s'ennuyant des procédures qu'il
était obligé de soutenir contre les moines de Saint-
Pierre, cherchoit à donner sa prieuré pour une pension
plus forte, ce qui l'engagea à lever une autre copie de la
donation (1) et, avec l'agrément de Mgr, il se pourvut en

(1) Je reproduis la version des mss. Siffait favorable à Dom
Tourne bien qu'elle le fasse encore profiter de tours assez pen-
dables. Je donnerai dans cette note, la version de D. Marcland
lui-même à l'aide de quelques documents sortis de la plume de
ses défenseurs. On reconnaîtra pour le moins qu'il ne fut pas un
heureux commendataire et que le haut dédain de l'abbé de la
Pagerie n'était pas fait pour le dédommager.

Je possède un MÉMOIRE imprimé en 1770, pour le sieur Abbé MAR-
CLAND, ancien prieur de Saint Pierre et Saint Paul d'Abbeville,
demandeur et défendeur,

Contre le sieur Abbé DE LA PAGERIE, titulaire actuel, et les
Prieurs claustral et Religieux dudit prieuré, défendeurs et demandeurs,

En présence du Sieur ROUSSEN, ci-devant fermier dudit prieuré
et établit sequestre des revenus en provenans, et Mᵉ. GASSELIN et
autres créanciers du sieur Abbé MARCLAND, opposans ou saisissans,
défendeurs et demandeurs.

Le mémoire est signé Monsieur de Bretignières, rapporteur ;
Mᵉ Gillet, avocat.

Ces querelles de prieurs ne sont pas assez intéressantes pour que
je sois tenté d'analyser de très-près le mémoire.

Le sieur Abbé Marclând voulait sauver la caisse. Par le mémoire
en question il réclamait les deux tiers des revenus du prieuré
échus jusqu'au jour des résignations qu'il avait eu « le malheur
d'en faire à Dom Tourne et au sieur Abbé de la Pagerie. » Il con-
sentait que le troisième tiers demeurât affecté aux réparations
dont il pouvait être tenu.

Quant aux prétentions de Dom Courtin, M. Marcland les avait

cour de Rome, et, quand il eut ses lettres et toutes choses prêtes pour sa réception, M., Siffait, ancien consul, demeurant rue Médarde, qui est ami desdits sieurs Marcland et Tourne, donna chez lui un grand dîner, (ce fut le mercredi 11 mars,) où ils furent tous deux invités et

fait taire par une transaction du 9 mai 1760, moyennant une pension de 4,000 livres.

Dom Courtin ayant cru devoir faire aussi opposition au sequestre fut débouté par un arrêt du mois de mars 1765 qui réduisit même sa pension à 500 francs.

M. Marcland s'estimant très-gêné avec ses 1200 livres avait déjà résigné son prieuré à D. Tourne le 19 août 1764 sous la réserve d'une pension de 3,000 livres et du retour de celle de 4,000 livres de D. Courtin après son décès, mais n'étant pas encore absolument décidé à cette résignation, il s'était fait, disait-il, remettre l'acte en brevet et l'avait serré dans une armoire de l'appartement qu'il occupait à Paris. D. Tourne, ayant emprunté quelque temps après cet appartement avait eu « l'infidélité de forcer l'armoire et de s'emparer de la résignation, en vertu de laquelle et des provisions qu'il fit venir de la Cour de Rome il avait pris possession du prieuré le 11 mars 1767. » M. Marcland, pensant alors que l'abbé de la Pagerie n'aurait pas de peine à se débarrasser de D. Tourne dont le titre était vicieux par plusieurs raisons, passa en sa faveur au mois d'avril 1767 une seconde résignation sous la réserve d'une pension de 4,000 livres.

D. Courtin meurt (1767), et l'abbé de la Pagerie et D. Tourne s'unissent contre M. Marcland, (je suis toujours le récit de ce dernier.) M. de la Pagerie se fait résigner les droits de M.Marcland en le laissant à la pension de 1,200 livres et prend possession du prieuré le 15 octobre 1767. Marcland, irrité que la Pagerie se fasse un titre contre lui de l'abus de sa confiance par D. Tourne, révoque sa résignation à la Pagerie et en fait une autre au sieur abbé Janson. L'archevêque de Rouen, abbé de Cluny, considérant de son côté le prieuré comme vacant, y a nommé Dom Mauvoisin.

Un arrêt du 22 août 1769 déclare M. Marcland non recevable dans sa demande « en regrès », maintient M. de la Pagerie dans la possession du prieuré, condamne M. Marcland, M. Janson et D. Mauvoisin en la restitution des fruits, si aucuns ont été perçus par eux; les baux et sous-baux qu'ils ont pu avoir faits sont déclarés

ceux qui devoient faire (1) sa réception, (la réception de
dom de Tourne au prieuré,) comme aussi le curé du village de Quent (2). A l'issue duquel dîner ledit curé de
Quent engagea M. Marcland à partir avec lui dans sa chaise
pour Quent, lui faisant entendre qu'il y a dans le pays
de bon poisson, ce qu'il (M. Marcland) a accepté. Sitôt
qu'ils furent partis, Dom de Tourne fut avec sa compagnie
au prieuré de Saint-Pierre (c'étoit sur les quatre heures)

nuls, etc. Il est fait mainlevée à l'abbé de la Pagerie du
sequestre, etc.

M. Marchand résiste. Il oppose trois moyens pour lesquels je renvoie mes lecteurs aux bibliothèques publiques ou particulières qui
conservent la mémoire de son avocat.

Il s'appuie particulièrement sur le fait constant que la nécessité
des réparations à faire date de M. de Fontenilles, mort insolvable.
Que M. de la Pagerie exagère tant qu'il voudra l'importance de ces
réparations, s'il n'est pas responsable, l'abbé Marcland ne l'est pas
non plus. L'urgence des travaux remonte à M. de Fontenilles qui
a joui pendant quarante ans du prieuré sans faire de réparations et
contre la succession duquel il n'y a aucune ressource.

« L'abbé de la Pagerie, dit enfin l'avocat de M. Marcland, voudrait
se faire un titre de sa condition et de ses alliances. Le sieur abbé
Marcland n'est, dit-il, qu'un simple religieux qui peut se retirer en
province et pour lequel une pension de 600 livres serait plus que
suffisante. Le sieur abbé Marcland ne lui dispute ni sa condition
ni ses alliances; mais est-ce là ce qui doit décider ?.. .... L'abbé
Marcland est un sexagénaire, etc..... »

(1) Traitreusement. Ce fut tout une conspiration, un guet-à-pens.

(2) Sangnier d'Abrancourt, qui d'ailleurs paraît moins informé de
détails, n'est d'accord avec les auteurs des Mss. Siffait ni sur la date
ni sur le curé qui exécute l'enlèvement de M. Marcland. « M. Antoine Marcland, cy-devant bénédictin réformé de Cluny, qui avoit
obtenu le prieuré de Saint-Pierre d'Abbeville et qui a depuis obtenu
un bref de sécularisation du pape Clément XIII, vient de résigner
ce prieuré avec retenue de mille écus, à dom Tourne, prieur de
l'abbaye de N.-D. de Forêtmontiers, lequel en a pris possession le
jeudi 26 mars 1767 après midi, dom Marcland étant pour lors chez
le curé de Collines. » — *Sangnier d'Abrancourt.*

et s'y fit recevoir prieur commendataire dudit lieu. La grosse cloche fut sonnée et quand toute la cérémonie fut faite, Dom de Tourne, nouveau prieur, donna sa prieuré de Sainte-Trinité de la ville d'Eu à Dom Colineaux, religieux conventuel dudit prieuré. Sitôt que M. Marcland sut cette affaire, cela lui fit une telle révolution qu'il en fit dans ses culottes (1). Il revint aussitôt à Abbeville et donna assignation à Dom de Tourne et tous deux allèrent à Paris pour plaider.

« Dom de Tourne, disent les mss., est natif de .... Il a été l'espace de trente ans religieux augustin et ensuite bénédictin du couvent de Moreuil, diocèse d'Amiens. (Il n'y a que Forêtmontiers et Moreuil qui soient de cette rubrique dans le diocèse d'Amiens.) Pour son talent de prédicateur, Mgr notre évêque lui avoit donné la prieuré de la haie de Forêtmontiers. Il a un frère qui est aumônier dans les troupes.

« Mgr de la Rochefoucault, archevêque de Rouen, étant informé de toutes les pensions qu'avoient exigées successivement les trois prieurs commendataires du prieuré de Saint-Pierre d'Abbeville pour se la résigner l'un à l'autre et craignant qu'il n'y eût de la simonie dans cette conduite, voulut que cela fût examiné par les juges qui en ont connaissance ; c'est pour cela que, en sa qualité d'abbé chef supérieur de tout l'ordre de Cluny, il donna ledit prieuré commendataire à Dom Mauvoisin, religieux dudit ordre conventuel et procureur du couvent de Lihons, lequel, ayant reçu ses provisions, se transporta à Abbe-

(1) Je demande pardon de ne pas atténuer le naïf récit. Il ne faut rien retirer à la vérité.

ville et prit possession du prieuré le mardi 26 mai à huit
heures du matin, en présence de tous les religieux et
même de Dom de Buissy, prieur Claustral dudit lieu.
On ne sonna point la grosse cloche, mais seulement celle
du petit clocher pour que cela ne fît point tant d'éclat.
Le même jour il (dom Mauvoisin) partit, dit-on, pour
Paris et y suivre son droit.

« Mgr de la Rochefoucault a droit de nommer au
prieuré alternativement avec le roi quand elle la vacance
se produit dans un mois qui n'est pas de grade.

« Ce nouveau prieur (dom Mauvoisin) est natif de la
paroisse de Saint-André d'Abbeville, fils de feu M. ....
Mauvoisin, ancien juge des marchands. Il est profès du
dit prieuré de Saint-Pierre, et, après y avoir été fait prêtre,
il demanda d'en sortir pour aller demeurer au couvent
de Lihons, ce qu'il obtint, et fut depuis procureur de la
dite maison. Il a une prieuré à la ville d'Eu qui lui vaut
17 cents livres ; il donne 500 livres à celui qui la dessert ;
c'est encore 1,200 livres pour lui.

« Dom de Tourne, prieur de Forêtmontiers et nouveau
prieur de Saint-Pierre d'Abbeville, ne se voyant pas en
état de subvenir aux frais nécessaires pour lutter contre
tant de rivaux prieurs commendataires dudit prieuré de
Saint-Pierre, se raccommoda avec M. Marcland son do-
nateur, qui se trouvoit à Paris avec lui, et là, tous deux,
d'un commun consentement, la résigna (1) à M. Tascher
de la Pagerie, grand-vicaire de l'évêché de Macon,

(1) *Sic.* ce singulier signifie sans doute que chacun d'eux fît une
résignation particulière.

homme qu'il (1) crut en état de faire valoir son droit et cela en lui donnant une pension (2). Comme il (M. Tascher de la Pagerie) étoit trop éloigné pour se faire recevoir lui-même, il pria Mgr l'évêque d'Amiens de nommer un ecclésiastique pour se faire recevoir par procuration en son nom.

Mgr en chargea (chargea de cette fonction) M. Duval, curé de Saint-Georges et doyen de chrétienté, qui s'est fait recevoir audit nom, le ...., avec deux notaires. La grosse cloche ne fut point sonnée, mais seulement celle du petit clocher. »

Les auteurs du *Gallia Christiana*, restant toujours dans le grave, dans le formalisme, dans le voulu, ont eu le tort de ne jamais rapporter les faits, les négociations de ce genre. L'histoire des maisons religieuses serait bien plus vivante, si elle avait toujours été écrite par de sincères et naïfs chroniqueurs bourgeois disant vrai sans penser à mal.

L'affaire n'en resta pas là. Mauvoisin défendit ses droits contre l'arrangement de MM. de Tourne, Marcland et Tascher et contre la possession prise par ce dernier avec l'aide de l'évêque d'Amiens (3). La contestation

(1) Il ? qui ? Dom de Tourne ou Dom Marcland ? Le dernier probablement, Dom de Tourne.

(2) Il faut évidemment comprendre que la pension sera servie par le résignataire nouveau au résignateur ou mieux aux résignateurs associés.

(3) Mauvoisin défendait ses intérêts à la fois contre Tourne et contre Tascher de la Pagerie, contre Marcland et contre un abbé Janson, prieur quelque part en Bourgogne et avec lequel Marcland avait permuté. Un mémoire de 1769 a pour titre : *Mémoire pour dom de Mauvoisin, prêtre, religieux profès de l'ordre de Cluny, an-*

devint épique, l'archevêque de Rouen persistant de son côté à soutenir son protégé, le prieur nommé par lui, Mauvoisin.

Les Mss. Siffait nous apprennent encore la suite du débat.

« Cette année (1769) fut fini à Paris le procès entre M. Tascher de la Pagerie, grand vicaire de Macon, et dom Mauvoisin, moine de l'ordre de Cluny, pour la prieuré de Saint—Pierre et Saint-Paul d'Abbeville. Et, encore bien que Mgr l'archevêque de Rouen eut fait tous ses efforts pour la faire tomber à Dom Mauvoisin, étant à Paris pour ce sujet, et que même lesdits moines de Saint—Pierre eussent envoyé Dom de Saint-Marc, l'un de leurs confrères, pour la même fin, y ayant bien des amis comme étant de Paris, la cause a été jugée le mardi 22 août et M. Tascher de la Pagerie déclaré maître et paisible possesseur dudit prieuré en donnant une pension de trois mille livres à M. Marcland et à Dom de Tourne une autre de douze cents livres ; et Dom Mauvoisin déchu de sa demande, (n'y ayant point trouvé de simonie), et condamné aux dépens. Comme c'étoit l'arche—

cienne observance, pourvu du prieuré de Saint-Pierre d'Abbeville, du même ordre, défendeur, intervenant, opposant, appelant comme d'abus, et demandeur en complainte ; contre frère Marc Tourne, augustin déchaussé, se prétendant transféré dans le grand ordre de Saint-Benoît intimé, demandeur et défendeur, et contre le sieur Tascher de la Pagerie, prétendant droit au prieuré d'Abbeville, en qualité de résignataire dudit frère Tourne, demandeur et défendeur, et encore contre dom Marcland, religieux bénédictin, ayant ci-devant possédé ledit prieuré d'Abbeville, appelant comme d'abus et demandeur ; et contre le sieur Janson, son copermutant, défendeur et demandeur.

vêque de Rouen qui soutenoit sa cause, ce fut lui qui
paya les frais du procès des deniers de l'ordre de Cluny. »

L'archevêque de Rouen et les religieux de Saint-Pierre
avaient succombé. M. Tascher de la Pagerie n'en fut pas
moins bien reçu au prieuré.

Les Mss. Siffait nous permettent encore d'assister à
la réception d'un prieur repoussé par la communauté et
de reconnaître comme traits de la politique et des mœurs
monastiques la bonne mine qui lui est faite. Les détails
de ce genre sont à recueillir. Combien nous serions heureux que Pausanias n'eût pas seulement visité et décrit
les temples grecs, mais aussi rapporté les usages et les
mœurs du sacerdoce qui les desservait !

« Ensuite M. de la Pagerie vint à Abbeville et y arriva
à l'improviste le samedi 9 septembre à cinq heures d'a-
près midi en poste. Les domestiques du couvent s'assemblèrent aussitôt au nombre de cinq et tirèrent des coups
de feu (1). Il leur donna dix-huit livres. Le lendemain
dimanche, il assista à la grande messe en habit de chœur,
y étant conduit et ramené par le maître de cérémonie à
qui il donna six livres. Ensuite les religieux lui donnèrent
un dîner auquel prit part aussi M. le doyen de Saint-
Georges. M. de la Pagerie se rendit aussi à vêpres, conduit de même par le maître de cérémonie.

« Le mercredi 13, du même mois, à dix heures du
matin, il se fit recevoir dans l'ordre qui suit :

« MM. les moines, après s'être revêtus de leur.... dans
la sacristie, furent en corps, précédés du maître de céré-

(1) Je ne corrige que fort légèrement le texte des Mss.

monie, à l'abbatiale prendre M. le prieur commendataire.
M. Tascher sortit en l'habit de chœur avec l'étole et les
suivit, précédé du maître de cérémonie. Le cortége descendit par l'horloge dans le cloître, en fit le tour, en
sortit par le même endroit et entra dans l'église par la
grande porte. M. le prévot présenta à M. le prieur l'eau
bénite qu'il prit. Ensuite ils allèrent au chœur, se mirent
à genoux devant l'autel, M. le prieur fit sa prière et récita à voix basse le *Veni Creator* à ce qu'on croit. Ensuite
il se leva, monta à l'autel, le baisa, toucha le tabernacle,
puis fut à sa stalle, s'y assit, puis, étant descendu, il
toucha l'aigle du lutrin ; ensuite il alla à la chaire et la
toucha, mais il n'y monta point ; ensuite il alla sonner
la grosse du petit clocher dont la corde était couverte
d'un ruban rouge.

« En ce moment, la grosse cloche du grand clocher fut
sonnée. La corde avoit été ornée, au dessus du gros nœud,
d'un gros nœud de ruban rouge. C'était la première fois
que cette cloche sonnoit pour telle cérémonie. M. Tascher
retourna alors au chœur. (Dans tout ce parcours et dans
toutes ces stations il étoit accompagné de .M. le prévôt
et précédé du maître de cérémonie). Sitôt qu'il fut arrivé
au lutrin on fit la lecture de l'acte de sa réception dressé
par un notaire et qui fut ensuite signé de M. le prieur lui-
même, de tous les moines, de M. Duval, curé de Saint-
Georges et doyen, de M. Lafosse, curé de Saint-Éloy, de
M. Droussen receveur de la manse dudit prieuré, de
M. Droussen, marchand, son neveu, de M. Siffait, ancien
consul, et de plusieurs autres laïques célèbres (1).

(1) *Sic.* Dans le langage d'Abbeville, célèbre voulait dire notable.

M. de la Pagerie assista ensuite à la grande messe du chœur qui fut célébrée aussitôt ; puis il fut conduit à son appartement par le maître de cérémonie.

« Le dimanche 17 septembre il chanta sa première grande messe ; elle fut solennelle. M. le prieur claustral n'assista à aucune de ces cérémonies à cause de ses infirmités.

« M. le prieur commendataire a consenti que les cent-un mille six cents livres qu'il y a en sequestre, amassés depuis la mort de Mgr l'évêque de Meaux et en main de M. Droussen, fussent employés à la construction du nouveau bâtiment du couvent, dans lequel, suivant le plan qui a été fait, il y aura douze chambres pour les religieux au lieu de six qu'il y a, et qui sera bâti en trois ans. Pendant la durée des travaux, les religieux logeront à l'abbatiale, le procureur sur la grande porte de rue et M. le prévôt à l'appartement près du cimetière Saint-Éloy. »

M. Tascher de la Pagerie avait pris possession ainsi du prieuré de Saint-Pierre, mais, malgré la générosité de son consentement à l'emploi des cent-un mille six cents livres, il ne jouit pas longtemps de la paix.

Ce sont les Mss. Siffait qui vont nous rapporter encore ses tribulations de l'année suivante (1770).

M. Marcland, toujours en marché, avait permuté avec le titulaire d'un prieuré bourguignon.

« M. Janson, prieur de Saint-Nicolas de..... (le mot est en blanc) dans le diocèse de Dijon, chapelain titulaire de l'église de Saint-Germain-l'Auxerrois, s'étoit fait recevoir par procuration prieur commendataire de Saint-

Pierre d'Abbeville, M. Rohault, curé de Sainte-Catherine, ayant été chargé de sa procuration l'an...
en vertu de sa permutation avec M. Marcland.

« M. Janson, débouté du prieuré de Saint-Pierre (ce
procès lui a bien coûté pour sa part six mille livres) par
arrêt du parlement en faveur de M. Tascher de la Pagerie, a obtenu ledit prieuré en commende en cour de
Rome durant le procès indécis (entre M. Mauvoisin et
M. Tascher) et appelé de l'arrêt rendu en prouvant que
le sieur de la Pagerie n'a pu obtenir ledit privilege, ayant
eu recours à des moyens illicides (*sic*).

« En vertu de ces prétentions, ledit sieur Janson vint à
Abbeville et prit possession dudit prieuré de Saint-Pierre
le samedi 24 mars sur les quatre heures d'après midi.
La cérémonie se fit ainsi :

« Ledit sieur Janson, s'étant revêtu de futaine et d'un
long manteau (comme ont les ecclésiastiques les jours
qu'ils vont en cérémonie) chez le sieur Gavois qui demeure dans la cour dudit prieuré, fut, accompagné de
M. Bondus, clerc d'office de la paroisse Saint-Georges,
et de M. Dubois, bénéficier de ladite paroisse, et suivi
de M. Lefebure et M. Hecquet, notaires, à la porte de
l'abbatiale et y mit le pied ; ensuite il fut à l'église par
la grande porte (n'ayant pas fait le tour du cloître à
cause de l'embarras des décombres); là, ayant pris l'eau
bénite, il fut dans le chœur; lui et ses témoins se mirent
à genoux devant le grand autel et il y récita le *Veni
Creator* à voix basse; ensuite il se leva, monta à l'autel
et le baisa, toucha le tabernacle, puis fut à sa stalle, s'y
assit, puis, étant descendu, il toucha l'aigle du lutrin;

ensuite il alla à la chaire et la toucha, mais il n'y monta
point, et ensuite il fut au grand clocher (les cloches du
petit clocher en ayant été descendues la veille); là, avec
l'aide des sonneurs, il tinta la grosse cloche qui fut ensuite sonnée à la volée par les sonneurs; ensuite il
retourna au chœur (pendant qu'il alloit dans tous ces
différents endroits il étoit accompagné de MM. les ecclésiastiques ci-dessus), et, sitôt qu'il fut retourné au
chœur, l'un des notaires fit, près du lutrin, la lecture
de l'acte de cette réception qui fut ensuite signé de lui
et de tous ceux qui l'avoient accompagné. Le maître de
cérémonie n'y a point assisté en robe. MM. les moines
n'y ont pas paru. Le procès est à présent en instance
au Parlement. »

Il paraît que ce procès fut jugé peu après contre
M. Janson, mais M. de la Pagerie jouit peu du succès.

« Le mercredi 30 janvier (1771) décéda à Paris M. Tascher de la Pagerie, vicaire général de l'évêché de
Macon, prieur commendataire du prieuré de Saint-
Pierre-Saint-Paul d'Abbeville, âgé de quarante-trois ans,
après avoir été reconnu prieur paisible dudit prieuré
par arrêt du Parlement et de l'agrément des moines, le
temps et espace d'un an et cinq mois. Quand il s'étoit
vu possesseur paisible de ce prieuré, il avoit remis un
riche canonicat qu'il avoit près la ville de Beauvais,
qui lui valoit deux mille livres passé, cela avant que
M. Janson eut obtenu ledit prieuré en commende en
cour de Rome et qu'il lui eut fait signifier pour
commencer un nouveau procès. Pendant sa maladie, il
résigna son prieuré à un sien ami, mais on dit que cela

n'aura point d'effet à cause du peu de temps qu'il a vécu après cette cession.

« MM. les moines de Saint-Pierre lui ont chanté un service solennel le mercredi 20 février. Ce fut Dom Colinaux qui l'a dit. Il n'y avoit ni diacre ni chapier ; c'est ainsi que les religieux disent leur office dans l'église Saint-Éloy, même les jours les plus solennels (1). La représentation de mort n'étoit aucunement élevée ; il y avoit seulement une étole noire dessus et quatre cierges autour. La veille au soir, on avoit sonné le réveil à leur clocher.

« Le mercredi 17 juillet (1771), Dom Masicot, bénédictin de Saint-Maur, prieur claustral du couvent de la ville de Caen en Normandie, en vertu de ses grades de premier gradué, a été reçu prieur commendataire du prieuré de Saint-Pierre et Saint-Paul d'Abbeville sur les dix heures du matin. Il étoit arrivé la veille, mardi 16 juillet, avec le procureur général de son ordre. Lui et le procureur furent loger à l'Écu-de-Brabant, et, le lendemain matin, s'étant rendu chez Dom Darnaux avec le procureur général, il prit possession du prieuré selon l'ordre qui suit :

« Sur les dix heures du matin, il sortit de chez Dom Darnaux, prévôt, précédé du maître de cérémonie, ayant à ses côtés M. Devismes, notaire, et M. Plommart, autre notaire, et suivi du procureur général ayant à ses côtés Dom Darnaux (les autres religieux ne les accompagnaient point). Dom Masicot et ses témoins

(1) Les religieux officiaient alors sans doute dans Saint-Eloy à cause des réparations apportées à leur église.

furent au clocher; il sonna la seconde cloche avec l'aide
des sonneurs. La corde était emmaillotée de rubans
rouges ; ensuite il entra , par la grande porte, dans la
cour, et, de là, il se rendit dans la terrasse où sont les
fondations du nouveau couvent ; puis, toujours accompagné du même cortége, il gagna l'église du côté où
étoit la chapelle de N.-D. de Pitié et la cotisa (*sic*) jusqu'à son chevet et y entra par la brèche avec sa compagnie, puis, après l'avoir examinée, il en sortit et cotisa
encore l'église jusqu'à ce qu'il fut à la porte tenant à
Notre-Dame-de-Bonne-Nouvelle et entra dans la cour
qui est devant le portail de l'église et fut dessous le
clocher où Dom Darnaux lui présenta l'eau bénite ;
ensuite, ayant pris le goupillon, il bénit lui-même tous
les assistants ; puis, toujours accompagné du même
cortége, il fut à l'abbatiale, où, étant entré, M. Devisme,
notaire, fit la lecture de l'acte de sa réception qui fut
signé de lui-même, du procureur général, de Dom Darnaux et de tous les moines, de M. Lafosse, curé de
Saint-Éloy, et de plusieurs notables assistants et des
deux notaires. Ensuite, M. Hecquet, notaire, y mit opposition de la part de M. Janson. Puis le nouveau prieur
commendataire fut reconduit avec le même cortége chez
M. Darnaux où il logea avec le procureur général jusqu'à son départ qui fut quelques jours après. »

Vers 1772 sont mentionnés quelques petits travaux
d'utilité ou de convenance intérieure. MM. les moines
ayant trouvé la chapelle du Saint-Esprit trop incommode à cause des distances à parcourir, firent recouvrir,
blanchir, décorer et vitrer la chapelle de Notre-Dame

16

de Bonne-Nouvelle qu'ils mirent en communication avec la porte sur la rue par un corridor en charpente et en placage. Dépense six cents livres. Ils chantèrent leur premier office dans la chapelle restaurée le vendredi 10 janvier 1772.

Quelques jours après ils reçurent nouvelle de Paris que Dom Masicot, avait gagné son procès et demeurait leur prieur commendataire enfin paisible. M. Janson, débouté, était condamné aux dépens. La rumeur ajoutait qu'il était tenu de faire réparation d'honneur aux héritiers de M. Tascher de la Pagerie. « Cet arrêt a été rendu au Parlement ledit jour dix janvier. Du depuis M. Janson a fait appel au Grand Conseil auquel le procès est à présent en instance. » — *Mss. Siffait.*

Lorsque l'on respire un peu entre toutes ces procédures, une pensée vient. N'était-il pas temps que les besoins nationaux obligeassent la Révolution à mettre la main sur la cause des chicanes ?

En l'année 1772, le prieuré de Saint-Pierre eut à souffrir plusieurs désastres (1).

Le vendredi 14 février, « quelque chose » se détacha des murs ou de la voûte de la chapelle de Bonne-Nouvelle et les moines retournèrent chanter au Saint-Esprit pour revenir peu après à Saint-Éloy.

Dans la dernière semaine du même mois, deux piliers soutenant, dans l'église, la voûte du bas-côté de la

---

(1) Ce n'étaient pas les premiers sans doute depuis quelques années. La collection Saint-Amand conserve un « plan de l'ancienne église de Saint-Pierre où l'on a dit la messe pour la dernière fois le 24 octobre 1770, époque à laquelle elle s'est écroulée en partie. »

chapelle du Saint-Nom de Jésus et le coin du chœur contre la sacristie cédèrent deux fois en plein jour. L'écroulement entraîna la chute des croisées subsistantes de la nef, des galeries au-dessous, la moitié de la première croisée du chœur de ce côté, toute la voûte de la nef, une partie de celle du chœur et toute la voûte du bas-côté du Saint-Nom de Jésus. La nouvelle couverture en ardoises demeura suspendue, comme en l'air, au-dessus des ruines.

Le 9 mars, on commença à descendre les ardoises. Le 18, toute la charpente de la nef tomba à trois heures d'après-midi. Un moment auparavant, il y avait sur cette toiture onze ouvriers, couvreurs ou charpentiers. Un craquement du bois les avait heureusement avertis du danger. — Le toit du chœur tenait bon. On le découvrit; on en démonta la charpente ; puis, le 31 avril, on fit agir la poudre. On jeta bas ainsi « la muraille de la grande allée du côté de Bonne-Nouvelle. » Le lendemain, on employa la poudre encore « entre la voûte du chœur et la muraille. » L'explosion eut raison immédiate de la voûte ; la muraille ébranlée céda aux pics.

Les religieux dégagèrent ainsi la chapelle de Bonne-Nouvelle du reste de leur église et la recouvrirent à neuf. Ils y ajoutèrent une petite sacristie et y dirent la messe de nouveau pour la première fois le jour de la Toussaint. Depuis ils ont continué d'y chanter leur office. — *Mss. Siffait* (1).

(1) Dans les mêmes Mss : plan de la nouvelle église du couvent de Saint-Pierre « dans laquelle on a dit la messe pour la première fois le 31 octobre 1777. »

Le P. Ignace relate et nomme les reliques dont jouissait le prieuré de Saint-Pierre. Sangnier d'Abancourt et les Manuscrits Siffait complètent l'*Histoire ecclésiastique du Carme* (1). Le premier jour de mai 1646, dit Sangnier, on fit à Abbeville, dans l'après-midi, une procession solennelle du prieuré de Saint-Pierre à Saint-Wulfran où assistèrent les mayeur et échevins, les anciens mayeurs et officiers de l'hôtel de ville (2) pour la réception des reliques de saint Ultin, frère de saint Foïllan, martyr, dont la châsse est au-dessus du grand autel de ce prieuré ; les reliques furent apportées par les chanoines de Saint-Fursy de la ville de Péronne.

Les manuscrits Siffait et la collection Saint-Amand conservent d'ailleurs plusieurs plans ou vues du couvent et de l'église de Saint-Pierre, soit d'ensemble, soit de détail. Les dessins des Mss. Siffait, copiés par O. Macqueron, enrichissent sa collection. La collection Saint-Amand appartient aujourd'hui à la ville. Les souvenirs de Saint-Pierre ne courent donc aucun danger.

(1) Pour la châsse de Saint-Foillan voyez aussi l'*Histoire des Mayeurs* pp. 594 et 853. — M. Louandre rappelant, — *Hist. d'Abb.* t. II, p. 282, — comment les reliques de Saint-Foillan *coupaient le feu*, donne la description d'un tableau du maître autel de Saint-Pierre représentant un incendie combattu par le saint et ranimé par le diable armé d'un soufflet.

(2) Invités officiellement la veille. Les religieux de Saint-Pierre ont rendu visite, le 30 avril, à M. le maieur pour lui apprendre que à l'instance de M. le prince de Conty, général de l'ordre de Cluny, ils ont obtenu quelques ossements de Saint-Ultin, frère de Saint-Foillan dont ils possèdent les reliques. Ces parcelles des restes de Saint-Ultin ont été apportées à Abbeville par les chanoines de Saint-Fursy de Péronne. Les religieux de Saint-Pierre, ayant arrêté de porter solennellement les reliques, le premier mai, après midi, de leur prieuré à Saint-Vulfran, prière de leur part au corps de la ville d'assister à la procession. L'échevinage a décidé qu'il s'y rendrait en corps et ferait sonner les cloches de l'hôtel-de-ville. — *Reg. aux délib. de la ville; analyse en la possession de M. A. de Cateu.*

Cette note est à peu près répétée dans les Mss. de M. Siffait qui nomment ce don des chanoines de la collégiale de Péronne la relique de Saint-Fursy.

Il y avait à Saint-Pierre une confrérie de Notre-Dame de Bonne-Nouvelle. On lit à cet égard dans les Mss. Siffait, sous la date de 1720 :

Cette année N. S. P. le pape Clément XI accorda des indulgences à la confrérie de Notre-Dame de Bonne-Nouvelle érigée en l'église du prieuré de Saint-Pierre. Les jours d'indulgences sont la Purification, l'Annonciation, l'Assomption, la Nativité et la Conception de la Vierge.

La bibliothèque de Saint-Pierre était fort belle ; nous ignorons ce que sont devenus les livres qui la composaient.

L'église était décorée de quelques tableaux d'un peintre abbevillois de valeur nommé Bommy. Le *Voyage pittoresque* publié dans l'*Almanach de Picardie* de 1757 mentionne deux de ces tableaux, une Annonciation et un Saint-Benoît ressuscitant un enfant.

Le prieuré de Saint-Pierre est nommé dans l'*Histoire des Mayeurs* du P. Ignace aux pages 156, 300, 540, 558, 594, 596, 635, 638, 704, 845.

Les rois de France en passage et les comtes de Ponthieu apanagistes logeaient le plus souvent au prieuré de Saint-Pierre.

Philippe de Valois, la veille de la bataille de Crécy, établit son quartier général dans ce prieuré. — *M. Louandre, Hist. d'Abb.*, t, I. p. 229.

Charles VI y loge en 1393. — *M. Louandre, ibid.* p. 272, d'après Froissart.

Henri VI, roi d'Angleterre, âgé de huit ans, y descend en juillet 1430. — M. *Louandre, ibid.*, p. 351.

Charles VIII, allant à Boulogne, dîne, le 7 juin 1493, à Saint-Pierre. Au retour de ce voyage, le 17 du même mois, il dîne de nouveau au prieuré. — *Rumet, Formentin, Sangnier d'Abrancourt.* — C'est lors de ce second passage qu'Abbeville se met en frais de poésie et de représentations allégoriques sur huit échafauds. — *Quelques faits de l'histoire d'Abbeville.*

Henriette de Bourbon, que Louis XIII vient de marier au prince de Galles (Charles 1er), loge, les 16 et 17 juin 1625, au prieuré de Saint-Pierre. — *Waignart, Formentin, Sangnier d'Abrancourt, M. Louandre.*

Le duc d'Angoulême, comte de Ponthieu apanagiste, et le duc de Chaulnes sont ensemble à Saint-Pierre le 24 août 1631. — *Ms. en la possession de M. A. de Caïeu.*

Le duc d'Angoulême arrive à Abbeville et loge encore à Saint-Pierre le 19 octobre 1632. — *Ibid.*

Louis XIII loge à Saint-Pierre en juillet-août 1638 avec son régiment des gardes. — *M. Louandre, Hist. d'Abb.*, t. II, p. 117.

Le même roi descend encore au prieuré le 30 mai et le 1er juillet 1639. — *Ms. en la possession de M. A. de Caïeu.*

Louis XIV jeune, se rendant en Flandres, descend à Saint-Pierre avec la reine sa mère en mai 1658. — *Mss. Siffait.*

On sait que Louis XVIII, fidèle aux traditions de sa famille, descendit dans l'ancien prieuré en se rendant aussi en Flandres, le 20 mars 1815.

Le prieuré de Saint-Pierre fut adjugé au District d'Abbeville, le 26 février 1791, au prix de 131,000 francs.

Depuis ce temps il a fait plusieurs mains. Le jardin, dans lequel, nous dit M. Louandre, —*Hist. d'Abb.*, *t. II, p.* 199, — les religieux allaient, au quinzième siècle, s'attabler en été pour *boire les charités*, est partagé entre les religieuses ursulines et M. Foucque d'Emonville (1). Les premières, établies depuis 1818 dans l'ancienne maison conventuelle, sont aussi propriétaires de l'ancienne église. Cette église, non rendue au culte avant leur prise de possession, servait depuis 1791 à différents usages. Les répétitions de la musique de la garde nationale s'y faisaient depuis 1815. — *La Musique à Abbeville par M. Eloy de Vicq.*

MM. Foucque ont créé dans l'autre partie du jardin une serre magnifique et très-visitée par les botanistes, les horticulteurs, les étrangers de loisir. — Voyez *Une Serre de camellia en province*, par M. Mennechet (Extrait de l'*Horticulteur français d'avril* 1854).

M. Arthur d'Emonville a bâti son hôtel à peu près sur l'emplacement de la maison abbatiale.

M. O. Macqueron a pris, du grenier de l'école des Frères de la rue du Fossé, plusieurs vues des Ursulines : Église et couvent des Ursulines, aquarelle, 14 avril 1852; Couvent des Ursulines, aquarelle, 6 août 1861 ; Oratoire dans le jardin des Ursulines, aquarelle, 10 août 1861.

---

(1) Ce jardin s'appelait-il le marais ? Je vois dans le cueilloir du Saint-Sépulcre (1751-1752) une maison « tenant, d'un côté et d'un bout, au marest (marais) de Saint-Pierre, et, d'autre bout sur le froc de la rue du Fossé. » J'en vois une autre « tenant encore d'un côté sur le froc de la rue du Fossé et, d'un autre, au marais de Saint-Pierre. »

CHAPITRE XXIX.

Quatre issues sont à la place Saint-Pierre : la place du Pilori ou la chaussée du Bois, la rue du Fossé, la rue des Carmes et la rue des Capucins.

Nous avons traversé la place du Pilori.

On explique de trois manières le nom de la rue du
La rue du Fossé. Fossé. Les uns ont dit qu'elle s'appelait ainsi parce qu'elle fut bâtie près des fossés ou sur les fossés du château de Philippe Ier; d'autres, parce qu'elle longeait un vivier ou fossé où les moines de Saint-Pierre nourrissaient des poissons; d'autres enfin, parce qu'elle suivait ou à peu près la lisière de l'ancien bois d'Abbeville qu'entourait un fossé. Nous laisserons nos lecteurs choisir entre ces trois origines.

« La rue du Fossé ou clôture de Saint-Pierre, » — *note de M. Traullé,* — est nommée rue du Fossé-saint-Sépulcre dans un cueilloir de Saint-Pierre de 1579-1580, — *note de M. de Clermont.* Je la trouve nommée simplement rue du Fossé dans les comptes du Val-aux-Lépreux de 1673-1674 et dans les comptes de Saint-Georges de 1685-1687.

La rue du Fossé qui commence à la place Saint-Pierre finit au carrefour qui précède l'église du Saint Sépulcre.

Maisons anciennes. — Une maison située au coin de la rue du Fossé et de la rue du moulin Gaffé s'est appelée *Saint-Antoine.* En 1751 elle ne faisait plus que partie d'une autre appelée *Hôtel de Campte* (ou *de Camps*); — cueilloir du Saint-Sépulcre de 1751-1752. — L'hôtel tirait son nom de M. de Mannaye [?] seigneur de Campte [?]. — *Ibid.*

« Dans un registre des pitances du prieuré de Saint-Pierre, me dit M. de Clermont, registre postérieur à l'année 1789 comme il appert du filigrane du papier mais copié évidemment avec modifications sur un registre d'une date antérieure, on trouve (article 39) mention d'un jardin et ténement sis en la rue du Fossé du Saint-Sépulchre du côté droit en allant de la place Saint-Pierre en ladite rue, tenant d'un bout par derrière au jardin et ténement du *Poirier* qui fait son ouverture sur la Chaussée du Bois. » — Mais cette note, comme on le voit, regarde plutôt la Chaussée du Bois que notre rue.

C'est dans l'angle que la rue du Fossé forme avec la rue de la Briolerie qu'une école de Frères a été établie par la Ville avec l'aide d'une donation de 10,000 francs faite par MM. l'abbé Cauchy et du Bellay de Sainte-Croix. Deux maisons sises dans la rue de la Briolerie et longeant la rue du Fossé, acquises par la Ville au mois de juin 1823, ont été affectées à cette école.

Au dix–huitième siècle, à peu près à la même place, une maison dite des écoles chrétiennes, mais assez petite, avait été bâtie par M. Charles Le Sueur, curé du Saint-Sépulcre, mort en 1749.

Aquarelle et dessin dans la collection de M. O. Macqueron, de la maison occupée par les frères des écoles chrétiennes.

La rue des Carmes. La rue des Carmes, ainsi désignée du couvent qui y était situé, s'appelait autre fois rue *à la Buirette*, parce qu'il y avait un puits avec de petits seaux que l'on comparait à ceux des chardonnerets à la chaîne,—de *buire*, *buirette*, burette, petit vase à liqueurs.

Voici les formes diverses que j'ai rencontrées de ce nom :

xv⁰ siècle : — « Rue à Bourette commençant au Chevalet, » — cueilloir acquis à la vente de l'abbé Dairaine, par M. Pineau, libraire à Beauvais.

xvi⁰ siècle : — 1519 : « Rue à Bourette ; » acquisition par la ville d'une maison rue à Bourette aboutant à la rivière de Talsacq. — *Note de M. Traullé.* — 1523 : « Rue de le Buirette » dans l'état des revenus d'une chapelle en Saint-Georges à la collation de MM. Le Ver. — *Reg. aux délib. de l'Échevinage de 1523, fol. IIᵉLV recto.* — 1577 : « Rue du Puits à la Buirette, » dans un contrat de mariage. — *Note de M. le baron Tillette de Clermont.*

xvii⁰ siècle : — « Rue aux Buirettes. » — *Comptes de Saint-Georges de 1685–1687.*

xviii⁰ siècle : — 1757 : « Rue aux Buirettes. » — *Cueilloir de Saint-Georges.*

xix° siècle : — « Rue du Puits à Buirette, » —*Feuille d'annonces d'Abbeville,* 1817 ; « Rue du Puits à la Buirette dite rue des Carmes, » —*Journal d'Abbeville,* 1820; — « Rue du Puits à la Burette, dite rue des Carmes, » même *Journal,* 1822 ; — « Rue du Puits à la Buirette, » même *Journal,* 1828 ; — même appellation dans le même *Journal* en 1829 et en 1831 ; — « Rue des Carmes autrefois nommée rue du Puits à la Buirette, » —*Journal d'Abbeville,* 1837. — Il est à remarquer que l'appellation *des Carmes* se rencontre déjà au xvii° siècle : « Rue des Carmes autrefois rue des Buirettes. » —*Comptes de Saint-Georges,* 1685-1687.

La rivière de Talsacq (ou de Taillesac), venant de la porte Comtesse, passait au xv° siècle encore dans les jardins de la rue à Bourette. M. Traullé a noté, au 6 décembre 1519, l'acquisition par la ville d'une maison rue à Bourette aboutant à la rivière de Talsacq. Une rue aussi s'est appelée rue « Thalesac. » J'avais cru d'abord, sur quelques indices mal saisis sans doute, que cette rue faisait partie du réseau nommé la Boucherie. Il me paraît évident maintenant qu'elle était une portion au moins de la rue à Bourette, à moins qu'elle n'ait été une petite rue distincte, allant de la future rue des Carmes à la rue Saint-André ou de l'Echevinage.

Rue Thalesac.

Je lis dans un cueilloir de la communauté de Saint-André du XV° siècle qui appartient maintenant à la Ville, venant de la bibliothèque de M. Delignières de Bommy :

« Aalis de Noielle, v.... [?] l'an, à m termes, pour se maison et tenement où elle demeure en le rue de Tha—

lesacq derrière le beffroy, acostant d'un costé, vers l'église Saint-Andrieu, à le maison et tenement Simon Coyan [?], fèvre et......, qui (qu'il) tient de Messe (Messire) Jehan des Pos, et, de l'autre costé, à une masure que Enguerre [?] Le Prieur, pinetier, tient des religieux du Gard par xl ' l'an, aboutée par derrière à le maison et tenement qui fu à Messe (Messire) Jehan Courtecauche qui est tenue du Conte de Pontieu, et, par devant, au froc droit devant le pignon de le maison de Pre (Pierre sans doute) de Entre-deux-Eaues, et si rent (rend) ledite Aalis dé cest ténement xv ' aux religieux du Gard. »

Les anciennes maisons que nous avons pu retrouver de la rue à Bourette, de le Buirette etc., sont, outre l'hôtel ou les dépendances de l'hôtel de Gamaches, *le Quesne d'Or, les Deux Champions, le Grand Veron, les Cannes.*

« Dans un contrat de mariage du 7 mai 1877, devant M° Phillebert Wautrique, notaire royal en Ponthieu, m'apprend M. de Clermont, il est fait donation d'une maison....., etc......, située rue du Puits à la Buirette, tenant d'un costé à Anthoine de Moyenneville, d'autre costé à Jehan Lebougre, d'un bout par derrière au logis où pend pour enseigne *le Quesne d'Or,* par devant au frocq. »

En face des *Deux Champions ,* m'apprennent les comptes de Saint-Georges de 1685-1687, était, dans la rue aux Buirettes, la maison appelée le *Grand Veron.*

Enfin le cueilloir de Saint-Georges de 1757 nomme dans cette même rue aux Buirettes la maison des *Cannes*

et la maison des *Champions*. Suivant le même cueilloir,
l'Echevinage avait alors (1757) une porte de derrière
dans la rue aux Buirettes.

Nous devons revenir à l'hôtel de Gamaches et aux
religieux qui ont laissé définitivement leur nom à la
rue.

Le P. Ignace, carme déchaussé lui-même, contribua
principalement à l'établissement des Carmes d'Abbeville. Des compagnons de son ordre le secondèrent acti-
vement. Le P. Ignace raconte lui-même toutes les démarches qu'ils furent obligés de faire pour mener à
bonne fin leur entreprise. Arrivés dans la ville le huitième jour de décembre 1640, ils allèrent loger chez
M⸱ François Varlet, avocat, demeurant dans la Tannerie,
qui les reçut « comme des anges ou des hommes venus
du ciel ». Le lendemain, ils allèrent visiter les principaux de la ville qui leur donnèrent bien à penser, les
uns approuvant leur dessein, les autres y trouvant beaucoup à redire. Enfin, le 12 décembre, une assemblée se
tint dans la chambre du conseil à l'Echevinage pour
délibérer sur l'admission de la nouvelle communauté
dans la ville. Les Carmes s'y rendirent, porteurs de
lettres du roi, de Mgr le duc d'Angoulême, comte de
Ponthieu, de M. le duc de Chaulnes, gouverneur de la
province de Picardie, qui tous appuyaient leur demande
auprès de MM. les Mayeur et Echevins. Un des compagnons du P. Ignace, le R. P. Louis de Sainte-Thérèse,
fit alors un discours fort long, dans lequel il parla des
prophètes Élie et Elisée, les premiers généraux de
'ordre du mont Carmel ; de la France, — le royaume

Les Carmes.

très-chrétien, que les Hébreux appelaient Sarphat, ainsi
que l'Écriture le témoigne au troisième livre des Rois,
chap. XVII, — de sainte Thérèse qui écrivit le *Chemin
de la Perfection*; du gué de Blanque-Taque; de Hugues
Capet, de saint Valery et de saint Riquier; de Moyse,
de saint Bernard, de Louis XIII, etc. Le conseil muni-
nicipal, convaincu par une érudition si abondante, n'eut
garde de refuser aux RR. PP. l'autorisation qu'ils demandaient (1). « Toutes ces choses, dit le P. Ignace, font
bien cognoistre que ce n'est pas une affaire de petite
importance que l'établissement d'un nouveau monastère dans une bonne ville, et combien il y a de sollici-
tude et de travail pour y entrer légitimement et par la
bonne porte. » La première messe fut dite par les
RR. PP. le jour de Noël suivant, à minuit, — ils avaient
remis jusque-là à cause de la fête, — dans la maison
même qu'ils occupaient et que M° Varlet, « par un
excès de courtoisie et de bienveillance, » leur avait
abandonnée (2). Enfin, ayant reçu du roi Louis XIII des
lettres patentes en date du mois de janvier 1641, ils

(1) Les lettres patentes du Roi et celles du duc d'Angoulème et
du duc de Chaulnes sont transcrites dans le registre municipal à la
date du 12 décembre 1640. L'Echevinage permet aux Carmes d'établir dans la ville une maison de leur ordre à la condition de n'y
pouvoir mettre, pendant la guerre, plus de six religieux et plus de
quinze, la paix étant faite; à la condition aussi qu'ils ne pourront
s'installer en quelque endroit que ce soit de la ville avant que
l'on n'ait visité les lieux choisis. — *Reg. aux délib. de la ville*;
analyse en la possession de M. A. de Cateu.

(2) Cette maison appartenait probablement à la femme ou au
beau-père de maître Varlet. Les registres municipaux nous
apprennent, à la date du 22 décembre 1640, que les Carmes ont
loué la maison du sieur Lempereur, rue de la Tannerie. L'Echevi-

achetèrent, le 20 juillet de la même année, l'hôtel de Gamaches des RR. mères Ursulines, qui changeaient de demeure, et s'y établirent avec la permission de Messieurs du corps de ville et des RR. PP. Bénédictins dans la circonscription du patronage desquels ils avaient à demeurer (1). Le 1er novembre, jour de la Toussaint de 1642, le P. Ignace bénit lui-même toute la maison et y célébra solennellement la première messe, ainsi qu'il le rapporte avec une certaine complaisance (2). L'église, le

nage permet à ces religieux d'établir une chapelle dans cette maison sans qu'ils puissent acquérir ladite maison, à moins d'avis nouveau.— *Reg. aux délib. même analyse.*

(1) Voir la délibération échevinale du 9 août 1611. — *Reg. au délib. de la Ville, même analyse.*

(2) Les Carmes se rencontrent encore quelquefois dans nos registres municipaux. --Le 19 août 1643, l'Echevinage décide qu'il sera aumôné à ces Pères six barils de bierre simple qui leur seront délivrés par les adjudicataires de la ferme de l'obolle. — *Ibid.*

Le 23 août 1647, les Carmes sont, sur leur requête, déchargés de trois parties de censives qu'ils doivent, scavoir deux à la maison du Val, l'une de neuf sols, l'autre de deux sols six deniers, et une autre à la Ville de vingt sols, avec encore deux sols six deniers à cause de la Rabette qui passe le long de leur couvent. — *Ibid.*

En 1653 les Carmes ont fait refus de se trouver aux processions générales et solennelles; ils font une procession particulière tous les mois chez eux et sur la place Saint-Pierre. L'Echevinage, (délibération du 23 août,) leur enjoint d'assister à toutes les processions générales faites dans la ville sous peine d'être déchus de la liberté de sortir de leurs portes pour faire leur procession particulière en la place publique de Saint-Pierre. — *Ibid.*

Le 27 mai 1657 l'Echevinage accorde aux Carmes quatre pieds de froc pour faire quatre marches au portail de l'église qu'ils se proposent de bâtir sur la place Saint-Pierre. — *Ibid.*

En 1671 l'Echevinage discute assez longuement un avis du Parlement du 6 février de la même année sur l'établissement des Carmes et des Jacobins. L'avis des anciens maieurs est pris. Enfin le 4 mai, après plusieurs jours de délibération, on estime et on

chœur, la sacristie et les bâtiments, précédemment occupés par les religieuses, avaient été réparés par les
Carmes ; plus tard ils firent construire une église assez
jolie qui fut démolie en 1811.

L'église des Carmes avait été recouverte à neuf en
1764, à l'exception, néanmoins, de la partie comprise
entre le chevet et le point correspondant à l'autel de
Sainte-Thérèse. Même réparation avait été faite environ
vingt ans auparavant. On recouvrit aussi (1764) « le
clocher de la cloche de Messe » sur lequel on mit « un
coq neuf et doré ». Les soins donnés à ces restaurations
par le P. Pierre Thomas, prieur, et le P. François-Xavier,
procureur, furent récompensés par l'inscription abrégée
de leurs noms en ardoises de teinte différente sur le toit
de l'église du côté de la rue des Carmes :

1764, P. P. T.

P. F. X.

Quelques autres réparations ou décorations furent
faites dans le même temps au couvent, à l'intérieur de
l'église, au portail, au grand autel.

« Pour subvenir à une si grosse dépense que l'on estime à cinq mille livres, ils (les Carmes) avoient fait
une quête générale dans la ville et dans les villages circonvoisins, » mais la somme obtenue par cette quête
demeura bien au-dessous de la dépense. Vingt ans au-

---

décide que les Carmes déchaussés et Jacobins peuvent subsister
honnêtement en la ville sans être trop à charge aux habitants,
savoir les P. Carmes au nombre de quinze et les Jacobins au
nombre de douze, y compris les supérieurs. — Ibid.

paravant ils avaient fait une autre quête pour une cause semblable. — *Mss. Siffait.*

- L'histoire des Carmes d'Abbeville après le P. Ignace se réduit à quelques fêtes et réjouissances solennelles à l'occasion des canonisations des saints ou saintes de l'ordre du Mont Carmel. Ainsi en 1696, nous rappellent les *Manuscrits Siffait*, ils célèbrent la canonisation de sainte Thérèse de Jésus, institutrice de leur réforme. Offices et sermons pendant toute l'octave etc. « On avoit retiré le tableau au-dessus du maître-autel et on y avoit mis une sainte Thérèse en relief dans un éloignement environné d'anges ; et le jour de la clôture, pendant le *Te Deum*, la sainte fut enlevée au ciel. L'église étoit tendue de tapisserie. »

En 1725, le 9 avril, mardi de Quasimodo, en l'église des Carmes, *bien parée*, fut chanté avec beaucoup de solennité un *Te Deum* en musique, sur les quatre heures de relevée, en remerciement à Dieu du décret que le pape avait donné pour la canonisation du P. Jean de la Croix, premier religieux de la réforme des Carmes. Fanfares des cavaliers trompettes de la garnison dans le jardin du couvent ; les deux grosses cloches de l'Échevinage en mouvement. Au soir bûcher allumé devant la porte de l'église des Carmes. — *Mss. Siffait.*

En 1727, nouvelle solennité de la canonisation de saint Jean de la Croix, premier religieux de la réforme établie par sainte Thérèse en l'ordre du Carmel.

Les cérémonies durèrent du samedi 26 juillet au dimanche 3 août. La solennité principale eut lieu le dimanche 27 juillet : église toute tendue de tapisserie de haute lisse montant jusqu'à la voûte ; fenêtres ornées de rideaux rouges ; les trois autels parés de ce qu'il y avait de plus riche ; le tableau du grand autel enlevé et remplacé, « dans un enfoncement, » par « la figure au naturel de saint Jean de la Croix debout et garni d'une belle décoration ; » indulgence plénière, etc. Enfin le soir du dimanche 3 août, un grand souper au réfectoire réunit MM. les prédicateurs de la semaine (on avait prêché tous les jours) et les curés officiant. Quelques-uns des prédicateurs ne se rendirent cependant pas à l'invitation « parce que les éloges que leur avoit faits (dans un sermon du dernier jour) M. le curé du Saint-Sépulcre, en passant en revue leurs sermons, n'avoient pas eu leur approbation. » Le soir bûcher allumé devant l'église comme le dimanche précédent. — *Mss. Siffait.*

Le P. Ignace n'a eu garde d'oublier le couvent, sa création jusqu'à un certain point, dans ses deux ouvrages.—Voyez *Histoire ecclésiastique d'Abbeville*, pp. 223-240 et *Histoire chronologique des Mayeurs*, pp. 539, 540, 839.

La collection de M. Delignières de Saint-Amand, maintenant à la Ville, contient une vue intérieure du couvent des Carmes.

« Sur l'église des Carmes, nous dit M. Louandre (1), — *Hist. d'Abb.*, 2. 11, p. 222, — on avait peint un de ces religieux indiquant un cadran solaire avec ces mots:

« Has ego signo, Deus numerat, mors timet horas. »

(1) Ecrit en 1849.

Le Carme avait remplacé une figure de la Mort sous laquelle on lisait :

« Elle frappe à toute heure et sans égard. »

Suivant une note de Collenot en tête d'un exemplaire de l'Histoire des Mayeurs du P. Ignace, le couvent des Carmes, vendu en 1791 au citoyen Cordier, fut revendu en folle enchère à M. Duchesne de Lamotte qui ne changea rien dans la maison. L'église, ajoute Collenot, a servi de magasin au fourrage. L'état succint des adjudications faites au District d'Abbeville ne me donne pas les deux mêmes noms. Le 18 mars 1791, suivant cet état, le couvent et l'église des Carmes sont adjugés moyennant 30,400 livres au sieur Delattre, et le 2 août suivant, le couvent et l'église sont revendus, à la folle enchère dud. Delattre, et adjugés, moyennant 20,300 livres, au sieur Duchesne de Lamotte, demeurant à Abbeville.

Le 1er mars 1791, une portion de terrain à Abbeville, ayant appartenu aux Carmes, avait été adjugée au prix de 1,360 livres ; le 6 avril de la même année, cent livres de surcens à Menchecourt, ayant appartenu aux mêmes religieux, furent adjugés au prix de 1,800 livres.

L'église des Carmes est remplacée aujourd'hui par le Grand Cercle Abbevillois. Comme la plupart des églises détruites depuis la révolution, elle avait servi longtemps de magasin à fourrage. La maison a une très-courte histoire depuis la vente. En 1811, y fut établi un tribunal de douanes installé dans le courant de mars, en exécution d'un décret du 18 octobre 1810, portant création de tribunaux chargés de la répression de la fraude et de la contrebande en matière de douanes. Comme cet établissement ne devait subsister que jusqu'à la paix générale, il fut supprimé, au mois d'avril 1814, par le gouvernement provisoire qui précéda la rentrée de Louis XVIII. Le couvent des Carmes était dédié à Jésus, Marie et Joseph. — Les bâtiments des Carmes ont été occupés longtemps par madame Flouest, maîtresse de pension. Sous ces bâtiments existaient des souterrains remarquables et qui servaient de lieu de récréation aux enfants en temps de pluie ou de froid.

C'est dans la rue des Carmes, mais nous ne savons dans quelle maison, que demeura longtemps madame d'Ault, la fille du colonel Démanelle (1).

La rue des Carmes finit au carrefour qu'elle forme avec la rue du Pont-de-la-ville et la rue des Pots.

---

(1) Louis-François-Jean-Baptiste de Julliac, connu sous le nom de Démanelle était fils de Louis-François de Julliac, chevalier seigneur de Manelle, mort chevalier de Saint-Louis après avoir été officier des gardes du corps du roi. — *Note de M. de Bussy.* — Le colonel qui porta glorieusement le nom de Démanelle mourut dans le palais de Plaisance le 16 brumaire an xiv des suites d'une blessure reçue à la main droite à l'affaire de Caldiero, en avant de Vérone, le 8 du même mois. J'ai publié une première notice sur cet officier en 1849 dans les *Notices sur les rues d'Abbeville.* Les états de services dont MM. de Bussy et de Louvencourt m'ont envoyé copie me permettront de compléter cette notice, soit dans un appendice à l'*Histoire de cinq villes* (chapitre de Saint-Blimont), soit plutôt dans l'*Histoire militaire d'Abbeville.*

CHAPITRE XXX.

*La rue des Capucins précédemment rue Saint-Éloy. — Le refuge de
l'abbaye de Dommartin, etc. — L'emplacement des Capucins.— D'abord
hôpital Jehan Le Scellier. — Puis maison des Repenties. — Puis collège. — Enfin couvent des Capucins. — Établissement de ces religieux.
— Dons des habitants et de la Ville. — Acquisitions, constructions. —
L'église. — Faits divers. — Fêtes de canonisations. — Vente du couvent.
— Fabrique de toiles. — Les Carmélites. — Le portrait du P. Ignace.
— Etc. — La rue des Pots ou rue d'Ameudin. — La maison des Pots,
etc. — Le Four de l'Image. — Etc. — La retraite de l'abbé Peuvrel. —
— Le pont aux Cardons. — Le diner de la francque feste de la Pen-
tecouste, etc.*

La rue des Capucins, la dernière des quatre issues La rue des Capu-
cins.
de la place Saint-Pierre, tire son nom du couvent de
Saint-François qui y était établi. Elle s'est appelée aussi
rue Saint-Éloy, parce qu'elle faisait face à l'église que
ce saint patronnait sur la place Saint-Pierre. Le nom
des Capucins a prévalu.

La rue Saint-Éloy était la principale de la paroisse du
même nom. Dans un plan de la vicomté de Saint-Pierre
donné à la ville en 1732 on remarque, à droite en venant de la place Saint-Pierre, et après l'hôpital Saint-
Étienne, un intervalle indiqué : *Corps-de-garde de la
place,* puis une assez grande maison indiquée : *Hôtel de
Senarpont* ; puis, après quelques maisons moindres, les
Capucins dont le couvent et l'église sont figurés au fond

d'une longue cour ; au delà, quelques maisons de médiocre largeur jusqu'au pont du Scardon.

A gauche, en venant de la place, on remarque, après la maison de M. Manessier de Selincourt, sept maisons appartenant, dans l'ordre suivant, à M. le comte de Licques, à M. Manessier de Préville, à M. le comte de Tocray, à M. le marquis de Monchy, sénéchal de Ponthieu, à M. Vaillant de Villers, à M. Maimon de Daumicourt (1), enfin un magasin de « maître Jean des Pots » — au coin de la rue des Pots ; — de l'autre côté de la rue des Pots jusqu'au Scardon, une maison dite à M. Nicaise de Nouvion, occupée par Jean Papin.

Je crois que la légende de ce plan entremêle à des désignations exactes en 1732 quelques désignations antérieures.

Je ne puis guère cependant remonter plus haut, sauf pour l'hôpital Jehan Le Scellier, comme on le verra plus loin. — La généalogie de la maison Le Ver mentionne

---

(1) Je crains que les noms ne soient pas très-bien orthographiés dans la copie que j'ai sous les yeux. M. de Clermont vient à mon secours pour cette maison et probablement pour la suivante: « Dans un inventaire, du 13 octobre 1749, du mobilier et des titres et papiers laissés par feu messire François Vaillant, chevalier, seigneur de Villers-sous-Ailly, décédé en son hôtel rue des Capucins, on trouve une « liasse de 23 pièces qui sont titres d'une maison sise en cette ville rue des Capucins et vulgairement appelée *la Grue*, acquise par ledit feu sieur de Villers, des sieurs et dame de Moismont, par contrat du 4 juillet 1736. »

Je rencontre, de mon côté, dans le cueilloir du Sépulcre de 1751, la « maison où pend pour enseigne la *Grue*, appartenant à M. Nicolas Beauvarlet de Bomicourt, tenant d'un côté à la maison *des Pots*, d'un bout, par derrière, à M. du Mesniel, et d'autre bout, au froc de la rue. »

(p. 11) une rente au profit des Chartreux d'Abbeville sur une maison située en la grande rue Saint-Éloi le 22 octobre 1443.

M. de Clermont m'indique, d'après un bail du 18 avril 1577 et le cueilloir de Saint-Pierre de 1579-1580, une « maison, lieu, pourpris et ténement en la grande rue Saint-Éloy, à laquelle prend pour enseigne l'*Escu d'Or* ». Il m'indique, d'après un cueilloir de Saint-Pierre du dix-huitième siècle un « hôtel de la *Barbe d'Or*, faisant son ouverture sur la rue Saint-Éloy ».

La *Feuille d'Annonces d'Abbeville*, plus tard *Journal d'Abbeville*, nomme encore la rue Saint-Éloy dans les années 1818, 1828, — en cette année rue *Saint-Éloy* dite des *Capucins*, — 1829, 1830, 1837.

Je reprends de nouveau la rue de la place Saint-Pierre au pont du Scardon.

A notre droite, à l'entrée de la rue, un peu après le pavillon du Génie, la maison de M. d'Hantecourt (n° 16), est l'ancien refuge de la riche abbaye de Dommartin. Ce refuge fut adjugé moyennant 10,400 livres, le 21 juillet 1791, dans les ventes faites au District d'Abbeville.

Le couvent des Capucins était situé, du même rang, vers le bout de la rue ; il s'ouvrait en face de la maison des Pots qui faisait le coin de la rue des Pots et touchait par ses dépendances à la rivière du Scardon du côté de la grande rue aux Pareurs. Il est occupé aujourd'hui par les religieuses Carmélites et il nous donne exactement la place où fut l'hôpital Jehan Le Scellier.

A quelle date fut fondé l'hôpital Jehan le Scellier ? Je l'ignore. Le P. Ignace ne le savait pas plus. Dom Gre—

L'hôpital Jehan le Scellier.

nier, ayant quelquefois rencontré le nom de cet hôpital dans nos registres, dit, au premier extrait qu'il fait d'une délibération le concernant : « On en a déjà trouvé quelque mot aussi peu instructif que ce que l'on en voit ici. » Nos registres n'en mentionnent pas moins assez souvent cet hôpital dans le quinzième siècle et depuis ; ainsi :

Le 24 août 1451, « a été conclu que Jacques d'Aoust s'est deschargié de la recepte du Val et autres qu'il avoit de le ville, que Colart Vallart [?] ara ladite recepte du Val de... de l'hospital Jehan le Scellier, comme avoit Jacques d'Aoust, en fera nouvel registre et en goïra comme ledit Jacques. » — *Reg. aux délibérations d'après Dom Grenier, paquet XIV tome* 91.

Le 3 août 1461, « a été ordonné que se (si) maistre Nicole Du Maisniel, prestre, capelain de l'ospital Jehan Le Scellier, se voeult déporter de dire les trois messes chacune sepmaine, [elles] seront dites et baillées à maistre Pierre Laudée, prestre, tant qu'il plaira à messieurs. » — *Ibid.*

En 1484, l'hôpital Jehan Le Scellier reçoit provisoirement les Repenties.

« Le 7ᵉ jour de mai (1484), a esté conclud que l'on l'on mettera à l'ospital Jehan Le Scellier les repenties jusques au nombre de six, tant que on les aura pourveues d'autre lieu. » — *Ibid.*

En 1528, « élection d'une maîtresse des Repenties vérifiée par messieurs (de ville). — *Reg. aux délib. Analyse en la possession de M. A. de Caïeu.*

En juin 1535, institution de Herbaut (?) Gallespoix

comme gouverneur des « rendues de l'hôpital Jean Le Scellier. » — *Ibid.*

Le 19 juin 1539, trente livres sont accordées aux sœurs repenties pour les aider à couvrir leur maison (l'hôpital Jehan Le Scellier) de « thuiles » pour satisfaire à l'ordonnance depuis peu rendue de ne plus couvrir en chaume. — *Ibid.*

En 1586, les repenties sont transférées à l'hôpital Saint-Quentin pour faire place dans l'hôpital Jehan Le Scellier aux maîtres et aux élèves du collége. Je lis dans les registres aux comptes de 1585-1586 : — « à Thoinette Merliere pour quatre cens de thuiles pour recouvrir la maison des Repenties, ung escu vingt sols. » — S'agit-il, dans cette mention, de l'hôpital Jehan Le Scellier ou de l'hôpital de Saint-Quentin ? C'est-le 23 juin 1586 qu'a été décidé à l'Échevinage le déplacement des Repenties au profit du collége.

L'instruction de la jeunesse d'Abbeville gagna d'autant plus à l'installation nouvelle du collége que l'ancienne maison des Grandes Écoles, rue Tayon, appartenant à la ville et louée par elle, fut bientôt occupée aussi par de nouveaux maîtres étrangers, ainsi qu'en témoignent la délibération échevinale du 11 octobre 1589 et le registre aux comptes de 1589-1590. — Voir *La ligue à Abbeville, tome II, p.* 232. — Il est vrai que, dès l'année suivante, cette maison des Grandes Écoles était vendue mais encore au profit du collége. L'argentier de 1590-1591 reçoit « de Robert Daullé, marchand bourgeois, la somme de deux cens trente trois escus vingt sols moiennant laquelle la maison où se soulloient tenir les grandes escelles lui auroit esté adjugée comme au plus offrant et dernier enchérisseur par fin de chandelles, le... (1) audict an V° quatre vingt et... (2), pour estre employé en l'augmeation du collége de lad. ville, sellon qu'il appert par lad. adjudication et autres pièces ci. . . . . , . 11° XXXIII°' XX'.

Nous ne savons si les maîtres nouveaux demeurèrent encore dans la maison acquise par Robert Daullé.

En 1606, le collége étant transporté en l'hôtel de Neuilly, l'ancien hôpital Jehan Le Scellier est abandonné aux Capucins, mais le souvenir de la destination première se conserve toujours, et « l'hospital Jean Le Scellier » est nommé encore dans le compte de l'argentier du Val de 1673-1674.

Singulière destinée de ce petit coin de la ville : Hôpital, Filles Repenties, Collége, Capucins, aujourd'hui Carmélites.

Les Capucins. Les Capucins dont l'introduction en France ne datait que de l'année de la Saint-Barthélemy ont été les enfants gâtés d'Abbeville.

Le 26 juin 1599, il fut délibéré à l'Échevinage qu'on recevrait dans la ville ces religieux qui demandaient à s'y établir. — *Reg. aux délib.* 1597 à 1599, *fol.* 374 *verso.*

« Ces grands religieux, dit le P. Ignace, estant en grand estime par toute la France, les gens de bien d'Abbeville désirèrent de les avoir. Notre seigneur accomplit leur désir... »

(1) Ce blanc est dans le registre.
(2) Même remarque.

Le comte de Saint-Pol, gouverneur de la Picardie
était particulièrement leur protecteur, ayant été engagé
à les soutenir par deux notables bourgeois d'Abbeville,
Simon Belle et Claude Foullon, frères de deux religieux
capucins.

Le 22 juillet 1600, le lieutenant général de la sénéchaussée rappelle, dans une assemblée générale convoquée pour la nomination des commissaires du bureau
des pauvres, que, l'année précédente, les Capucins ont
été admis à s'établir dans la ville et que le père provincial de leur ordre doit arriver la semaine prochaine.
L'assemblée arrête par provision qu'une maison sera
acquise, assez commode pour les recevoir, moyennant
quatre ou cinq cents écus. On avait déjà comme commencement de cette somme le legs d'un religieux capucin nommé Orifroy d'Abbeville, comprenant une somme
de cent écus, plus une maison valant environ une autre
somme semblable. — *Reg. aux délib.* — *Analyse en la
possession de M. A. de Caïeu.*

Le 2 août de la même année, une assemblée générale, présidée encore par le lieutenant général Jacques
Bernard de Moismont, a pour objet l'exécution des délibérations cy-devant faites pour l'établissement des Capucins, la réception tant des legs ci-devant faits à ces
religieux par un jeune homme nouvellement profès de
leur ordre (1) — les cent écus et la maison, — que des
aumônes et bienfaits du comte de Saint-Pol, gouverneur de Picardie, et de plusieurs habitants de la ville,

1. Ce profez, nommé dans le monde Antoine Orifroy, devint le
Père Paschal d'Abbeville dont le portrait est à l'hôtel-de-ville.

enfin la nomination, pour ces divers intérêts, de personnes notables, chargées de recueillir, de solliciter les dons, d'accommoder les religieux. L'assemblée désigne en conséquence quatre hommes d'honneur et de qualité qui sont : pour le quartier du Bois, le sieur Jean Maupin, conseiller en la sénéchaussée de Ponthieu, ancien mayeur ; pour le quartier Marcadé, le sieur Lancelot Manessier, avocat du roy au siége présidial et sénéchaussée de Ponthieu ; pour le quartier Saint-Gilles, Antoine Rohault, ancien mayeur ; pour le quartier d'Hocquet, le sieur Thomas Duchesne, bourgeois et marchand. Ces quatre commissaires recevront les legs, dons et aumônes, et emploieront le tout en l'acquisition d'un logis et comme ils le jugeront le mieux expédient d'ailleurs. — *Reg. aux délib. Même analyse.*

Le 12 juillet 1601 nouvelle assemblée générale présidée par Jacques Bernard de Moismont au sujet des délibérations précédemment faites pour la réception des Capucins. Les commissaires députés pour recevoir les aumônes et legs ont eu l'intention de les employer effectivement à l'acquisition d'une maison. Ils ont trouvé un lieu propre qui est l'hôtel de défunt M. de Ligny qui touche à Notre-Dame du Châtel et qui a depuis peu été adjugée à Jean d'Ailly marchand bourgeois de cette ville. Le prix et les frais monteront à onze mille trois cent six livres. Madame de Montcaurel promet de donner une somme et le surplus sera payé en aumône. Il ne reste point d'empêchement de MM. de Rambures. Le curé de Notre-Dame du Châtel et les paroissiens de cette église consentent. M. le comte de Saint—Pol sera supplié de se souvenir de la promesse qu'il a faite lors de la première proposition de recevoir les PP. Capucins, de leur aumôner deux cents écus pour acquitter le prix de leur maison.

Le lendemain, nouvelle assemblée générale présidée encore par M. Bernard de Moismont. M. de Saint-Pol a accordé les 200 écus; il désire que les Capucins entrent dans l'hôtel de Ligny. — *Reg. aux délib. Même analyse.*

Peu avant ou peu après ces résolutions, le Père provincial de la province de Paris, instruit du bon vouloir des Abbevillois, avait envoyé ou envoie à Abbeville plusieurs religieux; mais comme il n'y a pas encore de lieu pour recevoir les Pères, M. Simon Belle leur baille une maison qui lui appartient dans la rue aux Pareurs, les nourrit et les entretient pendant leur séjour dans cette maison (1). Enfin l'hôtel de Ligny leur est livré. Ils vont procession-nellement en prendre possession accompagnés des corps de la ville. « Ils entroient dans cette maison par une petite porte joignant une petite cour contre la chapelle des seigneurs de Ligny, fondateurs dicelle en l'église de Notre-Dame du Châtel. Ils y faisoient l'office divin aux heures où le curé et les prêtres ne le faisoient point pour les paroissiens. Cette église se trouvant toute faite accommodoit parfaitement ces bons religieux et les déter-minoit assez à rester en cette maison dans l'espérance qu'ils pourroient avoir l'église avec le consentement de Mgr l'évêque d'Amiens qui étoit pour lors messire Geof-

1. Suivant Sangnier d'Abrancourt, les Capucins étaient arrivés à Abbeville, en 1600.

froy de la Marthonie ; mais, lorsqu'ils mirent en avant
leur dessein, ils trouvèrent de l'opposition de la part du
curé et des paroissiens qui, ne voulant céder leur église,
eurent recours à M. Charles de Rambures, chevalier des
ordres du roy, gouverneur de Doullens et du Crotoy,
maréchal des camps et armées de France, surnommé le
Brave, lequel se mit à leur tête et retira à luy la dite
maison en qualité d'héritier de sa mère, Dame Claude
de Bourbon Vendosme, fille et héritière du seigneur de
Ligny, gouverneur de Doullens et remboursa les deniers
de l'achapt qu'en avoit fait pour les religieux le nommé
Jean Dailly, bourgeois et marchand de la ville, du prix
de 1,100 écus qu'il en avait payé. » — *Extraits de
M. M. de Sachy.*

Ces péripéties sont l'objet de délibérations à la Ville.
· Le 19 juin 1602, les députés commis par les trois
états pour l'établissement des Capucins viennent trouver
le maïeur et lui exposent qu'il serait à propos d'envoyer
quelques échevins vers M. et madame de Rambures
qui sont à Dompierre pour les prier de se déporter de
l'action en retrait lignager par eux intentée, au nom de
M. de Dompierre, leur petit-fils, à l'encontre des Capucins aux fins de reprendre l'hôtel de Ligny. L'Échevinage
députe Philippe Manessier, procureur fiscal de la ville,
à Dompierre. — *Reg. aux délib. Analyse en la possession de M. A. de Caïeu.*

· Trois jours après, — 22 juin, — le procureur fiscal,
revenu de Dompierre, apporte une lettre et le refus de
M. de Rambures. Le gouverneur de Doullens maintiendra
l'action en retrait lignager. L'Échevinage consent au

retrait que madame de Rambures prétend faire à la condition qu'elle fournira à la Coutume et pour en recevoir les deniers, frais et loyaux coûts, sont commis lesdits commissaires, — *Reg. aux délib. Même analyse.*

Un mois plus tard, le 22 juillet, assemblée générale à l'Échevinage. Les commissaires des trois États exposent que la maison de M. de Ligny, achetée par eux de Jean d'Ailly, a été retraite par M. et madame de Rambures au nom de M. de Dompierre leur fils. Il est donc nécessaire de chercher un autre lieu « propre » où il y ait un clocher pour loger les PP. Capucins. L'assemblée arrête que les commissaires chercheront « un autre lieu propre ». — *Reg. aux délib. Même analyse.*

L'embarras est grand pour les protecteurs des Capucins. Enfin, le 30 décembre 1602, M. de Greboval offre de céder aux religieux l'hôtel de Hupy près du collége rue Saint-Éloi (1), et ce moyennant neuf cents écus, prix à la fois de la maison et d'un jardin y tenant, si l'on veut lui donner en échange la maison appartenant cy-devant au sieur d'Ionval, rue Notre-Dame du Châtel, et qui appartient maintenant à Michel de Bernay. Michel de Bernay consentirait à la rétrocéder pour faire plaisir aux Capucins. En outre Flour de ...., chirurgien, offre d'abandonner, moyennant 1,000 ou 1,200 livres, pour l'établissement nouveau des Capucins sa maison qui est contiguë à celle de M. de Greboval. L'assemblée autorise les commissaires à faire ces acquisitions. — *Extraits de*

1. Il jouissait de cette maison comme mary et bail de dame ... Grouche, héritière de la maison de Chepy. — *M. de Sachy.*

*M. M. de Sachy et Reg. aux délib; analyse en la posses-
sion de M. A. de Caïeu.*

Le contrat fut passé le 14 du mois d'avril 1603. —
Extraits de M. M. de Sachy.

Les religieux allèrent prendre possession de leur nouvelle maison et s'y accommodèrent du mieux qu'ils purent
et, de l'agrément de M^r l'évêque d'Amiens, firent de la
salle de la maison leur église avec un petit chœur derrière l'autel. » — *M. de Sachy.*

Trois ou quatre années s'écoulèrent pendant lesquelles
on ramassa des dons et aumosnes abondantes et l'on
songea à l'agrandissement de la maison. A l'hôtel de
Huppy, occupé par les Capucins, tenait une vieille maison « qui tomboit en ruines ». Cette vieille maison était
l'ancien hôpital Jean Le Scellier, « le collège des jeunes
étudiants de la ville, dont étoit principal M. Jean de
Boullenois. » Les Capucins la convoitèrent et eurent recours encore, pour se la procurer, au crédit du comte
de Saint-Pol. • — *M. de Sachy.*

On voit dans les registres de l'Échevinage que, le
9 juin 1606, les Capucins ont offert de donner, en
échange des bâtiments et du terrain de l'ancien hôpital,
la maison du sieur de Neuilly au coin de la rue de l'Ar-
quet, qui est beaucoup plus grande, qui sera beaucoup
plus convenable pour le collége, et dont ils peuvent disposer moyennant 7,125 livres. C'est encore M. de Saint-
Pol qui s'est entremis pour la convention faite avec
M. de Neuilly à qui il a plusieurs fois recommandé les
Capucins. L'Échevinage se prête à l'arrangement. Dans
une assemblée générale, tenue le 9 juin, un rapport des

échevins établit les avantages qu'offrira pour le collége
la maison du sieur de Neuilly et en même temps le
mauvais état des bâtiments alors occupés rue Saint-Éloy
par ce collége. L'assemblée décide que l'échange sera
fait, que, pour l'effectuer, l'hôtel de Neuilly sera acquis
et qu'après avoir pris « en la terre et grand jardin » de
cette maison ce qui conviendra pour la commodité du
collége, le surplus sera vendu pour subvenir en partie
au prix d'achat. — *Reg. aux délib. Anal. en la poss. de
M. A. de Caïeu.* — Ainsi, sans cette division du jardin
de l'hôtel de Neuilly, notre collége serait assis sur un
terrain beaucoup plus vaste. Il est à croire que plusieurs
maisons de la rue devenue la rue Millevoye ont été
élevées sur des parties distraites de la « terre » de l'hôtel de Neuilly.

L'acquisition est faite et l'échange accompli ainsi
qu'en témoigne la « sentence de M. le lieutenant-
général sur les conclusions du procureur du
30 juin (1606) qui homologue la délibération et l'é—
change du Collége contre l'hôtel de Neuilly, à la réserve
que fait le sieur de Neuilly de droits honorifiques qu'il
perçoit annuellement, « tels qu'une flèche qui lui est, de
coutume, présentée par les cinquanteniers avec pouvoir
de tirer au papegay desd. archers, et des censives qu'il
a droit de prendre, tant sur la maison et jardin y joignant qui fut cy devant à défunt sire Antoine Manessier,
que sur les cinquanteniers archers, à cause d'une portion
de leur jardin ; » etc. — *Reg. aux délib. Analyse en la
poss. de M. A. de Caïeu.*

Tout n'était pas fini cependant. Je ne sais quelle inquiétude a saisi M. de Neuilly. Il refuse de signer le contrat de vente de sa maison. On arrête à l'Échevinage, le 19 juillet, que Jean et Claude Foullon acquerront cette maison pour eux et leur command et qu'ils déclareront pour leur command M. le comte de Saint-Pol. Guillaume Richard, locataire de l'hôtel de Neuilly, cède son bail. — *Ibid.*

. L'hôtel de Neuilly est enfin échangé pour le collége, moyennant la somme de 2,180 livres, par un contrat du 29 juillet 1606. — *M. de Sachy.*

Possession prise enfin, les Capucins se mettent à l'œuvre et c'est alors que les dons affluent véritablement. Non contents encore de l'emplacement du collége, ils ont déjà acheté un jardin situé rue aux Pareurs, qui les touche. En cette même rue aux Pareurs ils ont acheté encore d'un chirurgien nommé Flour..... quatre petites maisons « de fil » en montant vers le rempart, lesquelles aboutissent à un grand jardin, etc..... Sur cet espace libre le couvent peut s'élever. « On ramassa, tant de la libéralité et du consentement de M. le comte de Saint-Pol que de la libéralité et du consentement de MM. les Maieur et échevins, quantité de matériaux en grès, pierres et briques, estimés à la valeur environ de quinze cents livres au moins, qui furent employés tant pour l'église que pour les dortoirs et cloîtres. Ces matériaux provenaient de la démolition du vieux château près du pont Rouge. M. de Nevers et M. le Vidame d'Amiens donnèrent plusieurs arbres de charpente de leurs bois ; d'autres arbres furent tirés de la forêt de Crécy sous l'agrément du roy. — Voyez d'ailleurs plus loin la liste des donateurs. — Les tranchées pour l'édification de la nouvelle maison sont ouvertes ; les fondations sont jetées. On prie M. le comte de Saint-Pol de vouloir bien poser la première pierre. Enfin, le 17 août 1606, la pierre est bénite en l'église de Saint-Pierre par M. Queveron, curé de Saint-André et doyen de chrétienté. Les religieux de Saint-Pierre et les chanoines de Saint-Vulfran accompagnent processionnellement les Capucins, du prieuré à la nouvelle maison. Le gouverneur de Picardie pose la pierre en présence de son fils unique, le prince Éléonor d'Orléans. Sur cette pierre, de qualité très-dure et portant deux pieds et demi de long, étaient gravés, au milieu, les armes du comte de Saint-Pol ; aux coins, des croix ordinaires ; au dessous des armes, cette inscription :

TRÈS-HAUT ET TRÈS-PUISSANT PRINCE MGR FRANÇOIS D'ORLÉANS, COMTE DE SAINT-POL, GOUVERNEUR ET LIEUTENANT-GÉNÉRAL POUR LE ROY EN PICARDIE, A MIS CETTE PREMIÈRE PIERRE EN L'ÉGLISE DES CAPUCINS D'ABBEVILLE LE DIX-SEPTIESME JOUR D'AOUST 1606.

Cette pierre fut posée dans une des encoignures du pignon faisant façade. — *Le P. Ignace, Hist. Chr. des Mayeurs, p.* 758,*et M. de Sachy.*

L'année suivante 1607, le P. Claude d'Abbeville, qui se nommait au monde Foullon, gardien depuis 1606, voulant élever les dortoirs, obtint de madame la princesse d'Épinoy qu'elle posât la première pierre de la construction, ce qu'elle fit au mois d'octobre (1607). Sur la pierre fut attachée une lame de cuivre, portant inscrits les noms et qualités de la princesse. Pendant que l'on travaillait ainsi au couvent, le P. Claude « fit jeter bas le vieux bâtiment où demeuroient les religieux » — l'hôtel de Huppy, — et en employa aussi les matériaux à la construction nouvelle. Les religieux se retirèrent alors « en l'hôpital Saint-Nicolas en la place Saint-Pierre [?].» La construction des cloîtres et des dortoirs fut achevée dans l'espace de deux ans et l'église en décembre 1616. — Cette église fut consacrée à Notre-Dame des Anges et à saint Firmin martyr, patron du diocèse, le dimanche 18 novembre 1616, par messire André de Dormy, évêque de Boulogne, sous l'agrément de Mgr de la Marthonie, évêque d'Amiens.— *M. de Sachy et le P. Ignace.*

Les Capucins ont été des mieux aidés dans leurs installations successives et surtout dans la dernière. M. de Sachy nous fournit la liste de leurs bienfaiteurs ; j'abrége la rédaction, mais je complète à l'aide de quelques autres extraits.

Le comte de Saint-Pol : outre ses grandes aumônes à la maison, il a donné le tableau du grand autel.

La comtesse de Saint-Pol, sa femme : elle a donné le portrait de la Magdeleine.

M. de Longueville, gouverneur de la province de Picardie : 300 livres.

Le duc de Nevers : plus de cent chênes de sa forêt.

Le vidame d'Amiens : plusieurs aussi de ses bois de Labroye.

Le comte du Saussay : des chênes de ses bois d'Hallencourt.

M. d'Espinoy et mad° sa mère : ils ont payé la main d'œuvre des maçons et d'autres ouvriers, estimée à

3,000 livres. « En reconnaissances de quoi, l'on a mis ses armes au-dessus de la porte de l'église en dehors. »

Les maïeur et échevins de la ville : outre la valeur de 1,500 livres fournie en matériaux, briques, pierres et grès, ils ont payé le sable et la chaux ; ont fait faire la balustrade et le crucifix du sanctuaire ; ont cédé la moitié d'un jardin appartenant à la Ville dans la rue aux Pareurs. — Une muraille de briques a été alors construite le long de la rue. En reconnaissance de ces générosités, les armes de la ville ont été mises à la porte du couvent ainsi qu'aux pieds du crucifix élevé dans la cour.

Simon Belle : outre les aumônes faites par lui en son vivant, il a laissé par testament une somme de huit cents écus, lesquels, payés par son gendre, M. le bailly d'Abbeville, ont servi pour la charpenterie de l'Eglise et et du dortoir. Les armes de Simon Belle ont été mises avec celles de sa fille ainée au pignon de l'église.

..... Manessier : il a donné le pavé de l'église.

Le P. Paschal d'Abbeville, dans le monde Antoine Orifroy : il a donné, par son testament de profession en prenant l'habit de l'ordre, une maison, plus une somme de 300 livres.

La veuve du sr N..... Duchesne : elle figure dans la liste pour son fils; elle a payé de six à sept cents livres pour des biens (pour racheter des biens évidemment) que son fils le P. Roger d'Abbeville, au monde Jacques Duchesne, avait donné par son testament de profession en prenant l'habit, outre quelques maisons et jardins vendus pour bâtir le couvent.

Frère Mathieu d'Abbeville, nommé dans le monde Gilles Rohault : il a donné en faisant profession 400 écus qui ont été employés à la clôture du jardin (probablement du côté de la rue aux Pareurs).

M. d'Ognon (1) : il a fait faire la fontaine « qui joint celle de Saint-Pierre ». — Cette fontaine « bâtie sur pilotis » et portant le nom de Jésus » sous la grande pierre » est « très-abondante et d'une grande salubrité ». — *Extraits de M. M. de Sachy.*

Les maieur et échevins encore. — Le 31 octobre 1610 ils donnent aux Capucins, pour les aider à payer le prix de leur maison, les sommes adjugées à la Ville par sentence de M. le lieutenant criminel procédant à la vente de la maison vendue par décret sur Jacques Cordier, acquise et confisquée par sentence de la ville confirmée par arrêt. — *Reg. aux délib. Analyse en la poss. de M. A. de Caïeu.*

Quatre ans après, les Capucins ont agrandi leur couvent par l'acquisition d'une maison et d'un jardin vendus par M. Antoine Sanson moyennant la somme de 200 écus. Il appert, par les titres de la Ville en date du 10 décembre 1614, que MM. de ville en ont payé la moitié. — *M. de Sachy.*

(1) François de la Fontaine, seigneur d'Ognon, qui épousa en secondes noces Hippolyte de Montmorency, veuve de Pierre de Melun, et dont l'hôtel est dans la rue Saint-Gilles aujourd'hui appartenant à M. Manessier de Brasigny, lieutenant général d'épée en la Sénéchaussée de Ponthieu. — *Note accompagnant la liste.* — Je crois que l'hôtel d'Ognon est la maison portant le n° 121 au coin de la rue Saint-Gilles et de la rue à Borel et qui appartient à M. Danzel de Boffles.

Le 2 décembre 1615, les Capucins, ayant acquis depuis peu quelques jardins aboutissant au froc de la rue aux Pareurs, du côté de leur maison, demandent le froc de la rue qui ne peut servir en rien ni à la Ville ni aux particuliers. La concession leur est faite sans aucun cens. — *Reg, aux délib. Analyse en la possession de M. A. de Caïeu.*

Le 10 novembre 1626, l'Échevinage n'autorise pas seulement les Capucins à acheter une petite maison près de leur couvent ; il décide que les deniers nécessaires pour l'acquisition seront fournis par la Ville. — *Reg. aux délib. Même analyse.*

Avant 1629. — Les maïeur et échevins ont donné pour l'achèvement du chœur une somme de cinquante écus. — *Extraits de M. M. de Sachy.*

En 1629 fut commencé le dortoir de l'infirmerie. La première pierre fut posée par M. Manessier, conseiller du roy, élu en l'Élection de Ponthieu, alors maïeur de la ville, assisté de M. Rumet de Beaucoroy, procureur du roy en la Sénéchaussée de Ponthieu, de M... Manessier, procureur fiscal de la ville, et de plusieurs personnes notables. Dans le même temps on clot de murs les environs de l'église du côté du jardin de Saint-Pierre. — *Extraits de M. de Sachy.*

Les habitudes prises peuvent faire croire que des dons aidèrent à cette construction bien que M. de Sachy n'ait pas nommé les donateurs.

Le cardinal de Richelieu, se trouvant à Abbeville, en 1636, visita les Capucins, examina leur maison, et trouva leur jardin trop petit. « Il leur fit achepter le jardin bas qui étoit au bout du leur et qui leur sert aujourd'hui de verger avec un petit bâtiment propre à une brasserie. » Il leur donna pour cette acquisition une somme de 2,500 livres. — *M. de Sachy et M. Louandre, Hist. d'Abb.* t. II.

. . . .? — Madame la duchesse d'Angoulême, comtesse de Ponthieu, a abandonné aux Capucins un droit qu'elle avait sur une maison en la grande rue Saint-Éloy « où est maintenant l'entrée du couvent. » — *M. de Sachy.*

Voyez plus loin les noms des personnes qui ont contribué à l'agrandissement — 1650 — et à la décoration du chœur.

Après l'incendie de 1675, les réparations sont faites avec le produit des aumônes recueillies dans la ville. — *Mss. Siffait.*

Vers 1688. — Anne Descamps a prêté une somme de 400 livres à Adrienne Formentin, fille majeure, pour acheter une maison près du couvent des Capucins. Un peu plus tard Anne Descamps cède aux Capucins la somme qui lui est due par Adrienne Formentin, somme à prendre sur la maison acquise par cette dernière. — Le vingt-septiesme jour de février mil six cent quatre-vingt-huit. — *Archives nationales, section administrative*, S. 3705.

Quelques mots sur l'église des Capucins.

Au temps à peu près de la dédicace, 1616, un tableau fut donné au grand autel par le comte de Saint-Pol, gouverneur de Picardie ; un autre, *La Magdeleine*, à un petit autel par la comtesse, sa femme.

Quelques dons de tableaux succédèrent encore.

La première chapelle dans le bas de l'église fut d'abord sous l'invocation de la Magdeleine, puis sous celle aussi de saint Michel « à cause du tableau de l'autel où cet archange est représenté ». — *M. de Sachy.*

En 1623 fut fait le lambris du chœur. — *M. de Sachy.*

En 1650, le chœur fut agrandi « de moitié sur le jardin » aux frais, pour la plus grande part, de plusieurs bienfaiteurs.

N. . . de Grouche, comte de Chepy, donna deux mille livres et posa la première pierre ; le prince d'Espinoy donna huit ou dix chênes ; Madame la marquise de Soyecourt, une douzaine, de ses bois de Regnière-Écluse. Le reste des bois nécessaires, pris dans la forêt de Crécy, fut délivré avec l'agrément du roi, par MM. des eaux et forêts. — M. *de Sachy.*

Le 5 mai 1651, l'Échevinage accorda 150 livres, sur la maison du Val, aux Capucins pour les aider à agrandir le chœur de leur église. — *Reg. aux délib. Anal. en la poss. de M. A. de Caïeu.*

C'est alors probablement que ce chœur reçut d'un chanoine de Saint-Vulfran les tableaux peints en grisaille et représentant la vie du bienheureux Félix de Cantalice de l'ordre des Capucins. Nous avons ici à exprimer le regret de quelques pertes. « Ces tableaux (en grisaille), dit M. de Sachy, sont du sieur Bommy, natif d'Abbeville, digne élève du célèbre Vouet, duquel il a pris la manière, tant pour la correction du dessin que pour la tendresse du pinceau, ainsi que le crucifix au-dessus du petit autel qui est peint à l'huile. » Suivant

l'*Almanach de Ponthieu* de 1783, la vie de saint Félix
rendait le chœur des Capucins « digne de l'admiration
d'un amateur. » Cet almanach vante aussi le crucifix
« peint en grand ». — « La touche légère du camayeu,
ajoute-t-il, et la frise qui règne au-dessus des stalles
méritent encore l'attention. »

Quelques évènements.

Le mercredi, 25 septembre 1675, jour de la fête de
St-Firmin, le feu prit au couvent des Capucins qui
brûla en partie ainsi que la moitié de leur église. —
Mss. Siffait.

L'Église des Capucins avait un clocher et une cloche.
La cloche fut cassée en 1735 ; on la refondit dans le
jardin même du couvent et, le 19 octobre, « elle fut
bénite par le R. P. gardien et nommé Joseph-Élisabeth.
M. Fontaine Dimberville, père syndic des religieux, fut
le parrain et damoiselle Quentin, sa tante, la marraine. »
Frais de cette fonte, 120 livres. — *Mss. Siffait.*

N'en déplaise au respect qu'inspiraient au P. Ignace
les vertus de ces grands religieux, il paraît que les P.P.
Capucins n'entendaient pas toujours bien la maxime :
péché confessé est à demi pardonné. Aux fêtes de
Pâques de l'an 1764, un *maître* savetier et son ouvrier,
pris de vin, rencontrèrent, entre Francière et Bellancourt, une jeune fille qu'ils courtisèrent un peu trop. La
jeune fille leur répondit si mal que le repentir de leur
faute inutile ne tarda pas à entrer dans l'âme des coupables;
aussi, ayant aperçu un peu plus loin un R. P. Capucin,
qui venait à eux, le voulurent-ils forcer d'entendre leur
confession. Sur son refus, ils le saisirent par la barbe

avec tout le respect que les diables ont pour celle de
saint Antoine dans les tentations qu'ils lui font subir.
Le R. P. Capucin ne se contenta sans doute pas de les
exorciser sans rancune, car, quelque temps après, le
maître savetier et son apprenti, dépouillés jusqu'à la
ceinture, portant chacun un écriteau sur la poitrine avec
ces mots : VIOLEUR DE FILLE SUR LE GRAND CHEMIN, escortés de huit hommes, archers et huissiers, étaient conduits par les rues Saint-Gilles et des Minimes, fouettés
sur la place Saint-Pierre, ramenés par les rues des
Carmes, Entre-deux-Eaux, Saint-André, jusqu'au Marché, et là fouettés définitivement et marqués. L'apprenti
savetier avait été condamné à trois ans de galères ; son
maître, marié depuis six ans, et, en cette qualité, considéré comme plus coupable, à neuf ans. (1)

Nous voudrions reprendre l'histoire sérieuse du couvent où l'a laissée le P. Ignace ; mais, sauf l'incendie
rapporté plus haut, nous ne trouvons rien jusqu'au dix-
huitième siècle où se succèdent les solennités et les réjouissances religieuses pour la canonisation des saints de
l'ordre Saint-François.

C'est d'abord en 1713 une fête en l'honneur de saint
Félix de Cantalice, capucin, nouvellement canonisé.

L'église était toute tendue de tapisserie ; on avait mis
des rideaux aux fenêtres. Lampes d'argent, nombre de
cierges, bouquets et tableaux, « le tout par les soins
du frère François-Marie d'Auxi-le-Château, quêteur du

(1) Mss. Siffait.

couvent. — Dans le cadre de l'autel étoit, dans un enfoncement qui venoit jusqu'au lutrin du chœur, la figure au naturel de Saint-Félix debout, les yeux élevés vers le ciel, ce qui faisoit une belle décoration.

« Pendant les huit jours que dura la solennité il y eut indulgence plénière, exposition du Très-Saint Sacrement, sermon et salut.

« Le samedi 24 juin, jour de la nativité de Saint-Jean-Baptiste, les Capucins furent, après vêpres, en procession avec la bannière de Saint-Félix (où il étoit représenté la besace sur l'épaule) en l'église du prieuré de Saint-Pierre pour accompagner les moines qui devoient faire l'ouverture de l'octave...... » Je ne suivrai pas davantage les Capucins de leur couvent au prieuré et du prieuré à leur couvent. Je ne dois pas oublier cependant la procession, sur la place Saint-Pierre, des Capucins unis aux Cordeliers et aux religieux du prieuré, précédés de la bannière de Saint-Félix et escortés de cent soldats suisses de la garnison « avec leurs armes et qui marchoient en faisant une double haie le long des religieux pour faire faire passage par la populace. » Sur la place était préparé un bûcher de gros bois « avec un arbre planté au milieu, au haut duquel étoient des barils pleins de copeaux, le tout bien accommodé........... » Il y avoit le long du mur du cimetière de Saint-Éloy une longue route de boîtes chargées de poudre. La garde étoit aussi sur les armes, rangée le long de la chapelle de Saint-Étienne. M. le prieur claustral officiant, après avoir béni le bûcher, y mit le feu avec le R. P. gardien des Capucins ; puis, il entonna le *Te Deum* qui fut con-

tinué par le peuple dont la place étoit remplie. Pendant
ce temps, les cent suisses qui étoient rangés près du bûcher firent quatre décharges de leur mousqueterie ainsi
que la garde près de Saint-Étienne, et les boîtes éclatèrent le long du mur du cimetière de Saint-Éloy. »
D'autres explosions de boîtes dans le jardin de Saint-
Pierre accueillirent la procession au retour. M. Le
Rond, capitaine des canonniers de la ville, avait fourni la
poudre aux Capucins. Cette procession eut lieu le 24
juin à huit heures du soir. — *Mss. Siffait.*

Ensuite c'est en 1729, les 21, 22 et 23 août, dimanche, lundi et mardi, une autre solennité pour la canonisation de la bienheureuse Marguerite de Cortone,
pénitente du troisième ordre de Saint-François. Pendant
ces trois jours, indulgence plénière, exposition du Saint-
Sacrement, sermons par différents religieux de la maison, salut. « La sainte étoit représentée en relief, en
habit de religieuse et étoit posée au-dessus du tabernacle. » — *Mss. Siffait.*

Puis en 1730, les 1er, 2 et 3 mai, dimanche, lundi et
mardi, une solennité pour la béatification du bienheureux
père Fidèle de Sigmaringue, capucin missionnaire et
premier martyr de la congrégation de la propagation de
la foi chez les Grisons. Eglise parée, figure du bienheureux représentée en relief tenant une épée à la main et
placée au maître-autel au-dessus du tabernacle. Pendant
les trois jours, indulgence plénière, exposition du Saint-
Sacrement. Le détail des cérémonies de ces trois jours
se trouve encore dans les Mss. Siffait. Il me suffira de dire
que le premier jour, dimanche, les Capucins allèrent

chercher processionnellement les moines de Saint-Pierre,
(dont le prieur, M. de Fontenilles, officia,) et les recondui-
sirent de même ; que, le second jour, ils allèrent chercher le curé de Saint-Gilles et son clergé, et, le troisième
jour, le curé de Saint-Éloy et son clergé.

Enfin, en 1739, les 8, 9 et 10 février, dimanche,
lundi et mardi avant le jour des Cendres, une nouvelle
solennité célèbre la béatification du bienheureux Joseph
de Léonisse, capucin missionnaire. Pendant ces trois
jours, exposition du Saint-Sacrement et sermons etc.
« La figure du bienheureux étoit représentée en relief
et de hauteur naturelle, placée sur le lambris du côté de
l'Évangile. » — Mss. *Siffait.*

Plus tard, le 25 juin et le 2 juillet 1747, les Capucins
solenniseront encore, par des cérémonies auxquelles
prendra part tout le clergé de la ville, la canonisation
des saints Fidèle de Sigmaringue et Joseph de Léonisse.
Les Mss. Siffait rapportent longuement ces cérémonies.

En 1764, le dimanche 13 mai, les Capucins insti-
tuent dans leur église l'adoration de la vraie croix. Le
P. Louis-Marie d'Amiens, alors gardien de leur couvent, avait, plusieurs années auparavant, au retour d'un
pèlerinage à Jérusalem, obtenu à Rome un morceau du
bois de la vraie croix avec les attestations nécessaires en
pareils dons. Devenu gardien du couvent de Montreuil,
il avait donné à cette première maison une partie de la
relique et conservé l'autre partie dont il s'était dépossédé
en 1764 en faveur du couvent d'Abbeville. Les Mss. Siffait rapportent toutes les cérémonies du 13 mai, processions, etc. La relique fut enchâssée dans une croix d'ar-

gent que les Capucins exposaient tous les premiers ven-
dredis de chaque mois et les jours de l'Invention et
Exaltation de la Croix. L'évêque d'Amiens attacha une
indulgence de quarante jours au culte rendu à la relique
dans l'église des Capucins.

En 1773, le P. Jean-Louis de Paris fit, avec les autres
capucins conventuels d'Abbeville, une mission en l'église
des Capucins pour les soldats de la garnison et cette mission fut complétée le 13 avril, mardi d'après Pâques,
par une procession à Saint-Eloy et de Saint-Eloy aux
Capucins, par la rue des Carmes, etc. — Grands détails
toujours dans les Mss. Siffait. — Je ne rappellerai que
l'escorte de la procession : «...... Puis marchoient cent
vingt dragons, maréchaux des logis et fourriers, arran-
gés deux à deux, ayant chacun un cierge à la main.
Après marchoient tous les tambours avec le tambour
major. Ensuite étoient des violons, puis le clergé........
A l'entour du dais, étoit un détachement ; ensuite marchoient les officiers, et la marche étoit fermée par les
dragons. »

En 1767, le 13 juillet, avait été inhumé au milieu de
l'église des Capucins le révérend père provincial, mort
dans le couvent après quelques jours de maladie. Le
fossoyeur en préparant la fosse avait crevé d'un coup de
pic la tête d'un cercueil de plomb et en avait mis peu
après à découvert deux autres. Les bois qui avaient contenu les enveloppes de plomb ne paraissaient plus, étant
entièrement consumés. Les corps conservés dans le
plomb étaient celui de très-haut et très-puissant prince
Monseigneur François d'Orléans, comte de Saint-Paul,

gouverneur et lieutenant général pour le Roi en Picardie, et ceux de la comtesse sa femme et d'Eléonor d'Orléans, leur fils unique. La pierre qui recouvrit la sépulture du père provincial reçut cette inscription :

D. O. M.

SISTE GRADUM, RELIGIOSE VIATOR :

RESPICE QUEM CALCAS.

ORDO PATREM LUGET, PIETAS AMICUM :

PAX MODERATOREM, PROBITAS PATRONUM :

FLETE, PATRES ET FRATRES, VOS VISITANDO SOLUTUS

HIC JACET

R. P. PETRUS FRANCISCUS REMUS, *Capucinorum provinciæ parisiensis minister provincialis. Obiit die* 12 *julii an. Dom.* 1767. *Ætat. sec.* 65. *Rel.* 48.

Solvite vota precum solvat ut ipse Deus.

Le 28 décembre 1790 le couvent des Capucins fut adjugé au District d'Abbeville au prix de 24,000 livres. Le même jour le jardin qui dépendait de cette maison fut adjugé au prix de 1,250 livres. — *État succinct des adjudications faites au District.* — Dans le couvent fut établie une manufacture de toiles qui prospéra pendant plusieurs années.

les Carmélites. L'église des Capucins fut démolie de 1793 à 1795. Quant aux bâtiments de cet ancien couvent, ils sont occupés aujourd'hui par les Carmélites. La seule curiosité digne d'intérêt que l'on y puisse citer, est un portrait d'après nature du P. Ignace, notre vieil historien. Il serait digne du conseil municipal de demander l'autorisation aux religieuses d'en faire lever une copie pour le musée. — Nous prendrons à cette occasion la liberté de soumettre au conseil une autre observation : il existe sans doute encore bon nombre de portraits des vieux mayeurs de la ville ; il serait facile de les réunir, soit en originaux, soit en copies, et de les disposer en évidence dans quelque salle de la maison commune ou du musée. Il n'est que juste, de la part d'une ville, d'honorer, par quelque témoignage de souvenir, les familles qui l'ont servie.

La collection de M. O. Macqueron contient une aqua-relle datée du 14 avril 1852 : Couvent des Carmélites.

Les notes de M. Traullé nous indiquent, sans nous en donner les noms, deux ou trois rues sur l'emplacement qu'occupa le couvent des Capucins.

Josse Van Robais, lors de son arrivée à Abbeville, demeura d'abord dans la rue dont nous terminons l'histoire.

La rue des Capucins reçoit, à notre gauche, un peu avant sa fin, la rue des Pots.

La rue des Pots s'est appelée aussi rue d'Ameudin, on ne sait pourquoi, mais peut-être d'un bourgeois notable qui y avait sa maison. Le nom de rue des Pots lui vient de la maison n° 22 qui fait le coin de la rue des Capucins, et qui avait pour enseigne deux petits pots sculptés en bois, comme on peut le voir encore (1). Le cueilloir de Saint-Georges nomme cette maison : *des Pots,* « *vis-à-vis les Capucins* ».

---

1. Écrit en 1849. — Deux petits pots ont été sculptés en pierre sur la maison qui, depuis ce temps, a remplacé la vieille.

Discutons un peu cet deux noms et un troisième
Senain (ou Serain) Luchet.

D'Ameudin, ce serait Dame Eudin qu'il faudrait lire,
suivant quelques témoignages. Je lis dans un inventaire
de titres conservé par M. Traullé :

« 21 mars 1480, abandon fait à la ville d'une maison
rue Dame Eudin maintenant dite des Pots, près celle du
Chêne d'Or. »

Un cueilloir du xvᵉ siècle de la communauté de Saint-
André, à la Ville depuis la vente de la bibliothèque
Saint-Amand, me donne :

« Les cappelains de saint Jehan des Prés, ıı cap. (deux
chapons) ıı f. (deux fouaches, je pense, ayant souvent
rencontré ces redevances de gourmandise dans la ville)
l'an, au terme de Noel, pour une maison et ténement
séant en le rue Dame Œudain, en un anglet du destre
costé en allant de ledicte rue au pont aux Cardons, acostant d'un costé, vers ledict pont, à une maison, etc.....
et de l'autre, à une maison, etc.... et au *Four de l'Image*,
etc. ; »

Puis encore (article suivant) :

« Mahiot Le Moitier...... pour une maison et tenement séant en la rue Dame Œudain en ung anglet......
acostant d'ung costé vers led. pont (aux Cardons) à le
maison et ténement à lequelle pent l'enseigne du Quesne
D'Or et, de l'autre, à le maison dessus escripte ; » — la
maison des Chapons et des Fouaces.

Le cueilloir fournit la forme Dame Œudain ; il eût
pu sans doute aussi donner cette autre : Dame Heudain,
une famille Heudain vivant, dans le même temps, à

Abbeville ; un Jehan Heudain demeurait dans la rue de l'Esquevinage. — *Même cueilloir.*

Quelle était cette dame Eudin, Œudain ou Heudain, dont le nom, cher aux habitants, a pu demeurer si longtemps à une rue ? Nous ne le savons encore.

Nous avons donné l'explication du nom des Pots. La maison *des Pots* était le siège de la vicomté de pont aux Cardons. — M. Louandre, *Hist. d'Abb. t.* II, *p.* 231.

Je remarque sur un plan de la vicomté de Saint-Pierre de la collection de M. de Saint-Amand la « rue Senain-Luchet aujourd'hui des Pots. Point d'autre renseignement sur ce nom. — Le chapitre de Saint-Pierre nous a donné plus haut (p. 193) : « Item en la rue Sernin-Luchel (Dameudin)..... »

Le nom de rue Ameudin n'en persista pas moins dans l'usage avec celui des Pots jusqu'aux environs de 1830 sinon au delà. Voir la *Feuille d'annonces d'Abbeville :* année 1816 — sous la forme rue Ameudin ; 1818, — sous la forme rue Amœudain ; 1819, — rue d'Ameudin. Dans le *Journal d'Abbeville :* années 1820, — rue d'Ameudin dite des Pots ; — 1822, — d'Amœudin dite des Pots; — 1826, — d'Amœudin ; — 1827, — même forme ; — 1828, — rue Ameudin.

Les maisons.

A gauche d'abord, — nous venons de la rue des Capucins, — se présentait la maison « où pendoit cy devant pour enseigne *les Pots* vers le pont aux Cardons, » par devant au froc de la rue des Capucins. — *Comptes de Saint-Georges* 1685-1687.

A droite, *l'Etendart :*.... « d'une maison et ténement

sise en la rue d'Ameuddain, du côté de la petite rue
aux Pareurs, tenant d'un côté, vers le pont à Cardons,
à la maison à laquelle pend pour enseigne *l'Etendart*,
appartenant, etc... » — *Article* 452 d'un cueilloir de
1784 (?) pour Saint-Pierre. — *Note de M. de Clermont.*
— Cette maison, ou la voisine, était celle de M. Manessier Elu. — *Plan de la vicomté de Saint-Pierre*, 1732.

A gauche, après la maison des Pots, était une très-
grande maison appartenant à M. du Maisniel ; *Plan de
le vicomté*, 1732 ; —à la suite, une autre grande maison
appartenant à M. Dauscincourt [?] — *Même plan* ; —
enfin le Four de l'*Image* que devait précéder cependant
encore *le Quesne d'Or*.

Nous avons rencontré plus haut (chapitre xxviii, Vicomté de Saint-Pierre), la maison *de l'Image* donnée comme
de la rue des Pots. En cette maison fonctionnait évidemment le four banal du même nom.

Dans une charte de Guillaume, comte de Ponthieu,
donnée pour le four banal de l'*Image* rue des Pots faisant partie des maisons nouvellement bâties par MM.
Demiannay et Descaules, il est dit : *Retinemus tamen*
(en icelle) *justiciam altaris, borelli et latronum.* Collenot
qui a relevé cette note pense que le mot *borel* vient du
nom d'un clerc possédant fief à la charge de faire pendre les voleurs du canton.

M. de Clermont a rencontré plusieurs fois le Four de
l'Image dans les cueilloirs de Saint-Pierre.

Cueilloir de 1653, article 219 : « Pour une maison
du *Four de l'Image* située près de la maison du *Chesne
d'Or....* »

Cueilloir du commencement du xviii* siècle rappelant un bail du 11 avril 1679 « d'une maison sise en cette ville rue des Pots, où pend pour enseigne *le Four de l'Image* ».

Cueilloir de 1784 [?], article 452 : « De la maison, four et ténement du *Four de l'Image*, sise en la rue d'A-meudain, à gauche en allant du pont à Cardons en ladite rue, tenant le total, d'un côté, vers le pont à Cardons etc... du même côté au jardin et ténement de la maison à laquelle prend pour enseigne le *Quesne d'Or*, de l'autre côté, à la maison et ténement à laquelle est posée la marque de la séparation de la vicomté de Saint—Pierre et de la vicomté du Pont aux Poissons. »

Le cueilloir de Saint-Pierre de 1579-1580 donne (art. 594) : « Pour une maison et tenement en la rue d'Ameudain à laquelle pend pour enseigne le *Chesne d'Or*..... » — *Note de M. de Clermont.*

La maison du *Quesne d'Or* serait-elle celle que le plan de 1732 désigne par le nom de M. Dauscincourt, — nom évidemment mal orthographié ?

Après le *Four de l'Image* le plan de la vicomté de Saint—Pierre ne donne plus qu'une maison formant le coin de la rue des Carmes.

Le Four de l'Image est représenté aujourd'hui par la maison de M. Éloi (n° 8).

La prolongation actuelle de la rue des Pots au delà du carrefour formé par la rue des Carmes et la rue du Pont de la Ville était, jusque dans les années qui ont suivi la Révolution, la rue Entre—deux—Eaux que nous avons parcourue dans notre chapitre xx (t. I", p. 526).

Pendant la Révolution, l'abbé Peuvrel, qui depuis fut principal du collège de Dieppe, trouva un refuge dans une maison de la rue des Pots. Le maître de cette maison, afin de permettre à l'abbé de se promener quelques heures par jour dans une petite cour tout en dépistant les soupçons des voisins, avait acheté un cochon. L'abbé Peuvrel voulait-il jouir un instant de l'air et de la lumière, on fermait la porte de la rue et l'on répondait aux questions indiscrètes du quartier que le cochon était dans la cour et que l'on voulait l'empêcher de fuir. La société des Jacobins eut vent cependant de la retraite de l'abbé. Une escouade de ses membres vint faire une perquisition dans la rue des Pots. Prévenu à temps, l'abbé Peuvrel s'était réfugié dans une armoire. Les Jacobins parcoururent la maison de la cave au grenier. Un des plus défiants ouvrit même la porte de la cachette, mais, comme il était borgne, il ne put découvrir l'abbé justement blotti du côté de son mauvais œil. Les Jacobins en furent quittes pour la peine et l'abbé Peuvrel pour la peur.—Je crois bien qu'il y a déjà dans tout ce récit un peu de légende.

La rue des Capucins finit au pont aux Cardons.

Le pont aux Cardons.

Ce pont que l'on devrait, nous le supposons, appeler pont du Scardon, de la rivière qui coule au-dessous, n'a très-probablement pris que par une corruption très-ancienne le nom de pont aux Cardons.

Quoi qu'il en soit, on trouve déjà pont aux Cardons en 1238. — *Archives de l'Hôtel-Dieu, note fournie par M. Charles Louandre.*

Je rencontre aussi pont aux Cardons à la date du

4 janvier 1392 dans des pièces achetées par la ville à la vente de M. de Saint-Amand ; pont aux Cardons encore dans le registre de l'argentier de la ville de 1471-1472 :

« Ancores aux dicts argentiers la somme de xxxiii sols qu'ils ont paié pour la despence faicte en l'ostel d'icelhui maieur à ung disner au retour du pont aux Cardons qui est en la visconté de Sainct-Pierre appartenant à ladicte ville là.où la justice d'icelle ville a esté gardée, auquel disner ont été plusieurs eschevins et les conseillers, procureurs et clercs d'icelle ville, qui y avoient accompagné le dict maieur ainsy qu'il est accoustumé faire chacun an à la francque feste de Pentecouste, comme il appert par mandement seulement dacté du xxi° jour de may, pour ce cy . . . . xxxiii sols. »

Ce diner de la garde de la justice au pont aux Cardons ou de la francque feste de la Pentecouste fait défaut dans mes chapitres d'Abbeville a table.

Un cueilloir de 1562 pour Saint-Gilles s'obstine à nommer ce pont le *pont aux Chardons* : « De.... etc. pour ung tenement scéant près le *pont aux Chardons.* De......... pour une maison scéant lez le *pont aux Chardons......* »

Mais cette forme n'est qu'une exception.

La vicomté de Saint-Pierre s'appelait aussi vicomté du pont aux Cardons. Je trouve dans les comptes de l'argentier échevinal de 1576-1577 : « A domp Charles Laignel, prieur de Sainct-Pierre audict Abbeville, pour les droits de la franche feste de sainct Pierre et sainct Paul des vicontés des ponts à Cardons et Sottines et aultres droits de justice qu'ils avoient en la ville prins à cens perpétuels par lesdits maieur et eschevins à la somme de huict vingts livres tournois eschu au jour de Toussaint, Anonciation et Purification de la Vierge Marie et l'Assention de nostre Seigneur, dont appert par quittance dudict Laignel, cy . . . vm^{xx} livres.

Cet extrait nous a donné « pont à Cardons ; » on écrivait aussi « pont à Cardon ». — *Cueilloir de* 1579-1580 (*article* 14) *pour Saint-Pierre, note de M. de Clermont.* — Le P. Ignace a écrit aussi « pont à Cardon ».— *Hist. des Mayeurs, p.* 90.

Le *Journal d'Abbeville* du 9 octobre 1813 emploie le mot « pont des Capucins ; » désignation qui a dû se présenter facilement, mais que je n'ai rencontrée que dans ce journal.

CHAPITRE XXXI.

Ce chapitre pourrait avoir pour titre : Du pont aux Cardons au pont Noblet.

Nous venons de traverser le pont aux Cardons ; le pont Noblet couvrait, au carrefour actuel formé par la chaussée Marcadé et les rues Médarde et Padot, un filet d'eau tari aujourd'hui.

Au delà du pont du Scardon commence, en ligne droite, la chaussée Marcadé et prennent naissance, de chaque côté et le long de la rivière, les rues des Teinturiers et aux Pareurs. *La chaussée Marcadé.*

Commençons par ces dernières.

La rue des Teinturiers s'est appelée autrefois petite rue aux Pareurs, des pareurs qui l'habitaient et par opposition à la rue aux Pareurs proprement dite. Les pareurs étaient des apprêteurs de drap. *La rue des Teinturiers.*

Sous le règne de Charles VIII, nous dit M. Dusevel, — *Lettres sur le Département,* — la fabrication des draps était déjà très-florissante à Abbeville. Il ajoute, mais sans nous apprendre où il a rencontré le fait, que « pour encourager les compagnons pareurs de draps, le roi, se trouvant à Abbeville, le 14 juin 1493, leur permit de danser devant lui dans la cour du prieuré de Saint-Pierre, une ronde au milieu de laquelle il se plaça ».

Dans les rôles *de répartition* de 1550, dit Collenot, on trouve cent vingt-trois maîtres tondeurs pareurs, soixante-douze maîtres fabricants de draps, dix-huit maîtres teinturiers (1). La petite rue aux Pareurs s'est appelée plus tard rue des Teinturiers, des teinturiers qui s'y établirent. Il y avait alors des rapports nécessaires entre les pareurs et les teinturiers. On ne se fût pas avisé, dans 'ces temps de sévérité, de tisser avant d'avoir teint.

Ce fut dans la rue des Teinturiers que fut définitivement fixé, en 1711, l'hôpital des pauvres orphelines dédié à sainte Anne, autrement dit Hôpital de Saint-Joseph ou de Sœur Claude. — L'an 1641, une vertueuse fille d'Abbeville, Claude Foullon, recueillit par charité quelques pauvres orphelines dans une maison qu'elle

L'hôpital Sainte-Anne ou de Sœur Claude.

1. « De 1250 à 1500, nous apprend autre part Collenot, il se fabriquait à Abbeville de gros draps, des serges à deux estames, des étamettes et des cordelières. La communauté des baracaniers n'a pris commencement que sous le titre de sergers baracaniers. Près de deux cents maîtres fabricants de ces gros draps occupaient les rues Wattepré, aux Tisserands, les maisons près du pont de Touvoyon et la rue Ledien. Alors les principales manufactures de gros draps en France n'existaient pas encore et Abbeville faisait des produits de sa fabrication un commerce fort étendu. »

avait dans le Lillier, près du pont de Popincourt (1).
L'année suivante, au mois de novembre, le nombre des
orphelines croissant, Claude Foullon les établit dans la
Tannerie, dans la maison même où plus tard l'avocat
Varlet accueillit si bien le P. Ignace et ses compagnons
à leur arrivée à Abbeville (2). De là, bien juste récom-
pense, du nom vénéré de la fondatrice, le nom de Sœur
Claude qui resta toujours, malgré ses déplacements, à l'hôpital des Orphelines ; si bien que les dévouées filles de
cette maison n'étaient guère appelées autrement que Sœurs
Claudes. L'année suivante encore, en 1643, le petit
troupeau allant toujours de bien en mieux, l'hôpital des
Pauvres Orphelines fut en quelque sorte consacré le jour
de Sainte-Anne, avec messe, vêpres, prédication et procession dans le jardin même de la maison. Un religieux
d'Abbeville ayant envoyé à Paris une relation de cette
fête, la reine Anne d'Autriche, qui la lut, en témoigna
de la réjouissance et dit « qu'elle désiroit que cet
hôpital nouveau fust dédié à sainte Anne, sa patronne,
puisqu'entre tant d'églises qui estoient à Abbeville, il
n'y en avoit pas encore qui fust dédiée à cette grande
sainte. C'est une chose bien remarquable, ajoute avec
admiration le P. Ignace, que Dieu se soit voulu servir
d'une grande royne de France, nommé Anne, pour
donner le nom de Sainte-Anne à cet hôpital. » De là,
c'est-à-dire du jour où cet hôpital fut inauguré et d'un
mot d'une reine de France, le nom de Sainte-Anne

(1) Quel est ce nouveau pont que nous indique le P. Ignace?
(2) Cette maison était occupée en 1808 par M. Boullon, médecin.

conservé par la maison. L'an 1645, MM. de l'Échevinage ayant approuvé l'établissement de l'hôpital des
Orphelines, cédèrent à ses fondatrices, dites Sœurs de
Saint-Joseph ou de la Providence, l'hôpital Saint-Jacques, dans la rue Entre–deux–Eaux. De là, c'est-à-
dire du nom même des Sœurs (1) qui le dirigeaient, son
nom officiel d'hôpital de Saint–Joseph.

En 1711, les Sœurs de l'hôpital de Saint-Joseph
quittèrent leur demeure de la rue Entre–deux–Eaux
pour aller occuper celle qu'elles avaient achetée rue
des Teinturiers.

Cette nouvelle maison était auparavant une brasserie.
Les Sœurs Claudes y avaient fait bâtir une église ; elles
y firent inhumer le corps de leur fondatrice transporté
de leur ancienne église. La tombe nouvelle reçut cette
inscription :

CY GIT LE CORPS DE REVERENDE SŒUR CLAUDE FOULLON
PREMIÈRE DIRECTRICE DE CET HOPITAL ÉTABLI PAR LETTRE
PATENTE DU ROI EN 1645, DÉCÉDÉE LE 28 DE SEPTEMBRE 1686,
AGÉE DE 86 ANS. *Requiescat in pace.*

L'autel en bois, le tableau et les deux figures de Saint-
Joseph et de Sainte–Anne qui décoraient l'ancienne
église décorèrent la nouvelle.

Sangnier d'Abrancourt en rapportant ce déplacement
des sœurs de Saint-Joseph, devenu nécessaire par

---

(1) Encore que ces filles no fussent que séculières et n'eussent
le droit de porter que l'habit.

l'exiguité de leur première habitation, dit qu'elles firent bâtir *une fort belle église* et il loue la distribution des lieux permettant de « retirer les orphelines séparément des sœurs avec un jardin d'une grande étendue. Les sœurs qui ne sont encore qu'au nombre de cinq, poursuit-il, se donnent beaucoup de peine pour conduire dans la vertu et les bonnes mœurs ces pauvres orphelines à qui elles enseignent à lire, à écrire, à travailler chacune selon leur inclination pour des ouvrages propres au ménage. Elles chantent tous les jours avec les orphelines le petit office de la Vierge ; ont un prêtre qui leur dit tous les jours la messe et les dirige; ne vont aujourd'hui à la paroisse qu'aux fêtes solennelles, ayant leur église particulière. » Il paraît que ce dernier privilège ne leur fut pas concédé sans quelque opposition. M. Michel Dargnies, docteur en théologie et curé de Sainte-Catherine, voulut les obliger à venir à l'église paroissiale, se fondant dans cette exigence sur un article même de leur établissement, mais elles obtinrent de Mgr Pierre Sabatier, évêque d'Amiens, la dispense nécessaire. Mgr Sabatier, pour les mettre encore mieux à l'abri des poursuites donna peu après un pouvoir et des lettres d'établissement de supérieur de la maison des orphelines de Saint-Joseph, à M. Charles Becquin, s^r du Fresnel, curé de Saint-Sépulcre et doyen de chrétienté, qui prit possession de cette place le 3 février 1722. Ce fut le premier supérieur des sœurs de Saint-Joseph. Les sœurs élirent elles-mêmes ses successeurs. Elles choisirent en 1726 M. de Brandicourt, curé de Sainte-Catherine, qui prit possession du titre dû à leur con-

fiance le 19 mai à quatre heures d'après-midi. Les Mss.
Siffait nous ont conservé les formes de l'installation,
antiennes chantées d'abord en forme de salut en l'honneur des saints patrons de l'hôpital ; courte exhortation
de M. de Brandicourt, qui, s'étant assis ensuite au mar-
chepied de l'autel, donna sa main à baiser aux sœurs et
aux filles orphelines successivement ; *Te Deum*.

Il paraîtrait, si l'on en juge par l'élection de M. Jacques Siffait, successeur de M. de Brandicourt en 1767,
que ces élections de supérieurs par les sœurs de Saint-
Joseph devaient être approuvées par l'Hôtel-de-Ville.

Le mardi 12 juillet 1746, mercredi 13 et jeudi 14, fut
célébrée la fête de la centième année de l'établissement
de l'hôpital des orphelines de Saint-Joseph dans l'église
dudit hôpital. Les Mss. Siffait donnent comme toujours
le détail religieux de la fête : indulgences, exposition du
Saint-Sacrement, vêpres, messes, sermons.

La maison que les sœurs Claudes allèrent occuper en
l'an 1711 est en effet fort grande et fort belle. Elle existe
encore et porte le n° 45. Fermée en 1792, elle fut réunie, ainsi que ses biens, à l'hospice général des Pauvres.
Pendant longtemps une manutention pour les troupes
y fut établie qui n'a cessé de fonctionner que vers 1849.
Enfin la ville, qui en a fait l'acquisition des hospices il y
a environ deux ans, vient de la transformer en caserne (1).

Depuis que j'écrivais ces lignes j'ai recueilli peu de
faits nouveaux intéressant la maison de Saint-Joseph.

_____

(1) Écrit en 1849.

L'*Histoire ecclésiastique* du P. Ignace, parue en 1646, était déjà à l'impression quand la reine régente Anna d'Autriche donna (décembre 1645) des lettres patentes pour l'établissement de l'hôpital de Claude Foullon. On conservait dans cet hôpital l'original de la lettre que le reine avait écrite aux Maieur et Échevins pour favoriser la fondation. — *M. de Sachy.*

Une vue de l'hôpital de Saint-Joseph en la rue des Teinturiers a été conservée ; le vieux dessin qui la donne, copié par M. O. Macqueron, a été lithographié par M. L. Gillard et tiré à quelques exemplaires.

La façade de l'église de Saint-Joseph existe encore. Démontée en l'ancienne maison de la rue des Teinturiers, transportée pierre à pierre en la rue de l'Hôpital et rajustée pierre à pierre, c'est aujourd'hui la façade de l'église de l'hôpital général des pauvres.

Près de l'hôpital Saint-Joseph s'ouvrait une ruelle in- **Ruelle.** complétement indiquée sur le plan de la vicomté de Saint-Pierre et conduisant dans la rue des Telliers (ou des Tisserands, aujourd'hui Médarde). Je n'ai pu découvrir le nom de cette ruelle qui existe encore, bien que non soupçonnée des passants. Elle a pour entrée la porte même de la maison portant le n° 47 et pour sortie dans la rue Médarde, la porte de la maison portant le n° 4. Elle renferme un certain nombre d'habitations peu riches.

Remontons plus haut. La petite rue aux Pareurs fut pavée dans l'année échevinale 1469-1470. Je trouve dans les comptes de l'argentier de cette année, parmi de nombreuses sommes payées à Martin des Buissons,

« paveur de dur », pour emploi de « petit carrel » cet article : « Pour avoir pavé en plusieurs lieux et places de la ville, tant, etc.... comme en le petite rue aux Pareurs, au-devant de l'ostel Jehan Le Ver, xlv l. xii s. »

De temps immémorial probablement un pont couvrait, — il couvre encore, bien que rien ne le signale aux yeux, — le passage de l'Eauette dans la Petite rue aux Pareurs. On l'appelait au xvie siècle le Pont aux Pierres. Je lis dans un cueilloir de 1562 pour l'église Saint-Gilles : « De Jacques de le Campaigne, fils aisné de Nicolas de le Campaigne et Jehenne Cardel, sa femme, au lieu de Gouy Bocquet, teinturier, pour la maison et ténement où ledit Nicolas demeure, scéant en la petite rue aux Pareux près le pont aux pierres. . . . vi livres. »

(marginale : Le pont aux Pierres.)

Ce pont, avant d'être en pierres, avait-il été en bois et le souvenir de la première construction demeurait-il dans le nom d'une maison voisine ? On serait tenté de le croire. M. de Clermont a rencontré dans le cueilloir de 1579-1580 pour Saint-Pierre (art. 204) une maison appelée le pont de Bos (de bois) : « Pour une maison et ténement séant en la petite rue aux Pareurs qu'on nomme le *Pont de Bos*, au senestre main en descendant du pont aux Cardons en ladite rue ».

Maisons. — M. de Clermont a rencontré, dans un contrat de mariage du 13 mars 1571, donation d'une maison où pend pour enseigne *les Quatre-Vents*, faisant le coin de la petite rue aux Pareurs et de la chaussée Marcadé. Il a vu reparaître cette maison dans un autre contrat de mariage du 17 août 1627. Elle est dite dans ce nouveau contrat : « Maison *des Quatre Vents*, sise paroisse Sainte-

Catherine tenant..... d'un bout aux frocqs tant de la chaussée Marcadé que de la petite rue aux Pareurs. » M. de Clermont a retrouvé encore cette maison dans un testament. Elle y est dite : « Maison des Quatre Vents proche le pont aux Cardons. »

Une maison avait probablement pris nom depuis l'établissement de l'hôpital. Le cueilloir du Sépulcre de 1751-1752 mentionne dans la rue « des Sœurs Claudes » une maison « où pend pour enseigne l'*Image saint Claude.* »

Le cueilloir de Saint-Georges nomme dans la Petite rue aux Pareurs les maisons *du Roi Henry* et celle *de la Rose Blanche* faisant le coin de la rue d'Angouche et appartenant à Adrien-François Traullé, changeur.

Les comptes de Saint-Georges de 1685-1687 nomment aussi la maison *du Roy Henry.*

La petite rue aux Pareurs dépassait l'entrée de la rue d'Angouche : « Pour un ténement séant en la petite rue aux Pareurs en allant du pont à Cardons au pont à Poirées, laquelle maison oultre l'entrée de la rue d'Angouche. » — *Cueilloir de Saint-Pierre de* 1579-1580 *(art. 168), note de M. de Clermont.* Au-delà de l'entrée de la rue du Pont-de-la-Ville commençait la rue des Cuisiniers dont la rue des Teinturiers a fait disparaître aussi le nom. En la rue des Cuisiniers que nous avons déjà parcourue (t. I*ᵉʳ*, p. 529) était la maison des *Trois Lombards* que M. de Clermont a rencontrée dans trois actes : « 1608, bail du 27 mars de la maison, où pend « pour enseigne *les Trois Lombards,* » sans autre désignation ; 1577, bail du 11 octobre d'une « portion de

La rue des Cuisiniers.

maison à laquelle pend pour enseigne *les Trois Lom-bards*, » sans autre désignation encore ; 1759, contrat de vente du 19 juillet, « d'une masure non amassée, ci-devant à plusieurs demeures, sise rue des Cuisiniers, vulgairement appelée *les Trois Lombards*....., tenant d'un côté....., d'un bout, par derrière, à la rivière du Scardon, et, d'autre, par devant, sur ladite rue des Cuisiniers ».

La rue des Teinturiers a donné naissance, dans la maison où est maintenant l'imprimerie de M. Çaudron (n° 51), à Hugou de Bassville, l'envoyé extraordinaire de la Convention, qui, le premier, déploya à Rome les couleurs de la République, hardiesse qui lui coûta la vie (1).

(1) L'assassinat de Bassville fit grand bruit. Le commissaire gé-néral nommé par le directoire vers 1800 près l'administration dépar-tementale de la Somme, Léonard Gay-Vernon, rappelle encore la fin malheureuse de notre compatriote dans une lettre dont nous citerons quelques passages pour montrer à quel degré de démence et de ri-dicule un fanatisme quelconque peut amener les hommes. Quelques personnes d'Abbeville ayant cru pouvoir rendre un hommage public à la mémoire de Pie VI, le commissaire Gay-Vernon s'en prit à l'autorité municipale. « Il est donc bien vrai, lui écrivit-il, que l'acte le plus incroyable, le plus absurde, le plus contre-révolution-naire et le plus immoral, vient d'avoir lieu dans l'enceinte de vos murs. Quoi ! on a dressé un catafalque devant un autel, célébré une fête funèbre en mémoire de l'assassin de Bassville, de Duphot et de tant de Français ! Cet impie qu'on nommait Pie VI et que Rome même avilie, méprisait, s'est ligué avec les barbares du Nord et de l'Orient, c'est-à-dire avec ce qu'on appelait le schisme, l'hérésie et le paganisme, pour réasservir le monde, le plonger dans les ténè-bres de l'ignorance et anéantir toutes les idées libérales. Cet impie qu'entouraient tous les vices personnifiés, et qu'une crapule hon-teuse déshonorait, a couvert notre patrie de sang et de carnage. Il a fait prêcher, au nom de Dieu, par ses émissaires répandus partout,

La rue aux Pareurs, ou grande rue aux Pareurs, fait
à notre droite, en descendant le pont du Scardon, le
prolongement de la petite rue aux Pareurs ou des Teinturiers. Il est inutile de rappeler, à propos du nom de
cette grande rue aux Pareurs, ce que nous avons dit
déjà à propos de la petite. La rue aux Pareurs, comme
la rue des Teinturiers proprement dite, est bordée d'un
côté par le Scardon. Elle ne portait pas dans toute son
étendue, ou du moins exclusivement, le nom qui seul
lui reste aujourd'hui. De la hauteur du jardin des Capucins au pont Grenet, sur la rive gauche du Scardon, elle
prenait celui de faubourg Saint-Éloy. Il y avait dans ce
faubourg, et c'est de là que lui venait sans doute son
nom, une porte de communication et une ruelle par
lesquelles on allait de la rue aux Pareurs aux offices de
l'église de Saint-Éloy. La rue aux Pareurs finissait autrefois à la rue Planquette ; il y a quelques années (1),
elle a été prolongée jusqu'au rempart par suite de la
démolition d'une ou deux maisons de cette dernière rue,

le meurtre et l'assassinat des hommes libres et vertueux, et c'est à
la mémoire de cet ennemi du nom français, de la raison et des
vertus, qu'on a osé rendre des hommages publics, etc. » BIOGRAPHIE
UNIVERSELLE, SUPPLÉMENT. — Le fils d'Hugou de Bassville a été, il y
a peu de temps, nommé général, et un de ses neveux, qui porte
son nom, habite encore le village de Nouvion (1). Son portrait a
été conservé par un autre de ses neveux, M. Henri Tronnet. Hugou a
publié plusieurs ouvrages, entre autres, des Éléments de Mythologie,
des Mélanges érotiques et historiques, un Précis sur la vie de François Lefort, des Mémoires sur la Révolution Française, des Mémoires
de Madame de Warens et de Claude Anet.

(1) Écrit en 1849. Depuis ce temps, la prolongation de la rue
s'est appelée rue Mellan et l'asile a pris le nom de la nouvelle rue.

(1) Écrit en 1849.

et a reçu en 1847, la salle d'Asile, dite de la rue Planquette, sur un terrain acheté le 14 juillet 1846.

Depuis 1849, j'ai fait sur la rue aux Pareurs quelques découvertes que je vais consigner simplement sous des dates.

La rue aux Pareurs est déjà mentionnée en 1281. — M. Louandre, *Hist. d'Abb. p.* 229.

1284. — Jugement rendu par les maire et échevins en 1284 entre le comte de Ponthieu et les religieux de Saint-Pierre pour un droit dans la rue aux Pareurs. — *Livre rouge de l'Échevinage, fol.* 34, *verso.*

...Ordonnance pour nettoyer la rivière de la rue aux Pareurs. — *Livre rouge, folio* 111, *verso.*

1327. — Vente par Mahieus Au Costé, bourgeois d'Abbeville, le 16 octobre 1327, de treize livres douze sols huit deniers parisis de cens sur un ténement « en le rue as pareurs. » — *Parchemin acheté par la Ville à la vente de la bibliothèque Saint-Amand.*

1380. — Maison « en le rue as pareurs. » — *Parchemin du* 24 *juin* 1380 *en faveur de l'église Saint-Gilles, acheté par la Ville à la vente de la bibliothèque Saint-Amand.*

1397. — La rue aux Pareurs est pavée à cette date. — M. Louandre, *Hist. d'Abb. t.* II, *p.* 219.

1406. — La grande et la petite rue aux Pareurs mentionnées dans les archives de l'hôtel-Dieu. — *Extraits des archives de l'hôtel-Dieu.*

1487, dernier aoust. — Dix sols de cens donnés à l'Hôtel-Dieu par Guiffroy Gaude et Maroie sa femme, sur une maison sise en la grande rue aux Pareurs accostant d'un côté à la maison Willaume d'Aoust, de l'autre à la maison Jehan Le Boin, par devant au froc. — *mêmes extraits.*

1562. — Le cueilloir de Saint–Gilles donne rue aux pareux. — Cette note n'a de valeur que pour la prononciation du XVIe siècle.

1579–1580. — « Pour une maison et ténement en la grande rue aux Pareurs, accostant d'un costé aux Filles repenties, d'autre... aboutant au logis de Huppy. » — *Cueilloir de Saint-Pierre, note de M. de Clermont.*

Cette note prouve que le Scardon coulait au milieu de la rue, la maison en question devant être sur la rive gauche puisqu'elle pouvait toucher aux Filles Repenties et à l'hôtel de Huppy situés dans la rue Saint-Éloy ou des Capucins. — Voir le chapitre précédent. — Une preuve semblable ressort de la note qui suit.

1784? — « D'une maison et ténement sise en la grande rue aux Paréurs à laquelle pendoit autrefois pour enseigne *le Porge* et la huitième maison après l'hôpital Saint–Jean (Le Scellier) tenant etc. — *Cueilloir pour Saint-Pierre, note de M. de Clermont.*

N'ai-je pas rencontré déjà la fontaine des *Trois Pucelles* aux environs du prieuré de Saint-Pierre ? Je la retrouve mentionnée avec la rue aux Pareurs. Un procès-verbal d'alignement du 27 août 1707 constate qu'on s'est transporté « sur des masures et des maisons sises rue aux Pareurs près la fontaine *des Trois Pucelles.* — *Note de M. de Clermont.*

La rue aux Pareurs finissait, comme elle finit encore, près du pont Grenet qui très-probablement était bien *le*

Pont où l'on sacre le Pape : « De Jehan de le Campaigne pour une maison scéant en la grande rue aux Pareurs (ou aux Pareux) près le pont où l'on sacre le pape, XVI sols. » — *Cueilloir de* 1562 *pour l'église de Saint-Gilles.* — Ce nom *Où l'on sacre le Pape* ne viendrait-il pas de quelque cérémonie suivant une élection de pape des fous ? La rue des Jongleurs n'était pas loin du pont.

M. Traullé, avons-nous dit dans le chapitre qui précède, signale plusieurs rues sur l'emplacement qu'occupa le couvent des Capucins. Ces rues ne pouvaient-être que du côté de la rue aux Pareurs et sur la rive gauche du Scardon. Peut-être avons-nous retrouvé une de ces rues.

Le rue du Scardon. Il y avait autrefois une rue du Scardon qui devait se trouver dans les environs de la rue aux Pareurs, à moins qu'elle ne fût pas elle-même la rue aux Pareurs.

En voici encore une autre tout aux environs de la rue aux Pareurs, et s'ouvrant sur elle probablement, mais qui paraît subsister après l'établissement des Capucins : « un ténement et une maison rue aux Pareurs, tenant d'un côté à... d'autre côté... et par devant sur le **La rue Vuatigni.** froc de la rue Vuatigni. » — *Cueilloir du Sépulcre de* 1751.

Le faubourg Saint-Éloy. Nous avons nommé le faubourg Saint-Éloy sur la rive gauche du Scardon. Ce nom était encore employé officiellement en 1832 :

« A vendre trois petites maisons contigües, avec jardin, sises grande rue aux Pareurs, nᵒˢ 20, 22 et 24, au lieu dit le faubourg Saint-Éloy. Ces maisons etc. tiennent d'un côté au jardin de M. Foucques, (l'ancien jardin du prieuré de Saint-Pierre), d'autre coté....., d'un bout, par le jardin, aux Dames Ursulines (ancien jardin de Saint-Pierre encore) et par devant à la rue. » — *Journal d'Abbeville*, 11 *août* 1832.

Il me paraît évident que le Scardon coulait autrefois, depuis le pont Grenet jusqu'au pont aux Cardons, à peu près dans le milieu de la rue, ayant ainsi deux berges et sa rive droite, ayant pour nom Grande rue aux Pareurs, tandis que sa rive gauche s'appelait faubourg Saint-Éloy, rue du Scardon peut-être ou autrement, en approchant du pont aux Cardons. Ainsi coulaient, séparant les rues en deux dans leur longueur, la rivière de la Tannerie, la Sottine en quelques endroits, l'Eauette dans la rue qui a gardé son nom : ainsi coulent encore quelques bras de la Somme dans le vieil Amiens. Comme nous l'avons vu dans le chapitre qui précède, ce sont les Capucins qui, par leurs acquisitions et à la suite des concessions de la ville, ont repoussé les dépendances de leur maison jusque sur le bord de la rivière. Avant 1606, il y avait une rue et des maisons à la place du grand mur construit un peu plus tard, après les dons et permissions de la Ville.

Le bon entretien de la rivière de la rue aux Pareurs n'était pas indifférent à l'Échevinage. En 1346, une ordonnance la fait nettoyer. — *Livre rouge, fol.* 111, *verso.* — En 1518, défense de rien jeter dans cette rivière. — *Reg. aux délib. Anal. en la poss. de M. A. de Caïeu.*

Le plan de la vicomté de Saint-Pierre de 1732, donne quelques indications sur les premières maisons de la grande rue aux Pareurs. Après l'*Étoile du Jour* qui formait le coin de la chaussée Marcadé et à laquelle nous reviendrons, six maisons importantes qui se suivent sont désignées par les noms de leurs habitants qui sont : M. Fontaine ; Mme Dompierre d'Ambreville ; Mme Dompierre, veuve de M. Dompierre procureur du roy en élection ; M. Macquart ; M. Griffon conseiller ; Mlle de Comodeles (1).

La rue Mellan.

Nous avons déjà nommé la rue Mellan ouverte en 1844 ou 1845 en prolongation de la rue aux Pareurs et nous avons mentionné la salle d'asile qui y a été établie près du rempart.

I a rue, Planquette.

La rue Planquette, qui prend naissance à gauche de la rue aux Pareurs, à peu près en face du pont Grenet, et qui va du bout de la rue d'Avignon au bout de la rue Pados, tire son nom des petites planches, — *planquettes,* — sur lesquelles on passait pour aller d'une maison à l'autre, à une époque où elle était fréquemment couverte d'eau. La rue Planquette est à présent pavée et aussi sèche que toutes les autres rues de la ville.

La rue Planquette s'est appelée d'abord rue *des planques*. On peut la suivre chronologiquement depuis la fin du xve siècle.

1485. — Rue des Planques près du pont Grenet. — *Archives de l'hôtel-Dieu, note de M. Ch. Louandre.*

Le cueilloir de Saint-Gilles de 1562 me fournit plusieurs indications précieuses : « De . . . . . pour une maison et ténement scéant en la rue des Plancques de—

1. Je prends toujours les noms comme je les rencontre, bien que j'en suppose plusieurs mal orthographiés.

vant Saint-Sépulcre (1), oultre le pont où l'on sacre le Pape. »

Un autre article, établissant que la rue des Planques court entre la rue Wattepréz (ou Pados) et la rue Grenet, tend à établir aussi qu'une autre rue, la rue d'Avignon peut-être, ou la fin de la rue Babos, était parfois appelée rue Grenet : « De Cardin Prevost au lieu de Anthoine Prevost pour ung ténement scéant en la rue des Plancques entre la rue Grenet et Watteprez.... »

Cet autre article, de rédaction presque incompréhensible, veut dire que la rue des Plancques va du pont Grenet à Gossiane (ou Gossiame), et que Gossiane est en la rue Watteprez, ce qui s'explique effectivement, un plan aidant : « Des doyen et chapitre de Saint-Vulfran, pour ung ténement scéant en la rue des Plancques estant vers le pont Grenet et Gossiane en la rue de Watteprez ou lez vers les murs de la ville. . . . . xlii sols. » — *Cueilloir de* 1562 *pour Saint-Gilles.*

1712. — Saisine donnée le 24 décembre 1712 pour trois petites maisons tenant ensemble dans la rue aux Pareurs ou Plancquette et vendues par J.-F. Gaillard sieur

---

1. « Devant Saint-Sépulcre c'est-à-dire dans la paroisse du Saint-Sépulcre. Les planches ou petits ponts de bois servaient à désigner plus d'un lieu de la ville. Sans parler du faubourg des Planches, il y avait au moins une autre rue que celle où nous sommes qui portait le nom *des planques* ou un nom analogue ; ainsi la rue de *la Planchette* que je rencontre dans un cueilloir de 1699 pour N.-D. de la Chapelle, et qui devait être située en la paroisse Saint-Jacques : « .... une maison et ténement scéant en la rue de la Planchette accostant des deux bouts et costés aux Dames de Bertaucourt où est à présent un mur de briques. » Cette rue de la Planchette était voisine de la rivière de Novion comme on le verra plus loin.

d'Erpin. — *Reg.* aux *saisines de l'église Saint-Gilles,*
1692-1720.

1751. — Mention d'un jardin et ténement tenant
d'un bout au chemin qui conduit du pont Grenest, (sic)
au rempart et d'autre bout à la rue des Planches. —
Cueilloir du Sépulcre de 1751-1752.

1773. — « Procuration du 18 octobre 1773 par devant les conseillers du roy notaires au Châtelet de Paris
où il est question d'un jardin nommé *le Jardin de Marbre*
contenant un demi-journal de terre ou environ, sis en la
ville d'Abbeville, rue Planquette, tenant d'un bout au
rempart de la porte du Bois, d'autre au frocq de la rue
Planquette; d'un côté au chemin qui conduit en montant
du pont de l'Abreuvoir (1), et, d'autre côté, à la veuve
Testu etc... » — *Note de M. le Bon Tillette de Clermont-
Tonnerre.*

La rue Planquette n'est pas une des plus riches de la
ville ; cependant, en 184., l'état misérable des nombreux
habitants entassés dans deux grandes maisons passait
toute croyance. A cette date la population s'accroissait
néanmoins dans cette rue comme dans les rues voisines
d'Argonne et Padot, ainsi que le faisaient remarquer
MM. Paillart et Brion dans leur Mémoire sur la dépopulation d'Abbeville. Les deux auteurs du Mémoire ex-
pliquaient cet accroissement de population, en désaccord
avec les observations faites dans les autres quartiers, par
l'augmentation du nombre de petites maisons, la divi-

---

(1) S'agit-il de l'abreuvoir au bas de la rue du Bas-Mesnil ou de
l'abreuvoir au bout de la rue Pados ?

sion de deux maisons en vingt-quatre habitations dans la rue Planquette, et, pour les rues Padot et d'Argonne, par des constructions neuves.

Les auteurs du Mémoire nous ont conservé la description des vingt-quatre misérables habitations pratiquées dans les deux maisons de la rue Planquette, véritable groupe de sauvagerie. Les célèbres caves de Lille ne pouvaient présenter de pires aspects.

Les meilleures de ces habitations avaient deux mètres environ de large sur trois à quatre de longueur ; cheminée au milieu, non adossée à la muraille. — Les autres logis avaient un mètre et demi de large, deux mètres à deux mètres et demi de long. Dans sept de ces logements, seulement, la cheminée occupait un coin. Dans tous elle s'élevait en briques jusqu'à la hauteur d'un mètre et demi, puis se terminait par un tuyau de terre traversant la muraille. Un escalier sans clarté, étroit pour le passage d'une seule personne, conduisait à un réduit correspondant, par les dimensions, au rez-de-chaussée. Pour lit une paille indivise. — La mendicité était à peu près l'unique profession des habitants de cette petite ville de la misère. Quand les naturels de ce pays mal connu, mais soumis au loyer, ne pouvaient pas payer leur terme, qui était de 60, de 75 ou de 90 centimes par semaine selon l'importance du logement, le propriétaire enlevait la cheminée ou la porte ou l'unique croisée, et le locataire déménageait, emportant dans sa poche, sous son bras, ou tout au plus sur son dos, toute sa fortune mobilière. Cette Tasmanie existait depuis 1838.

J'ai reproduit ce tableau de la misère réduite à une paille plus fétide que celle des chenils pour que l'on puisse, par la comparaison actuelle des plus pauvres maisons dans les plus pauvres rues, se réjouir de l'amélioration non encore aussi complète qu'il le faudrait sans doute, mais enfin déjà notable, forcément introduite dans les petits logements par les réglements de police.

La chaussée Marcadé.

La chaussée Marcadé à laquelle nous revenons enfin, et qui laissait fuir, à droite la rue aux Pareurs, à gauche la rue des Teinturiers, commence après le pont du Scardon. Elle est nommée, a-t-on dit, d'un certain Marcadé, coureur anglais, qui guerroya dans les environs.

M. Louandre place les hauts faits de ce chef de bande en 1198. — *Hist. d'Abb.*, t. 1er, p. 149.

J'ai trouvé Marcadé écrit Marcquaddé dans le cueilloir de St-Gilles de 1562 ; — simple fantaisie d'orthographe évidemment.

La chaussée Marcadé était pavée dans la seconde moitié du quinzième siècle, — peut-être avant, je ne sais encore. Parmi les nombreuses sommes payées par l'argentier de 1469–1470 à Martin des Buissons, paveur de dur pour emploi de petit carrel que lui fournissait la Ville, je vois : « Pour avoir pavé sur le cauchie Marcadé, — xl livres xvi sols. » En l'année 1472-1473 on a acheté trois mille huit cent et demi de carrel que l'on a employé à paver « le cauchie Marcadé auprès de l'hopital du pont de Thouvoyon, au devant de l'ostel Lesper (*sic*) et dedens le porte Marcadé entre le pont levis et le tappecul d'icelle porte. » En l'année 1473-

1474 on pave encore sur le « cauchie Marcadé depuis
l'opposite de la maison de Jehan Le Tellier, boullen-
guier, jusques à l'endroit de la maison Guerault Mac-
quet. » — *Comptes de la Ville.*

Il y avait à l'entrée de la chaussée Marcadé, et très-près
du pont aux Cardons, de *petites boucheries* que je me
trouve très-embarrassé de placer ; la première maison
à notre droite étant, du côté de la grande rue aux Pareurs, l'*Étoile du Jour* que rien n'indique comme boucherie et la première maison à notre gauche étant la
maison de l'*Étendard* au coin de la petite rue aux Pareurs et cette maison ne pouvant être non plus la boucherie placée sous l'*Image de Notre-Dame.*

Les témoignages, mis en présence, s'expliqueront peut-
être mieux que moi.

« De la confrairie et charité de Sainct—Nicolas en
Sainct-Wlfran de la chaussée pour ung ténement séant
emprès du pont aux Cardons, assez près des boucheries
dudit pont, LII sols. » — *Cueilloir de* 1562 *pour l'église
de Saint-Gilles.*

« D'une maison et ténement où étoient assises les
petites boucheries et maisiaux du pont à Cardon et à laquelle maison il y a l'*Image de Notre-Dame* mise sur
l'étau cornier en descendant du pont à Cardons pour
aller en la rue aux Pareurs faisant le coin de la grande
rue aux Pareurs... » — *Feuille détachée d'un cueilloir
du dix huitième siècle (article* 371*) ; note de M. de Clermont.*

Revenons cependant à l'*Étoile du Jour* que le plan de
la vicomté de Saint—Pierre donne sans hésitation comme

la maison faisant l'angle de la chaussée Marcadé et de la grande rue aux Pareurs. Cette maison est nommée par le P. Ignace. — *Hist. des mayeurs p. 831.*

Dans un acte du 7 septembre 1690 les comparants déclarent être de présent en cette ville d'Abbeville en la maison où pend pour enseigne l'*Estoille du Jour.* A la fin de l'acte on voit que cette maison est une hôtellerie. — *Note de M. de Clermont.* — Cette hôtellerie reparaît dans un autre acte du 15 octobre 1702. — *Id.* Dans un bail à cheptel du 27 février 1751 l'un des contractants est garçon d'écurie en l'hôtellerie où pend pour enseigne l'*Étoile du Jour.* — *Note de M. de Clermont.* — *La feuille d'Annonces d'Abbeville* du 20 mai 1819 nous apprend que la maison autrefois à usage d'auberge, connue sous le nom de l'*Étoile du Jour,* tenant d'un côté à la rue aux Pareurs..., d'autre bout à la chaussée Marcadé, est à vendre.

L'*Or* était fort en honneur dans cette partie de la chaussée Marcadé. Après l'*Étoile du Jour* évidemment en or on voit le *Noble d'Or,* la *Barbe d'Or,* la *Croix d'Or.*

« Pour une maison et ténement séant en la cauchie Marcadé où pend pour enseigne *le Noble d'Or,* accostant d'un côté, vers le pont à Cardon, etc... » — *Cueilloir de 1579-1580 pour Saint-Pierre, note de M. de Clermont.* — Bail du 11 avril 1679 d'une portion de la maison du *Noble d'Or,* sise chaussée Marcadé. — *Ibid. id.*

La Barbe d'Or près du pont aux Cardons. — *Note de M. Louandre.*

« Maison et ténement sise entre le pont à Cardons et le pont Noblet, paroisse Saint-Jacques, à droite en allant

du pont à Cardons au pont Noblet devant la *Croix d'Or*
...... » — *Cueilloir de Saint-Pierre du* xviiiᵉ *siècle mais
reproduisant ceux de* 1547 *et de* 1634, *note de M. de
Clermont.*

Le plan de la vicomté de Saint-Pierre, donné à la
Ville en 1732, fournit les noms des propriétaires des
dernières maisons à droite en allant vers le pont Noblet :
M. Tillette de Longvillers, M. Rumet de Beaucorroi, le
sieur Jean Papin, M. de Moncourt, conseiller. — La
maison de ce dernier fait le coin de la rue Pados.

Nous sommes au carrefour formé par la section et la
rencontre de la chaussée Marcadé et des rues Médarde
et Pados, c'est-à-dire sur le pont Noblet même. Quelle Le pont Noblet.
était l'eau qui coulait sous ce pont? Le plan de la vicomté
de Saint-Pierre va nous l'apprendre.

Ce plan nous montre deux fossés, deux lignes d'eau,
dans le haut non bâti de la rue Pados, et descendant à
droite et à gauche de cette rue vers la chaussée Marcadé. On ne voit pas l'origine de ces deux lignes d'eau.
Elles paraissent sortir cependant, par une courte canalisation souterraine, d'un quadrilatère de fossés voisins
du rempart et en communication avec la Sottine. L'idée
de déversoir de moulin que M. Delignières nous fournira
bientôt vient facilement à l'esprit à l'examen du plan
si l'on se rappelle le moulin de Patience non marqué
mais voisin. Ces filets d'eau s'alimentaient sans doute
aussi, comme le fossé Guifflet que nous rencontrerons
dans un chapitre prochain, de sources des jardins bas
cotoyés par eux ou de l'égoût des eaux, soit pluviales, soit
du sous-sol, refoulées et tenues toujours hautes dans la

ville par les marées quotidiennes. Après avoir parcouru
plus de la moitié, non bâtie encore, de la rue Pados, les
deux lignes d'eau disparaissent sur le plan au point où
les maisons commencent. Il est évident qu'elles courent
alors sous terre,.et confondues par une économie élé-
mentaire, dans un canal unique. C'est ce canal qui a valu
au carrefour sous lequel il passe une appellation de
pont. Du carrefour, la direction donnée doit le conduire
à l'Eauette, s'il suit la rue Médarde ; à la Sottine, s'il s'infléchit à droite ; au Scardon, s'il s'infléchit à gauche. Ce
canal existe encore. On n'en avait plus le souvenir ; il a
été retrouvé fortuitement en septembre 1875. Dans une
séance du 28 octobre de la même année, M. Delignières
annonçait à la société d'Émulation qu'une tranchée assez
profonde, ouverte pour la pose de conduits de gaz, avait
remis au jour, entre la rue Pados et la rue Médarde, un
aqueduc en maçonnerie, à un mètre quatre-vingt centimètres au—dessous de la chaussée. La tranchée avait
permis de constater le niveau anciennement très-bas du
sol dans cette partie de la ville et les exhaussements
successifs. L'aqueduc, non voûté, mais dont les deux
côtés sont reliés en plafond par de grosses dalles de grès
avec un ciment si dur qu'il fallut casser une des dalles
pour se rendre compte de la profondeur et du genre de
la construction, a une largeur d'environ 40 centimètres
sur 60 centimètres de profondeur. « Il a une direction
oblique par rapport à l'axe de la chaussée Marcadé et se
dirige de l'angle de la rue Pados (nord) à l'angle de la
rue Médarde (sud). Il était, lorsqu'on l'ouvrit, rempli
d'une eau claire mais sans courant apparent. Ce canal,

ajoutait M. Delignières, paraît, d'après sa direction, avoir eu pour objet de relier entre elles les rivières de la Sautine et du Scardon. On peut conjecturer qu'il servait soit d'égout, soit peut-être de déversoir à l'un des moulins qui existaient sur la Sautine. » — *Mémoires de la Société d'Emulation,* 3ᵉ *série, t. II, procès-verbaux.*

Le pont Noblet est nommé quelquefois dans les registres de la Ville et dans les cueilloirs. Il paraît déjà sous cette forme « pont Noblet », au 3 janvier 1392 dans des pièces achetées par la Ville à la vente de la bibliothèque de M. de Saint-Amand. Le *cueilloir* de Saint-Pierre de 1579-1580 le mentionne en l'article 177 : « Pour une maison et ténement séant entre le pont à Cardon et le pont Noblet, paroisse Saint-Jacques...... » — *Note de M. de Clermont.* — Les comptes de Saint-Georges de 1685-1687 l'appellent « le pont Noble » et les mêmes comptes laisseraient croire qu'il devait s'appeler ainsi à cause d'une maison dite du *Noble à la Rose* qui faisait le coin de la chaussée Marcadé et de la rue Wattepré. — Le *Noble à la Rose* n'était-il pas le *Noble d'Or ?*

La feuille 20 du présent volume étant tirée, je ne puis que corriger après coup, avant de clore ce chapitre, quelques assertions avancées sur le pont Noblet.

Encore le pont Noblet.

Il faut que je renonce pour la plus grande part à ma dissertation concernant l'eau qui passait sous ce pont.

En 1732 en effet, date du plan de la vicomté de Saint-Pierre consulté par moi, le filet d'eau que couvrait le pont Noblet devait bien être le produit de l'égouttement des jardins de la rue Wattepré, mais antérieurement c'était un petit bras du Scardon, un rameau se détachant de cette rivière au dessous du pont Grenet et qu'un vieux plan de la collection Saint-Amand me montre rejoignant la rivière de Sotine passablement plus bas que le pont de Touvoyon. Ce vieux plan, approximativement établi sans doute sur des probabilités ou des traditions vagues, n'est pas tout à fait en accord avec les, données précises que nous fournissent les délibérations de la ville de 1657 et qui conduisent le rameau du Scardon dans la rivière de l'Eauette. Je cite : « 12 novembre (1657), consentement de Toussaint Mallœuvre, maître tanneur, propriétaire des moulins du pont de Sottines et de Patience, que les maire et échevins et habitants des rues de Wattepré et autres fassent remplir de terre et reboucher le ruisseau qui anciennement fluoit au commencement desd. rues, commençant vers le pont Grenet, passant en la rue des jardins du sieur Le Bel et continuant jusques à la chaussée Marcadé à l'endroit de la maison du Noble d'Or, et, de là, continuant encore en la rue dite Médarde jusques au petit pont qui est devant la porte du jardin de Jean Gaudemont, par derrière lequel pont flue le ruisseau vulgairement dit le *Trou aux Cannettes* (l'Eauette évidemment) s'en allant rendre le long du cimetière de l'Église Saint-Jacques, et, delà, dans la rivière qui fait moudre le moulin Cressi [?] sur le pont de Sottines, appartenant, comme il est dit, aud. Mallœuvre, afin de faire paver par lesd. maieur et échevins lesd. rues pour l'utilité publique et commodité des habitans; reconnaissant led. Malœuvre led. ruisseau lui être tout à fait inutile comme il a été depuis quinze ou vingt ans, rendant led. ruisseau une grande puanteur et infection qui incommode extrêmement les habitans au moyen des immondices et ordures que l'on y jette continuellement ; à la protestation qu'il fait que led. consentement ne lui pourra nuire ni préjudicier pour répéter contre Charles Delwarde et consorts tous les dépens dommages et intérêts etc............ (suivent des réserves pour un procès), de laquelle [protestation] déclaration lui a été donnée; pour servir à la ville ce qu'il appartiendra. » *Signé* « Mallœuvre. »

Puis : « 16 novembre (1657), arrêté de faire combler de terre led. ruisseau et d'y faire porter tous les décombres. » Le propriétaire du vieux moulin de la Baboë avait consenti le premier, mais non gratuitement, à la suppression. « 24 avril (1657), consentement de Charles Gaffé, propriétaire du moulin de la rue Babos, de boucher les ruisseaux desd. rues, à la charge de décharger les locataires de son moulin de logement des gens de guerre. Le consentement dud. Gaffé est pour les ruisseaux commençant au pont Grenet, et finissant au petit pont dit vulgairement le *Trou aux Cannettes*. » — *Reg. aux délib. anal., en la poss. de M. A. de Caïeu.*

Il est probable que c'est après le comblement des « ruisseaux » de 1657 que furent creusés les fossés d'égout bordant la rue Wattepré comme nous les montre le plan de la vicomté de 1732. — Quant au pont du *Trou aux Cannettes*, jeté sur notre petite dérivation du Scardon, il précédait, nous l'avons vu, un jardin de la rue Médarde, et presque immédiatement la dérivation se perdait dans l'Eauette, autre dérivation du même Scardon.

CHAPITRE XXXII

Ce chapitre pourrait être intitulé : du Pont Noblet au pont de Touvoyon, avec détours, à gauche vers Saint-Jacques, à droite vers la tour à Borel.

Le carrefour du pont Noblet nous donne à gauche la rue Médarde, à droite la rue Pados.

La rue Médarde. La rue Médarde s'est appelée autrefois rue des Telliers ou des Tisserands, des tisserands qui l'habitaient. Son nom de rue Médarde, dont l'origine remonte, dit-on, à une lessiveuse célèbre, a prévalu et lui est seul resté.

Dans la rue des Tisserands, dit Collenot, se faisaient les toiles à voiles pour le cabotage et la pêche des harengs? L'insuffisance des indications ne nous permet de rien affirmer à cet égard.

La rue des Telliers, des Tisserands, Médarde, nous apparaît chronologiquement ainsi jusqu'à présent :

1281. — Rue aux Telliers. — *Archives de l'hôtel-Dieu*, note donnée par M. Ch. Louandre.

xvᵉ siècle. — Dans un cueilloir de la communauté de Saint-André, du xvᵉ siècle mais dont la date manque, et qui appartient à la Ville depuis la vente de la bibliothèque de M. de Saint-Amand, il est question d'une « maison et tenement séant en le rue à teliers, entre le bout de le rue d'Angouche et le ruissiel qui deschent (descend) de le petite rue aux Pareurs devant l'église Saint-Jacques (1), acostant d'un costé vers le dit ruissiel a le maison tenant Jehan......, tisserant de draps, » etc. Toutes les maisons indiquées dans le voisinage sont habitées par des tisserands de drap, dont plusieurs les tiennent de Jehan Barbafust. La maison qui fait l'objet de l'article est elle-même occupée par un tisserand de drap.

On disait cependant déjà quelquefois rue des Tisserands au xvᵉ siècle.

1458. — Rue des tisserands. — *Archives de l'hôtel-Dieu, note de M. Ch. Louandre.*

(1) Il s'agit évidemment de l'Eauette ; mais cette désignation : « entre le bout de le rue d'Angouche et le ruissiel » prouve qu'une partie au moins de la rue des Rapporteurs était considérée comme rue des Telliers.

1541. — Le 6 février 1541 (1542), l'Échevinage arrête qu'un pont sera mis (sur l'Eauette très-probablement) « en la rue des Tisserants, devant la maison de Jean le Bel, brasseur, pour que les charrettes puissent y passer. » — *Reg. aux délib. de la Ville, anal. en la poss. de M. A. de Caïeu.*

1562. — Je trouve : « De honorable homme Thibault de Grambus, mary et bail de Damoiselle Marguerite Cornu, au lieu de Jehan Cornu seigneur de Beaucamp, pour une maison et tenement scéant en la rue aux Ticerans (*sic*)...... xxvii sols. » — *Cueilloir de 1562 pour l'église de Saint-Gilles.*

1579. — « Pour une maison et tenement à deux demeures en la rue aux Tisserands au destre côté en allant du ruissiel Saint-Jacques en la rue du Sermon... » — *Cueilloir de Saint-Pierre 1579–1580, note de M. de Clermont.* — Quelle était cette rue *du Sermon ?* En tournant le dos à l'Eauette, le visage vers la chaussée marcadé, je ne vois, à droite, que la ruelle sans nom, signalée par nous entre la rue des Teinturiers et la rue Médarde. Si, de l'Eauette, nous nous avançons dans la rue actuelle des Rapporteurs nous ne voyons, à notre droite, que la rue des Poulies.

1674. — Dans un contrat de vente, du 30 juin 1674, de censives et surcens par messire Jean Tillette, escuier sieur de Mautort, et dame Magdeleine Levasseur, son épouse, au profit de Jacques Tillette, escuier, sieur de Belleville, capitaine au régiment de Bouvrelemont, et dame Magdeleine de la Garde, son épouse, il est question de deux maisons situées rue aux Tisserands, vulgairement appelées les Bouss..... (illisible) et présentement appelées *le Pressoir*. — *Note de M. de Clermont*.

XVIIIe siècle. — Rue aux Tisserands ou rue Médarde, ainsi nommée dans un *État des cens dus à l'église de Saint-Jacques*, antérieur à 1751.

1751. — Rue Médarde dans les *comptes de Saint-Jacques de* 1750-1754.

Le nom de rue aux Tisserands persiste cependant, concurremment avec celui de rue Médarde, en notre siècle, au moins jusqu'en 1833 : — 1826, rue aux Tisserands dite Médarde, — *Journal d'Abbeville ;* — 1828, rue aux Tisserands dite Médarde, — *ibid.* — 1831, rue aux Tisserands, *ibid ;* — 1833, rue aux Tisserands dite rue Médarde, — *ibid.*

Le cueilloir de la communauté de Saint-André cité plus haut nous autorise à penser que la rue des Rapporteurs, ou une partie de la rue des Rapporteurs, n'était pas distincte de la rue aux Telliers. A la rue des Telliers donc, sinon à la rue des Rapporteurs, appartenait la maison dite *le Petit-Versailles*. Cette maison formait un coin vis-à-vis la rue des Poulies. Un riche bourgeois du nom de Ballen y demeurait en 1497 et au commencement du XVIe siècle. — *Notice sur les Ballen par M. le Comte de Bussy ; La Picardie de* 1873, *p.* 307.— Cette maison doit être celle qui, au coin de la rue d'Angouche et de la rue des Rapporteurs, sert de magasin à M. Dastot, marchand de bois.

Nous serait-il permis de réclamer pour Abbeville des ascendants de Sainte-Beuve? Le 29 décembre 1458, Bertran Laudée, ayant acheté à Jean Malot une maison, gardin et tenement sis à Abbeville en la rue qui maine devant l'hôtel du Sermon en la rue des Tisserans, vend lad. maison au profit de Jean Moppin, boucher, lad. maison tenant au tenement qui fut de deffunt Jehan de Sainte-Beuve et au tenement Thomas le Poullets. — *Extraits des archives de l'Hôtel-Dieu* (par M. Le Ver, je crois).

Les notes de M. Traullé indiquent une rue qui, de la rue Médarde, allait jusqu'au rempart, entre la chaussée Marcadé et la Pointe. L'existence de cette rue était encore attestée en 1848 par un cul-de-sac innommé, ouvert entre les maisons qui portent les n°ˢ 23 et 27.

Cette rue, figurée sur un plan de la vicomté de Saint-Pierre conservé dans les collections de M. de Saint-Amand, s'appelait rue Gaubert. M. Hecquet d'Orval a fait disparaître l'impasse, dernier reste de celte rue, en construisant sa maison (vers 1852). Il résulte des titres qui sont entre ses mains que cette *ruelle* dont toute trace a maintenant disparu, conduisait de la rue des Tisserands dans la rue Le Dien désignée sous le nom de rue Dien. Il résulte aussi de ces mêmes titres qu'une autre ruelle conduisait de la place Saint-Jacques dans la Chaussée Marcadé en traversant la ruelle Gaubert. Il résulte de plus que des voleurs et des vagabonds se retiraient dans cette ruelle Gaubert et s'introduisaient dans les jardins pour voler les fruits et même couper les arbres, ce qui détermina l'Échevinage à la faire fermer des deux côtés ; puis, sur la demande des propriétaires riverains, la Ville leur vendit cette rue moyennant 300 livres et 5 sols de rentes annuelles. Les propriétaires

La rue Gaubert.

riverains étaient alors N..... Manessier, contrôleur aux eaux et forêts, et N. de Callogne, maître orfèvre.

Je rassemble ici tous les renseignements que je crois pouvoir se rapporter à la rue Gaubert en me demandant d'abord si cette rue ne se trouve pas souvent désignée sous ces autres noms: Robert, Agobes ou à Gobes, Gobert, des Gobbets ou des Gobets, à Gonets, à Gobet ? Les circonstances paraissent toujours placer la rue ou les rues désignées ainsi entre la rue des Tisserands, la chaussée Marcadé et Saint-Jacques. Il ne faut pas oublier que la ruelle Gaubert était coupée par une autre ruelle.

1285. — Rue Robert, paroisse Saint-Jacques. — *Archives de l'Hôtel-Dieu. Note de M. Ch. Louandre.*

xv° siècle. — Jehan de Limeu xxIII°, etc., pour un grand gardin et ténement séant en la paroisse Saint-Jaque en le rue Agobes, au dextre costé en allant de le rue aux Tisserans en le rue Le Dien, et n'y a nul autre gardin en led. rue en che costé qui faiche (fasse) son entrée en led. rue Agobes, et de l'autre costé aux gardins de plusieurs maisons qui font leur yssue sur le cauchie de entre le pont Noblet et le pont de Thouvoyon, abouté du bout vers le rue Le Dien à plusieurs gardins qui ont leur entrée en led. rue Le Dien, et de l'autre bout à quatre gardins de quatre maisons qui ont leur yssue sur le rue aux Telliers, et si aboute d'un cornet à le rue Agobes ouquel cornet l'entrée de cest gardin est. » — *Cueilloir de la communauté de Saint-André du xv° siècle, à la Ville depuis la vente de la bibliothèque Saint-Amand.*

1562. — « De l'église Saint-Jacques, dont est homme vivant et mourant Jehan Tillette, pour ung jardin et ténement scéant en lad. paroisse Saint-Jacques, lequel a issue en la rue à Gobert. » — *Cueilloir de 1562 pour Saint-Gilles.*

Même date. — « De l'église Saint-Wlfran de la Chaussée pour une maison et ténement scéant en la rue áux Telliers à l'endroit de la rue des Gobbetz. — XVIII s. » — *Même cueilloir.*

1573. — M. de Clermont a trouvé dans un titre du 14 octobre 1573 (Val aux Lépreux) une maison « sise rue des Gobes, au coin de celle des Tisserands ». — J'ai trouvé moi-même dans les comptes du Val de 1573–1579 une « rue des Gobets près Saint-Jacques ».

1579. — M. de Clermont a rencontré de nouveau notre rue en 1579 sous le nom de « rue à Gobes ». : — « Pour un jardin et ténement séant en la rue à Gobes, à main senestre ainsi qu'on va de la rue aux Tisserands en ladite rue à Gobes, paroisse Saint-Jacques. » — *Cueilloir de Saint-Pierre, 1579-1580, article 389.* — Dans le même cueilloir cependant, article 189, M. de Clermont a trouvé encore : « Pour une maison, jardin et ténement, scéant à la rue à Gonets, paroisse Saint-Jacques, aboutant vers la rue aux Tisserands. » — Toutes ces habitations dans une rue ou dans des rues disparues montrent, tout au moins, combien plus peuplé devait être, au xvi° siècle, le quartier où nous sommes, le quartier des Tisserands.

1790. — J'abandonne aux discussions cette dernière note concernant probablement une maison formant le coin de la rue à Gobet et de la rue des Tisserands à une date où le souvenir des anciens noms commençait sans doute à s'effacer: « Contrat de vente du 30 avril 1790 de deux sous de cens ou surcens faisant partie de quatre livres hypothéquées sur une maison sise rue ancienne-ment nommée à Gobet et à présent rue Médarde. » — *Note de M. de Clermont.*

Suivant le plan de la vicomté de Saint-Pierre, la rue Gaubert qui vient de nous occuper sous différents noms s'ouvrait au milieu de la rue des Tisserands, à peu près à égale distance de la rue de l'Eauette et de la chaussée Marcadé.

La rue Médarde finit à la naissance de la rue des Rap-porteurs, à l'angle de la rue de l'Eauette.

La rue de l'Eauette tire son nom d'un filet d'eau, — *Eauette*, petite eau, — que l'on désigne ainsi.

La rue
de L'Eauette.

L'Eauette, qui descendait autrefois, dit-on, de la rue aux Pareurs, est une prise d'eau dans la rivière du Scardon dont elle se détache près de l'ancien couvent des Dames de Saint-Joseph (aujourd'hui le petit quartier de cavalerie). — Elle sert de déversoir à cette rivière lors-que le moulin du Roi a trop d'eau et submerge le moulin d'amont ou de la Baboë. L'Eauette alimentait autrefois, avec la rivière de Sotine dont nous dirons un mot bien-tôt, le moulin à bled qui était à l'entrée de l'impasse Coq–Chéru. Elle coule aujourd'hui souterrainement jusques dans les jardins de la rue Médarde et de Saint-Jacques. De ces jardins, où on la voit reparaître, elle repasse souterrainement encore sous la place Saint-Jacques dont elle fait le tour en partie, et revient enfin à

L'Eauette

ciel ouvert lorsqu'elle se confond avec la rivière de Sotine.

L'Eauette faillit disparaître en 1800. Une assemblée des propriétaires et habitants des rues des Rapporteurs, d'Angouches, de l'Eauette, de Saint-Jacques, aux Tisserands, et d'une partie de la chaussée Marcadé, fut convoquée pour le 25 pluviôse (14 février 1800), « aux fins de discuter le comblement de la petite rivière de l'Eauette ». — *Reg. de la Ville.*

Sous la place Saint-Jacques l'aqueduc actuel de l'Eauette n'est plus, dans toute sa longueur, l'ancien canal. Lors de la dernière reconstruction de l'église (1868) une orientation nouvelle du monument étant donnée, l'architecte, M. Delefortrie, s'aperçut que cet ancien canal, si on le conservait, serait pris dans les fondations. Il fallut, a-t-il écrit lui-même dans un rapport daté du 3 novembre 1873, refaire cet aqueduc sur une grande longueur en lui faisant décrire une certaine courbe, de façon à l'éloigner de la nouvelle église.

La « petite rue de l'Eauette » paraît sous son nom même dans les comptes du receveur de Saint-Jacques de 1751-1754 : « M. du Maisniel de Belleval pour une maison et tenement en la petite rue de l'Eauette. . »

Le ruisseau de l'Eauette rendait la rue de ce nom si peu praticable que les piétons seuls pouvaient passer, et le long des maisons. Ce ruisseau fut couvert en 1832.

La rue de l'Eauette étant devenue plus saine alors, le prix des loyers qui était très-bas s'éleva beaucoup, et une partie de sa population, toute ouvrière, l'abandonna.

— MM. Brion et Paillart, Mémoire sur la dépopulation.

En 1703, le presbytère de Saint-Jacques était près de l'Eauette. Le curé, maître Jacques Becquin, qui l'avait fait reconstruire à ses frais, y mourut.

La rue de l'Eauette nous conduit à la place Saint-Jacques.

La place Saint-Jacques tire son nom de l'église qu'elle entoure et à laquelle elle servait de cimetière.

L'église Saint-Jacques, dit le P. Ignace, est une des plus anciennes et des plus célèbres qui soient dans la ville. *L'église de Saint-Jacques.*

Ancienne, oui. Son antiquité paraît remonter au delà de l'année 1136. Suivant Hermant, elle existait dès 1121 (1). L'édifice que nous avons connu jusque vers 1868 datait comme reconstruction, suivant le P. Ignace, de l'an 1482.

Le rapport de l'architecte de la dernière église, M. Delefortrie, peut venir en aide aux assertions d'Hermant et du P. Ignace :

« En faisant nos sondages, a-t-il écrit, nous ne rencontrâmes aucun obstacle. Les résultats, au contraire, nous donnant une couche de terrain solide parfaitement de niveau, nous ne pouvions nous attendre aux surprises que nous ménageait un sol que nous avions sondé en huit endroits différents. — En creusant les fouilles nécessaires à l'établissement des piles intérieures et des chaînages destinés à les relier, nous avons trouvé les fondations d'une église antérieure à celle que nous ve-

(1) Extrait de l'*Histoire du Ponthieu,* par Hermant, dans des notes de M. Traullé.

nions de démolir. Ces fondations, faites en grès et briques, étaient d'une solidité telle que nous avons été obligé, pour les faire disparaître, d'employer le ciseau. »

La première église de Saint-Jacques avait été bâtie évidemment hors des murs, lorsque la porte de la ville, du côté du nord, était, suppose-t-on, au pont de Taupoirée.

La célébrité affirmée par le P. Ignace est plus discutable. L'historien ne la justifie par rien.

L'église de 1482 que nous avons vue disparaître il n'y a pas quinze ans, se composait de trois nefs voûtées en bois.

Les bateliers de la Somme, appelés les marins parce qu'ils étaient en effet classés dans la marine et servaient sur les navires de l'État, habitaient en assez grand nombre le quartier environnant, surtout avant l'accroissement du quartier du Rivage par la construction des ruelles et des culs-de-sac. Ils possédaient dans l'église de Saint-Jacques une chapelle dont la clôture de cuivre posée en 1535, nous apprend encore le P. Ignace, pesait trois mille sept cent soixante-huit livres. Un extrait de l'*Histoire* d'Hermant n'est pas d'accord avec l'assertion ci-dessus pour la date: « En 1533 fut faite la clôture de cuivre de la chapelle des mariniers de Saint-Jacques, dite de Saint-Nicolas. Cette clôture donnée par eux, du poids de trois mille sept cent soixante-huit livres, et faisant en 1705, à neuf sols la livre, la somme de 1695 livres 12 sols, a été vendue alors par mon aïeul Homassel qui en a employé le produit, étant receveur de la fabrique, pour le bel autel et le tableau de Saint-Nicolas. »

Les travaux à la chapelle de Saint-Nicolas avaient commencé en 1703. A cette date on refit « à neuf et en maçonnerie, » nous apprennent les *Mss. Siffait*, « le coin où est l'autel saint Nicolas, y compris les deux croisées; ensuite on retira la clôture de cuivre pour la vendre ; puis on fit faire un autel en bois qui a coûté six cents livres, non compris le prix du tableau fait à Paris. » Nous retrouvons mention de ce tableau dans l'*Almanach de Ponthieu* de 1783. C'était un saint Nicolas sauvant des matelots du naufrage ; — « excellent tableau de M. Cazes, peintre de l'Académie ».

L'Almanach n'est pas d'accord, pour le nom du peintre avec Maurice de Sachy, mais peut-être l'église a-t-elle possédé deux représentations peintes du saint : « Ce qui est de plus remarquable en cette église c'est le tableau de saint Nicolas en habits pontificaux, porté au ciel par des anges sur un groupe de nuages. Cet ouvrage est parfait et sort du pinceau d'un habile peintre d'Abbeville nommé Lafosse que l'on croit être élève du célèbre Simon Vouet de l'Académie de peinture. » —M. de Sachy.

Le curé de Saint-Jacques célébrait annuellement — 1751-1754 — deux messes hautes de saint Nicolas dont la fabrique s'était chargée à cause de l'abandon que les capitaines et compagnons de navires lui avaient fait d'une rente de six livres sur les enfants de Michel Belle-gueulle. Le curé était alors M. de Valois.

Un côté de l'église était dit « de saint Nicolas. »

Vers 1737, on supprima dans l'édifice de Saint-Jacques trois autels, savoir: « celui de Notre-Dame de Boulogne qui étoit au pilier qui soutient le Christ et qui

commence le chœur ; celui de saint Marcoul qui est
vis-à-vis de l'autre côté, et celui de Notre Dame de
Pitié qui étoit au troisième pilier en deçà. Depuis on
supprima encore le Saint-Sépulcre (1) qui étoit placé du
même côté au bas de l'église. » Ces destructions étaient
faites en vue de livrer plus de place aux fidèles. — *Mss.
Siffait.*

En 1747, réparations à la sacristie. Cette sacristie,
d'une architecture particulière, avait été antérieurement
une chapelle ouverte dans l'église de 1482. L. Manessier l'avait fait construire pour sa sépulture, avec la
permission des Messieurs de la fabrique : une balustrade en pierre blanche la séparait du sanctuaire. « La
mode étant venue dans les paroisses d'avoir une sacristie, » on obtint la permission des héritiers de M. Lancelot Manessier d'en faire une de la chapelle où il reposait ;
—concession qui fut de leur part un médiocre témoignage
de piété de famille. — « On voyoit autrefois les armoiries de M. L. Manessier au vitrage du sanctuaire au-
dessus de la sacristie. » — Lancelot Manessier était sans
doute le maïeur de 1614—1615 pour qui fut composée
l'épitaphe terminée par ce jeu de mots :

Bene vive, quod facile te facturum spero, si MANES
SERIUS.

Avant l'appropriation de la chapelle mortuaire de
Lancelot Manessier à usage de sacristie, le prêtre s'ha-

(1) Ce sépulcre fut démoli en vertu d'une délibération du 24 décembre 1752. La vente « de différents bois et statues provenant de
la démolition mit entre les mains du receveur de la fabrique une
petite somme de vingt et une livres. — *Comptes du receveur Jacques
Delattre.*

billait derrière l'autel alors gothique « en forme de boëte où étoit représentée en sculptures la Passion de Notre-Seigneur. » — *Mss. Siffait.*

Lorsque l'on reconstruisit, il y a quelques années, l'église de 1482, la chapelle oubliée de Lancelot Manessier, la sacristie, demeura longtemps la dernière partie debout du vieil édifice, ayant été conservée comme bureau de l'architecte ou lieu de dépôt des outils, pendant la construction de la nouvelle église.

On devine dans les *Mss. Siffait* que l'église Saint-Jacques avait souffert d'assez grands dégâts vers 1773, car, à cette date, on recouvre complétement à neuf les deux bas côtés. Les travaux furent finis pour la plupart à Noël.

Le grand clocher qui était séparé de l'église de 1482 ne fut commencé que le 19 juin 1542. « Dépourvu d'ornements, carré, gros, court et couvert d'un toit (1) », il était depuis fort longtemps, (1870), en surplomb comme presque toute l'église elle-même. Une vue de ce clocher a été lithographiée peu de mois avant qu'on le mît bas.

Le 19 novembre 1621, l'Échevinage, invité par le curé et par les marguilliers à la bénédiction des cloches, vota à cette occasion un don de trente-neuf livres. — *Reg. aux délib. de la Ville, anal. en la poss. de M. A. de Caïeu.*

Le clocher de Saint-Jacques contint dix cloches, dont une, suivant le P. Ignace, était des plus grosses de la ville. « Aussi, ajoute l'historien, cette paroisse est de

(1) M. Louandre, *Hist. d'Abb.*, t. II, liv. huitième.

fort grande étendue. » En 1736, au mois de décembre, la plus grosse des cloches existantes alors fut descendue et exposée dans l'église pour exciter les fidèles à contribuer aux frais d'une fonte nouvelle. Elle était cassée depuis environ trente ans, mais elle sonnait encore quand il en était besoin, « avec le son d'une cloche cassée. » Les *Mss. Siffait* auxquels j'emprunte ces détails lui attribuent alors une antiquité de deux cents ans environ, ce qui voudrait dire qu'elle avait probablement l'âge du clocher, à moins cependant qu'elle ne lui fût antérieure. Elle ne portait « qu'une seule ligne d'écriture, sans date, que l'on n'a point su lire ». Les *Mss.* ajoutent cependant presque immédiatement qu'elle avait été fondue dans la place Saint-Pierre en l'année 1490 et avait cinq pieds quatre pouces de largeur par en bas, — quatre pouces de plus que la grosse cloche de l'Hôtel de Ville. — Elle pesait 4,600 livres, mais était assez mince.

L'année suivante, — 1737, — les quêtes reconnues suffisantes permirent la refonte. La vieille cloche put donc, le matin du samedi 13 juillet 1737, sortir rajeunie d'un fourneau établi dans le cimetière de Saint-Vulfran où le Chapitre avait, peu de temps auparavant, fait subir à ses vieilles sonneries la même épreuve. L'épreuve ne fut pas heureuse à la doyenne de Saint—Jacques. Elle était bien toute brillante de jeunesse mais incomplète. Le métal ayant « coulé par le bas, » il lui manquait « des anses. » Elle descendit de nouveau dans la terre matrice le jeudi 19 septembre. La nouvelle fut aussitôt portée à Saint-Jacques par la volée de la seconde cloche de Saint-Vulfran qui sonna « sans carillonner » pendant le *Te Deum*, annonçant ainsi qu'une sœur lui naissait.

Le lendemain le triomphe fut complet. Les paroissiens de Saint-Jacques, ayant vu tirer la cloche du moule, lui attachèrent plusieurs branches de laurier et la traînèrent eux—mêmes vers leur paroisse. En cet instant, la seconde cloche de Saint—Vulfran sonna d'abord, puis la grosse « sans carillonner, » accompagnant ainsi de larges volées la marche pesante à travers le Marché, la rue Saint-André, la rue Sainte-Catherine, la rue des Rapporteurs et la rue des Poulies. La cloche placée dans l'église, du côté de N.-D. de Consolation, y attendit la bénédiction qui lui fut donnée le surlendemain, dimanche 22. De beaux rubans rouges avaient été ajoutés pour la cérémonie à ses branches de laurier ; elle portait :

L'AN 1737 J'AI ÉTÉ BÉNITE PAR M° LOUIS DE VALOIS, LICENCIÉ EN THÉOLOGIE, CURÉ DE CETTE ÉGLISE PAROISSIALE DE SAINT—JACQUES. JE SUIS NOMMÉE JACQUELINE ET J'AY ÉTÉ REFONDUE DES DONS ET LIBÉRALITÉS DES PAROISSIENS ET DE LA CONFRÉRIE DU SAINT-ESPRIT ÉRIGÉE EN CETTE ÉGLISE. M^r. JACQUES HOMASSEL, ADMINISTRATEUR DE LADITE CONFRÉRIE.

LOUIS LE GUAY, NATIF DE PARIS ET FONDEUR D'ABBEVILLE, M'A FAITE.

Cette inscription était accompagnée d'une image de saint Jacques et d'une image de saint Sulpice. Une image du Saint-Esprit et deux coquillages ornaient les autres côtés. Suivant les *Mss. Siffait*, la nouvelle cloche, pesant de cinq à six mille livres, devait être plus lourde que l'ancienne, mais, on le voit, l'estimation est bien loin d'être stricte.

L'histoire de Jacqueline n'est pas finie. Quatre jours après la bénédiction, le 26 septembre entre sept et huit heures du matin, la nouvelle cloche n'était encore montée qu'à mi-hauteur et reposait sur une poutre lorsque le tonnerre entra dans le clocher et y fit grand fracas mais sans y mettre le feu. (Cette remarque n'est pas indifférente, la dévotion faisant alors sonner les cloches, je crois, quand il tonnait.) La dépense des réparations nécessitées par le coup de tonnerre monta à dix-huit cents livres et fut prélevée sur les biens de la paroisse. — *Mss. Siffait.*

Plusieurs légendes sont attachées à Jacqueline. Lorsqu'il s'agit de la faire fondre pour la première fois, dit-on, une souscription fut ouverte dans la paroisse. Beaucoup de gens souscrivirent en argent mais beaucoup aussi en nature. Les uns donnèrent leur batterie de cuisine, d'autres des bijoux, de l'or, de l'argent travaillé. Tous les métaux furent fondus pêle-mêle par le fondeur. De là la grosseur et le beau son de la cloche qui est une basse-taille. On assure qu'une émeute populaire s'opposa pendant la Révolution à la descente de Jacqueline de son clocher et Jacqueline ne vit pas l'or qu'elle contient passer en gros sous.

Une autre légende veut qu'une femme, mal pendue et bien dépendue, ait vécu longtemps dans le vieux clocher de Saint-Jacques, en compagnie de Jacqueline comme en un lieu de refuge.

M. de Sachy qui écrivait en 1762 et qui donne pour date

initiale à la construction de la tour du clocher l'année
1535, ajoute : « Elle renferme quatre belles cloches
sonnant au ton de l'opéra *fa*, *mi*, *re*, *ut*, et l'*ut* a été
fondu par le nommé François Le Guay, très-habile
fondeur d'Abbeville, il y a environ vingt ans en cette année 1762. »

Plusieurs associations étaient établies en l'église de
Saint-Jacques, dont deux principales, l'une dite du
Saint-Esprit, l'autre qui existe encore, de N.-D. de Con-
solation.

La confrérie du Saint-Esprit fut, ainsi que plusieurs
autres en d'autres paroisses, instituée après la maladie
épidémique de 1718. Elle adopta un chaperon violet
avec une croix blanche. L'année de leur première réunion les confrères se rendirent tous au Saint-Esprit de
Rue.

La principale fête de cette confrérie, nous apprend
M. de Sachy, était le lundi de la Pentecôte. Il y avait
indulgence pour les confrères, pour la plupart artisans de
la paroisse ou même d'autres paroisses. La confrérie avait un prévôt qui avait quatre « assistants ». Les
confrères étaient tenus « à plusieurs pratiques de piété
et de dévotion », suivant, ajoute M. de Sachy, qu'il est
indiqué dans une bulle du pape dont il ne donne ni le
texte ni la date. Au temps où M. de Sachy écrivait (1762),
les insignes n'étaient plus ceux de l'institution. Les confrères portaient alors « une chausse violette avec le
Saint—Esprit brodé en argent sous la figure d'une colombe. Ils allaient aussi en procession générale. »

L'histoire de la société charitable Notre—Dame de

Consolation, fondée en 1643 et dont les statuts sont connus, a été écrite plusieurs fois ; je ne veux pas la refaire ici et ne la reprends partiellement que pour quelques faits moins sus.

En 1743, et pendant quatre jours, lundi 8 juillet, mardi, mercredi et jeudi, le centième anniversaire de cette charitable création fut célébré à Saint–Jacques. Le détail des cérémonies est au long dans les *Mss. Siffait.*

Le vendredi 29 août 1755, il y eut vêpres et salut solennel à Saint–Jacques, en action de grâce de ce que le roi avait bien voulu accorder à la société de Notre–Dame de Consolation lettres patentes confirmatives de son établissement, lettres données le 24 janvier 1751, registrées au Parlement par arrêt du 30 juin 1755, et en Sénéchaussée de Ponthieu le 1ᵉʳ août 1755.

L'association d'Abbeville avait été enveloppée dans l'édit du mois d'août 1749 et ainsi supprimée. La confirmation royale la releva avec permission de recevoir les dons et les legs qui lui seraient faits.

L'évêque d'Amiens avait contribué à obtenir les lettres patentes. — *Mss. Siffait.*

Un *Office de la Visitation pour l'usage des Dames de la Consolation d'Abbeville* a été imprimé à Saint-Omer (imprimerie de Boulanger) en l'an IV.

Une association de l'Immaculée-Conception fut instituée en Saint-Jacques en 1776, après une mission faite en cette année dans la ville. — Voyez *Statuts et règlements de l'association de l'immaculée Conception, érigée dans l'Église paroissiale de Saint-Jacques d'Abbeville, le 8 novembre 1776, par l'autorité de Monseigneur de Ma—*

chault, *Evêque d'Amiens, et confirmée par une bulle de
N. S. P. le Pape Pie VI; à Abbeville chez Devérité*, 1788.

Je trouve preuve encore de trois autres confréries en
Saint-Jacques.

Nos registres municipaux contiennent au 20 décembre 1688 « homologation de la délibération des
compagnons drousseurs et repasseurs de la manufacture
royale (des draps) pour l'établissement de la fête de
saint Louis en la paroisse de Saint-Jacques ; » — *analyse en la poss. de M. A. de Caïeu ;* et un cueilloir
de Saint-Jacques nous nomme pour quelques droits payés
en 1751-1754 les confrères de saint Laurent, les confrères de saint Sulpice et les confrères du Sacré-Cœur ;
mais il s'agit, pour deux de ces confréries, au moins, de
corporations de métier.

Je relève, avec les sommes payées, la mention de
toutes les confréries en Saint-Jacques, à la date précitée.

Les dames de la Consolation payaient six livres par an
pour la permission à elles accordée d'avoir un tronc dans
l'église.

Les maîtres bouracaniers payaient cent sols par an
pour le droit de faire sonner la grosse cloche la veille et
le jour de saint Laurent, patron de leur communauté.

Les compagnons drousseurs payaient six livres par an
pour le supplément de l'office de saint Louis et avoir le
droit des beaux ornements et de faire sonner la grosse
cloche la veille et le jour de saint Louis, leur fête.

Les confrères du Saint-Esprit payaient dix livres pour
le droit des beaux ornements et celui de faire sonner la
grosse cloche le lundi de la Pentecôte, jour de leur fête.

Ils étaient obligés de faire l'ouverture de leur tronc le lendemain de cette fête en présence de MM. les curé, receveur et marguilliers, et de rendre à l'église le tiers de l'argent qui s'y trouvait.

Les confrères de saint Sulpice payaient cent sols le droit de faire sonner la grosse cloche la veille et le jour de leur fête.

Les confrères du Sacré-Cœur payaient cent sols également pour le droit de faire sonner la grosse cloche la veille et le jour de leur fête.

Le dernier cueilloir de Saint-Jacques (1791) montre qu'à cette date les Dames de la Consolation payaient dix livres; les ouvriers de la manufacture des Moquettes, pour la sonnerie le jour de la Transfiguration le 6 août, cinq livres; les bouracaniers pour la même cause, le jour de saint Laurent, 10 août, cinq livres; la confrérie du Saint-Esprit, comme en 1751 ; la confrérie de saint Sulpice, cinq livres; la confrérie du Sacré-Cœur, dix livres; les drousseurs des Rames, comme en 1751 ; enfin une congrégation des filles, pour les ornements neufs et la sonnerie de la grosse cloche le jour de la Nativité, dix livres.

Une note accompagnant l'*Ode de la Consolation* de M. De Roussen, curé de Saint—Jacques, nous dit :

« En 1784, Sa Majesté a fait part de ses bontés à la paroisse de Saint-Jacques successivement désolée par les plus grands fléaux. Cette paroisse est, d'ailleurs, la plus nombreuse et la plus indigente de la ville. »

Le quartier Saint-Jacques était fort souvent au dix-huitième siècle, et jusqu'à nos jours, avant l'établisse—

ment des écluses sur le canal, recouvert par les eaux de la Somme. « Au mois de janvier de 1752, voyons-nous dans les *Mss. Siffait*, on fit une écluse au pont qui est près du moulin de la Pointe pour empêcher que la marée n'inondât davantage le terrain de Saint–Jacques. » Et plus loin : « En septembre 1776, on mit un clapet de bois en forme de porte au pont de pierre qui est sur l'Eauette vers le clocher de Saint-Jacques, pour empêcher que la marée ne se répandit davantage dans le cimetière. »

Toutes ces précautions étaient malheureusement trop justifiées.

En 1491, les eaux furent si hautes à Abbeville que toutes les caves furent pleines et même l'église Saint–Jacques, au point qu'on ne put y chanter les matines à Noël. — *Hist. du Ponthieu* de M. Hermant.

En 1716, l'inondation épouvante le curé au point de lui faire résigner sa cure.

En 1735, le dimanche 1er septembre, un fort vent de mer fait un grand ravage dans les campagnes, causant de grandes pertes aux laboureurs, un grand dommage aux arbres à fruits, en abattant beaucoup. Vers midi la marée monte si haut qu'elle entre dans l'église Saint–Jacques, ce qu'elle n'a pas fait depuis l'affluence des *eaux de Péronne*, c'est-à-dire depuis dix-huit ans. — *Mss. Siffait.*

« L'année dernière, la veille de Noël, disent les *Mss. Siffait* sous la date de 1776, quand l'office de la nuit fut fini, ceux qui y étoient ne purent sortir de l'église, tant le cimetière étoit rempli d'eau. »

Dans l'*Avertissement* des Essais lyriques publiés en
1785 par M. De Roussen, curé de Saint-Jacques, on lit :
« Nous avons cru qu'il était de notre devoir de célebrer
d'illustres bienfaiteurs de l'humanité et de rappeler
leurs exemples dans un ouvrage dont le but unique est
d'exciter les hommes à la bienfaisance. C'est pourquoi,
après avoir chanté les bontés de Sa Majesté envers la
paroisse de Saint-Jacques de notre ville, nous avons dû
montrer quel étoit le canal par où ces grâces nous
étoient parvenues. Mgr l'évêque d'Amiens fit connoître
nos besoins et Mgr l'évêque d'Autun obtint du roi un don
de quatre mille livres (1) pour les réparations de notre
église, qui, dans le temps même où on travailloit à la
rétablir, fut tout à coup inondée par les eaux qui, l'année dernière, couvrirent les deux tiers de la paroisse
après un hiver bien rigoureux pour les artisans dont est
composée presque toute cette paroisse. On nous fait
espérer que sa munificence ne s'arrêtera pas là ; les
réparations, tant intérieures qu'extérieures, montent au
moins à vingt mille livres ; cette paroisse, le refuge de
trois à quatre mille pauvres ouvriers, étant d'ailleurs
hors d'état de supporter cette dépense. Mgr l'évêque

(1) Ainsi le futur diplomate, prince de Bénévent, a été un bienfaiteur de Saint-Jacques. Il n'avait pas dédaigné de donner lui-même
avis de la munificence obtenue, mais l'acquittement de la générosité
royale ne devait pas être immédiat et la fabrique avait besoin d'argent ; elle fit donc, peu d'années avant la Révolution, un emprunt de
4,000 livres « sur la même somme à toucher suivant qu'il résulte
de la lettre de Mgr l'évêque d'Autun en date du 21 avril 1784,
portant que le roi a accordé à cette église sur la caisse des loteries
ladite somme de 4,000 livres payable, 2,000 livres en 1788 et les
deux autres mille livres en 1789. — *Cueilloir de Saint-Jacques*, 1791.

d'Amiens donne une somme pour l'autel et paie la cote-
part des plus pauvres contribuables. »

Enfin dans l'hiver de 1798 à 1799, nous apprennent
les Mss. de M. Macqueron, le dégel amena dans la ville
une inondation telle que la paroisse de Saint—Jacques fut
en partie submergée. On n'y pouvait aller qu'en bateau
pour porter du secours et du pain aux habitants qui se
tenaient dans le haut de leurs maisons.

Il arrivait ainsi, lorsque la marée était poussée par
un vent un peu fort, qu'elle entrât dans l'église et y
montât de la hauteur de plus d'un pied. Ces inondations
étaient devenues très—fréquentes depuis que l'on avait
fait des digues pour empêcher la mer de se répandre
dans le pays de Noyelles et dans le Marquenterre. On
voit que la question de la baie, qui a soulevé tant de con-
troverses il y a quelques années (1), ne date pas d'hier.
Malgré les écluses et les clapets les inondations continuaient toujours. En 1823 encore, au mois de février,
l'abondance des eaux amenée par le dégel couvre une
partie de la ville et force les habitants des quartiers de
Saint—Jacques et de la chaussée Marcadé à se réfugier
dans leurs chambres ou dans leurs greniers où on va en
bateau leur porter du pain.

Les inondations n'ont véritablement cessé que depuis
l'établissement de l'écluse de Saint-Valery et l'ouverture
du canal de transit à Abbeville.

L'église de Saint-Jacques n'était pas dépourvue
d'œuvres d'art. Nous avons nommé le tableau ou les ta-

(1) Ecrit en 1849.

bleaux représentant saint Nicolas ; un relevé d'une main inconnue m'apprend qu'au moment de la Révolution Saint-Jacques possédait en outre une Descente de croix « bonne copie de Rubens » ; le Martyre de saint Jacques, tableau du maître-autel ; deux autres tableaux, l'un représentant les Voleurs chassés du temple et l'autre le Repas chez Simon, copie d'après Jouvenet par Adrien Choquet d'Abbeville ; une Assomption, venue du maître-autel de N.-D. de la Chapelle ; un Christ, tableau venant du couvent des Carmes ; une sainte Catherine « terrassant les philosophes, » venant du maître-autel de la cy-devant paroisse ; une Visitation, tableau « d'après Jean Speccard. »

Le soleil en argent, fait à Paris et dont on se servit pour la première fois le jour de la Pentecôte de 1753 avait coûté quatorze cents livres. Il était haut de 32 pouces, y compris la couronne ; les rayons avaient 13 pouces « de diamètre », acquisition payée, pour neuf cents livres, par le sieur Melier, clerc du guet ; pour le reste, par la fabrique. On se servait auparavant d'un vase de cristal dans un calice.

Les offices. — Un office propre de Saint-Jacques fut composé par M. Lendormy, chanoine théologal de la cathédrale d'Amiens et curé de la même ville. C'est cet office que l'on chantait dans l'église de Saint-Jacques d'Abbeville. Je n'en connais pas d'exemplaire imprimé ou spécial à Abbeville. M. Lendormy mourut à Amiens en juin 1769. — *Mss. Siffait.*

Saint Léger était le patron du clergé de Saint-Jacques. Il courait dans la paroisse des exemplaires manuscrits de l'office de ce saint, évêque et martyr. La Ville en possède un (encre noire et rouge) depuis la vente de la bibliothèque de M. de Saint-Amand.

Je puis établir, je crois, les revenus de Saint-Jacques en 1751 et au moment de la Révolution.

1751. — Les recettes de la fabrique de Saint-Jacques sont divisées ordinairement dans les comptes en cinq chapitrés.

1er chapitre : Reliquat du compte du précédent receveur, des ouvertures de terre, quêtes et offrandes, rentes, arrérages de surcens, places dans les bancs, vente ou ébranchage des arbres du cimetière, remboursement de rentes, droits divers, etc. — Ce chapitre monte de 1751 à 1754,—quatre ans, — à 3597 livres 7 sols 10 deniers.

2e chapitre : Recette de cens et surcens sur des maisons, tenements et jardins de la ville. — Ce chapitre monte, dans les quatre années, à 557 livres 5 sols 4 deniers.

3e chapitre : Recette des rentes et fondations faites à l'église.—Ce chapitre monte, dans les quatre années, à 5804 livres 4 sols.

4e chapitre : Recette des revenant-bon de plusieurs confréries érigées en l'église. — Ce chapitre monte, dans les quatre années, à 148 livres.

5e chapitre : Recette des loyers des terres et maisons appartenant à l'église. — Ce chapitre monte, dans les quatre années, à 1758 livres 16 sols.

Total de la recette des cinq chapitres pendant quatre ans 11,865 livres 13 sols 2 deniers, dont le quart est de

2966 livres, 8 sols 4 deniers. Nous obtenons dans cette
dernière somme la moyenne des revenus annuels.

Après la réunion des paroisses de N.-D. de la Chapelle et de Sainte-Catherine à celle de Saint-Jacques les
revenus de la fabrique montent, dans l'année du compte
commençant à la Saint-Jean 1791 et finissant à pareil
jour 1792, à la somme de 21,685 livres 18 sols 11 deniers.

Le compte de 1791-1792, — fut-il le dernier ? —
fut vérifié par le conseil général de la commune d'Abbeville, approuvé par le conseil et signé en conséquence
le 27 vendémiaire « quatrième année républicaine » :
Pierre Le Roy maire, G. Labbé-Barré, Pierre Duval,
Delignières, Pierre-Honoré Roussel et Godard.

Je relève ainsi les terres et maisons appartenant au
moment de la Révolution à l'église de Saint-Jacques.

La fabrique jouissait, à Mautort, d'un journal et un
quartier de pré comme créancière d'une vente au principal de 500 livres.

Elle possédait, à Saint-Maxent, sept journaux de
terre et huit journaux 15 verges ;

A Lamotte-Buleux, six journaux ;

Au Maisnil-Trois-Fétus, onze journaux ;

A Cambron, deux journaux sept verges ;

A Oisemont, cinq quartiers de terre ;

A Menchecourt, sept à huit journaux de terre à
usage de pré et labour ; cinq journaux de pré ; un quint
sur quatre journaux de terre ;

A Framicourt, un journal ;

A Marcheville, un demi journal ;

Une maison derrière Saint-Jacques louée 50 livres;

Un surcens de 15 livres sur une maison rue Mé-darde. — *Dernier cueilloir* 1791.

Mais ces terres et ces maisons ne doivent pas repré-senter toute la fortune de Saint-Jacques. Je lis dans les comptes de la fabrique de 1791 à 1792 : « Payé les 12 janvier et 5 mars 1792 à Jacques Guidon, couvreur de chaume, pour un mémoire d'ouvrage à la ferme de la Halle, 394 livres. » —La fabrique avait, en outre, des terres à Hautvillers.

L'année 1791 réunit à la paroisse de Saint-Jacques les paroisses de N.-D. de la Chapelle et de Sainte-Ca-therine. Saint-Jacques s'enrichit du mobilier des églises supprimées. J'ai pu consulter à cet égard le registre aux délibérations de la fabrique.

Du dimanche dix-neuf juin mil sept cent quatre-vingt-onze, issue de messe..., le receveur de la fabrique est autorisé par les marguilliers à demander le caril-lon de la Chapelle (N.-D. de la Chapelle) pour l'établir dans le clocher de Saint-Jacques. — Je ne sais si le ca-rillon de N.-D. de la Chapelle est jamais venu à Saint-Jacques (1).

Du dix juillet 1791, le receveur est autorisé par la fabrique à demander à Messieurs du District le pavé des églises de N.-D. de la Chapelle et de Sainte-Catherine

---

(1) Cependant un carillon paraît deux fois dans les comptes de Saint-Jacques de 1791-1792. En avril 1792, 35 livres 8 sols sont payés pour chanvre livré pour le montage des cloches et carillons ; plus 9 livres pour cordages pour le carillon ; et, le 22 mai suivant, la fabrique paie encore des raccommodages aux carillons.

et même de toutes les autres paroisses supprimées pour
parachever le pavé de Saint-Jacques. — On verra plus
loin que la demande fut bien accueillie par les administrateurs du District. — Il est décidé le même jour
que le receveur achètera les deux bâtons de chantre de
la cy-devant paroisse de Saint-Vulfran de la Chaussée.

Les cloches et les mobiliers des deux églises de N.-D.
de la Chapelle et de Sainte-Catherine avaient d'ailleurs
été livrés à la fabrique de Saint-Jacques : Du huit septembre 1791, la compagnie autorise le receveur à payer
les frais de débarras, transport et voitures, des meubles
et effets de la Chapelle et de Sainte-Catherine, et les
ouvriers qui ont travaillé à la descente des cloches.

La fabrique vendit ce qui ne pouvait lui être utile :
sur la demande faite par M. le curé de Béthencourt-sur-
Mer d'un autel provenant de l'église de la Chapelle, la
compagnie autorisait, le huit septembre (1791), M. le
receveur à faire délivrance de cet autel audit sieur curé,
moyennant cent vingt livres au moins.

Dans la même séance, la compagnie arrêtait de faire
transporter et employer en Saint-Jacques le pavé de la
nef et du chœur de la Chapelle...., de réparer et placer
les confessionaux des églises réunies, de placer les lambris provenant de la Chapelle...., de réparer la couverture du clocher. — La porte de la façade ayant été
reconnue insuffisante, attendu le grand nombre des
paroissiens,— depuis la réunion des églises sans doute,
— la compagnie arrêtait de faire ouvrir deux portes
latérales.

La fabrique faisait acheter aussi dans les maisons

religieuses supprimées. Le dimanche 25 septembre
(1791) le receveur fait observer que l'orgue de la cy-
devant abbaye de Sery est à vendre et que l'adjudication
en est fixée au 18 octobre prochain. La compagnie prie
M. Pierre Coulombel de se transporter à Sery avec un
expert afin d'apprécier la valeur de cet orgue. Et, le
dimanche 20 novembre, le receveur annonce à l'assem-.
blée qu'il s'est rendu adjudicataire de l'orgue de Sery
moyennant la somme de huit cent cinquante et une
livres et treize livres seize sols pour frais relatifs (1).
— L'horloge des cy-devant Minimes est à vendre
« moyennant une modique somme de cent quatre-vingts
livres ; le receveur est autorisé à l'acquérir (2) et il est
chargé aussi d'acheter au prix le plus avantageux le confessionnal des cy-devant Cordeliers.

Du vendredi dix février 1792, adjudication au rabais

(1) Payé au District, le 8 juin 1791, huit cent cinquante et une
livres, prix de l'adjudication de l'orgue de l'abbaye de Sery. —
*Compte de Saint-Jacques commencé à la Saint-Jean 1791 et finissant
à pareil jour* 1792.
Payé au citoyen Lecadieu, — le citoyen Lecadieu était le vicaire, — le 2 mars 1792, pour ouvrage de sculpture au buffet de
l'orgue, quittance du 26 juin 1792, soixante dix livres. Il s'agissait
de l'orgue de Sery qui fut, avant d'être mis en place dans l'église
déposé pendant deux mois dans une maison dont la location est
payée à cet effet par la fabrique. — *Même compte.*
(2) Payé à Joseph Plisson cent soixante-quatre livres pour le
prix et démontage de l'horloge des Minimes, quittance du 20 décembre 1791. — *Même compte.*
Ainsi les paroisses conservées admettaient très-bien l'abolition
des couvents et se procuraient sans scrupule leurs mobiliers. Il en
était ainsi partout à Abbeville. Quand voudra-t-on comprendre
que les plus honnêtes gens, et le clergé lui-même, se jetaient
sur les biens du clergé ?

de la construction de la grille du chœur, moyennant mille quarante livres. — Adjudication d'une autre petite grille qui devra servir aux fonts baptismaux, moyennant cent dix livres. Le même jour, il est proposé d'établir un porche dans toute l'étendue de la façade de l'église, ce qui pourra, entre autres commodités, faciliter le rangement des chaises. La question sera étudiée. — « Du dimanche 17 juin 1792, l'an quatrième de la liberté, la compagnie, considérant qu'elle a, en grande partie, les matériaux nécessaires pour l'établissement du porche, prie M. Bichier des Roches de se charger de faire, par économie, exécuter ce porche.

« Du dimanche 18 juillet 1792, l'an quatrième de la liberté, » l'horloge acquise est reconnue trop faible. Celle du prieuré de Saint-Pierre, beaucoup plus forte, est à vendre. La fabrique l'achètera au meilleur marché possible et la fera placer dans le clocher de Saint-Jacques.

La dernière réunion du conseil de fabrique a lieu le dimanche, 21 octobre 1792, l'an premier de la République française. La délibération ne diffère nullement des autres par le ton ou le caractère. Le receveur achètera au meilleur prix possible le lustre de l'abbaye de Villancourt qui sera placé au milieu de la nef. On décide que les travaux en cours d'exécution dans l'église seront, sauf les ouvrages de menuiserie, interrompus, attendu la brièveté des jours en cette saison.

Je dois à M. l'abbé Dairaine une liste des curés de Saint-Jacques et quelques notices biographiques sur plusieurs d'entre eux. Je puis compléter cette liste et

une partie des annotations à l'aide d'une autre liste, an-
notée, de M. de Sachy. Je désignerai les deux listes par
les lettres D. et S. et je reproduirai l'orthographe donnée de tous les noms.

1401. II mars. M° Jean Martel. — S,

1404. — Jehan Martelli. — D. Il s'agit, aux deux
dates, du même curé.

1476. — Jehan Restel. — D.

1495. — Jean Lorfevre. D. — Cet ecclésiastique signa les coutumes d'Abbeville en 1495. Il fut aussi chanoine et trésorier de Saint-Vulfran. — D.

Pierre Roussel du Miroir, vice-régent de l'église Saint-
Jacques, signa aussi les coutumes de 1495. — D.

1566. — Jean Gaillard. — S.

1583. — Etienne Rambert. — S.

1585. — Etienne Lambert. — D. — Il est évident
qu'Etienne Rambert et Etienne Lambert qui figurent à
deux ans de distance, l'un sur une liste et l'autre sur
l'autre, doivent être le même prêtre.

1587. — Marand de Bailleul, principal du collége
jusqu'au 24 octobre 1587, date où il fut nommé curé de
Saint-Jacques. — S.

Sans date. — Eustache Duponchel. — D. — Je trouve
moi-même M° Eustache Duponchel curé de Saint-Jacques
au 21 juillet 1590 dans une élection de commissaires du
bureau des pauvres. — *Reg. aux délib. de la Ville de*
1589-1590.

1596. — Eustache Duponchel. — S.

1601, 9 septembre. — Tardieu. S. On lit dans le registre de Saint-Jacques l'anecdote suivante écrite par

M⁰ Tardieu à cette date : « Le roy partit de cette ville
« pour aller à Calais. Il étoit venu un soir auparavant en
« gribanne d'Amiens. Henri IV⁰ du nom étoit bon. Il est
« venu dans ma paroisse ; il est entré dans ma sacristie ;
« il m'a parlé le premier. » Cette note est d'autant plus remarquable que le curé, plus romain que français, était
auparavant tenu pour ne pas aimer le bon roy élevé dans
la croyance de l'église prétendue réformée. Voyez pages
196-197 de la Description de la cathédrale d'Amiéns
par Rivoire et aussi p. 22 de son *Annuaire statistique de
la Somme* de 1806. » — *Note en marge de la liste de
M. de Sachy.*

1612, 5 décembre. — Jean Saumon. — D. et S.

Sans date. — Antoine Sueur, chanoine. — S.

M. Dairaine, un peu plus explicite, dit : Antoine Sueur
devint ensuite chanoine de Saint-Vulfran en 1617.

1617, 23 mars. — Éloy Cauchon, par permutation
avec A. Sueur. — D. et S.

Sans date. — Philippe Duvauchelle d'Abbeville. —
S. — M. Dairaine écrit seulement Philippe Duvauchel.

1626. — Nicole Mausergeant. S. — M. Dairaine
donne seulement sans date Nicolas Mausergent.

1644, 14 novembre. — Pierre Tardieu. — D. et S.
En 1666 il fut nommé doyen de chrétienté et il mourut
curé de Saint-Jacques en 1675 à l'âge de soixante ans.
— D. — Très regretté pour sa mort. — S.

1675, 20 avril. — Pierre Dacheu d'Abbeville. — S.
— Pierre Dacheu, curé de Saint-Jean-des-Prés depuis
1653, succéda à Pierre Tardieu comme curé de Saint-
Jacques. — D. et S.

1679, 5 janvier. — Paschal de Jouy. — D. et S. —
M. Dairaine ajoute : ou Pierre ; il fut aussi à Saint-
Georges.

Sans date. — Jacques Dacheu. — D. et S. — S.
ajoute : second fils de Louis Dacheu et d'Anne Becquin,
mort le 29 septembre 1700 et inhumé à Sainte-Catherine le 1ᵉʳ octobre.

1700, 3 octobre. — Jacques Becquin d'Abbeville ;
il mourut le 4 mai 1703, très-regretté de tous ses paroissiens, surtout des pauvres. — D. et S.

1703, 7 mars. — Philippe Dusaulchoy. Mᵉ Philippe
Dusaulsoy, prêtre, étoit âgé de vingt-cinq ans et trois
mois le 23 octobre 1670, fut depuis curé de Saint-Paul,
doyen de chrétienté en 1686. Il devint curé de Saint-
Jacques le 7 mars 1703, ayant cette année résigné la
cure de Saint-Paul à Mᵉ J.-B. Calippe, son neveu. Il
mourut le 30 août 1715. Il avait joui d'une pension du
roi de huit cents livres, moitié de celle qu'avait eue son
père, Balthazar Duchaulsoy, docteur en médecine à
Abbeville, médecin du roy, pour avoir guéri Louis XIV en
employant l'émétique. — S. et notes marginales. — Philippe Dusaulsoy (il signait ainsi,) fils aîné, et né à Abbeville, du médecin Balthazar Dusaulsoy, etc. Suit l'histoire de la guérison de Louis XIV et de la pension de
1600 livres. — D. — Ph. Dusaulsoy était en 1711 supérieur des Ursulines d'Abbeville. Il fut inhumé dans le
cimetière le 31 août 1715 contre la porte du milieu de
l'église, au bas du pilier de cette porte. — D.

1715, 1ᵉʳ septembre. — François Marcotte, d'Abbeville, d'abord vicaire du Saint-Sépulcre, puis curé de

Saint-Jean-des-Prés, curé de Saint-Jacques en 1715, de retour en janvier 1716 dans la cure de Saint-Jean-des-Prés où il mourut en 1720. — D. — Nommé seulement avec la date par S.

1716. — Roussel. Il succéda à François Marcotte, et, après avoir pris possession de la cure, l'abandonna. — D. — Non mentionné par S.

1716. — Jacques Ringot, prévôt de la Conception en 1718. — S. — Jacques Ringos, d'Abbeville, d'abord sous-diacre de Saint-Jacques ; il prit possession de la cure le 13 juin 1716 et dit sa première grand'messe le lendemain. Nommé plus tard à la cure de Sainte-Catherine, il en prit possession le 30 janvier 1725 mais ne la garda pas. La place de principal du collége étant devenue vacante par la démission de M⁵ Jacques Girard, Jacques Ringos y fut nommé par le Chapitre de Saint-Wulfran le 28 octobre 1728, mais il ne l'occupa point. Enfin il quitta la cure de Saint-Jacques le 14 janvier 1729 pour être curé à Bazinghen près de Boulogne-sur-mer. Plus tard il devint curé du bourg de Samer où il mourut, — décembre 1751, — à l'âge de 62 ans. — D.

1729. — Louis de Valois, le présent curé, régit cette cure avec tout le zèle d'un vrai pasteur et l'amour le plus parfait pour les pauvres. — S. — Louis Devalois, né à Ferrières, village à deux lieues d'Amiens, licencié en théologie, d'abord curé d'Ailly-sur-Somme, prit possession de la cure de Saint-Jacques le 23 décembre 1729 et dit sa première grand'messe le lendemain. Nommé maître et administrateur de l'Hôtel-Dieu le 20 dé-

cembre 1757, il demeura dans cet hôpital jusqu'au mois
de juin 1758, puis il retourna à Saint-Jacques. En 1753
il avait été reçu supérieur des Ursulines. Il mourut curé
de Saint-Jacques' le 22 octobre 1777 à l'âge de 77 ans
et 10 mois. — D.

M. Louis Devalois, ajoute M. Dairaine, a fait conjoin-
tement avec M. Poultier, prêtre, pour les religieuses
Ursulines d'Abbeville, une explication du catéchisme
d'Amiens qui fut approuvée par Mgr L.-F.-G. d'Orléans
de la Motte et par M. L.-Ch. de Machault, son vicaire
général, en octobre 1763. Les Ursulines ont conservé
le ms. de cette explication dont M. Dairaine possédait
une copie. En 1830, M. Antoine Quevauvillers, vicaire
de Saint-Wulfran, à qui le ms. avait été confié, le fit im-
primer à Amiens. M. Dairaine possédait une copie faite
par un peintre anglais, Ingall, du portrait de M. Devalois peint en 1733 par un peintre italien, Bréa, et qui se
trouvait en 1852 chez madame Callary, petite-nièce du
curé de Saint-Jacques.

1777, 29 décembre. — Eustache-Blimond de Roussen, né à Ailly-le-haut-Clocher. La cure lui fut donnée
par M. Meurice, chanoine de Saint-Wulfran, qui était de
quinzaine lors de la mort de M. Devalois. E.-B. de Roussen, après sa prise de possession, retourna à Paris pour
y perfectionner ses études. Il en revint l'année suivante
avec le grade de licencié en théologie et chanta sa première messe à Saint-Jacques le 12 avril 1778. M. de
Roussen est auteur d'une *Ode à la Consolation des
pauvres d'Abbeville* et des *Statuts et règlements de la
société* avec des *cantiques*, 1 vol. chez Devérité 1785.

— Il mourut le 8 décembre 1822 à l'âge de 73 ans et fut inhumé au cimetière de N.-D. de la Chapelle.

Nous sommes sur la place Saint—Jacques qui autrefois était le cimetière de la paroisse.

Le cimetière de Saint-Jacques.

Il est certain que ce cimetière existait de date immémoriale auprès de l'église dont la fondation elle-même est inconnue. Un mystère de la Purification de la Vierge y fut joué en 1452; — M. Louandre, *Hist. d'Abb.* t. Ier, p. 318, — la première église, on le voit, étant encore debout pour trente ans.

Il reparaît à la date de 1596 dans le reg. aux délib. de la ville : le 16 novembre 1596, le maire et les échevins furent invités par les curé et paroissiens de Saint-Jacques à assister le lendemain aux prières et bénédiction du cimetière de lad. église et paroisse Saint-Jacques où led. sieur maieur se trouva et fut la bénédiction faite par M⁰ Boullenger, curé du Saint-Sépulcre, doyen de chrétienté. — *Reg. aux délib. Anal. en la possess. de M. A. de Caïeu.*

J'ai relevé l'aspect du cimetière Saint-Jacques (au dix-huitième siècle probablement) sur un plan de la Vicomté de Saint-Pierre de M. de Saint-Amand. L'Eauette coulait à découvert dans la partie nord-est de ce cimetière, laissant entre elle et les maisons un passage de la largeur de la rue Mourette (rue Saint-Jacques actuelle). Elle s'infléchissait vers le clocher près duquel le plan semble indiquer qu'elle disparaissait sous terre. En deça de l'Eauette, deux rangées d'arbres tournaient pour rejoindre le clocher ; deux autres rangées s'alignaient du côté occupé aujourd'hui par l'École mutuelle; deux

autres faisaient suite à la rue des Poulies jusques vers le
clocher ; enfin une dernière contournait la place le
long des maisons, du coin de la rue des Poulies aux
abords du clocher.

Je lis dans le compte de recette du receveur de la fabrique de 1752, M. Jacques Delattre : « la somme de
seize livres pour le prix de deux arbres contre le presbytère, abattus et vendus. » — Le presbytère était probablement près du cimetière, mais l'indication qui suit
pour un simple ébranchage ne laisse place à aucun
doute : « la somme de vingt-une livres pour le prix de
deux cent sept fagots provenant des arbres ébranchés
dans le cimetière de lad. église vendus et adjugés,
etc... »

La verdure de ces arbres dont le pied plongeait dans
un sol humide, souvent inondé par la Somme et en-
graissé par les sépultures, devait être fort belle. La fabrique s'y intéressait. Une somme de trois livres dix
sols est payée le 22 mars 1755 « au nommé Cantrel
pour trois jours et demi qu'il a travaillé à écheniller les
arbres du cimetière ». L'église de Saint-Jacques, déjà de-
jetée et qui, d'air rustique, perdit de bonne heure sans
doute le droit de paraître jeune, gagnait certainement
dans ce voisinage élevé et bruissant des arbres, sous ces
abris pleins d'oiseaux, qui permettaient à la vie de chanter au-dessus de la mort.

Les comptes du receveur de 1751-1754 nomment
une *rue derrière le clocher de Saint-Jacques* qui devait
être l'intervalle entre l'Eauette et les maisons. Aux environs devait être aussi, plus anciennement, l'abreuvoir

signalé près du clocher et alimenté évidemment par l'Eauette.

La suppression du cimetière a créé la place actuelle qui a perdu les arbres mais qui a beaucoup gagné à la canalisation souterraine de l'Eauette.

De 1821 à 1826, quinze maisons neuves ont été construites sur la place Saint-Jacques, d'où l'augmentation de population sur cette place dans cette période de temps. — *MM. Brion et Paillart, mémoire sur la dépopulation.*

D'autres maisons ont été encore construites depuis et quelques-unes récemment, mais ce qui a changé complétement la figure de la place, c'est la reconstruction de l'église sur des dimensions plus grandes et orientée différemment que la précédente. L'opinion, justifiée peut-être anciennement, était que la vieille église se tassait toujours. Cette opinion populaire courait exagérée en 1777. On croyait alors que l'église s'enfonçait « insensiblement ». — « On est obligé de temps en temps, lisons-nous dans une sorte de livre de poste, de hausser le ceintre de la porte; l'on prétend qu'il y a plus de trente pieds d'enfoui..... En considérant le terrain marécageux sur lequel cette paroisse est construite, la chose ne paraît pas surprenante. » — *Le Conducteur français,* etc. *Route de Paris à Abbeville et Calais,* 1777.

La nouvelle église.

Les travaux de construction de la nouvelle église, pour laquelle la Ville avait voté un secours de 150,000 francs, divisé en dix annuités, furent commencés en septembre 1868. Les grands travaux sont aujourd'hui terminés; les travaux de détail ou d'ornementation se poursuivent. Le devis total de la dépense s'élevait à la somme de 441.234 fr., 37 c. à laquelle la fabrique a fait face avec la subvention de la Ville, les dons des particuliers et l'aide de l'État.

Le vieux clocher a été démoli aussi et Jacqueline sonne maintenant avec ses sœurs dans le clocher qui fait partie de l'église et auquel la flèche manque seule encore.

Quatre issues sont à la place Saint-Jacques : la rue de l'Eauette, la rue des Poulies, la rue et la petite rue Saint-Jacques.

Nous avons parcouru la rue de l'Eauette.

La rue des Poulies s'appelle ainsi, des poulies montées, dit Collenot, sur des poteaux fort élevés et dont on se servait, avant l'invention des rames, pour étendre les draps en longueur et en largeur et pour les faire sécher dans divers clos et plants. Plusieurs des sécheries et des ateliers d'apprêt des pareurs, nous apprend encore Collenot, étaient dans cette rue.

La rue des Poulies.

La rue des Poulies paraît dès 1382 dans les archives de l'Hôtel-Dieu. — *Note fournie par M. Ch. Louandre.*

Je la rencontre plusieurs fois dans un cueilloir de la communauté de Saint-André, du xv° siècle, qui appartient à la Ville depuis la vente de la bibliothèque Saint-Amand ; d'abord :

« Le curé de Saint-Jaque en Abbeville xii d. l'an, à iii termes, pour un gardin et tenement séant en la paroisse Sᵗ-Jaque en le rue des Poulies et dedens lesdites poulies, au senestre costé en allant à l'église Sᵗ-Jaque acostant d'un costé, vers le grant rue des Poulies, au gardin et tenement Willame...., tainturier lequel gardin Jehan de Saint-Delies tient des curés, d'Abbeville èt n'est mie à oublier que, entre cest gardin et le gardin dud. Willame, a (il y a) une ruelle qui est froc pour aller en pluseurs gardins, et, de l'autre costé, au gardinèt ... Jehan Lovergne etc.

Puis :

« Sire Pierre Le Merchier, cappelain de Saint-Andrieu, iii d. l'an, au terme de Noel, pour iiii tenemens jóignans l'un à l'autre, séans en le paroisse Saint-Jaque en le rue des Poulies, au senestre costé en allant de le rue d'Angouche à l'église Saint-Jaque, accostant d'un costé, vers ledite rue des Poulies, au gardin tenement et poulie Jehan du Prier, pareur, qui tient (qui les tient) par vii s. l'an, de maistre Robert...., cappelain de Saint-Jehan des Prés, et, de l'autre costé, au gardin des maisons Jehan Canlande [?] qui font leur ouverture sur le rue des Wes, aboutant du bout, vers l'église Sainte-Caterine, au tenement Robert Mannier qui tient des curés d'Abbeville par vi s. l'an, et au tenement que les hoirs Jehan de Saint-Delies tiennent des curés d'Abbeville et au tenement Jehan du Parc, espieulier, qui tient du pitanchier de Saint-Pierre par xvi s. l'an, que le curé de Saint-Jacques tient de ceste cure de Saint-Andrien par xii d. l'an, comme il appert chi dessus, et au gardin Jehan Lauvergne qui tient de l'église sainte Caterine par xi s. l'an, et, de l'autre bout, d'un cornet, au gardin dud. Jehan Canlande, et en receupt led. sire Le Merchier ii °. ii cap [?], — deux chapons sans doute, — de sire Jaque Roussel pour Demisiele Jehenne..... Et led. Jaque Roussel en receupt v° iiii cap., l'an, de maistre Enguerre Le Senne, cappelain de Saint-Esprit ; et led. cappelain de Saint-

Esprit en receupt xx s. l'an, des personnes qui ensuivent,
c'est ass.. (etc. je passe d'autres inutilités pour arriver
à la fin), Et n'est mie à oublier qu'entre les tenemens
dud. George du Pont (nommé dans ce que j'ai passé)
et dud. Jehan Canlande a (il y a) un fossé qui e (est) frocq
et qui soloit estre une rue que Jehan Canlande a appropriée à luy. »

Je retrouve cette rue dans un cueilloir de 1562 pour
l'église de Saint-Gilles :

« De Robert de la Garde, au lieu de Mahieu Candellier,
cordonnier, pour un jardin scéant en la rue aux Poulies
xxx sols. »

M. de Clermont la retrouve dans un cueilloir de
1579-1580 pour Saint-Pierre, article 62.

Les comptes du Val de 1673-1674 me la rendent
ainsi :

« Des chappellains de la grande communauté en
sainct-Vulfran pour partie de maison accostant, d'un
costé, à Pierre Flamen, d'autre, au voieul quy meine aux
poullies, et, par devant, au frocq, xxvii sols.

Ce voyeul est peut-être la rue même des Poulies qui
est bien nommée *rue* dans l'article suivant :

« De l'église Saint-Georges pour l'autre moitié desdites maisons (nous avons vu plus haut pour partie de
maison au singulier) accostant, d'un costé et d'un bout,
au tenement quy fust Pierre Dehault, d'autre, à la rue
qui meine à la rue des Poulies, et, par devant, au frocq,
xxvii sols. »

Rue des Poulies dans le compte de Saint-Georges de
1685-1687.

N'y aurait-il pas enfin quelque rapprochement à faire entre cette rue et le voyeul mentionné au chapitre xxi de ce travail comme s'ouvrant, en 1685, dans la rue des Rapporteurs ?

A l'entrée de la rue des Poulies, au coin de la place Saint-Jacques, est l'École mutuelle dirigée par M. Caron. L'acquisition du terrain de cette école a été faite par la ville le 30 mars 1829. L'école a été construite en 1833. A l'autre extrémité de la rue (n° 3) était en 1849, l'école communale des filles transférée depuis dans la rue de l'Eauette. — La rue des Poulies finit à la rue des Rapporteurs.

La rue et la petite rue Saint-Jacques aboutissent, la première à la rue Ledien, la seconde à la grande rue de la Pointe.

La rue
Saint-Jacques.

La rue Saint-Jacques s'est appelée autrefois rue Mourette ; le plan de la vicomté de Saint-Pierre suffirait à l'établir à défaut de d'autres témoignages. M. de Clermont me remet cependant deux extraits qui montrent l'appellation déjà incertaine au seizième et au dix-septième siècle :

Cueilloir de 1579-1580 pour Saint-Pierre, article 68 : « Rue du Ponchel Saint-Jacques, au senestre costé ainsi qu'on va de la rue Le Dien à l'église Saint-Jacques..... »

Contrat de mariage du 11 septembre 1606 ; donation au futur époux, d'une « maison, lieu, pourpris, et ténements, séant en la rue Saint-Jacques, appelée la Brasserie. »

La rue Mourette, comme aujourd'hui la rue Saint-Jacques, tombait dans la rue Le Dien par le pont sur

la Sotine, nommé pont à Bataille, quelquefois pont
Bataille et quelquefois même pont Le Dieu.

Nous retrouverons plus loin la rue Le Dien.

La petite rue Saint-Jacques s'est appelée rue aux
Courtois. Je la trouve nommée ainsi du milieu du seizième siècle à la Révolution. Le cueilloir de 1562 pour
l'église de Saint-Gilles constate plusieurs redevances
dans la rue Courtois près l'église Saint-Jacques. Les
comptes de la fabrique de Saint-Jacques de 1751—1754
me donnent : « Les chapelains de lagrande communauté
à raison de vingt-quatre sols par an, à cause de la maison
de Jean Vasseur rue aux Courtois, pour quatre années,
etc... » Enfin la rue aux Courtois paraît encore en 1791
dans le dernier cueilloir de Saint-Jacques.

A l'époque où MM. Brion et Paillart écrivaient leur
mémoire, trois maisons avaient été depuis peu détruites
dans la petite rue Saint-Jacques, dont une convertie en
jardin, les deux autres en atelier de fonderie.

De l'autre côté de la chaussée Marcadé, si nous revenons sur nos pas, en face de la rue Médarde, s'ouvre la
rue Pados ou Padot.

Cette rue s'appelait autrefois rue Wattepré, nous ne
savons encore pourquoi, malgré les étymologies très-
hasardées qui nous ont été fournies à ce propos. Son
nom de rue Pados lui vient d'une famille à qui le moulin
qui s'y trouve a longtemps appartenu, et le cueilloir
de Saint-Georges désigne en 1757 cette rue sous le nom
de Wattepré, dite Padot.

Je reprends, par dates, l'histoire de la rue.

Le nom Wattepré est ancien. M. Ch. Louandre l'a

trouvé dans les archives de l'Hôtel-Dieu sous la forme Wasteprés en 1391.

Au seizième siècle où je le retrouve moi-même, on ne disait pas, toujours du moins, rue Watteprez ; on disait aussi à Watteprez, comme nous disons encore quelquefois par tradition « au Lillier » pour « dans la rue du Lillier », ce qui prouverait que la rue était alors assez récemment bâtie; nous verrons, dans tous les cas, qu'elle n'était bâtie que partiellement et du côté du pont Noblet.

Le cueilloir de Saint-Gilles de 1562 mentionne des ténements et jardins à Watteprez.

Le cueilloir de Saint-Pierre de 1579-1580, article 296, a donné à M. de Clermont : « Pour une maison et tenement séant en la rue Watesprés au destre costé en allant du Pont Noblet en ladite rue; » et article 387 : « de Mᵉ Pierre Tillette pour son moulin à l'huile séant en la rue Watteprez, au destre costé, assez près du bout du bas de ladite rue. » — Ces mots « au destre costé » montrent que le collecteur de Saint-Pierre venait de la rue Planquette.

J'ai trouvé dans les comptes de la Ville de 1586-1587 : « De Nicolas le Bel, greffier de ladite ville, deux sols pour ung voieul rue Watespré à luy baillé à cens et permission à luy donnée de planter arbres en ladicte rue en l'an Vᶜ quatre-vingt et quatre. » — Même mention exactement dans les comptes de 1587-1588.

Les registres aux délibérations de la Ville contiennent, à la date du 19 juillet 1666, un « procès-verbal des maire et échevins sur la réquisition de Mᵉ Antoine Mauvoisin, greffier en chef des juges des marchands, en la rue Watteprés. » L'extrait constate que cette rue, « dans un terrain fort bas et marécageux, » était alors fort étroite, qu'elle n'avait que deux ou trois pieds de large ; — il ne s'agit sans doute pas de toute son étendue : — il est décidé que sa largeur sera portée à vingt-deux pieds. — *Analyse en la poss. de M. A. de Caïeu.*

Au dix-septième siècle la rue est désignée quelquefois rue du Moulin à Huille. Ainsi, en 1673, il est question, dans un acte, d'une maison « située rue du moulin à huille, occupée par Pierre Caumartin, ouvrier de la manufacture de draps de cette ville, tenue des chappelains de la grande communauté de Saint-Wulfran. — *Note de M. de Clermont.*

Les comptes du Val de 1673–1674 rachetés par la Ville à la vente de M. de Saint-Amand donnent « : De l'église du Saint-Sépulcre pour une maison scéante en la rue Wattepré, accostant, etc........., d'autre *à la fontaine du Trou Michault*, aboutlée, par derrière, au vivier de Saint-Pierre et par devant au frocq, viii sols. » — Pour le *Trou Michault* en la rue Wattepré je vois dans les mêmes comptes : « de M⁰ Adrien Josse, pour deux maisons scéantes derrière le moulin Cornet au delà du *Trou Michault.* » — La physionomie humide et quelques particularités de la rue et du quartier sont indiquées dans l'article suivant : « D'Antoinette Descroiselliers pour une voie et frocq de la rue Wattepré par lequel on soulloit aller au pont Grenet, accostant aux marests (marais) de la Baboe et par devant au frocq. » — *Ibid.*

On voit dans les comptes de Saint-Georges (1685—

1687) qu'une « maison, jardin, pourpris et ténement en la rue Wattepré » tenait d'un côté à la *voie Guillaume Baillet* et par derrière à la *rivière d'Agouche*. — La rivière ne peut être, ce me semble, que la Sotine, une rue dite d'Agouche se trouvant, d'après les mêmes comptes, près du pont à Voyon (de Touvoyon).

Le plan de la vicomté de Saint-Pierre de 1732 nous montre la rue bâtie seulement dans la première moitié de sa longueur (du côté du pont Noblet). Au delà des maisons, elle n'est dessinée que par les deux fossés ou lignes d'eau dont nous avons tiré plus haut quelques inductions à l'occasion du pont Noblet.

Les comptes de Saint-Jacques de 1751—1754 nomment « la rue Padot près le pont Noblet ».

Les deux lignes d'eau du plan de Saint—Pierre s'arrêtent avant de toucher à la rue Planquette. Il est probable que, là où elles semblent cesser, la rue Wattepré s'infléchissait un peu pour finir au moulin de Patience. Il est probable d'ailleurs que le principal accès à ce moulin était par la rue Planquette et les rues qui y mènent, les rues Babos, aux Pareurs.

« En 1776, disent les *Mss. Siffait*, MM. de ville, après avoir fait redresser la rue Pados, ont fait percer une rue au travers d'un jardin appartenant au sieur Nicolas Deraines, marchand potier d'étain, pour de là aller en droiture au rempart ; ils lui ont donné même grandeur de terrain de l'autre côté et une somme de deux cents livres pour l'indemniser. »

On retrouve encore le nom Wattepré dans les journaux d'Abbeville jusqu'en 1833, peut-être au delà :

Feuille d'Annonces d'Abbeville, 1817 et 1818 : rue Wattepré ; — *Journal d'Abbeville* 1821, 1824, 1827, 1828: Wateprés, Watteprés et Wattepré dite Pados ; — même *Journal* 1829, 1832, 1833 : Wattepré tout court.

Vers le bout de la rue Pados sont les grandes constructions dans lesquelles la manufacture des Moquettes a transporté ses métiers en quittant la chaussée Marcadé. Elle y a conservé des ateliers depuis son nouveau trans-fert principal aux Rames. Le moulin de Patience fonctionne pour elle. Nous retrouverons ce moulin en discutant son nom près de la tour à Borel.

En face de la rue Planquette était autrefois un abreuvoir qu'alimentait la Sotine, et dans lequel les chevaux pouvaient descendre.

Du carrefour formé par la rue Médarde et la rue Pados jusqu'à celui que forment, au delà du pont de Touvoyon, les rues Ledien et d'Argonne, nous aurons peu à mentionner dans la chaussée Marcadé.

Cette assez courte partie de la chaussée n'a peut-être pas toujours porté, exclusivement du moins, le nom de Marcadé.

M. Ch. Louandre a trouvé dans les archives de l'hôtel-Dieu, à la date de 1366, une rue de Touvoyon qui, le pont de ce nom étant donné où nous sommes, pourrait bien être notre portion de chaussée. Firmin de Touvoyon, qui eut le bonheur de voir les Anglais abandonner la ville et peut-être de contribuer à leur départ, fut maieur en 1369, trois ans après la date où la rue portant son nom est consignée dans une pièce écrite. Bourgeois très notable évidemment, peut-être Firmin de

Suite de la chaussée Marcadée.

La rue de Touvoyon.

Touvoyon habitait—il cette partie de la ville ; peut—être avait—il, ou quelqu'un des siens avait-il, contribué à la construction du pont sur la Sotine ? Peu importe. On peut regretter seulement que l'appellation du pont et de la rue soit tombée en désuétude. Qui répète maintenant le nom du vainqueur accepté des Anglais ? Si une administration de la ville désirait un jour faire un peu d'histoire reconnaissante sur les murs, au coin des rues, le nom de Touvoyon serait un des premiers à rétablir.

M. de Clermont a été assez heureux pour retrouver cette mention dans le cueilloir de Saint-Pierre de 1579-1580, article 122 : « Pour une maison séant en la rue de Thouvoion, paroisse Saint-Jacques, entre le pont de Thouvoion et le pont Noblet (ainsi aucun doute sur la situation de la rue) au senestre côté ainsi qu'on va du pont à Cardon à la porte Marcadé ; » et article 507 : « Pour une maison et ténement séant en la grande rue de Thouvoion au senestre côté en allant de Thouvoion à la rue Canteraine. »

Au seizième siècle cependant déjà, le nom chaussée Marcadé disputait l'usage au nom rue de Thouvoion. Le cueilloir de 1562 pour l'église de Saint-Gilles me donne : « De. . . . . sur une maison et ténement approprié à trois demeures, séant sur la chaussée Marcquaddé, de laquelle soulloit pendre pour enseigne *le Repos*, accostant d'un costé à la rivière du moullin à l'huille devant le pont à Voyon .. xi l. xv°. » Le cueilloir de Saint-Pierre de 1579-1580 a donné (article 230) à M. de Clermont : « Pour un ténement assez près du pont de

Thouvoion venant au pont Noblet là où pend pour enseigne *le Repos* ; et article 79 : « Pour une maison, jardin et ténement sur la cauchie Marcadé au senestre côté en allant du pont à Cardons à la porte Marcadé, entre le pont Noblet et Thouvoyon où est la maison des *Pastouriaux*.

Suivant une copie, que j'ai sous les yeux, du plan de la vicomté de Saint-Pierre, la rue de Thouvoion était appelée au dix-huitième siècle rue d'Argonne, tandis que notre rue actuelle d'Argonne était appelée rue Canteraine.

Les échanges de noms entre rues voisines ne sont pas sans exemples dans Abbeville. La rue du Pont-de-la-Ville s'appelle encore vulgairement et bien à tort, rue Entre-deux-Eaux, nom qui ne lui a jamais appartenu. Le nom d'Argonne a-t-il été flottant entre la rue de Thouvoyon et la rue Canteraine ? Je serais tenté de le croire et je ne puis me rendre compte que par cette explication, de l'extrait suivant : « De... pour une maison et ténement scéant à la rue Marcquaddé où pend pour enseigne l'*Escu*, faisant le cuincq (le coin) quy mène en lad. chaussée en la rue d'Argonne, xxviii sols. » — *Cueilloir de 1562 pour l'église de Saint-Gilles.*

En 1849 la manufacture des Moquettes existait encore dans la chaussée Marcadé, partie dans l'ancienne maison (n° 51 maintenant), partie dans l'ancien couvent des dames de Willancourt que nous retrouverons plus loin.

Manufacture des Moquettes.

Cet établissement fut fondé en 1667 par un hollandais, du nom de Philippe Leclerc, qui obtint de grands priviléges pour le faire prospérer. Ces mêmes priviléges furent cédés plus tard à M. Jacques Homassel, lorsqu'il acquit la manufacture alors périclitante. M. Jacques Hecquet, gendre de ce dernier, lui succéda vers 1716, et fut remplacé par son fils qui fit faire de nouveaux progrès aux tapis d'Abbeville. « Cette fabrique passa ensuite à M. Pierre Hecquet d'Orval, que ses lumières, sa bienfaisance et son patriotisme recommandent au souvenir de ses concitoyens (1). » M. P. Hecquet d'Orval, par d'heureuses expériences ajouta encore au succès de ses prédécesseurs. La manufacture des Moquettes a été acquise, en 1824, de M. P. Hecquet d'Orval, fils du précédent, par M. Vayson, qui y a introduit les métiers à la Jacquard. Les bâtiments de l'ancienne manufacture des Moquettes ne renfermaient plus en 1849 que très-peu de métiers : le plus grand nombre des métiers en activité alors fonctionnaient dans l'ancien couvent des Willancourt, au delà du pont de Touvoyon (2).

Les bâtiments de l'ancienne manufacture des Moquettes sont occupés aujourd'hui par la fabrique de toiles de M. Fr. Alexandre.

Le pont de Touvoyon.

Le pont de Touvoyon sur lequel nous traversons la la rivière de Sotine, s'appelle ainsi, je n'ai pas besoin de le répéter, du nom du mayeur en charge en 1369. On l'appelle aussi pont des Minimosses, du voisinage du couvent de l'ordre de Saint-François-de-Paule dont nous parlerons tout à l'heure.

La rue Ledien.

La rue Ledien devait son nom, suivant Collenot, à une corruption de langage ou à une contraction de mots.

(1) M. Louandre, *Hist. d'Abb.* 1* édit. chap. XXXIV.
(2) Voir pour plus de détails l'*Hist. d'Abb.* 1* édit. chap XXXIV.

On disait, ou on devait dire autrefois, d'après lui, rue Ledoyen.

Cela est de l'érudition de fantaisie. Aussi haut que je puisse remonter, je ne rencontre pas de rue Ledoyen.

1310. — Un terrain dans la rue Le Dyen est donné le 1er mai 1310 à Robert Le Cordelier. — *Cartulaire du Ponthieu, fol.* 204.

1562. — « Des chapelains de Saint-Wlfran, au lieu de Collard Le Febure, pour une maison et tenement scéant en la rue Dien. » — *Cueilloir de* 1562 *pour Saint-Gilles.*

1579. — Ténement séant au bout de la rue Ledien contre le pont Bataille. — *Cueilloir de Saint-Pierre de* 1579-1580. — *Note de M. de Clermont.*

1585. — Rue Le Dien. — *Comptes de Saint-Georges de* 1585-1587.

1751. — « La rue Le Dien à présent appelée rue Mourette. » — *Cueilloir du Saint-Sépulcre de* 1751. — Ainsi voilà un nouveau cas d'une rue changeant de nom dans l'usage et prenant celui d'une rue voisine. Voyez plus haut, dans ce chapitre même, les exemples cités.

Presque de notre temps encore, les annonces chez les notaires ou dans les journaux conservaient les deux noms ; *Feuille d'annonces d'Abbeville*, juillet et octobre 1815 ;... 1817 : « rue Ledien dite Mourette ; » *Journal d'Abbeville* 1821 : « rue Mourette ; » le même, 1822 : « rue Ledien ou Mourette; » le même, 1825, 1831, 1832 : « rue Ledien dite Mourette. »

Je livre, sans l'adopter, une opinion que l'on a fondée

sur la séparation de la rue dans sa longueur par la Sotine coulant à ciel ouvert.

La rue Ledien ne se serait appelée ainsi que dans une très faible partie de son étendue et de sa largeur actuelle. Elle ne se composait que de l'étroite voie pavée qui longeait les maisons sur la rive gauche de la rivière de Sotine, jusqu'à la maison qui portait le n° 46. L'autre partie beaucoup plus large de la rue, qui courait sur la rive droite de la rivière, se serait appelée rue Mourette....

La rue Ledien, que je tiens à appeler de ce premier nom, n'allait guère au—delà du pont de Bataille sur la Sotine qui est nommé pont Le Dien sur le plan de la vicomté de Saint—Pierre.

La rue Ledien, qui aboutit aujourd'hui au quai de la Pointe, n'a été prolongée jusque-là qu'en 1833, et pour donner accès au pont qui lui fait face et que l'on a appelé depuis pont Ledien, nouvel exemple du transport des noms. Les maisons que ce prolongement fit disparaître furent achetées par la ville cette année-là même et démolies immédiatement.

La population de la rue Ledien avait beaucoup augmenté depuis dix ans, en 1849, ce qu'il était facile d'expliquer par les constructions nouvelles. « Avant 1834, la rue Ledien s'arrêtait au pont de la rue Saint-Jacques qui mène à la place ; elle a été prolongée jusqu'à la Somme ; il y a au moins vingt maisons neuves habitées ; de plus, il y avait autrefois une teinturerie qui a été supprimée et où l'on a fait plusieurs logements. » — *MM. Brion et Paillart.*

Le pont Ledien fut construit aux frais de la ville, Le pont Ledien. un peu après 1830 (1). Nous ajouterons, afin d'en finir de suite avec lui, que trois maisons de la chaussée d'Hocquet furent achetées au mois de juillet 1837, pour dégager son entrée sur cette chaussée.

La Sotine n'a été couverte dans tout son parcours de la rue Ledien que depuis peu d'années.

La rue d'Argonne, que nous retrouvons à notre La rue d'Argonne droite, dans la chaussée Marcadé, en face de la rue Ledien s'est appelée aussi et d'abord, croyons-nous, rue La rue Canteraine. Canteraine.

Je vais reprendre chronologiquement toutes les indications que j'ai recueillies sur ces deux noms Canteraine et Argonne et les juxtaposer, en rappelant cependant que le dernier de ces noms appartint peut-être, dans un temps mal déterminé, à la rue de Thouvoyon. (Voyez plus haut.)

Il est certain qu'une famille Dargonne vivait à Abbeville au milieu du xive siècle. J'ai analysé et annoté ainsi pour la bibliothèque communale un parchemin acheté par la Ville à la vente de la bibliothèque Saint-Amand : — 2 novembre 1368, copie du testament de Pierre Dargonne. — Pierre Dargonne, entre autres générosités, laisse xxe de cens annuel et perpétuel à l'église de Saint-Gilles. Il veut avoir sa sépulture dans l'église de Saint-Gilles. Ce testament est du samedy après le saint Fremin confesseur, l'an de grâce mil CCCXLIX (1349). Le testament ne donne aucune indication sur la qualité de Pierre Dargonne.

(1) Il a été reconstruit vers 1855.

Une rue d'Aragonne paraît dix-sept ans plus tard. Firmine Maillot renonce en 1366 « au profit de Esteule Cnet, à une maison sise à Abbeville rue d'Aragonne. » — *Le Guetteur du Beauvoisis, n° 32, bulletin bibliographique, p.* 117. — L'éditeur, M. Pineau, publiait dans ce bulletin les sommaires des pièces acquises par lui à la vente de l'abbé Dairaine.

Suivant un renseignement de M. Eug. Demarsy, une rivière d'Argonne est mentionnée dans un cueilloir de la fin du xiv° siècle dont le commencement manque.

Le cueilloir de 1562 pour l'église de Saint-Gilles me donne : « De Pierre Mullier . . . . . . , . pour une maison scéant en la chaussée Marcquaddé au lez de la rue Canterainc devant l'enseigne du Mont Saint-Michel xxx s. » Et il est à noter qu'une rue d'Argonne est nommée aussi dans le même cueilloir. — C'est donc bien à tort, dans tous les cas, qu'on a cru voir depuis peu dans ce dernier nom un souvenir de la campagne de 1792.

M. de Clermont a rencontré plusieurs fois le nom de Canteraine dans le cueilloir de Saint—Pierre de 1579–1580 :

Article Ier, « un tenement séant en la cauchie de Marcadé, entre le pont de Thouvoyon et Canteraine. » Canteraine paraît dans cet article une désignation de lieu plutôt qu'une rue.

Article 8, « Pour un pré contenant un journal ou environ accostant d'un costé au long de la rue Canteraine. »

Article 277, « Pour quatre journaux de pré ou environ en la rue Canteraine sur le fossé Gifflet, au dextre

costé, en allant du pont de Thouvoion en ladite rue
Canteraine. »

Je vois dans les comptes de Saint-Georges de 1685–
1687 que la « ruelle Canteraine » était dans le quartier
Marcadé à peu de distance du fossé Gifflet. »

Les comptes échevinaux de 1586-1587 m'apprennent
que l'entrée de la rue Canteraine dépendait absolument,
à cette date, d'une maison de la chaussée Marcadé, ce
qui rend très-peu probable l'existence d'autres maisons
dans la rue Canteraine elle-même : « De Nicolas Le
Fort, au lieu de Jehan Cade, maître cordier, pour une
maison assise à l'entrée de la rue Canteraine et pour l'u-
sage de ladicte rue à luy baillé à ung escu ung tiers de
cens le vingt septiesme jour de février M. V^e soixante-
dix-neuf, à la charge de laisser passage ouvert, jour et
nuict, par lequel on puisse aller et venir aux ramparts,
aller à l'eaue avec deux seaux ou une feuguette, avecq
le passage des eaux de l'esgout de la rue et [l'obligation]
de desblaier ledict passage au travers de ladicte maison
lorsqu'il luy sera ordonné pour charier et conduire le
canon sur le dict rampart, de ne pouvoir apliquer ladicte
rue à aultre usage qu'à filer cordes et de ne le povoir
fermer, avec aultres charges portées audict bail.....
1^{esc} 1^t. »

La rue Canteraine figure, appelée ainsi en 1732, dans
le plan de la Vicomté de Saint-Pierre. Quant au nom
Canteraine (chante-grenouille), il est facilement expli-
qué. Le niveau du terrain n'était pas plus élevé et l'hu-
midité ne devait pas être moindre sur la rive droite de
la Sotine que sur la rive gauche, du côté de Wattepré.

— En 1732, six petites maisons seulement bordaient la rue Canteraine à partir de l'angle de la chaussée Marcadé, le côté de la Sotine n'étant pas bâti. — *Plan de la vicomté de Saint-Pierre.*

Enfin le nom d'Argonne s'établit sans conteste dans ce siècle-ci. Le procès-verbal du conseil municipal du 31 mai 1870 renferme une pétition des habitants de la rue d'Argonne à propos de la Sotine.

On désigne encore vulgairement la rue d'Argonne sous le nom de rue à Carottes. J'ai donné dans les *Notices sur les rues d'Abbeville* (1849) la traduction, difficile à reproduire, de ce dernier nom.

La Sotine.

La rue d'Argonne, non pavée encore dans les trois quarts de son étendue, et qui, sur cette même étendue, n'a guères plus de six pieds de large, remonte la rive droite de la rivière de Sotine (1) jusqu'au rempart, à peu de distance de la tour à Borel (2). Un fossé, qui sert

(1) La rivière des Sources, ou de Sotine, prend naissance dans les prés de la Bouvaque. Elle entre dans la ville sous la tour à Borel; passe derrière les jardins de la rue Pados, en longeant la rue d'Argonne; traverse la chaussée Marcadé sous le pont de Touvoyon; longe la rue Ledien qu'elle divise en deux, aujourd'hui souterrainement, dans la première partie; passe sous le pont de Bataille; fait un coude plus loin, derrière les jardins de Saint-Jacques et de la Pointe; en fait un second plus brusque à sa jonction avec l'Eauette, à la hauteur du clocher de Saint-Jacques; passe sous le pont de la Pointe, et se jette dans la Somme, contre l'impasse Coq-Chéru. Cette rivière est désignée sous les noms divers de Thouvion, Fausse-Rivière, Rivière des Religieux, ou des Pulverins, ou des Sources, de Patience, de Sotine.

(2) La tour à Borel ou à Bourel s'appelle ainsi, parce qu'à l'époque où l'on exécutait encore sur le chemin de Drucat, le bourreau déposait dans cette tour ses attirails de supplice, afin de ne par les traîner à travers la ville.

d'égoût aux jardins de la chaussée Marcadé, longe la
rue d'Argonne du côté opposé à la rivière de Sotine, de
sorte qu'en temps de pluie ou de verglas, il est presque
impossible de passer sur cette étroite digue en dos d'âne
sans s'égarer dans la rivière ou dans le fossé. Ce fossé
d'égoût reçoit un petit ruisseau qui prend sa source
dans les jardins voisins et que les plaisants appellent le
fleuve Gifflet. Le cueilloir de St-Georges appelle ce
filet d'eau en 1757 le fossé Gifflet.

Le fossé Gifflet.

Ce fossé, quoique servant particulièrement à l'égouttement des jardins de la chaussée Marcadé, a été quelquefois curé aux frais de la ville : Au percepteur municipal, 19 novembre 1809 : « J'ai l'honneur de vous
adresser ci-joint un rôle montant à 224 francs 25 c.
pour payement d'une dépense faite pour le curement
du fossé Gifflet . . . . » — *Correspondance de la mairie.*

J'ai déjà nommé la tour à Borel, c'est-à-dire la tour
du bourreau. C'est une tour ronde qui se présente sur
le rempart en face de la rue d'Argonne. Cette tour est
nommée par le P. Ignace, *Hist. chron. des mayeurs*,
p. 764. — Une vue à la sépia en a été faite en 1849 par
M. O. Macqueron.

La tour à Borel.

L'explication donnée plus haut pour la qualification
justicière n'est pas la seule. Au quinzième siècle, une rue du
Bourel, et dans laquelle le bourreau lui-même demeurait,
recevait l'ombre de la tour au nom lugubre. La rue du
Bourel, en effet, d'après les désignations qui vont suivre,
serait bien représentée par un chemin de ronde passant
au pied de la tour et sur le pont Gossiame. — Le cueil-

La rue du Bourel

loir de la communauté ou cure de Saint-André, très-vieux, sans date, du quinzième siècle au moins, je pense, et maintenant à la Ville depuis la vente de la bibliothèque Saint-Amand, me livre : « Jehan Journe l'aisné . . . . . pour ung gardin et tenement que jadis seult (*solitus est*) tenir Pre (Pierre) Le Chevalier, séant en le paroisse Saint-Sépulcre en le rue du Bourel, le IIIe maison oultre le pont Gossiame, au costé des murs de le ville, acostant d'un costé, vers le rivière de le tour du bourrel, à le maison et tenement . . . . . » On voit par les tenants et aboutissants que ce jardin n'était pas loin des « murs et forteresses » de la ville et non loin aussi de « le maison du bourrel ».

La Sotine entre dans la ville tout près et sous la protection de la tour à Borel. Le pont mentionné plus haut existe encore contre la tour sous le rempart. Le nom ne se présente pas toujours écrit, lisiblement du moins, de la même façon. M. Ch. Louandre a cru lire pont Gossione, à la date de 1342, dans les archives de l'Hôtel-Dieu. Je vois, dans le plan de la vicomté de Saint-Pierre, pont Gossiame ; j'ai cru lire quelquefois ailleurs pont Gossjane. Le pont Gossiame s'est appelé aussi pont du Bourel : « Pour un tenement à usage de pré accostant vers le pont du Bourel au moulin de M. Pierre Tillette. » — *Note tirée par M. de Clermont du cueilloir de Saint-Pierre de* 1579-1580, *article* 506.

Le pont Gossiame

La rue du Bourel dont ces indications diverses ne nous écartent pas a dû disparaître lors du remaniement des fortifications de la ville sous Louis XIV.

La rivière de Sotine ou de *Patience* fait tourner le

moulin également nommé de *Patience* à cause du voisinage de la tour à Bourel.

Le moulin de Patience fut établi le 7 février 1421
« pour le bien public et commun de la ville d'Abbeville »
par le Révérend Père en Dieu, Cardinal de Pise, Prieur
de l'abbaye de Saint-Pierre d'Abbeville, à la condition
d'y élever un moulin à œulle (huile) et moyennant une
rente.

Le moulin de
Patience.

La collection des dessins de M. de Saint-Amand conserve une *vue* de ce moulin *prise de la rivière*, ave.:
cette note : « Copie collationnée, délivrée par Mᵉ Le
Gendre, greffier du prieuré de Saint-Pierre, d'une reconnaissance de bail à cens verbal et constitution par
écrit d'iceluy, reçu par auditeurs royaux en la prevôté
de Saint-Riquier le 7 février 1421, duquel acte il appert
que le P. Allemand, sous-prieur dud. monastère de
Saint-Pierre, et les religieux dud. monastère ont accordé
à Jean Journe, bourgeois de lad. ville, un lieu et place
convenable sur la rivière desd. religieux, nommé le
pont (*sic*, par erreur sans doute), de Touvoyon, pour y
bâtir un moulin à l'huile aux conditions y exprimées. »

Ce moulin, appelé aussi moulin de Wattepré, demeurait à usage de faire huile en 1586. On peut voir, pour
une difficulté le concernant et portée devant l'Échevinage, le registre aux délibérations de la Ville, de 1586-
1587. La délibération du xxiiᵉ jour d'août 1587 apprend
que Vulfran Sanson a vendu précédemment ce moulin
à Guillaume Malhœuvre, qu'une sentence a été rendue par le sénéchal de Ponthieu et qu'il y a appel au
Parlement.

Le cueilloir du Saint-Sépulcre de 1751 nomme encore
« le moulin à l'huile vulgairement appelé le moulin de
Patience » et, à côté la rue dite du moulin ».

La Sotine elle-même est dite dans le cueilloir de
Saint-Georges de 1757, rivière de Patience.

Le seul nom conservé par le moulin en ce siècle est
celui qui garde le souvenir des supplices. Le moulin de
Patience appartient depuis longtemps à MM. Vayson. Il
sert aux besoins de la manufacture des Moquettes.

Je reporte au pont de Sotine dans la Pointe ce que
j'ai à dire encore de la Sotine.

CHAPITRE XXXIII

Ce chapitre pourrait être intitulé : Du pont de Touvoyon au pont de Ricquebourg.

La partie de la chaussée Marcadé que nous allons parcourir maintenant était - très riche en maisons religieuses : hôpital de Notre-Dame de Boulogne, englobé un jour et annihilé dans le couvent des Minimesses ; couvent des Minimesses, où nous voyons aujourd'hui la maison de madame Millevoye, la veuve de notre illustre compatriote (1) ; abbaye royale de Willancourt, où demeure M. Cherbonnier (2) ; refuge des dames de Ber-

---

(1) Ecrit en 1849.
(2) Ecrit en 1849. — M. Cherbonnier, juge d'instruction, puis président du tribunal de première instance est mort en 187... La maison occupée par madame Cherbonnier porte le n° 82.

laucourt, qui a fait place aux maisons de MM. Deligniè res Roussel et Cortilliot Tony (1).

Occupons-nous d'abord de la première de ces maisons située à notre gauche, à deux pas du pont de Touvoyon.

L'hôpital de N.-D.
de Boulogne.

L'hôpital de Notre-Dame de Boulogne, dédié à Marie, avait été fondé plus de trois cents ans avant l'époque où le P. Ignace écrivait, par quelques vertueuses filles d'Abbeville qui, voyant la grande dévotion qui portait les pèlerins à visiter l'image miraculeuse de Notre-Dame de Boulogne-sur-Mer, donnèrent leurs biens pour le soulagement de ceux qui entreprenaient ce saint voyage. Le pèlerinage étant tombé plus tard en désuétude, l'hôpital de Notre-Dame-de-Boulogne n'était plus occupé que par quelques pauvres artisans qui en étaient devenus en quelque sorte les maîtres et qui l'entretenaient fort pauvrement, lorsque la Mère Gabrielle, fondatrice des Minimesses, obtint de le réunir à son monastère, à la condition que la Confrérie de Notre-Dame-de-Boulogne, instituée dans cet hôpital, serait transférée en la paroisse Saint-Jacques.

Les *Mss. Siffait* nous ont conservé, sous la date de 1699, date de grands travaux des Minimesses, une représentation à la plume du couvent des Minimesses avant ce temps et ce dessin peut donner une idée de ce qu'avait été l'hôpital de Notre-Dame-de-Boulogne. M. O. Macqueron a copié ce dessin pour sa collection.

Le couvent
des Minimesses.

Le couvent des Minimesses d'Abbeville a été le pre-

(1) Ecrit en 1849. — La maison porte aujourd'hui le n° 105.

mier de cet ordre fondé en France. Il dut d'être établi à
la R. Mère Gabriel Foucquart, qui lutta longtemps contre des obstacles de toute nature pour arriver à l'accomplissement de son persévérant projet.

La R. Mère Gabrielle Foucquart est l'héroïne du P.
Ignace. Il lui consacre, en vingt-quatre articles ou chapitres, quatre-vingt-quatre pages de son *Histoire Ecclésiastique*; et, dans une petite gravure de F. Poilly, —
la seule du volume, — qui sert d'introduction, en quelque sorte, au pieux roman, au poëme religieux de l'historien, la R. Mère est représentée en pied et foulant les
fleurs d'un paysage allégorique. « J'advoüe ingénuëment,
dit en commençant l'enthousiaste historien, qu'il fau-
droit un Saint Hierosme pour escrire d'un style de saint,
les belles actions de cette constante Paule d'Abbeville,
de cette courageuse fondatrice, de cette prudente mère
de tant de sages vierges et de cette femme forte. »

La vénérable Mère Gabrielle Foucquart naquit à Abbeville le 15 avril de l'an 1568, « en la grande maison du
sieur Moitié, qui est devant l'église des R. R. Pères Cordeliers ». — Cette maison était la maison de la *Coupe
d'Or* dont nous dirons un mot lorsque nous la trouverons sur notre passage. — La petite Gabrielle fut bapti-
sée dans l'église de Saint-Jean-des-Prés. Ses parents,
gens fort vertueux, lui inspirèrent de bonne heure le
goût de la religion. Un jour qu'elle se divertissait seule
dans un jardin, ses yeux furent tout-à-coup frappés par
« une belle image de la Très-Sainte Vierge, lumineuse
comme si elle eut été environnée des rayons du soleil,
qui avoit un cercle sous ses pieds et luy ouvrit les bras

comme la voulant embrasser ». L'enfant alla quérir son grand-père qui ne vit sans doute rien de particulier, hasarde le P. Ignace, se piquant de circonspection contre ses habitudes, mais qui, de retour en sa maison, dit à sa femme : *M'amie, il nous faut soigneusement eslever cet enfant, car Dieu s'en servira quelque jour pour faire quelque chose de grand.* Gabrielle était, pour lors, âgée de cinq ou six ans, et déjà « l'honnesteté d'une très-pudique vierge paroissoit en toutes ses actions : car toute petite qu'elle estoit, elle n'osoit arrester les yeux sur les hommes ; et quand elle en rencontroit par les ruës, une chaste rougeur lui montoit au visage. » Ce qui, soit dit en passant, indiquait chez la future fondatrice une vertu bien précoce.

De l'âge de dix ans à vingt-six, elle nourrit toujours le dessein d'être religieuse. Un oncle la maria tout à coup, sans la consulter. Gabrielle, en fille chrétienne, se soumit en vue de Dieu. « O si les mariages se traitoient de cette sorte, s'écrie le P. Ignace, que de paix et d'amour, que de grâces et de bénédictions du ciel !... Il est vray, a-t-il soin d'ajouter, qu'il est peu de filles sages et chastes qui ne se troublent quand on leur parle d'un mary et qui ne trouvent de la difficulté de cesser d'estre anges, pour commencer d'estre du nombre des femmes. »

Gabrielle s'acquitta du reste si consciencieusement de ses charges de ménage, que, bien qu'elle ne restât mariée que deux ans, deux mois et deux jours, elle trouva le temps de mettre au monde deux enfants, une fille qui devint religieuse, un fils qui fut curé.

Son mari, N. Duval, était mort de la peste ; elle échappa miraculeusement à la contagion qu'elle avait contractée en le soignant.

A peine veuve, elle fut recherchée par plusieurs bons partis qu'elle refusa. « Elle avoit vécu pendant son mariage en blanche colombe, elle désiroit passer son veuvage en chaste tourterelle... Elle négligeoit cette grande beauté qui luy donnoit le prix entre celles de sa condition. » Son confesseur, à qui elle découvrit le désir de quitter le monde, lui donna pour conseiller un R. P. Minime « qui fut le premier qui la conduisit plus constamment dans les voies de Dieu. » Elle s'affectionna si cordialement depuis à l'ordre des RR. PP. Minimes, que, dès lors, le dessein de fonder un couvent de Religieuses du tiers ordre de Saint-François de Paule prit naissance dans son esprit. Ce dessein, affermi encore par les prophéties d'un provincial des RR. PP. Minimes, rencontra un premier obstacle dans l'opposition même des religieux de l'ordre. « Ceux qui la vouloient empescher de commencer le saint institut disoient qu'elle n'estoit pas d'assez grande condition, et, comme par mépris, ils disoient, qu'elle n'estoit qu'une bourgeoise d'Abbeville, et que cet établissement méritoit bien une princesse ou une grande dame du royaume; et qu'une royne de France avoit réservé de grandes richesses pour estre fondatrice si les pères Minimes l'eussent voulu accepter. » — *Pour pénitence de la faute qu'ils ont faite en cela*, répondait Gabrielle, *ils en auront une qui ne sera pas de cette qualité.*

Elle avait déjà rassemblé quelques novices. Un jour

qu'elle se rendait avec elles à l'église de Notre-Dame
de la Chapelle, elle remarqua dans la chaussée Marcadé,
près de l'hôpital de N.-D. de Boulogne, une grande
maison qui lui parut propre pour l'établissement d'un
couvent. Cette remarque était une inspiration de la
Vierge qu'elle allait consulter. Peu de temps après, la
maison était mise à sa disposition par Jean Maupin, conseiller au siége présidial, qui l'avait achetée de ses deniers, mais qu'elle remboursa bientôt. Des tribulations
nouvelles lui furent suscitées alors. Un supérieur de
l'ordre de Saint-François de Paule la reprit sévèrement
et publiquement dans un sermon de ce qu'elle élevait
une communauté et se vêtait de la couleur des Minimes.
Ce sermon devint le signal de remontrances nouvelles
de la part des gens du monde, de ses proches parents,
des filles même qu'elle avait adoptées. Gabrielle persé-
véra ; et, le diable ayant tenté ses filles de se retirer
d'avec elle, elle saisit ce moment pour les enchaîner
par des vœux ; elle-même leur donna l'exemple et se
lia la première, le 17 mars 1617.

Vers le même temps, elle sollicita du grand-aumô-
nier de France, le cardinal François de la Rochefoucault,
l'adjonction à sa maison de l'ancien hôpital de Notre-
Dame de Boulogne ou du Pont de Touvoyon ; ce qu'elle
obtint sans trop de difficulté. Mais que d'obstacles lui
demeuraient à vaincre ! Elle n'avait pu encore obtenir l'érection de sa maison en couvent de l'ordre de
Saint-François de Paule ; en 1619, un prêtre d'Abbeville lui propose de la faire admettre dans l'ordre de
Saint-Benoît. Gabrielle le remercie humblement de sa

bonne volonté. En 1620, une religieuse carmélite d'A-
miens, cousine de Gabrielle, lui offre, du consentement
de la mère prieure, la direction d'un couvent de son
Ordre à Abbeville. *Tout ce que vous me dites est bel et
bon,* répond Gabrielle, *mais le P. Joseph et le P. Hébert m'ont dit de la part de Dieu, qu'il m'a choisie et se
veut servir de moy en l'ordre de Saint-François de Paule.*
Et elle demeure inébranlable. Son propre confesseur,
que les dames Carmélites d'Amiens ont mis dans
leur intérêt, conspire contre elle. Ne pouvant la résoudre elle-même à embrasser l'ordre du Mont-Carmel, il
représente aux sœurs de la communauté naissante tous
les avantages que compromet l'obstination de leur Mère
Gabrielle. Alors révolte ouverte dans la maison ; la
chambre de la R. Mère est envahie. On lui pose im-
pérativement des conditions qu'elle repousse courageu-
sement. Sa douceur et sa prudence triomphent de l'im-
patience de ses filles.

Enfin, en l'année 1612, le R. P. François de la Rivière, visiteur général des RR. PP. Minimes, étant venu
à Abbeville, promit à la Mère Gabrielle l'admission de
sa communauté dans l'ordre des Minimes, ce qu'il obtint effectivement, à son retour à Amiens, de l'évêque
d'alors, François Lefebvre de Caumartin. Ce prélat manquait probablement de quelque fermeté, car, en remet-
tant son consentement au P. de la Rivière, il eut soin
d'ajouter : « Mon père, ne le dites pas à vos religieux,
car autrefois je leur ai parlé de ce projet, mais ils n'en
veulent pas. » On eût dit que le P. de la Rivière eût
compris sur ce mot la nécessité de faire la plus grande

diligence possible pour mener à bonne fin son entreprise. Il part d'Amiens le 15 juillet, à dix heures du matin, « bien qu'un de ses Pères collègues ait pris quelque remède purgatif ce jour-là. » Au milieu du chemin, son cheval le jette par terre et lui donne un coup de pied au milieu du front. Le R. P. se relève et dit en lui-même : Le diable est envieux des résolutions que j'ai pour Dieu ; et il continue son chemin. A cinq heures du soir, il est à Abbeville. La Mère Gabrielle, prévenue, fait dresser un autel, un tabernacle. Toutes les sœurs se mettent à l'ouvrage, et, leurs bons anges travaillant avec elles, elles font, ce jour-là même, dix habits de religion. Enfin, le samedi 17, à six heures du matin, après les cérémonies d'usage pour la bénédiction de la maison, toute la communauté reçoit des mains du P. de la Rivière l'habit des Minimes (1). A huit heures du

(1) Je possède depuis la vente de la bibliothèque Dairaine une copie authentique (cachet entre deux feuillets) de l'acte d'institution du couvent des religieuses minimes d'Abbeville. Cette copie, « conforme aux deux parchemins du 17 juillet 1621, » est un récit même du P. de la Rivière.

« Frère François de la Rivière, de l'ordre des pères minimes de notre bienheureux patriarche saint François de Paule, collègue général pour la nation françoise, délégué et député visiteur et vicaire général ès provinces de France dudit ordre à tous ceux qui ces présentes lettres verront, salut en Jésus-Christ.

« Comme ainsi soit, que, ayant esté délégué visiteur et vicaire général des provinces de notre ordre en ce royaume de France par expresses patentes de notre révérendissime père général, le révérendissime père François de Mayda, en date du 2 février l'an de grace 1621, le 16 du Pontificat de notre saint Père le pape Paul cinquiesme, le 11 du règne du Très chrestien roi notre sire, Louis treiziesme le juste, le magnanime, l'invincible, et le 4 du généralat de notre susdit révérendissime père François de Mayda : Nous estant

matin, deux heures après que tout fut fait, un envoyé
de Mgr l'évêque d'Amiens apportait une opposition, avec
menace d'excommunication, à la prise de voile. Cette
opposition avait été obtenue deux heures trop tard par
les M m es.

L'Échevinage s'émut aussi de la précipitation et de la

transporté en cette province de Paris pour y visiter nos religieux
et couvents en suite de la délégation qui nous en a esté faite, et
pour le debvoir de notre conscience et office : arrivant en cette
ville d'Abbeville, y avons trouvé neuf de nos sœurs tertiaires,
lesquelles habitoient ensemble en la maison que elles ont acquise
en commun pour leur domicile, vivoient en congrégation et communauté depuis quatorze ans en ça, sous la direction des révérends
pères Pères provinciaux de ladite province de Paris, vestoient
toutes uniformément de sarge (serge) de la couleur minime, avoient
un accoustrement blanc en teste à la façon des religieuses avec un
frontal de lin, portoient les chemises de sarge, couchoient vestues
de leur habit chacune en sa cellule, practiquoient la vie quadra-
gésimale la plus grande partie de l'année, chantoient le divin
office les festes et les dimanches dans l'oratoire que elles avoient
dressé pour cet effet, et, pour faire leurs autres dévotions, au dedans de leur dite maison, vivoient en communauté dans leur re-
fectoire, acquerroient ès occasions les maisons et lieux qui leur
estoient contigus, de façon que elles ont un lieu très ample et
très commode pour leur demeure, contractoient en achats et
ventes au nom de leur congrégation et communauté, recevoient
des filles en leur congrégation avec le doire (douaire) sans retour,
ains qui demeure à perpétuité à ladite communauté, acceptoient
des légats pieux, et finalement exerçoient tous les actes et fonctions que font les maisons régulières des religieuses establies en
formels couvents et monasteres. Mais d'autre part, considérant
que les dites sœurs vivoient sans profession et closture, ce qui
répugne totalement aux décrets de notre mère sainte Eglise catholique, apostolique et romaine, aux conciles généraux, aux bulles
de nostres saints Pères les Papes, et spéciale ment à celle de Pie
quint d'heureuse mémoire, laquelle il a promulguée le 29 may 1566
et le premier an de son Pontificat, touchant la closture, non seulement des formelles religieuses, mais aussi des femmes tertiaires
vivantes en congrégation, de quelque ordre que elles soient, com-

demi clandestinité de l'acte de P. de la Rivière. L'analyse des délibérations en la possession de M. A. de Caïeu
me fournit des résumés de délibérations des lundi et
mardi 19 et 20 juillet, qui prouvent le mécontentement.
Je reproduirai la vivacité et le dédain de quelques
termes. Un « certain » minime « soy disant commis du

mandant aux Evesques diocésains et aux supérieurs desdites tertiaires de les exhorter et de leur persuader de faire profession et
subir la closture. Pour à quoy obéir nous disposant, estant plus que
décent et raisonnable, la piété et dévotion de nos dites sœurs
nous a prévenu par la requeste et supplication que elles nous ont
présentée, nous demandant par icelle d'estre receues et vestues de
l'habit de nos religieuses de la seconde règle de notre bienheureux père saint François de Paule, nous témoignant le saint désir
que elles ont d'en faire la profession et de garder la closture.C'est
pourquoy, ayant eu très bonne et très ample information de
l'exemplaire vie et très pieuses qualités de nosdites sœurs, mesme
par les révérends Pères de cette province de Paris, nous nous
sommes transporté dans leur dite maison pour recognoistre plus
particulièrement tout ce que dessus, et spécialement scavoir leurs
facultés et revenus. Nous avons donc trouvé le tout y estre tellement disposé qu'avons creu estre obligé en conscience, et pour le
debvoir de nostre charge et office, et pour obéir à ladite bulle de
Pie quint, leur octroyer leur demande et requeste, pourveu que
elles impétrassent là dessus le consentement de Monseigneur l'il-
lustrissime et révérendissime Evesque d'Amiens. Ce que ayant
obtenu, nous avons procédé solennellement à leur réception,
comme délégué apostolique, en vertu de la susdite bulle de Pie
quint, et les avons acceptées et receues en qualité de religieuses
de la seconde règle de nostre bienheureux Père saint François de
Paule, les recevant toutes neuf, novices du cœur et pareillement une
sœur oblate pour faire après l'an de leur probation la profession
solennelle,mettant dès à présent en closture formelle de religieuses
ladite maison et ses appartenances en la forme qui s'ensuit. Premièrement nous avons destiné pour chapelle ou église la salle
basse de leur dite maison en laquelle avons fait dresser l'antel,
le tabernacle du saint-sacrement, le dais au-dessus, la lampe au-
devant, et les chandeliers à costé, avec la plus grande révérence et
décence qu'il a esté possible, avons pareillement fait parer de

général de l'ordre, s'est ingéré samedi dernier, en vertu
du décret de M. l'évêque d'Amiens, » de renfermer
quelques filles de cette ville qui demeurent en la chaussée
Marcadé et de leur bailler l'habit, prétendant établir en
cette ville un couvent de Minimesses. Il a accompli ces
actes sans en donner avis, au préjudice du magistrat, et

tapisseries ladite chapelle, fait à costé au dedans de ladite maison
le chœur pour la célébration des offices divins, la grille respon-
dante devant l'autel de la chapelle, afin que par icelle elles pussent
adorer le saint sacrement et recevoir la sacrée communion : avons
fait murer à demy les fenestres de ladite maison qui regardent sur
la rue, et l'autre moitié treillisser de barreaux de fer, fait clore de
massonerie les portes qui respondent du jardin à la rue, excepté
une petite pour les nécessités du couvent, fait accommoder le parloir avec une grille d'un costé et un tournoir de l'autre, et pareillement fait faire leurs habits selon la forme prescrite en ladite
règle de nos religieuses. Ce que ayant esté comme cy dessus disposé et accomply : ce jourd'huy 17 juillet 1621, nous nous sommes
transporté de nouveau audit couvent, accompagné d'une partie
des religieux de nostre couvent de cette ville, avons de rechef examiné et interrogé lesdites sœurs de leur dévote et ferme résolution
à recevoir l'habit des religieuses de nostre saint ordre et subir la
closture et leur avons représenté tout ce qui se devoit sur ce sujet.
Partant, les ayant trouvées totalement disposées, nous les avons fait
confesser et préparer à la sainte communion pour recevoir l'aug-
ment des grâces de Jésus-Christ, lequel elles désirent servir tout le
reste de leur vie. Cependant nous avons fait allumer la lampe et les
cierges de ladite chapelle estant vestu des habits sacerdotaux, l'a-
vons béniste par la faculté de nos privilèges selon la forme qui
est contenue en nos cérémonies, laquelle estant la première église
de nos religieuses en ce royaume de France, a esté par nous dédiée à Dieu, soubs les très augustes noms de Jesus Maria, à l'imi-
tation de nostre glorieux Père saint François de Paule, lequel
soubs les mesmes titres offrit à Dieu la première église des religieux qu'il fit bastir en ce royaume au couvent de Plessis-les-tours.
Par après, avons fait venir devant nous lesdites religieuses en ladite
chapelle, en la présence du peuple, et leur ayant fait un sermon
exhortation, avons béni leurs habits et les avons vestues novices du
cœur et de plus une sœur oblate, toutes de la seconde susdite

sans avoir fait apparoir de lettres du roi touchant le nouvel établissement. Un couvent de femmes de l'ordre de saint François de Paule serait le premier en France. Ce lundi même cependant, led. père minime est venu voir le maieur. L'assemblée est remise au lendemain. Dans cette seconde séance (mardi) on fait observer au minime l'irrégularité de sa conduite. Il n'a pas prévenu; il n'est porteur d'aucun consentement de S. M. ; il n'a pas tenu compte des défenses qui lui ont été faites par l'archidiacre de Ponthieu envoyé exprès par M. l'évêque

règle : conséquemment, la sœur oblate ayant pris la croix et les autres suivant processionnellement, sont passées de ladite église dans ledit couvent, et nous, estant demeuré au dehors de la porte dudit monastère, leur avons donné nostre bénédiction et commandé de fermer par devers elles ladite porte et déclaré, tant elles que leur dit couvent de Jesus Maria, estre en closture estroite et inviolable. Retournant en après en ladite chapelle, nous avons célébré la sainte messe, les avons à la communion repeues du saint sacrement de l'autel, lequel nous avons mis dans le ciboire préparé et puis dans le tabernacle pour y estre conservé. Finie la sainte messe, la mère correctrice a commencé de célébrer et chanter l'office divin au chœur suivie des autres religieuses, et ce par l'heure de prime, laquelle estoit alors en son temps d'estre dite. Et en cette forme et manière avec l'assistance du Saint-Esprit, avons érigé et institué ladite maison en premier couvent formel de religieuses minimes en ce royaume de France à l'honneur et gloire de Dieu, exaltation de nostre mère sainte Eglise, propagation de nostre sacré ordre et pour le salut des ames fidèles. Et finalement supplié très humblement la divine majesté qu'il luy plaise recevoir en sa sainte protection et garde lesdites religieuses présentes, celles qui leur succéderont et leur couvent, par les mérites et intercessions de nostre glorieux père saint François de Paule. En foy de quoy nous avons signé les présentes de nostre main, et scellées du sceau ordinaire de nostre office. Fait à Abbeville, ce 17 jour de juillet l'an de grace 1621.

Frère FRANÇOIS DE LA RIVIÈRE,
Vicaire-général et collègue françois.

d'Amiens. Le Père répond qu'il ne s'est cru obligé à
donner aucun avis, attendu le temps écoulé (treize ans)
depuis que lesd. filles sont retirées et demeurent ensemble, leur retraite ayant toujours été tolérée. L'Échevinage arrête, avant de délibérer sur l'établissement de
ces filles, qu'elles seront tenues de produire dans trois
mois des lettres patentes et de faire preuve de fonds
suffisants pour leur nourriture et leur entretien.

Les Minimes ne se tinrent pas pour battus. Leur Père
provincial obtint un arrêt pour *dévoiler* les saintes filles
avec commandement au lieutenant-général et au procureur du roi de lui prêter main forte. « Voici, dit le Père
Ignace, un accident digne de compassion, capable d'at-
tendrir le cœur des lecteurs. » Le 12 mars 1622, la
Mère Gabrielle fut dévoilée avec toute sa communauté.
Lorsqu'on lui retira son voile, sa propre fille, la Mère
Anne Duval, tomba à la renverse par terre, toute pâmée
de douleur. Le P. provincial n'avait cependant ôté à la
fondatrice qu'une épingle au milieu de son voile « par
respect, croyant que cela suffisoit. » Un dernier coup
devait encore frapper la Mère Gabrielle ; le Saint-Sacrement fut enlevé de la chapelle de sa maison. Jusques là
elle et ses sœurs avaient entendu la messe de leur cour,
au travers d'une clôture d'argile à laquelle elles avaient
fait de petits trous pour contempler l'élévation. Enfin,
quinze jours après son dévoilement, la Mère Gabrielle
trouva le moyen de se faire apporter la communion par
un courageux ecclésiastique qui consentit à lui laisser en
cachette une hostie consacrée qu'elle enveloppa du plus
riche voile de sa maison et déposa dans le chœur de sa

chapelle. Plus tard, un autre prêtre, voyant l'extrême
désir qu'avaient les filles de la communauté proscrite
de recevoir la communion, prit la hardiesse de leur
porter quelquefois, à une heure de la nuit, le Saint-Sacrement sur sa poitrine. Ces mystérieuses consolations
firent patienter les sœurs jusqu'au jour où un ecclésiastique se présenta devant elles de la part de l'évêque d'A-
miens avec ordre de les excommunier. La Mère Gabrielle,
sans s'épouvanter des menaces, déclara, avec un courage inébranlable, qu'elle garderait sa clôture et sa règle
jusqu'à ce qu'il eût plu au pape de prononcer sur la
réclamation qu'elle lui avait soumise. L'envoyé de l'é-
vêque se mit alors en devoir de fulminer l'excommunication contre elle. « Il estoit accompagné de deux ou trois
prestres ; un d'eux allume une chandelle; un autre sonne
une petite clochette ; le commissaire lisoit des malédic-
tions horribles et pour conclusion il disoit : *Si dans
trois jours vous ne sortez, je vous laisse en la possession
du malin esprit.* » A quoi la sainte Mère, frappant du pied
en terre, répondait : « *Je suis enfant de l'Église ; je renonce au diable et à vostre excommunication : j'en appelle
au Pape, mon supérieur et le vostre.* »

Cependant le procès-verbal de tout ce qui s'était passé
avait été envoyé à Rome avec de l'argent ; mais le diable
fit perdre par les chemins les papiers et l'argent ainsi
que le constate une lettre du P. de la Rivière, protecteur
de la communauté. Tous les amis de la Mère Gabrielle
perdirent alors courage et tout semblait désespéré ; elle
seule demeura toujours ferme, espérant en Dieu et réso-
lue de demander l'aumône plutôt que de renoncer à son

entreprise. Elle supportait sans murmurer les adversités par lesquelles il plaisait à Dieu de l'éprouver, lorsqu'elle eut une vision qui l'encouragea encore à persévérer et à espérer. Cette vision est le sujet de la gravure de F. de Poilly. « J'ay veu, disait la Mère Gabrielle à ses sœurs, une petite nasselle au milieu d'une grande mer. Cette petite nasselle estoit battue de vagues qui donnoient furieusement contre elle ; je la voyois remplie de petits enfants tous nuds. Jésus et Marie estoient aux deux bouts de cette nasselle, qui la conduisoient droitement. C'est vous, mes filles, qui estes ces pauvres petits enfants tous nuds ; car on vous a dévoilées et privées de l'usage des sacremens ; enfin on vous a excommuniées. Mais ayez patience et bon courage, d'autant que Jésus et Marie conduiront le tout droitement ; ne craignez rien, vous serez revêtues. »

Bientôt, en effet, la nouvelle leur vint de Rome qu'elles seraient dans peu de temps admises à faire la profession. Le P. de la Rivière donna alors à Gabrielle, de la part du conseil de Rome, le choix entre la direction des PP. Minimes de la province de Tours et celle d'un chanoine de Saint-Wulfran. La Mère Gabrielle répondit avec une noble confiance qu'elle ne voulait pas d'autre direction que celle des PP. Minimes de la province de Paris qui avaient plaidé contre elle, et qu'elle espérait bien que Dieu les changerait avec le temps.

La Mère Gabrielle fit profession avec trois de ses sœurs le samedi 23 mars 1624 ; les huit autres ne firent profession que le 16 mai suivant, entre les mains du P. de la Rivière qui avait apporté de Rome la bulle du pape

Grégoire XV, établissant, d'autorité apostolique, le premier monastère français des RR. MM. Minimes sous le titre de Jesus Maria. Ce qui est remarquable, dit le Père Ignace, c'est que cette bulle fut signée par le pape dans sa dernière maladie « et que c'est peut-estre la dernière qu'il ait expédiée. Un jour plus tard et l'affaire eût été en danger d'être perdue. »

La Mère Gabrielle fut élue canoniquement la première correctrice de son ordre en France ; elle exerça cette charge six ans, bien que la règle ne le permît que pour trois, mais le P. Directeur de la maison trouva bon que les trois ans de son noviciat ne fussent pas comptés. Toutes les vertus de la Mère Gabrielle éclatèrent, non-seulement pendant qu'elle accomplissait ses fonctions, mais encore et d'une manière bien plus vive lorsqu'elle les déposa, « car, dit le P. Ignace, c'est une marque d'une grande intégrité quand une religieuse qui est sortie de charge, n'est à charge à personne. »

La Mère Gabrielle mourut le 3 décembre 1639, à l'âge de soixante—onze ans. Le récit que nous trouvons de sa mort résignée et sereine dans l'*Histoire ecclésiastique*, ne manque pas d'une certaine gravité touchante.

Tel est le résumé très-long et très-abrégé de la vie et des actes de la R. Mère Gabrielle Foucquart. Et ce qu'il y a de plus remarquable, pourrait dire le P. Ignace, c'est que l'histoire de cette grande sainte ait été écrite encore une dernière fois, deux cent trente ans après sa mort, par un amoureux de vieilleries dont les premières années se sont écoulées dans la maison même où elle est née.

Je dois le dire cependant en honnête humilité, ce résumé un peu sec de la vie de la fondatrice est bien loin de valoir le chapitre du P. Ignace. Il serait à désirer qu'un amateur généreux de publications rares rééditât, sur beau et durable papier, cette part très-caressée de l'œuvre de notre compatriote Jacques Samson, le chapitre LXIIII de son *Histoire ecclésiastique d'Abbeville*.

La seconde figure de la congrégation naissante fut Catherine de Vis que le P. Ignace nomme, dès la visite du P. de la Rivière, « fille de grande oraison, mortifications et de sainte vie. »—*Hist. eccl.*, *p.* 296.— La vente du cabinet Dairaine a mis entre mes mains un petit mémoire et une note concernant la Mère de Vis. Le mémoire a été écrit par une minimesse. Il est malheureusement incomplet, les feuillets du milieu manquant. J'abrège ceux que j'ai sous les yeux, en m'écartant le moins possible de la forme.

Catherine de Vis, née à Abbeville, étoit fille de marchands chapeliers gens de bien. Son père et sa mère, ses frères et ses sœurs, moururent de la peste. Catherine et sa sœur Marie assistèrent leur père, leur mère, leurs frères et leur sœurs, en cette calamité, et survécurent seules (1).

Elles allèrent même visiter à l'infirmerie les religieux de notre ordre malades de la contagion. Leur âge étoit alors d'environ quatorze ans. Depuis elles se mirent à la

(1) « Nicolas de Vis marié à Marguerite Billet, morts tous deux de la peste en 1596. Ils ont douze enfants dont la peste enleva les dix aînés en 1596. Il ne survécut donc que Catherine de Vis qui reçut l'habit le 17 juillet 1621 et Marie de Vis, morte en 1613. — Catherine en entrant en religion était donc la seule survivante de sa famille proche. » — *Note de M. Delignières de Bommy.*

dévotion, fréquentant les sacrements au couvent de nos
pères. Elles faisoient pour gagner leur vie des boutons
de soie. Elles ont ainsi, dans le travail, toujours vécu
honnêtement, paisiblement, modestement, avec beaucoup d'édification des séculiers qui les honoroient et fré-
quentoient pour leurs vertus. Elles firent profession de
notre tiers ordre en l'an mil six cent trois, vivant religieusement ensemble, gardant le silence à certaines
heures, ayant leurs lectures et méditations réglées.

Particulièrement Catherine, étant de meilleure santé
que sa sœur, s'adonnoit davantage aux mortifications,
couchant sur des planches qu'elle mettoit en son lit,
ainsi qu'elle a continué de le faire, donnoit régulière-
ment une partie de sa portion à une pauvre femme, quelquefois le tout, consoloit les affligés et les désolés, leur
donnoit des conseils de bien vivre.

Ces deux bonnes sœurs ayant appris que ma B. Mère
Fouequart prétendoit devenir sœur minime conçurent
le même désir, qu'elles offrirent longtemps à Notre-
Seigneur, et pour l'exaucement duquel elles firent souvent dire des messes à Notre dame de Laurette et à
notre Père saint François de Paule. Elles se mirent en
communauté par le conseil que leur en donna le R. P.
Hébert, pour lors provincial, qui avoit reconnu en elles
une inspiration de Dieu.

Ici la lacune qui doit être assez longue. Les pages qui
suivent rappellent les miracles accomplis par Catherine
de Vis ou par son voile après sa mort.

Catherine étant arrivée près de sa fin, une religieuse
la sollicita de prier Dieu pour elle dans le paradis afin

qu'elle mourût comme elle mouroit. Catherine répondit qu'elle le feroit si Notre-Seigneur le vouloit. Environ dix jours après, cette religieuse alla prier notre bonne mère Catherine défunte et s'étendit tout de sa longueur sur la fosse où un frisson la prit. Elle put cependant encore entendre la messe, mais, le même jour, elle se sentit atteinte de la maladie dont étoit morte notre bonne mère et elle décéda trois semaines après. On croit que cette religieuse reçut ainsi les effets de la promesse et des prières de notre mère de Vis.

Environ un an après la mort de notre B. Mère, le R. P. François Lefeure, allant un jour aux exorcismes d'une possédée et ayant en sa main une image de la sainte Vierge, la possédée lui dit qu'elle savoit bien qui lui avoit donné cette image; que ç'avoit été cette correctrice des sœurs minimes décédée naguère; qu'elle lui faisoit bien de la peine....

A peu près un mois ensuite, le V. P. Lefebure se rendit, incommodé de la pierre, au couvent de Compiègne. Il fit une neufvaine à notre père saint François et à notre mère Catherine de Vis. Dans le cours de cette neufvaine il jeta la pierre dont il souffroit. Il ne sait s'il doit attribuer sa guérison à notre père saint François ou à notre mère.

A quelque temps de là, le P. Gorgue, appelé à Paris pour quelque affaire, y trouva un sien nepveu malade de plusieurs maux incurables et abandonné des médecins. Il lui fit faire quelques neufvaines à notre père saint François de Paule et à notre B. mère Catherine de Vis, plus quelque vœu particulier à notre mère Cathe-

rine. Le nepveu guérit. Le P. en a tiré du médecin une
attestation qu'il garde.

Depuis, plusieurs personnes ont réclamé l'aide de
nôtre mère en leurs maladies et en ont reçu du soulagement. Les malades viennent même emprunter chez nous
quelques voiles qui lui ont servi et que l'on estime de
sainteté.

Je n'ai rien mis dans ces mémoires, ajoute la religieuse déposante, qui ne soit véritable, m'estant estu-
diée de raconter les choses sincèrement pour la gloire de
nostre Seigneur et son contentement. — Point de signature.

La note est signée, comme on le verra, d'un nom de
religion. Elle est adressée par une sœur minimesse au
vénérable père Simon et rapporte encore des miracles.

« Une sœur estant au tour dict d'avoir entendu, de
plusieurs personnes à qui on avoit prêté le voile de la
bienheureuse mère Catherine de Vis, que les malades à
quy on avoit mis ce voile en avoient reçu du soulagement, mais particulièrement les femmes en travail
d'enfant, lesquelles s'en sont trouvées soulagées et déli-
vrées incontinent après l'avoir dessus elles.

« La mesme sœur dict d'avoir connu une fille qui ne
voyoit clair que d'un œil, à cause qu'elle avoit perdu
l'autre par la vérole. Cette fille ayant recours à ma mère
de Vis fit une neufvaine à son intention afin qu'il plût à
nostre Seigneur luy donner la veue des yeux, ce qu'elle
obtint au bout de sa neufvaine, par les prières et par
l'intercession de nostre mère. Cette mesme fille dict que
plus elle croît en âge, plus elle voit clair.

« La mesme sœur dict d'avoir connu une autre fille
quy estoit en danger de perdre un œil à cause d'un mal
proche de cet œil. La fille estoit abandonnée des médecins quy disoient de n'y pas donner de remèdes. Elle
eut recours à la bienheureuse de Vis, et fit une neufvaine afin d'obtenir de nostre Seigneur la grace que son
mal pût avoir guérison sy c'estoit la volonté de Dieu, ce
qu'elle obtint à la fin de la neufvaine. Il ne luy resta
qu'une petite marque à la place du mal près de l'œil.

« Un petit garçon ayant la fièvre, ses parents firent
une neufvaine à la bienheureuse mère Catherine de Vis.
L'enfant mis sous le voile de nostre mère fut guéri.

« La mesme sœur dict qu'elle a reçu de nostre mère
Catherine plusieurs faveurs par son intercession et par
ses mérites.

« Je confesse de dire la vérité de ce quy est couché
cy-dessus.

Sœur MARIE DE L'ASSOMPTION.

Je possède cette autre attestation : « Marie Griffon,
femme d'honorable homme Blaise Duval, antien juge consul des marchands de la ville d'Abbeville, aàgée de cin-
quante-six à cinquante-sept ans, déclare et certiffie à quy
il appartiendra que, dès l'année de son mariage, elle a
eu une parfaite congnoissance d'à présent deffuncte sœur
Catherine de Vis quy estoit lors fille vivant au monde
dans une grande retraite et modestie de ce qu'elle pou-
voit travailler de toutes sortes de boutons de soie qu'elle
faisoit le long de la sepmaine et qu'elle apportoit tous les
samedis dans la maison d'ello qui parle, laquelle elle

entretenoit ordinairement de choses saintes et d'instructions chrestiennes dont elle qui parle recevoit de grandes consolations ; ce que ladicte de Vis a continué jusques en l'année mil six cens vingt-nœuf quy sont vingt trois ou vingt quatre ans, et a bonne souvenance qu'environ ladicte année 1607, nostre St père le Pape ayant envoyé ung jubilé en France, elle se disposa pour le gaigner et pourquoy elle se fit instruire par ladicte de Vis pour faire une confession généralle, laquelle avecq de grandes facilitez la rendit capable de se bien acquitter des dispositions nécessaires pour le gaigner ; déclare et certiffie encore que, deppuis que ladicte de Vis a esté religieuse dans le couvent des religieuses Minimes de ladicte ville d'Abbeville et durant qu'elle a vescu, elle quy parle a tousjours eu une singulière recommandation à ses saintes prières ; et mesmes depuis sa mort, continuant et augmentant tousjours sa dévotion, ledict Duval son mary estant tombé dans une grande surdité des deux oreilles en l'année 1643 sur la soixante troisième année de son age, elle eust recours à la Révérende mère Anne Duval, lors correctrice dudict couvent, laquelle elle supplia luy prester la coeffe dont ladicte de Vis se servoit durant sa vie, ce qu'elle luy accorda, et, l'ayant en sa possession, la fit mettre sur la teste dudict Duval son mary le soir mesme ; et à l'instant firent vœu par ensemble d'accomplir une nœufvaine dans la chapelle desdictes religieuses minimes, qu'ils tâchèrent lors d'accomplir, et, le lendemain, ledict Duval, son mary, s'estant levé de bon matin..... (ici cinq lignes ont été raturées assez postérieurement comme l'indique la cou-

leur de l'encre,) il se trouva quelque peu soulagé de
l'ouye du costé de l'oreille droite et entendit sonner les
matines à la grande église collégiale de ceste ville, et du
deppuis, de jour en jour, l'ouye luy est revenua entièrement contre l'advis des médecins, tant de la ville de
Paris que de ceste ville d'Abbeville, ausquels sondict
mary en fit lors faire consultation ; croiant pieusement,
elle quy parle, que la vertu de la coeffe de ladicte de Vis
quy demeura la nuit sur la teste de sondict mary luy
causa le recouvrement de l'ouye dont il jouit encore à
présent. »

Enfin je lis dans le *Guetteur de Beauvoisis* n° 34, p.
143 : « 1674, attestation par le R. P. Hulin, religieux
minime, qu'il a été guéri d'une surdité complète par l'intercession de la vénérable mère Catherine de Vis, 2 pages
mss. »

M. Louandre dit (*Biographie d'Abbeville*) que la vie
de Catherine de Vis a été écrite par le P. Simon Martin,
minime. Les témoignagnes que j'ai entre les mains n'ont-
ils pas été recuillis en vue de cette *Vie* ? Je n'ai pu me
procurer le livre du P. Simon. « Le P. Giry, dit encore
M. Louandre, a consacré à Catherine de Vis une notice
dans ses *Vies des Saints*, t. 2, col. 2009. Il y fait une
remarque si singulière et si outrageante pour cette
pauvre religieuse, que nous nous abstiendrons de la
rappeler. » Je n'ai pas rencontré non plus le P. Giry.

Un mot sur la première église des Minimesses lors de
leur installation ou peu après leur installation de 1623.
« La porte de cette première église étoit contre la rue.
Le pavé étoit de petits carreaux rouges et au niveau de

celui de la rue. Quand la marée montoit haut, elle entroit dans la nef, quoique il y eut un *sol* de grès, qu'on enjamboit pour entrer. Cette église étoit fort sombre. Il y avoit au dessus de la porte une galerie fort large dans laquélle on montoit pour entendre le sermon. Le chœur étoit fermé d'une grille de bois. » — *Mss. Siffait à la date de* 1699.

Quand les religieuses Minimes firent approuver leur établissement en juillet 1623 elles étaient treize, une oblate comprise. En 1699 elles étaient quarante-quatre, les oblates comptées ; en 1763 elles étaient vingt religieuses, six oblates comprises.—*Mss. Siffait.*

Quelle avait été, dans cet intervalle, l'histoire du couvent ?

Depuis la mort de la fondatrice le nombre des religieuses s'étant beaucoup accru, — nous avons dit le nombre en 1699, — les sœurs Minimesses firent à cette date (1699) agrandir les bâtiments de leur maison et construire un nouveau sanctuaire « fort élevé » et plus éloigné de la rue que le premier, « comme aussi un chœur pour elles-mêmes, et, au dessous de ce chœur, une manière d'église de même grandeur pour les inhumées (1). » — Elles retirèrent ensuite de leur cimetière situé derrière leur ancienne église les ossements de leurs sœurs décédées et les firent déposer dans la crypte préparée pour les recevoir.

(1) Voir une délibération de la Ville à la date du 18 juillet 1698. Il y est question de la démolition de l'ancienne église des Minimesses et de la construction d'une nouvelle. On accorde au couvent un peu de froc moyennant 10 sols de cens.

Il paraît, par les termes peu clairs d'ailleurs des *mss.
Siffait*, qu'elles créèrent, pour elles-mêmes, un nouveau
cimetière près de la nouvelle église.

Les ossements des mères Gabrielle Foucquart et Catherine de Vis, exhumés comme les autres, furent mis
séparément, « enveloppés d'un beau suaire blanc, » dans
des coffres de plomb, et les deux coffres furent placés
dans une tombe de briques un peu élevée, faite exprès
dans le nouveau cimetière et fermée d'une pierre de
marbre noir sans aucune écriture. « De l'église on peut
voir cette tombe à côté de la porte, à gauche pour ceux
qui entrent. » — *Mss. Siffait.*

La nef de la nouvelle église n'était pas faite encore.
Les Minimesses entreprirent de l'élever aussi en cette
année 1699. Elles firent retirer d'abord de l'ancienne
le corps de M. Saulmon, curé de Saint-Gilles, leur principal bienfaiteur, et celui de M. Duval, fils de la mère
Foucquart, et les mirent en dépôt dans la crypte fu-
néraire ; puis elles firent abattre l'ancienne église et
creuser les fondements de la nouvelle nef. On trouva
dans les tranchées un très-grand nombre d'ossements,
ceux des morts qui avaient été enterrés en ce lieu quand
l'église détruite était encore l'hôpital N.-D. de Boulogne.

Ces ossements furent portés dans le cimetière de
Saint-Jacques.

La nouvelle nef fut établie sur des pilotis recouverts
de planches. Dès qu'elle fut construite, on y rapporta les
corps de MM. Saulmon et Duval et on replaça sur eux
les lames de marbre noir qui les couvraient dans l'ancienne église.

Les *Mss. Siffait* qui nous fournissent ces détails conservent une représentation à la plume du couvent des Minimesses avant tous ces travaux.

Le couvent des Minimesses reçut en 1700 un fragment de la vraie croix, ainsi que l'établissent plusieurs pièces manuscrites sorties du couvent même et que possédait l'abbé Dairaine ; — maintenant en ma possession.

Le V. P. Fournier, minime, avait reçu, en 1690, étant à Rome, cette parcelle en don, du cardinal Maidalchini; le P. Fournier en avait fait don à son tour au R.P. Havart, minime, et ce dernier en fit don au couvent des Minimesses par l'intermédiaire du V. P. Magnier, prédicateur de l'ordre de saint François de Paule. Le fragment était enchâssé dans une croix de cristal.

Les pièces qui suivent accompagnaient le don.

Patente et authentique de la parcelle de la vraie croix. — 20 juin 1690.

Nos Franciscus S. Mariæ in via primus Presbiter cardinalis Maidalchinus.

Universis et singulis presentes nostras litteras inspecturis fidem facimus et attestamur quod nos ad majorem omnipotentis Dei gloriam dono dedimus Rev. Pri Francisco Fournier gallo ordinis Minimorum S. Francisci de Paola fragmentum ligni sanctissimæ Crucis, desumptum permissu sanctissimi Domini nostri Innocentii Papæ decimi per Rev. Patrem abbatem Hilarionem ex sanctuario ecclesiæ Sanctæ Crucis in Hierusalem, et nobis ab eodem traditum, eidemque patri Francisco intus parvulum reliquiarium cristallinum argento inaurato cir-

cumornatum, et ad formam crucis elaboratum consigna-
vimus cum facultate illud apud se retinendi, aliisque sibi
benevisis donandi, quam ipsi in Domino concessimus; in
quorum fidem has litteras testimoniales nostra manu
subscriptas nostroque sigillo munitas expediri mandavi-
mus hac die 20 junii 1690.

FRAN^{cus} CARD^{lis} MAIDALCHINUS.

Don du P. Fournier au P. Havart, — 20 juillet 1698 :

Ego infra scriptus ordinis Minimorum Sancti Fran-
cisci de Paula sacerdos fidem facio me fragmentum ligni
sanctissimæ Crucis inclusum intùs reliquiarium christal-
linum argento inaurato circumornatum et ad formam
crucis elaboratum, mihi, dùm Romæ agerem, ab Eminen-
tissimo DD. sanctæ Romanæ Ecclesiæ Cardinali Maidal-
chino liberaliter donatum, libenti etiam animo, juxta fa-
cultatem mihi ab eodem Eminentissimo factam, (ut ex
ipsius patentibus litteris liquet,) donasse et consignasse
Reverendo admodum patri Johanni Francisco Havart
ejusdem ordinis nostri Minimorum antiquo Lectori etc.
in quorum fidem etc. hac die 20 julii 1698.

FR. FRANCISCUS FOURNIER.

Don du P. Havart aux Minimesses, — 18 juin 1700 :

Quem quidem pretiosum æque ac adorandum sanctis-
simæ Crucis thesaurum superiùs mentionatum mihi tàm
benevolè a venerabili Patre fratre Francisco Fournier
suprà subscripto donatum Ego ejusdem ordinis Minimo-
rum sacerdos infra scriptus testor me pariter, in purum
donum, talem qualem eum accepi, et patentes Eminentis-

simi DD. sanctæ Romanæ Ecclesiæ Cardinalis Maidal-
chini præmemorati circumstantiatum designant litteræ, re-
donasse et consignasse venerabili conventui seu communi-
tati sororum nostrarum in Domino ejusdem ordinis Reli-
giosarum conventus vulgò dicti Jesu Maria Abbavillensis,
ut ibi, ad plurium et maximè infirmorum consolationem,
majori quâ par est reverentiâ custodiatur et asservetur,
in quorum fidem etc. hac die 18ᵉ junii anno Domini 1700.

Fr. JOANNES FRANCISCUS HAVART.

Permission d'exposer le fragment à la vénération des
fidèles. — 26 septembre 1700.

Nos vicarius generalis Illustrissimi ac Reverendissimi
Dni D. Episcopi Ambianensis concessimus dilectis nos-
tris monialibus Sᵗⁱ Francisci de Paula urbis Abbavillen-
sis facultatem venerationi fidelium exponendi fragmen-
tum ligni sanctissimæ Crucis, in vasculo cristallino in-
clusùm de quo supradictis litteris mentio habetur. Datum
Ambiani, die vigesimâ sextâ septembris, an. Dni mille-
simo septengentesimo.

LESCELLIER.

Decanus amb. vic. gen.

Les Minimesses ne profitèrent de cette autorisation
qu'un an plus tard, 31 octobre 1701 si la date de la cérémonie est celle même de la signature d'un procès-verbal.

Je possède aussi ce « PROCÈS-VERBAL *de ce quy s'est*
passé à la première exposition de la précieuse parcelle
de la vraye croix quy nous a esté donnée par le R. P.

Jean-François Havart, ancien collègue général de nostre ordre des minimes.

« Premièrement ladite parcelle de la vraie croix a esté présentée à Monseigneur d'Amiens par le R. P. Pierre Devault à quy nous en avions fait la prière. Sa grandeur ayant examiné toute chose l'a approuvée et nous a permis de l'exposer à la vénération des peuples.

« 2° Le 11 de septembre 1701, jour de dimanche, l'on a publié à toutes les paroisses de la ville que le mercredy suivant, jour dédié à honorer l'exaltation de la sainte-croix, à une heure après midy, l'on l'exposeroit dans nostre église ; après ladite exposition que l'on chanteroit vespres, que l'on prêcheroit, ensuite l'on diroit un salut et que l'on la donneroit à baiser au peuple.

« 3° Le 14 dudit mois de septembre de la mesme année 1701, l'on a disposé nostre église en l'ornant du plus beau parement de velours rouge et de tous les plus riches ornements avec une table entourée de broçart avec quatre chandeliers d'argent pour y poser la croix de bois doré où la parcelle de la vraie croix est enchassée.

« 4° L'on avoit disposé dans notre chœur un autel garni de tabis couleur de feu entouré d'un grand point de France, des quatre chandeliers d'argent, où ladite croix a esté exposée toute la matinée à la veue du peuple dont il y a eu un grand concours depuis six heures du matin jusques à six heures du soir.

« 5° A une heure et demie après midy, une partie du beau monde de la ville estant assemblé dans nostre église, nous avons chanté dans le chœur le *Vexilla* ; après quoy la révérende mère Catherine de Verdun de sainte

Dorothée, correctrice, ayant sur ses mains un voile de tabis rouge, a pris la croix, ayant deux religieuses à ses côtés, chacune portant un chandelier d'argent. Toute la communauté l'a suivie avec le cierge à la main en procession dans le cloistre et par le préau en chantant les litanies du saint nom de Jésus ; se sont rendues à la grande porte du couvent, laquelle estant ouverté, nostre Révérend Père directeur (Robert de Bures), revêtu de chappe et accompagné de deux religieux minimes aussi en chappe et de trois messieurs Bénédictins de Saint-Pierre et de plusieurs personnes considérables, s'est mis à genoux avec tous les assistants pour recevoir ladite relique des mains de la Révérende mère correctrice, laquelle estant aussy à genoux et toute la communauté, le Révérend Robert de Bures directeur l'a portée ensuite processionnellement dans l'église en chantant des hymnes à l'honneur de la sainte croix.

« 6° Toute la communauté rentra dans le chœur et chanta le *Te Deum* au son des cloches. L'on dit ensuite vespres de la sainte croix ; après quoy le R. P. Jacques d'Auvergne minisme a faict une très belle et excellente prédication, laquelle estant finie, l'on a chanté le salut à quoy le R. P. directeur a dit les versets et les oraisons, lesquelles estant achevées, pendant que le chœur disoit complies, l'on a donné la sainte croix à baiser au peuple quy estoit en si grande foule que cela a duré jusques à six heures du soir.

« Fait à Abbeville le 3 octobre 1701.

« Fr. Jacques d'Auvergne, vicaire.

« Fr. Robert de Bures, directeur.

« Fr. Michel Vilminot, r. minime.

« Fr. André Dufestel ; r. minime.

« Sr. Catherine de Sainte-Dorothée, correctrice.

« Sr. Marie Vuaignart des Anges, discrette.

« Sr. Catherine Le Page de la Visitation, discrette.

« Sr. Marie Legreffier de la Passion, discrette. »

Le couvent des Minimesses possédait d'autres re—
liques encore que la parcelle de la croix. La Sainte
Larme y avait posé. L'évêque d'Amiens rappelle ce souvenir dans une *Indulgence de quarante jours accordée à
tous ceux et celles qui visiteront l'église des religieuses
Minimesses de la Ville d'Abbeville, le lundy de la Pentecôte*, lettre donnée à Amiens le 27 mars 1684 et signée
FRANCOIS.

Je lis dans le *Bulletin de Guetteur du Beauvoisis* n° 34,
p. 143 : « 1687, authentique des reliques des saints
martyrs Pie, Félicissime et Benigne, conservées dans
l'oratoire des religieuses de saint François de Paule,
d'Abbeville, très belle pièce mss. »

Je possède un « *Extrait de l'authentique de la donation que nous ont fait les RR. Pères Chartreux de cette
ville du linge précieux qui a reposé sur les saintes re—
liques de saint Honoré.* » L'authentique était datée du
26 septembre 1723. Le frère Joseph Bonnard, procureur, et le frère Camille-Claude Bignet, coadjuteur de
la Chartreuse, y affirmaient qu'ils avaient donné la plus
grande partie de ce linge au R. P. directeur des R. Mères
Minimes pour être conservé dans le monastère de ces
saintes filles, etc.

Dès 1708 et 1709, les religieuses Minimesses semblent

s'être légèrement départies de la grande austérité des
temps de Gabrielle Foucquart et de Catherine de
Vis..

Le 4 mai 1708 le P. Nicolas Fouqueres, provincial,
malade, ne pouvant les venir voir et les remerciant de
leurs prières, croit devoir leur envoyer cette paternelle
instruction : Mes Révérendes Mères,...j'ay cru qu'il étoit
également du devoir de ma charge et de mon zèle pour
votre bien, de vous prier par les entrailles de Jésus-
Christ de procéder à vos élections prochaines dans un
esprit de charité, de paix et de concorde ; et de vous
exhorter à vous adresser en toute humilité au Père des
lumières pour le prier de vous faire connoître celle qu'il
a luy-même destinée, de toute éternité, pour le ministère
important de la supériorité, etc.

Quelques notes des dépenses des Minimesses en 1708
nous permettent d'entrer avec quelque indiscrétion dans
leur clôture.

Une marchande épicière, du nom de Mademoiselle
Dufossé, fournissait beaucoup au couvent.

« Au 17 mars 1708, l'on doibt à Mademoiselle Dufossé,
compte fait avec elle, 1428 livres.

« Le 5 juin 1708, l'on a eu chez ladite Demoiselle Dufossé pour savon, amande, ris et raisin, selon son billiet,
55 livres 10 sols.

« Le 26 dudit mois et année, pour huile d'olive, sucre,
poivre, annie (anis), eau de vie, savon dallican [?] et
bleu, 189 livres 2 sols.

« Le 15 septembre 1708, pour cire, canelle, clous (de
girofle ?) et papier, 46 livres.

« Le 18 septembre, 5 pots de mier (miel?) à 18 sols le pot, 4 livres 10 sols.

« Le 1er octobre, pour huille de rabette, 44 livres 10 sols.

« Pour huile d'olive, 136 livres 3 sols.

« Cire blanche, 27 livres.

« Le... octobre, un demi pot d'eau de vie de 14 sols et un carteron de clous, 2 livres.

« Le 9 novembre, une pièce de ruban de fil gris. »

D'après une note de 1709, les Minimesses ne semblaient pas détester les oiseaux maigres: « macreuses, 14 livres 6 sols. »

En 1723, l'église des Minimesses fut pendant trois jours tendue de tapisseries depuis le bas jusqu'à la voûte, et, pendant ces trois jours, ornée de tableaux et de bouquets, illuminée de cierges. Les religieuses faisaient célébrer avec exposition du Saint-Sacrement, office solennel, sermon et salut, par les curés de Saint-Jacques, du Saint-Sépulcre et de Sainte-Catherine, le centième anniversaire de la fondation de leur communauté (1).

---

(1) Une enveloppe, malheureusement vide, du couvent des minimesses me donne :

« Bulle de notre saint Père le Pape Innocent XIII pour l'indulgence plénière qu'il nous accorde pendant trois jours pour la centième année de notre établissement.

« La solemnité en a été célébrée le dimanche 18e juillet 1713 et les deux jours suivants.

« Enregistrée,
« B. 8.

« Il se trouve aussi un petit recueil de ce qui a été fait pendant ces trois jours. »

27

Un poëme abbevillois nous donne la date exacte de l'établissement des Minimesses et du centenaire en unissant la fête des filles de Gabrielle Foucquart à celle de Saint-Alexis. Nous avons le 17 juillet.

CANTIQUE SPIRITUEL DU JOUR DE L'ÉTABLISSEMENT DES RELIGIEUSES MINIMESSES QUI FUT LE JOUR DE SAINT ALEXIS, A LA LOUANGE DUDIT SAINT.

> L'esprit élevé vers les cieux,
> Chantons d'un cœur dévotieux
> Un saint cantique à la louange
> Du glorieux saint Alexis
> Qui ci-bas vivoit comme un ange
> Et comme un saint du paradis.

> D'un ton aussi haut que fervent,
> Faisons retentir ce couvent
> Par delà les murs de la ville.
> Que chacun dise : Assurément
> Voici le jour qu'en Abbeville
> Se fit cet établissement.

> . . . .

> Le mois de juillet, jour précis
> De l'illustre saint Alexis,
> Jour qu'en l'église on fait sa fête,
> Jésus nous a mises au port
> Après une grande tempête
> Qui nous menaçoit de la mort.

> . . . .

> Mes sœurs, votre esprit aperçoit
> Déjà ce que le mien conçoit,
> Disant que ce n'est sans mystère
> Que Dieu accomplit ce dessein,
> Faisant ce couvent pour sa gloire
> Le jour de cet illustre saint.

Suit l'histoire du saint en une dizaine de couplets ;
puis viennent des vœux pour que beaucoup de couvents
de l'ordre soient bâtis où beaucoup de filles s'occupent
aux célestes louanges.

> Qu'elles n'ayent d'autres pensers
> Qu'à jouir des divins baisers,
> Qu'à s'instruire de la parole
> De Jésus, notre seul époux.
> L'ordre de saint François de Paule
> Restera très-obligé à nous (1).
> Amen.

Je n'ai aucun indice sur l'auteur de ce long cantique
en l'honneur d'un modèle des maris chrétiens que Gabrielle Foucquart eût sans doute médiocrement approuvé
avant son veuvage.

Les Minimesses recevaient au dix-huitième siècle des
secours du roi.

Amiens, le 15 septembre 1737.

Monseigneur l'évêque me charge, madame, d'avoir l'honneur de vous faire part des nouveaux arrangemens de la cour
au sujet de la répartition des fonds destinés au soulagement des
pauvres communautés religieuses. Jusqu'à présent ces secours
ont été payés par forme de pensions viagères sur la tête des
dix plus anciennes religieuses ; mais, comme cette forme a
paru souffrir des inconvénients à cause de la variation des
besoins qui peut survenir d'une année à l'autre, il a plû au
roy de la supprimer à commencer de la présente année 1737,
et sa Majesté se propose de faire arrêter en son conseil un état
de distributions dans lequel seront comprises les communautés

---

(1) Malgré la qualité très-simple de ces strophes; je ne réponds
pas que le dernier vers, trop long et à hiatus, n'ait rien à reprocher à
l'ancien copiste.

qui paroîtront devoir être secourues. L'état pour la présente année, madame, vient d'être arrêté, quoique le paiement ne doive s'ouvrir qu'au mois de décembre prochain ; votre communauté s'y trouve emploiée pour la somme de cinq cents livres qui sera palée aud. mois de décembre dans un seul paiement par M. de Sezille, suivant la quittance que vous lui enverrez, signée de vous, madame, et de madame la dépositaire de votre maison, suivant le modèle cy joint, laquelle quittance doit être visée par Monseigneur l'évèque ou par un de ses grands vicaires.

J'ai l'honneur, d'être avec respect, madame, votre très humble et très obéissant serviteur

LE CLERC.

Jusqu'avant dans le dix-huitième siècle, les religieuses minimesses jouirent du droit de franc salé. Elles sollicitèrent pour en jouir plus longtemps : « Les correctrices et religieuses minimes du couvent d'Abbeville qui jouissent de deux minots de franc salé à prendre au grenier d'Abbeville, en payant le prix marchand, demandent d'estre déchargées de l'augmentation des 10 livres ordonnées par la déclaration du 27 avril et arrest du 26 juin 1745. Elles exposent qu'en vertu du privilége général accordé à saint François de Paule leur fondateur et instituteur par les roys de France qui se sont déclarés fondateurs de toutes les maisons dud. ordre, elles ont joui dud. droit de franc salé jusqu'en 1646 ; qu'ayant été obligées de justifier de leurs titres, les commissaires du conseil députés les ont par jugement du 30 avril 1648 maintenues en la possession de prendre tous les ans au grenier d'Abbeville deux minots, en payant le prix marchand sans aucunes charges, quoique elles fussent tenues de faire célébrer tous les jours une messe à l'intention du roy et de ses prédécesseurs, et, tous les dimanches, de réciter le psaume *Exaudiat*, verset et oraison à même intention ; dans laquelle possession elles ont été confirmées en 1717, et, pour en justifier, rapportent plusieurs titres rapportés au présent mémoire comme sur l'original, » etc.

En marge de cette copie je lis :

« Décision 12 mars 1746, néant, faute de justifier qu'elles ont été exemptes de l'exécution de la déclaration de 1702. »

Les Minimesses possédaient une maison et des terres hors la porte Saint-Gilles.

J'ai receu des dames minimesses de cette ville la somme de neuf livres pour trois années de censives échues à la Saint-Jean-Baptiste mil sept cent cinquante-huit pour une maison et trois journaux de prés situés hors la porte Saint-Gilles relevant de ma seigneurie de Thuison par trente-six sols par an et un chapon vif estimé vingt-quatre sols. Le tout fait ensemble trois livres par année échue à la Saint-Jean-Baptiste, sans préjudice à l'année courante. Fait à Abbeville, le 13 novembre mil sept cent cinquante-huit.

BAIL DE LIGNIER.

La date manque à la copie conservée de la lettre suivante :

A Monseigneur d'Ermenonville, directeur des finances.

Monseigneur,

Les pauvres religieuses de saint François de Paule dites Minimesses, tenant closture dans la ville d'Abbeville, remontrent très humblement à votre Grandeur qu'elles ont appris

que M. Estienne Chapelet, chargé du recouvrement de la
finance qui doit provenir des amortissemens, les vouloit faire
comprendre dans un rolle pour l'amortissement de 15,800
livres de fonds qu'elles ont acquis proche ladite ville d'Abbeville, le revenu desquels fonds monte au plus à six cent livres
sur laquelle somme il faut payer les censives, dons gratuits,
décimes et capitations ; ce revenu sert aussi pour la réparation de leur couvent, et non pour leur subsistance, laquelle
ne vient que d'aumones et de travail manuel qu'elles sont
obligées de faire ; ainsy hors d'état de pouvoir payer aux
finances de Sa Majesté ce droit d'amortissement ; c'est pourquoy elles supplient Votre Grandeur de vouloir les décharger
de la finance à cause de leur extrême pauvreté, et les sup-
pliantes seront obligées de continuer leurs vœux et prières
pour la santé et prospérité de Votre Grandeur.

Les religieuses détachaient chaque année de leur revenu deux cent cinquante livres pour leur Père directeur :

Je soussigné reconnais avoir reçu de Madame Saint-Augustin, supérieure des religieuses minimes, la somme de
cent vingt-cinq livres, pour six mois de la pension de leur
Père directeur, terme échu du quinze janvier 1786, dont
quittance à Abbeville, les jour et an que dessus.

fr. RABIER supérieur des Minimes.

La vente de l'abbé Dairaine a mis entre mes mains la
première partie d'un nécrologe des Minimesses.

JANVIER. — V. M. Gabrielle Cazier morte, le 1er, 1673.
— V. M. Françoise de Paule Carpentier, le 2, 1684.
— V. M. Anne Lartois de St Alexis, le 4, 1747. —
St Geneviève Ponthieu le 7, 1636. — V. M. Baril
de St Augustin , le 7, 1739. — S. Marie Couzin
de Ste Thérèse laïc, le 11, 1714. — V. M. Marie An-

gélique Vincent de Montigny, le 12, 1779. — V. M.
Marie Paillard, le 13, 1676. — S. Marie Filleux,
le 14, 1689. — V. M. Antoinette L'aisne, le 15, 1700.
— V. M. Magdeleine Gilbert, le 19, 1693. — V. M.
Marie–Marguerite Doremieulx, le 19, 1740. — V. M.
Marie-Anne du Pont, le 21, 1708. — V. sœur Marie-
Catherine Roger dite de la Visitation, oblate, le 22, 1787.
— V. M. Marguerite de S' Michel, le 26, 1635. —
S. Angélique la Sale de S' Gabriel , oblate , le
30, 1727. — V. M. Marguerite Lavernier de l'en-
fant Jésus, le 30, 1752.

Février. — V. M. Marie Danzelle, le 1er, 1695. — V.
M. Antoine Quentin, le 4, 1665. — V. M. Marguerite
Danzelle de S' Jean-Baptiste, le 8, 1752. — V. M.
Marie de Bonnier, le 12, 1703. — S. Marie Béquin,
laïe, le 23, 1681. — V. M. Marie-Thérèse Montfaucon,
le 27, 1762. — La R. Mère Marie Vaillant, le 29, 1708.
— S. Marie-Jeanne Chevallier, le même jour.

Mars. — S. Marie Leclerc, laïe, le 1er, 1693. —
V. M. Marie Le Cat, le 4, 1670. — V. M. Marie Bri-
delle de S'e Dorothée, le 4, 1757. — V. M. Catherine de Verdun de S'e Dorothée , le 5 , 1721. —
S. Anne Coret de S'e Marie, oblate, le 5, 1733.
— V. M. Suzanne Bridolle de S'e Madeleine, le
6, 1727. — Sœur Marie Digeon de S'e Anne,
oblate, le 7, 1723. — V. M. Geneviève Le Conte,
le 9, 1673. — V. M. Françoise de la Nativité, le 11,
1641. — V. M. Louise Filleux, le 12, 1700. — V. M.
Marie Waignart des Anges, le 12, 1709. — V. M.
Marie-Madeleine Aliamet, le 16, 1766. — V. M. Fran-

çoise Fouquart, le 24, 1630. — S. Florence Flicot de St Gabriel, le 30, 1702. — V. M. Claude Behours, le 31, 1660.

AVRIL. — V. M. Anne Vacquerie, le 2, 1701. — V. M. Françoise Manessier du St Sacrement, le 6, 1702. — V. M. Anne Barbaran de Ste Gertrude, le 11, 1726. — S. Madeleine Houpin, le 12, 1681. — V. M. Marguerite. Vuagnan de St François de Paule, le 12 1715. — V. M. Anne de Riancourt, le 14, 1686. — V. M. Hélène-René Ringuard, le 17, 1673. — V. M. Marguerite Masse de l'Assomption, le 17, 1779. — V. M. Catherine Lepage de la Visitation, le 18, 1719. — V. M. Catherine Hallée, le 19, 1673. — V. M. Magdeleine Dufay, le 19, 1683. — V. M. Marie Du Val, le 20, 1682. — S. Caroline Lemoine de Ste Marthe, oblate, le 22, 1741. — S. Françoise de Rieu, le 25, 1655. — V. M. Angélique Brunel de la Conception, le 25, 1710. — V. M. Jeanne Dubois, le 26, 1550. — S. Anne Hénin de St Joachim, oblate, le 29, 1725.

MAI. — V. M. Marguerite-Françoise de St Blimont dite de St François de Paule, le 1er, 1766. — V. M. Marie-Magdeleine de Sommereux de St François, le 2, 1751. — Sœur Marguerite de Paris de S. François, le 3, 1736. — V. M. Anne Duval, le 9, 1687. — S. Louise de Verdun, le 11, 1683. — V. M. Jeanne Prevost, le 14, 1672. — V. M. Suzanne Henique, le 14, 1776. — V. M. Catherine-Agnès Dacheu de Ste Croix, le 15, 1740. — V. M. Jeanne Bourée de Ste Élisabeth, le 16, 1714. — V. M. Marguerite

Lascher, le 18, 1692. — V. M. Magdeleine Chambly de
S¹ René, le 25, 1720.

Juin. — V. M. Marie Le Beau de Sᵗᵉ Géneviève, le 3,
1759. — V. M. Marguerite de Sᵗᵉ Marie, le 6, 1655.
— V. M. Louise Boucat de S¹ Paul, le 10, 1708. —
S. Marie Salmon, le 18, 1668. — V. M. Françoise
Dervel de la Présentation, le 21, 1777. — V. M. Fran-
çoise de Verdun, le 26, 1642. — V. M. Noel Denel de
Sᵗᵉ Thérèse, le 27, 1729. — S. Catherine Telle de Sᵗᵉ
Agnès, le 29, 1767. — V. M. Françoise Margana de
S¹ Michel, le 30, 1735.

Juillet. — V. M. Suzanne Brunel de la Conception,
le 4, 1767. — V. M. Jeanne Bécot de la Nativité, le 17,
1753. — V. M. Marguerite Gilbert, le 20, 1687. —
V. M. Marie-Suzanne Fréchon, supérieure en charge,
le 24, 1782.

Aout. — V. M. Magdeleine Denis, le 3, 1694. —
V. M. Anne Couppé, le 7, 1628. — V. M. Françoise
Le Grenier, le 8, 1698. — V. M. Florence Piquet, le
10, 1678. — V. M. Marie Le Gressier de la Compassion, le 18, 1723. — S. Jeanne de l'Assomption, le 24,
1628. — V. M. Anne Roussel, le 24, 1651. — S.
Jeanne Sancto, le 25, 1684. — V. M. Jeanne de l'Annonciation, le 31, 1638.

Suivant une note de Collenot écrite en tête d'un
exemplaire de l'*Histoire des Mayeurs* du P. Ignace, le
couvent des Minimesses fut vendu pendant la Révolution
au C. Malecot, entrepreneur, qui le revendit. Sur l'emplacement du couvent s'éleva bientôt une maison neuve
qui appartint au C. Delattre La Molière.

Les Minimesses possédaient dans la ville un assez grand nombre de maisons qui furent vendues en 1791. Deux de ces maisons seulement étaient situées dans la chaussée Marcadé suivant l'état succint des ventes faites au District. Cet état donne assez peu, d'ailleurs, la situation des autres maisons ; ainsi :

Le 7 janvier, une maison à Abbeville, adjugée moyennant 1,625 livres ; le 18 mai, une maison rue Saint-Jacques, adjugée moyennant 400 livres ; le 15 juin, une maison dans la chaussée Marcadé, 850 livres ; le 25 juin, une maison rue des Rapporteurs, 2,425 ; le 4 juillet, une maison à Abbeville, 3,000 livres ; le même jour, une maison à Abbeville, 1,550 livres; le 12 juillet, huit maisons à Abbeville, 3,100 livres; le 27 juillet, une maison, 1,475 livres ; le même jour, une maison, 705 livres ; le 28 juillet, une maison, 770 livres ; le 19 août, une maison, chaussée Marcadé, 450 livres ; le 28 octobre, une maison de trois quarts à Saint-Gilles (au faubourg de Saint-Gilles), 800 livres.

Le 28 juin, seize journaux sis au faubourg du Bois et appartenant aux Minimesses avaient été adjugés moyennant 11,475 livres à Monsieur (non pas au Citoyen) à *Monsieur* Franchomme, apothicaire.

L'abbaye de Willancourt.

Un peu après le couvent des Minimesses, était l'abbaye royale de Willancourt. Établie à Abbeville en 1662, cette abbaye n'a pu être mentionnée par le P. Ignace. Les Bernardines qui l'habitaient avaient voyagé beaucoup. De l'île de Senart, près de l'Authie, où elles avaient fondé leur monastère à la fin du xiie siècle, elles s'étaient transportées en 1220 à Willancourt, près d'Auxi-le—Château, et, de Willancourt, les inquiétudes de la guerre qui ravageait le pays les avaient chassées enfin jusques dans les murs d'Abbeville.

Voici quelques renseignements postérieurs à la date où le P. Ignace écrivait et que je trouve d'abord dans les *Mss. Siffait*.

Les Dames religieuses de l'abbaye de Vuillancourt sur l'Authie en Artois quittèrent cette première demeure qu'elles occupoient depuis l'année 1200 [?] pour venir s'établir à Abbeville en la chaussée Marcadé. Elles avoient alors pour abbesse madame de Blottefière.

Je vois dans l'analyse des délibérations de la ville en ţa possession de M. A. de Caïeu (séance du 17 mars 1657) que la Dame abbesse de Willancourt, sans la permission ni le consentement de l'Hôtel-de-Ville, a posé une croix au-devant de sa maison et y a fait construire un clocher avec la seule permission de l'évêque et du chapitre de Saint-Vulfran. L'abbesse recevra commandement de faire disparaître ce clocher et les marques de monastère.

Dans sa séance du 29 du même mois, apparaît une ordonnance du grand vicaire (Antoine Liepart [?], bachelier en théologie, chanoine d'Amiens), qui entend que la permission par lui ci-devant envoyée aux religieuses de Willancourt obtienne son effet, nonobstant la délibération des maire et échevins, à peine d'excommunication. L'assemblée échevinale décide qu'appel comme d'abus sera interjeté au Parlement.

A madame de Blottefière succéda bientôt madame de Rambures.

Madame de Rambures fut une maîtresse abbesse.
Elle fit beaucoup pour sa maison et c'est en considération de sa mémoire que plus tard l'abbaye d'Épagne fut
réunie à celle de Willancourt et non celle de Willancourt
à celle d'Épagne. Elle subit d'abord quelques conditions
de la Ville mais ne craignit pas de s'en affranchir assez
tôt. Je lis dans l'analyse des délib. de la Ville en la
poss. de M. A. de Caïeu quelques extraits que je ré-
sume ainsi : séance du 9 juin 1664, requête présentée
par la Dame de Rambures, abbesse de N.-D. de Willancourt, demeurant en la chaussée Marcadé. Madame de
Rambures demande la permission de continuer sa demeure au lieu qu'elle occupe avec ses religieuses et d'y
faire construire une église et un monastère. L'assemblée
donne l'autorisation, à la charge pour Madame de Rambures d'obtenir dans trois mois des lettres patentes approuvant l'établissement dont il s'agit et à la condition
pour lad. Dame et ses religieuses « de ne pouvoir acquérir aucunes maisons sur froc de la chaussée et ès
environs du lieu où elles sont pour les démolir et entrer
(enclaver) dans leur monastère ». L'abbesse et les religieuses « seront tenues, en cas d'acquisition desd. maisons, de laisser la partie d'icelles répondant sur le froc à
usage de demeure pour les habitants de la ville et de ne
joindre à leur clos que les portions de derrière des jar-
dinages pour que la chaussée Marcadé, qui est l'une des
principales de la ville du côté de l'ennemi, ne soit déserte mais habitée par les habitants comme elle a toujours
été pour l'embélissement de la ville, sûreté et commodité
desd. habitants, et aussi à la charge de ne pouvoir ac-

quérir dans la ville et banlieue aucuns biens immeubles ».

Madame de Rambures tint peu compte de ces conventions. Je reprends l'analyse des délibérations de la Ville: « Le 20 juin 1667, descente du maire, des échevins et du procureur du roi de la Ville, assistés de maçon, en la chaussée Marcadé, à l'endroit des maisons près le couvent des abbesse et religieuses de Willancourt, afin de visiter le froc desd. maisons que lad. abbesse a fait démolir sur led. froc. » La longueur s'est trouvée de 68 pieds..... L'assemblée, sur les conclusions de Charles Mannessier, procureur du roi, décide qu'il ne sera pas permis à l'abbesse « de fermer le froc de la chaussée Marcadé de mur comme elle prétend faire, mais qu'elle sera tenue de rebâtir toutes les maisons qu'elle a démolies sur le froc pour servir aux habitants de cette ville, sauf à lad. Dame abbesse à faire faire sur led. froc une grande porte pour l'entrée de sa maison et monastère ». — 27 juin 1667.

Le procureur du roi, dans son réquisitoire, a cherché à satisfaire un peu tout le monde. Certainement, a-t-il dit, il est désirable de ne pas cacher la construction d'un monastère, surtout dans un quartier où la manufacture établie par l'ordre du roi attire un grand nombre de religionnaires qu'une vue édifiante peut toucher et convertir......; cependant « l'intérêt du roi et du public veut que les grandes rues et chaussées qui ont entrée et sortie des portes des villes frontières soient amasées le plus qu'il soit possible de maisons et d'habitants, afin que le secours en soit plus fort aux occurrences d'alarme, rumeurs, feux, et autres accidents extraordinaires; » etc.

Madame de Rambures trouva la maison presque inhabitable et chargée de cinq à six mille livres de dettes. L'emplacement même de l'abbaye n'était qu'une sorte de marécage. La nouvelle abbesse s'arma de courage et lutta heureusement. « Elle eut la consolation de changer son marais en une des plus belles abbayes de filles de Saint-Bernard qui soient dans la province, ayant élevé des bâtiments dont la valeur excède cent mille livres. Elle fit davantage et enrichit sa maison par diverses acquisitions d'héritages, tant dans la ville que dans la campagne, dont le prix monte à près de soixante mille livres suivant l'état ci-après. Nous apprendrons comment les abbayes s'enrichissent.

ÉTAT DES ACQUISITIONS DE MADAME DE RAMBURES.

Une maison acquise du sʳ Jacques Carbonier, moyennant onze cents livres, par contrat passé devant Boujonnier le 28 janvier 1660 ;

Une maison acquise du sʳ Antoine Hecquet, deux mille deux cents livres, par contrat devant Leprêtre le 14 février 1660 ;

Une maison échangée avec Nicolas Dargnies, moyennant quatre cent trente livres de retour, par contrat passé devant Boujonnier le 20 janvier et le 24 mars 1662 ;

Une maison acquise du même Nicolas Dargnies, six cents livres, par contrat passé devant Leprêtre le 29 juillet 1669 ;

Une maison acquise du sʳ Cantrel prêtre et consors, quinze cents livres, par contrat du 4 novembre 1676 devant Pappin.

Toutes ces maisons sont renfermées dans l'abbaye.

Les fiefs de Cambron acquis du sʳ Selomme, trois mille livres, par contrat du 23 avril 1681 ;

Les fiefs de la Motte, Tiencq [?] et Boygne [?] acquis du sʳ de Tofflet, moyennant dix-huit mille livres, par contrat du 23 novembre 1679;

Une maison, enfermée dans l'abbaye, acquise du s^r Dangecourt, quatre mille livres;

Cinquante quatre journaux de terre entre Drucat et Millencourt, acquis de madame la duchesse de Caderousse, cinq mille livres, par contrat du 15 juin 1683 ;

Une ferme à la porte Saint-Gilles acquise du s^r Pierre Poisson, moyennant quatre mille quatre cents livres, par contrat du 4 mai 1689 devant Remilly ;

Une maison acquise de Claude Louvet, cinq cents livres, par contrat devant Leprêtre, le 7 décembre 1695;

Une maison acquise du nommé Lottevin, mille soixante livres, devant Remilly, le 28 mai 1697 ;

Une maison acquise du s^r Moignet, curé de Prouville [?], cinq cent quarante livres, devant Remilly le 5 octobre 1706.

Les trois dernières maisons font aussi partie de l'abbaye.

Il est à observer que madame de Rambures a payé quinze mille livres au moins pour les droits seigneuriaux, d'indemnités, amortissement de ces acquisitions.

Total des acquisitions de madame de Rambures cinquante sept mille trois cent vingt livres.

« C'est avec le secours extraordinaire des dots des religieuses que Madame de Rambures a fait tant d'acquisitions et que cette illustre abbesse a bâti et décoré son abbaye. »

22 février 1685, permis à Dame Renée de Rambures, abbesse de Willancourt, de faire enregistrer ses lettres d'amortissement par elle obtenues de S. M. et de faire construire une église et monastère. — *Analyse des délib. de la Ville en la poss. de M. A. de Caieu.*

Au temps où Madame de Rambures était abbesse de Willancourt ce couvent avait environ 3,500 livres de revenu. — *Supplément aux mss. de Pagès*, p. 108.

Madame de Rambures décéda en février 1707. Madame de Villers lui succéda.

C'est aussi par le secours des dots des religieuses que Madame de Villers trouva moyen de rembourser les anciennes rentes, d'acquitter les vieilles dettes, de faire de nouvelles acquisitions et de fournir à plusieurs dépenses extraordinaires.

NOUVELLES ACQUISITIONS DE L'ABBAYE.

Une rente de six mille huit cents livres au principal constituée au profit de l'abbaye par une communauté religieuse ;

Une portion de terre acquise des religieuses minimes, cinq cents livres, le 30 août 1716 ;

Une autre portion de terre acquise de la veuve Lescouvé, cent vingt livres, le 29 avril 1716 ;

Une maison et quatre journaux de terre en dépendant acquis du s͏ʳ Michaut prêtre, seize cent livres, le 27 avril 1713;

Il a été payé pour droit d'amortissement deux cent soixante quinze livres par quittance du 21 novembre 1712.

Total des nouvelles acquisitions : neuf mille quatre cent soixante quinze livres.

Le samedi 30 juillet 1712, le tonnerre tomba sur le clocher de l'abbaye de Willancourt et tua une sœur converse qui se préparait à la confession. — *Mss. Siffait.*

La fin de l'administration de Madame de Villers paraît avoir été un peu tourmentée et avoir laissé après elle quelques tracas à l'abbaye.

Dans son *Essai bibliographique sur la Picardie* M. Charles Dufour mentionne deux mémoires qui se rapportent aux années 1718, 1720 c'est-à-dire à l'administration de M. de Villers.

« .1° Justification de l'abbaye de Vuillencourt — s. l.
n. n. n. d. (1718), 17 p. in-f°. — Très rare, ajoute
M. Dufour. Bibliothèque de M. Demarsy. — L'abbesse
se justifie des dissipations dont on l'accuse ; ce mémoire
contient des détails très-étendus et curieux sur les
biens revenus, et charges de la communauté. »

2° « Mémoire sommaire pour la justification de l'abbaye
de Vuillencourt. — S. n. n. l. n. d. (1720), 4 pages,
in f°. — Relatif à l'administration temporelle de l'abbesse. Bibliothèque de M. O. Macqueron. »

Au mois d'avril 1719, le roi avait donné l'abbaye à
Madame Antoinette de Créquy, sœur de M. de Créquy
demeurant à l'hôtel du même nom, rue Saint-André.

Occupées toutes les deux par des religieuses du même
ordre, l'abbaye de Willancourt et l'abbaye d'Épagne se
trouvèrent malheureusement amenées à lutter l'une
contre l'autre pour leur existence particulière et séparée.

En 1747, trouvons-nous dans les Mss. Siffait, le
roi ayant été informé qu'il y avait à Abbeville deux
abbayes de l'ordre de Saint-Bernard, résolut de les réunir
en une. En conséquence il fit défendre aux deux maisons de recevoir de nouvelles religieuses. Un peu après,
Madame de Créquy, abbesse de Willancourt, étant
morte, il donna l'abbaye de Bertaucourt à l'abbesse
d'Épagne et nomma alors aux deux abbayes d'Abbeville
ainsi vacantes Madame de Maupeau, abbesse de Notre-
Dame de Provins, lui laissant à choisir celle des deux
maisons qui lui conviendrait le mieux pour sa demeure.

Cependant les religieuses rivales, instruites de la no-

28

mination d'une abbesse unique et de la volonté du roi,
firent blanchir et embellir les deux couvents le plus
qu'il leur fut possible, afin de donner envie à Madame l'abbesse de choisir celui qu'elles habitaient
elles-mêmes. Les religieuses d'Épagne comptaient
sur l'air de leur maison qui était meilleur et sur l'appartement de l'abbesse qui était plus beau que celui de la
maison de Willancourt; les religieuses de Willancourt,
de leur côté, comptaient sur l'importance des bâtiments
de leur maison et l'étendue de leur clôture.

Madame de Maupeau arriva à Abbeville le dimanche
15 octobre 1747, vers les trois heures d'après-midi, par
la porte Saint-Gilles, et fit sa descente à l'abbaye d'É-
pagne, mais elle alla coucher à l'abbaye de Willancourt
et les religieuses demeurèrent encore dans une incertitude mortelle des déterminations de leur abbesse. Le
surlendemain, Madame l'abbesse donna à dîner aux religieuses d'Épagne, à l'abbaye de Willancourt ; le jour
d'après, ces mêmes religieuses reçurent leur abbesse
dans la maison d'Épagne, mais le sort en était jeté:
Madame de Maupeau avait fait choix de Willancourt, et,
le jeudi 19, elle y fut installée solennellement en présence de toutes ses religieuses par M. le curé du Saint-
Sépulcre, doyen de chrestienté (1). Les religieuses ou-

(1) L'archidiaconé de Ponthieu se divisait alors en huit doyennés
dits ruraux: Abbeville, Montreuil, Saint-Riquier, Rue, Airaines,
Labroie, Gamaches et Oisemont. « Il faut noter, dit le P. Ignace,
que l'on appelle le doyen rural d'Abbeville, doyen de chrestienté,
pour le distinguer du doyen de l'église collégiale de Saint-Vulfran. » Les doyens ruraux d'Abbeville étaient fort anciens. Le P.
Ignace en a trouvé qui, de son temps, remontaient à plus de cinq
cents ans.

blièrent leurs jalousies intestines dans un grand repas qui suivit, et, le lendemain, on démeubla le couvent d'Épagne au profit de celui de Willancourt. Ainsi finit, absorbée par une sœur cadette, l'abbaye d'Épagne qui avait subsisté à Abbeville cent deux ans (1).

(1) Je trouve, dans une copie de la main de M. Delignières de Bommy, une version qui complète un peu celle-ci.

« . . . . Dame Antoinette de Créqui qui étoit encore abbesse en 1736 étant venue à décéder, l'abbaye de Willancourt resta sous la direction de la prieure pendant plusieurs années et jusqu'à ce que la dame de Castellane, abbesse d'Epagne, fut nommée à l'abbaye de Berthaucourt ; après quoi on travailla à la réunion des deux abbayes et M. de Fontenilles, évêque de Meaux, l'un des membres du conseil de ...., penchoit à réunir l'abbaye de Willancourt à celle d'Espagne lorsque les dames de Willancourt lui ayant représenté que leur abbaye avoit été bâtie par Dame Renée de Rambures sa grande tante, il changea de sentiment et obtint de Rome et du roy la translation de l'abbaye d'Espagne à celle de Willancourt. Madame de Maupeau prit possession de l'abbaye en présence et du consentement des religieuses d'Espagne qu'on amena à Willancourt dans des carrosses. M. Charles Le Sueur, curé du Saint-Sépulcre, la mit en possession en présence de Jacques Le Bel, notaire, et de Mᵣᵉ Jean Sangnier Sᵣ d'Abrancourt, lieutenant de la maitrise (des eaux et forêts,) et Charles-Joseph Dumaisniel Sᵣ de Belleval, lieutenant de l'Election, témoins pour ce appelés.

« . . . . Le lendemain et les jours suivants, l'abbaye d'Espagne fut démeublée pour celle de Willancourt. Les religieuses de Willancourt eurent clôture rompue pour voir leurs amis jusqu'à la Toussaint et celles d'Espagne l'eurent jusqu'à Noël avant de se réunir à l'abbaye de Willancourt..... Madame l'abbesse fit abattre les arbres fruitiers qu'il y avoit dans le jardin de Willancourt pour y faire des allées d'arbres. » — Florian pouvait venir. — « Elle se contenta de son jardin d'Espagne pour fournir des fruits à sa communauté. Elle fit enclore le jardin de Willancourt de haies vives. Une aile nouvelle de bâtiment fut ajoutée par elle au dortoir.

« Le 8 août 1749, le Parlement rendit un arrest qui commit le Sᵣ de Buissy, premier président, lieutenant général en la sénéchaussée de Ponthieu et siége présidial d'Abbeville, pour faire

L'abbaye de Willancourt possédait le corps de sainte Colombe, fille d'un consul romain et vierge et martyre à Rome.

Voici, sauf quelques abréviations et corrections, le récit détaillé que nous trouvons dans les Mss. Si ffait de la translation de ces reliques et des cérémonies qui consacrèrent leur réception. N. S. P. le pape Benoist XIV, désirant faire présent du corps de cette sainte à Madame de Maupeau, abbesse de Willancourt, le fit enfermer dans une caisse de bois avec ses attestations et le fit transporter jusqu'à Lyon, à ses dépens; de Lyon le corps fut expédié à Paris. C'est par eau, dit-on, que la sainte fit tout ce voyage depuis Rome. Elle arriva chez nous par les voitures de nos rouliers, vers le mois d'août 1749. Aussitôt qu'elle fut à l'abbaye, M. Lesueur, curé du Saint-Sépulcre et doyen de chrestienté, vint, avec la permission de Monseigneur l'évêque, reconnaître les sceaux qu'il trouva sains et entiers; puis on ouvrit la caisse. Tous les ossements de la sainte y étaient rejoints par des fils d'archal; elle était habillée richement en rouge, comme si elle eût été vivante; sa tête était tombée dans le fond, ce qui l'avait un peu brisée; les fils d'archal étaient pliés en quelques endroits; on croit que cela est arrivé des secousses de la voiture entre Paris et Abbeville; on trouva aussi dans la caisse une fiole où il y a du sang de la sainte. On a estimé ses habits, galons et

l'information *de commodo et incommodo* de l'union de l'abbaye d'Espagne à celle de Willancourt, en vertu duquel on assigna, à la requète du procureur général du Parlement, diverses personnes pour déposer à ce sujet. Depuis ce temps-là est intervenu un autre arrest qui confirme l'union. »

pierreries à trois mille livres. Aussitôt que le sculpteur
eût pris ses mesures pour lui faire une châsse et que
M. le doyen eût examiné les attestations du pape, la
caisse fut refermée et le cachet de M. le doyen y fut ap-
posé par lui-même. — Les cérémonies de la pieuse réception ne se bornèrent pas là ; le corps de la sainte fut
mis dans une châsse de verre et exposé pendant quinze
jours sur l'autel de la chapelle de Saint-Jean, dans l'é-
glise des religieuses. Nous sautons sur des détails fort
longs donnés par les Mss.—L'évêque d'Amiens, L.-F.-G.
d'Orléans de la Motte, alors à Abbeville, chanta lui-
même le *Te Deum* et le salut du Saint-Sacrement, en
présence du chapitre de Saint-Vulfran, du doyen curé de
Saint-Georges et sans aucun doute, quoique le Ms. n'en
fasse pas mention, de tout le clergé de la ville. Les sermons succédèrent aux saluts pendant toute la durée de
l'exposition ; enfin la châsse fut mise au-dessus de la
grille des religieuses. Depuis, Madame de Feydeau
ayant succédé à Madame de Maupeau, cette châsse
remplaça par son ordre les anciennes orgues vendues
à la fabrique de Saint-Vulfran de la chaussée, les
nouvelles orgues tirées, pour l'usage du couvent, de
l'abbaye d'Épagne ayant été dressées dans le chœur.

« 1754, vente par l'abbaye de Willancourt de la maison conventuelle du monastère d'Espagne dont la communauté avait été réunie à la sienne, 28 feuillets. » —
Le Guetteur de Beauvoisis, n° 34, p. 143.

Avril 1761, mort de Madame Victoire-Chrestienne
de Maupeau, abbesse de Villancourt, âgée de soixante-
neuf ans.

Le 23 août, arrive à Abbeville Madame Feydeau (1), religieuse bernardine de l'abbaye de Pont-aux-Dames, à qui le roy a donné l'abbaye de Villancourt. — *Mss. Siffait.*

Malgré l'événement terrible qui assombrit sa vie, Madame Feydeau parait avoir conservé toujours des goûts de monde et de distractions spirituelles. Chez elle furent jouées les cœmédies de Florian, dans lesquelles l'auteur remplit lui-même des rôles. — M. Louandre, *Hist. d'Abb.* 2. *II, p.* 180.

Madame Feydeau de Brou était sœur de M. de Brou intendant de..... et petite-nièce de M. Henry Feydeau de Brou, évêque d'Amiens. Elle vivait encore en 1797, retirée dans une maison particulière de la chaussée Marcadé. Qui saura jamais les sentiments éprouvés par elle à la chute du régime qui avait laissé exécuter son neveu? Elle est morte en..... et a été enterrée à Épagne.

Lorsque la sonnerie des Dames de Willancourt était de fête elle éparpillait dans l'air beaucoup de titres.

En 1751, le vendredi 25 juillet, furent bénites, dans le chœur de l'église du couvent, les trois cloches qui venaient d'être fondues. Sur la première on lisait :

JE SUIS NOMMÉE MARGUERITE-FRANÇOISE PAR MGR L'ILLUS-

---

(1) Madame Feydeau était la tante à la mode de Bretagne du chevalier de la Barre ; elle avait donné un logement au chevalier dans les bâtiments extérieurs du couvent.

Madame l'abbesse de Willencourt qui était sortie de son abbaye vers le 17 décembre 1765 pour obtenir du roi la grace de M. de la Barre son cousin, ne l'ayant pu obtenir et ayant été demeurer en l'abbaye de...., à six lieues d'Abbeville, rentra à Abbeville, le lundi 13 juillet 1769, dans son abbaye de Willencourt pour y continuer sa dignité d'abbesse. — *Mss. Siffait.*

TRISSIME ET RÉVÉRENDISSIME RENÉ-ALEXANDRE DE LA ROCHE
FONTENILLE ET DE MEAUX, PREMIER AUMONIER DES DAMES DE
FRANCE, ET PAR TRÈS HAUTE ET TRÈS PUISSANTE DAME,
MADAME DE..... DE VENAL, ÉPOUSE DE TRÈS HAUT ET TRÈS
PUISSANT SEIGNEUR LOUIS-ANTOINE DE LA ROCHE, MARQUIS DE
RAMBURES, COMTE DE COURTENAY, VICOMTE DE LA BRASSE [?] ET
AUTRES LIEUX, MARÉCHAL DES CAMPS ET ARMÉES DU ROY 1751.

Sur la seconde on lisait :

JE SUIS NOMMÉE ANNE-VICTOIRE PAR TRÈS HAUT ET TRÈS
PUISSANT SEIGNEUR RENÉ-CHARLES DE MEAUPEAU, CHEVALIER
VICOMTE DE BRUYÈRE, MARQUIS DE MORANGLE, SEIGNEUR DE
NOESY ET DE MONTIGNY SUR AUBE ET AUTRES LIEUX, CON-
SEILLER DU ROY EN TOUS SES CONSEILS, PREMIER PRÉSIDENT DU
PARLEMENT ET PAR TRÈS HAUTE ET PUISSANTE DAME MADAME
ANNE-VICTOIRE DE LAMOIGNON SON ÉPOUSE 1751.

Sur la troisième on lisait :

JE SUIS NOMMÉE ÉLISABETH PAR HAUT ET PUISSANT SEI-
GNEUR MESSIRE RENÉ-ALEXANDRE DE FONTAINES COMTE DE
WIRY, CHEVALIER DE L'ORDRE ROYAL ET MILITAIRE DE SAINT
LOUIS, ANCIEN CAPITAINE DES GRENADIERS AU RÉGIMENT
D'AUNIS, CAPITAINE GÉNÉRAL DES MILICES GARDE-COTES DE LA
CAPITAINERIE DU CROTOY ET PAR MADAME ÉLISABETH DE....,
ÉPOUSE DE TRÈS HAUT ET TRÈS PUISSANT SEIGNEUR MESSIRE...,
VICE-CHANCELIER ET GARDE DES SCEAUX, 1751.

Le tome xcIII de la collection de Dom Grenier contient plusieurs extraits intéressant l'abbaye de Willancourt, mais de l'abbaye non encore à Abbeville. —
Dans l'ancienne division de cette collection on trouvait,
paquet XII*, *article 5, p.* 62, une notice sur notre
abbaye.

L'abbaye de Willancourt, qui avait fait disparaître l'abbaye d'Épagne, disparut à son tour en 1790.

Suivant une note de Collenot en tête d'un exemplaire du P. Ignace, l'abbaye de Willancourt, vendue à une date qu'il ne donne pas, changea assez rapidement plusieurs fois de mains (1) et se trouva divisée en deux corps de logis. Je n'ai pas rencontré la vente dans l'*État succinct des adjudications faites au District en* 1791. Les bâtiments furent disposés en 1809 pour une manufacture de calicots et une filature de coton. En 1817, M. Duchemin, manufacturier « aux Willancourt », vendait du calicot blanc, écru, et des cotons filés. — *Feuille d'annonces d'Abbeville* du 20 mars 1817. — Les cloîtres occupés par M. Duchemin ont servi depuis à la manufacture de tapis de M. Vayson (2) ; ils ont reçu plus tard l'imprimerie de M. R. Housse (1861) devenue celle de M. P. Briez (1863), puis (1869) celle de MM. Briez, Paillart et Retaux, et enfin (1876) celle de M. Gustave Retaux.

La maison abbatiale appartient, comme nous l'avons dit, à Madame Cherbonnier.

L'État succinct des adjudications faites au District

(1) C'est dans cette abbaye qu'un de nos plus intrépides voyageurs, un des hommes qui ont deviné le plus habilement les énigmes des hiéroglyphes, M. Prisce, d'Avesnes, a passé sa jeunesse. Savant antiquaire et dessinateur de premier ordre, M. Prisce a doté la France d'un des monuments les plus précieux de l'ancienne Égypte ; ce monument, connu sous le nom de Chambre-des-Rois, se voit aujourd'hui au rez-de-chaussée de l'aile droite de la bibliothèque nationale.

(2) Je lis dans le *Journal d'Abbeville* du 26 juillet 1823 : Vente des bâtiments, ateliers, maison, jardins etc., des Villencourt.

d'Abbeville en 1791 renseigne peu sur l'aliénation des biens de l'abbaye de Willancourt. Je n'y ai lu que quatre articles : 31 mars, une maison et six journaux, sis au faubourg de Saint-Gilles, adjugés moyennant 7,925 livres ; 27 juillet, une maison à Abbeville, adjugée au prix de 9,000 livres; 27 juillet, six journaux et demi, sis au faubourg de Saint-Gilles, adjugés au prix de 5,950 livres; 26 septembre, une rente foncière, adjugée au prix de 6,250 livres.

Un peu plus loin encore, mais de l'autre côté de la rue, était le refuge de l'abbaye de Bertaucourt. Les guerres forcèrent deux fois les Dames de Bertaucourt à l'habiter. Elles le quittèrent, — était-ce pour la première ou pour la seconde fois ? — en 1662 pour retourner dans leur première maison de Bertaucourt près de Domart en Ponthieu. Elles demeuraient à Abbeville depuis le 26 janvier 1642, date de la bénédiction de cette maison de la chaussée Marcadé et de la célébration de la première messe dans l'église qui en dépendait (1).

Le refuge de l'abbaye de Bertaucourt.

Les manuscrits Siffait nous conservent un dessin à la plume qui est, y est-il dit, la représentation du couvent des Dames de Bertaucourt sis en la chaussée Marcadé et des maisons qui l'environnent.

(1) Je lis dans l'*Analyse des délib. de la Ville en la poss. de M. A. de Caïeu* ce résumé que je trouve insuffisamment clair : « 12 septembre 1641, l'abbaye de Bertaucourt étant brûlée par les ennemis depuis la guerre, la Dame de Rambures s'est nommée l'une des fondatrices (fondatrice de la maison d'Abbeville probablement,) ayant résolu d'y mettre deux de ses filles. Elle permit à sœur [?] Marguerite de Bournel, abbesse de N. D. de Bertaucourt et [à] Madame Renée de Boullainvilliers comtesse de Courtenay et de Rambures de s'établir en ladite maison chaussée Marcadé. »

Le refuge des Dames de Bertaucourt avait été établi dans une maison que le P. Ignace, — *Hist. Ecclésiastiquè,* — appelle « de l'élu Manessier ». Antérieurement à l'établissement des religieuses, on avait trouvé dans le jardin de cette maison, en creusant profondément pour faire un étang, *un foyer de cheminée* fort antique.

Le jardin dépendant du refuge de Bertaucourt était très-vaste. Attenait-il déjà à la maison que le P. Ignace appelle « de l'élu Mannessier »? C'est probable. Je lis dans les comptes du Val-aux-Lépreux de 1673-1674 :

« Des religieuses et couvent de Nostre Dame de Bertaucourt establly en cette ville par acquisition du sieur du Plouy, qui estoit au lieu du sieur Mannessier esleu et ancien majeur de ceste ville, pour un ténement en la chaussée Marcadé accostant, d'un costé, à Jean Le Comte, d'autre, à Pierre Blanchard, etc..... XXIIII s. »

Les religieuses paraissent d'ailleurs avoir acheté plusieurs autres ténements.

La collection de dessins de M. de Saint-Amand, maintenant à la Ville, conserve un plan de l'enclos des RR. Bénédictines de N.-D. de Bertaucourt en la chaussée Marcadé et de la maison par elles acquise des héritiers de l'élu Manessier s^r de la Tulotte. Un étang, le plan l'indique, recueillait les eaux de l'enclos de sol bas. Des personnes vivantes se souviennent de l'avoir vu encore. Le plan est accompagné de quelques légendes. Les religieuses, retournées depuis longtemps dans leur abbaye au-dessus de Domart, avaient laissé leur grand terrain à un emphytéote qui, plus tard, traita avec la nation. M. Gueroult, maire en 1811 de la commune de Bellen-

court, possédait la copie des titres et mémoires de l'ancien cartulaire latin de l'abbaye de N.-D. de Bertaucourt
et la traduction en français de ces documents faite en
1818 par M. F. Godard de Beaulieu. Cette copie n'occupait pas moins de 204 feuillets in-fol. — Il faut voir
pour Bertaucourt l'*Histoire ecclésiustique d'Abbeville, p.*
357 ; l'*Histoire chron. des mayeurs, p.* 810 ; le *Gallia
Christiana,* 2. X. col. 1322.

Le P. Ignace, *Hist. eccl., p.* 358, donne les noms de
toutes les abbesses de Bertaucourt jusqu'à l'acquisition
du refuge d'Abbeville. Une seule, parmi ces abbesses,
est entrevue à la cantonade de l'histoire de France. On
la nommait Angélique d'Estrées ; elle était sœur de
Gabrielle, et plus tard abbesse près de Pontoise, dut
quelquefois aux visites de sa sœur celles du roi.

J'ignore la suite des autres. En 1765 le roi donna
notre abbaye errante à Madame de Carondelet, religieuse de la même maison.

Le danger des guerres disparu, les religieuses étaient
retournées dans leur maison de Bertaucourt, en con-
servant cependant celle d'Abbeville. Un exemplaire de
l'*Hist. eccl. d'Abbeville* annoté à une date inconnue par
une main inconnue me dit : « Celle d'Abbeville est en
ruine aujourd'hui et sans aucune marque ni vestiges de
monastère. »

L'état succinct des adjudications faites au District
d'Abbeville en 1791 nous apprend peu de chose de la
vente des biens de l'abbaye de Bertaucourt qui avait probablement sa fortune hors de notre arrondissement. Le
2 mars, une maison dans la chaussée Marcadé, la mai-

son même sans doute dite le refuge, est adjugée moyennant 6,500 livres ; le 23 juillet, deux journaux d'enclos à Thuyson appartenant à l'abbaye sont adjugés au prix de 1,320 livres. Point d'autre mention de Bertaucourt dans la suite des adjudications.

La rue Ringois. La rue Ringois a été ouverte en 1850 dans le jardin de l'ancienne maison de Bertaucourt. C'est en 1851 que le nom de Ringois lui fut définitivement donné. Ce n'est pas ici le lieu de discuter la légende de Ringois. Honorer un symbole du patriotisme est toujours bien.

Après avoir conduit et arrêté mes lecteurs dans les trois maisons religieuses établies entre le pont de Touvoyon et le pont de Ricquebourg, je dois les ramener quelque peu en arrière pour leur faire remarquer une ruelle et plusieurs maisons.

La ruelle Vibert-Carpentier La ruelle, nommée rue Vibert-Carpentier, s'ouvrait à peu près à égale distance des Minimesses et des Dames de Willancourt, mais de l'autre côté de la chaussée. La rue Vibert-Carpentier n'était plus qu'un cul-de-sac en 1732, date du plan de la vicomté de Saint-Pierre consulté souvent par moi. Peut-être avait-elle été réduite à cette condition déchue et à cette malheureuse dénomination en 1641 ; je soumets, du moins, aux recherches de mes continuateurs les présomptions que me fournit l'analyse *des délib. de la Ville* en la possession de M. A. de Caïeu. Le 19 août 1641 les maire et échevins ont accordé une ruelle, chaussée Marcadé, à Jean Meurice bourgeois. Claude Mourette, marchand teinturier, ne tenant pas compte de cette session, entend se servir de la ruelle. L'Échevinage arrête le 24 octobre 1642 qu'il soutiendra Meurice contre les prétentions de Mourelle.

Le plan de la vicomté de Saint-Pierre place le cul-de-sac autrefois rue Vibert-Carpentier à côté d'une grande maison qui était celle de M. du Maisniel, mayeur et commandant de la place en 1731. La petite rue passait probablement sur l'emplacement de la maison actuelle de M. E. de Caïeu n° 79, celle de M. Gastaldi (n° 77) représentant à peu près celle de l'ancien mayeur-commandant.

De l'autre côté du cul-de-sac Vibert–Carpentier était, en 1732, une maison, dite de M. Douzeheures [?] qui serait représentée, selon moi, par celle portant aujourd'hui le n° 81.

Le cul-de-sac Vibert–Carpentier s'est-il appelé simplement au dix–septième et au dix-huitième siècle rue au Sacq ou au Sac ? Je serais assez autorisé à le croire par les cueilloirs et les comptes de Saint-Georges et de Saint-Jacques. En admettant l'hypothèse comme justifiée, les maisons dites *Monplaisir* et *Saint–Michel* auraient été bien voisines de la ruelle Vibert–Carpentier.

Les comptes de Saint-Georges de 1685–1687 mentionnent sur la chaussée Marcadé une maison appropriée à sept demeures avec un jardin de sept quartiers. Cette maison appelée *Monplaisir* longeait « une petite rue au Sacq » et tenait, d'un côté, à plusieurs ténements de la rue Ledien et, d'un autre, à la Dame de Septfontaines. Les comptes du receveur de la fabrique de Saint-Jacques de 1751–1754 nomment la maison dite *Monplaisir*, rue au Sac, chaussée Marcadé. Le cueilloir de Saint-Georges de 1757 rappelle encore une maison avec jardin appelée

Monplaisir « dans le cul-de-sac vis-à-vis les Dames de Willancourt. » Cette maison, appropriée à sept demeures dans une rue au Sac, ne fait-elle pas songer, malgré son nom et son jardin de sept quartiers, aux truanderies des impasses du Rivage et de la rue Planquette ?

Le cueilloir du Saint-Sépulcre de 1751 mentionne dans la chaussée Marcadé une maison « faisant le coin de la rue au Sacque, tenant, d'un côté, à l'auberge de *Saint-Michel*, de l'autre côté à la petite rue. »

M. de Clermont a trouvé, dans le testament de Jean Duwanel du 22 novembre 1693, une maison, chaussée Marcadé, faisant le coin de la rue au Sacq.

Non loin de la maison des Dames de Bertaucourt était, au dix-huitième siècle, « une maison, jardin et ténement, séante sur la chaussée Marcadé, qui portait autrefois pour enseigne le *Cheval de bronze*. » Cette maison tenait d'un bout au jardin des Bertaucourt. — *Comptes de N.-D. de la Chapelle*, 1729. — M. de Clermont a trouvé, dans une transaction du 15 mai 1743 passée pardevant Mᵉ Thomas Dehuppy, mention d'une maison et de ses dépendances communément appelée le *Cheval de bronze*, appropriée à deux demeures, sise chaussée Marcadé.

Les comptes de Saint-Georges de 1685-1687 me donnent dans la chaussée Marcadé une maison des *Trois Pigeons*, qu'un cueilloir de la même église me rappelle encore en ces termes comme existant avant 1757 : « une maison chaussée Marcadé portant pour enseigne *Les Trois Pigeons*, derrière les Bertaucourt. »

Le plan de la vicomté de Saint-Pierre de 1732 indique, après le terrain des Dames de Bertaucourt, une maison appartenant à une veuve Leprêtre, maison qui était la dernière de la vicomté.

En face de cette maison et de l'autre côté de la chaussée le plan en indique une autre appartenant à Guillaume Nicolle et bornant aussi la vicomté.

Derrière les couvents des Minimesses et des Willancourt et derrière toutes les maisons de ce côté de la chaussée courait, comme aujourd'hui, à travers les jardins de ces maisons, un filet d'eau qui, se détachant de la rivière de Novion, allait rejoindre la rivière de Sotine. Ce filet d'eau, que l'on a appelé quelquefois, avec un peu d'emphase, le fleuve Gifflet, est connu sous une qualification plus modeste dans nos registres municipaux et dans les actes publics. Les textes le nomment fossé Gifflet. Il ne nous sera pas défendu de l'appeler le ruisseau.

Le fossé Gifflet.

Le ruisseau Gifflet a une histoire. Et d'abord il est à peu près certain que son nom actuel n'est qu'une corruption, une contraction, une abréviation du nom ancien qu'on n'a pas su lui conserver. Dans un acte passé par devant Fremin de Thouoion maire et li eskevins de le ville d'Abbeville le 17 juillet 1370 (en faveur de l'église de Saint-Gilles), il est question d'une maison « séant en ledicte ville entre le fossé Guifferlet et le pont de Riqueboug. » — *Parchemin acheté par la Ville à la vente de la bibliothèque de M. de Saint-Amand.* — J'ai trouvé le fossé Geffille dans les comptes du Val de 1673-1674 ; mais je dois dire que dès le seizième siècle et peut-être antérieurement il s'appelle bien fossé Gifflet.

Le ruisseau Gifflet a donné lieu à des litiges comme le cours du Rhin ou celui des Amazones. En 1590 il devint cause d'un procès entre la Ville et le propriétaire du moulin Riquebourg. — Parmi les pièces de ce procès, était conservée la copie collationnée d'un acte du 20 juillet 1472. — M. Traullé, *Inventaire de titres.* — J'ai retrouvé trace de ce procès dans les registres aux délibérations de l'Échevinage : « Du xvii* jour de septembre (1590)..... le procureur de la Ville prendra le faict et cause de Charles d'Ionval, eschevin, appellé par devers M* le sénéschal de Ponthieu à la requeste du sieur Delangle à raison du curement qu'il auroit faict faire suivant nostre ordonnance de la rivière du fossé Gifflet, soustiendra que led. curement ne faict aulcun préjudice aud. sieur Delangle et que ce quy a esté faict est pour la commodité publicque. » — *Reg. aux délib.* 1590-1591.

Le fossé Gifflet occupa la maîtrise même des Eaux et forêts.

« En 1742, le s* Beauvarlet de Bomicourt, maître particulier de la maîtrise, nouvellement reçu, voulut établir sa juridiction dans cette ville et rendit plusieurs jugements sur la pêche, les empêchements à la navigation de la rivière de Somme, les moulins ; sur quoi il y eut de grands démélés avec Messieurs de ville et on se pourvut à la grand'Chambre du Parlement de Paris en règlement de juges. »

En..., le nommé Copart, agent du sieur Mallœuvre de Paris, propriétaire de deux moulins sur la rivière de Touvoyon, avait eu démêlé avec plusieurs habitants de la chaussée Marcadé et les religieuses de l'abbaye de Vuillancourt et les Minimesses pour le curement du fossé Gifflet « qui prend ses eaux à la rivière de Novion et va les porter à celle Touvoion, curement qu'avoient demandé les religieuses et les habitans de lad. chaussée par requête présentée à l'hôtel-de-ville. Les officiers municipaux avoient, en conséquence, ordonné le curement et en avoient fait l'adjudication, ordonnant la levée des deniers nécessaires sur le dit Malœuvre, les religieuses et les habitans. Ce qui étant venu aux oreilles du s^r de Bomicourt, il fit revendiquer l'affaire par le procureur du roy de la maîtrise. » — Sangnier d'Abrancourt, *Eaux et forêts, ms. à la ville.*

Je ne sais comment finirent ces discussions. L'affaire vint elle même se joindre aux autres dans le procès engagé vers ce temps, ou à peu près, entre les maire et échevins et la maîtrise (comme il a été dit plus haut).

Le fossé Gifflet nous sert à déterminer l'emplacement approximatif de quelques maisons de la chaussée Marcadé, entre le pont de Touvoyon et le pont de Ricquebourg, et, comme l'on dit dans les cueilloirs, « au destre costé ainsi qu'on va du pont de Thouvoion au pont de Ricquebourg. »

Le Fond (ou *Four*) *à Coulon.* — Maison dite le *Fond à Coulon*, tenant par derrière au fossé Gifflet.—*Comptes de Saint Georges*, 1685—1687. — Et dans un cueilloir de la même église antérieure à 1757 : « une maison du *Fond à Coulon* vis-à-vis les Bertaucourt, chaussée Marcadé. » M. de Clermont a trouvé dans une pièce sans date intitulée : Cens et surcens ou renvois dûs à Messieurs les chanoines d'Amiens à cause de leur seigneurie de Bellancourt : « L'église de saint Georges pour une maison chaussée Marcadé appelée le *Four à Coulon....* »

La Ville de Hesdin. — Je trouve dans les comptes de N. D. de la Chapelle de 1729 ainsi que dans ceux de 1764—1765 : « ...... maison où pend pour enseigne la *Ville de Hesdin*, chaussée Marcadé, tenant d'un bout au fossé Gifflet. » Cette maison était située sur la partie de la chaussée marcadé appartenant à la paroisse de N. D. de la chapelle. M. de Clermont m'a remis cette indication : « Vente du 16 octobre 1788 par devant M⁰ Louis Caron, notaire royal en Ponthieu résidant à Crécy, d'une maison etc., étant ci-devant à usage d'auberge où pendait pour enseigne *la Ville d'Hesdin*, située rue et chaussée Marcadé, tenant d'un côté vers orient à....., d'autre à....., d'un bout par derrière au fossé Gifflet, et d'autre, par devant, au frocq de rue, tenue de l'église et fabrique de N. D. de la Chapelle par cinquante deux sols de cens ou surcens chacun an, au jour de saint Jean-Baptiste. » — Je trouve encore dans le dernier cueilloir de Saint-Jacques (1791,) article 4, la maison où pend pour enseigne *la Ville de Hesdin.*

L'Épinette. — Les comptes de N. D. de la Chapelle de 1729 et ceux de 1764—1765 me fournissent : «..... maison de *l'Épinette*, chaussée Marcadé, tenant d'un bout au fossé Gifflet ; » maison aussi, sur la paroisse de N. D. de la Chapelle.

Nous voici au pont de Ricquebourg.

CHAPITRE XXXIV.

Je rencontre le pont de Ricquebourg, nommé ainsi ou de Riquebourg, dès 1370 : « Maison séant en ledicte ville entre le fossé Guifferlet et le pont de Riquebourg. » — *Acte passé par devant Fremin de Thouoion maire et li eskevins de le ville d'Abbeville le 17 juillet 1370 (en faveur de l'Église de Saint-Gilles); — parchemin acheté par la Ville à la vente de la bibliothèque Saint-Amand.*

Le pont de Ricquebourg couvre la rivière de Novion que l'on a appelée aussi rivière de Ricquebourg comme en font foi les comptes du Val de 1673-1674 : « De Jean Gallet pour sa maison scéante en la chaussée Marcadé, tenant...... etc., d'autre à la rivière de Ricquebourg; » et les comptes de N.–D. de la Chapelle de 1764-1765 : « la rivière de Ricquebourg. »

La collection de M. de Saint-Amand conserve, dans un vieux plan, l'indication *pont de Riquebourg*.

Le Novion.

Le Novion (1) entre dans la ville sous la tour de l'Éclusette, plus correctement dite tour d'Amboise. L'Eclusette d'où lui vient le premier nom est un petit barrage à écluse. La tour de l'Eclusette a été recouverte en briques en 1826 dans la forme qu'elle avait déjà. — Dessin dans la collection de M. de Saint-Amand, — à la ville. — Non loin d'elle, dans le bastion de Marcadé, était le magasin à poudre qui sauta en 1773.

Le Novion, après avoir traversé le rempart sous une voûte qui ne porte pas de nom de pont, à ma connais-

Le moulin du Jardinet.

sance, fait tourner le moulin du Jardinet.

Du pont de Ricquebourg, où la rivière nous ramène, à l'emplacement de l'ancienne porte de la ville nous trouverons encore trois rues anciennes : à droite, la rue Vieille-Porte-Marcadé ; à gauche, la rue aux Mulets et la rue du Moulin Ricquebourg.

(1) La rivière de Novion n'est autre que le second bras du Scardon. Elle tire son nom probablement d'un moulin de Nouvion que cite le P. Ignace, et qui était hors la porte Marcadé, près Notre-Dame de la Chapelle. On l'appelait aussi rivière du Château, parce qu'elle se jetait dans la Somme, près du château de Charles-le-Téméraire. La rivière de Novion entre dans la ville sous la tour d'Amboise ; traverse la chaussée sous le pont dont nous avons recherché le nom ; fait une courbe derrière des jardins de cette chaussée ; traverse la rue aux Mulets sous un autre pont qui est certainement le pont Au Sablon ; fait un coude dans un abreuvoir ; longe la rue aux Mulets ; fait tourner le moulin du Château ou de Ricquebourg, et se jette dans la Somme au bout du quai de la Pointe, après avoir passé sous le pont du Château. — Suivant les notes de M. Traullé, cette rivière donnait autrefois son nom au quartier Marcadé. « Le quartier de Novion, disent-elles, occupait ce qu'on appelle aujourd'hui le quartier Marcadé ; les plus anciens cueilloirs de Saint-Jacques y plaçaient Sainte Catherine, etc... On y trouvait encore une rivière de Novion, la rue de Novion, la tour de Novion, la rue de Wovion, etc... »

La rue Vieille-Porte-Marcadé s'appelle ainsi, parce qu'autrefois elle aboutissait à la porte même de la ville ; on l'a appelée aussi rue Sangnier, du nom du propriétaire de la plupart des maisons qu'elle renfermait.

En 1599, nous dit Sangnier d'Abrancourt, on changea de place la porte Marcadé. L'ancienne porte était dans la rue où demeure Monsieur Sangnier, marchand, (adjudicataire de la forêt, a-t-on ajouté au-dessus sans effacer le titre de marchand,) et on la mit où elle est à présent comme dans un lieu plus commode pour le passage, » l'entrée par l'ancienne porte obligeant à « un grand détour. »

M. l'architecte A. Delignières, qui a habité la maison n° 8 de cette rue, m'a affirmé (1) que cette maison au-

1. J'ai retrouvé depuis la preuve de l'affirmation. Je copie dans un recueil de pièces intéressant l'église de Saint-Éloy :

« Du cinq may, mil sept cent cinquante-neuf, s'est présenté à moy Antoine Wattier, marchand bourgeois en cette ville d'Abbeville y demeurant, receveur en charge de l'église et fabrique de Saint-Éloy de cette dite ville, présent M⁰ Jacques-Adrien Boujonnier, procureur en cette sénéchaussée, sindicq de ladite fabrique, Jean Sangnier, seigneur d'Abrancourt et de Fleuron, lieutenant en la maîtrise Eaux et forêts de cette dite ville d'Abbeville, y demeurant, lequel m'a requis de luy accorder la saisine réelle, foncière et propriétaire, du fond d'une portion de terre à usage de jardin, scituée en cette ville et enclavée dans la dépendance de sa maison, rue de la Vieille porte Marcadé, à laquelle maison ledit jardin tient des deux costés et d'un bout et d'autre bout à la rivière au dessous du moulin de Nouvion, tenus de cette fabrique de Saint-Éloy par trois sols de cens ou surcens par an.... » — *Église de Saint-Éloy d'Abbeville, aveux et saisines.*

On remarquera l'orthographe archaïque pour la date 1759. — On remarquera aussi que le moulin du Jardinet est nommé moulin de Nouvion.

jourd'hui occupée par M. Riquier-Béthouart, avait été celle de Sangnier d'Abrancourt, l'historien dont j'utilise souvent les recherches.

L'enseigne des ☿Trois Barillets pendait en la rue Vieille-Porte-Marcadé. — *Comptes de N.-D. de la Chapelle*, 1764-1765. Cette rue était de la paroisse même de N.-D. de la Chapelle. — *Comptes de N.-D. de la Chap. de* 1699.

La rue aux mulets. La rue aux Mulets, sur laquelle s'embranche la rue du Moulin Ricquebourg, s'appelle ainsi très-probablement parce qu'elle servait au passage des mulets attachés au moulin.

Entrés de quelques pas à peine dans cette rue, nous traversons le Novion sur un pont qui s'est probablement appelé la *Planchette*, puis a pris le nom de pont Au Sa- **Le pont Au Sablon.** blon. Je trouve dès 1699, dans les comptes de N.-D. de la Chapelle, un pont Au Sablon près du terrain des Dames de Bertaucourt et sur la rivière de Novion, tandis que d'autres indices semblent bien indiquer le nom de rue de la Planchette pour la rue dite maintenant aux Mulets : « ...... une maison et ténement scéant en la rue de la Planchette, acostant des deux bouts et costés aux Dames de Bertaucourt où est à présent un mur de briques. » — *Comptes de N.-D. de la Chapelle de* 1699. — Les *comptes* de 1764-1765 de la même paroisse me donnent : « une maison et ténement rue de la Planchette proche le pont Au Sablon, tenante etc....., d'un bout à la rivière de Ricquebourg et d'autre au frocq ; » et dans l'article qui suit il est question d'une autre maison « rue de la Planchette » et « proche la planchette. » La planchette ne pouvait être que le pont Au Sablon.

Au-dessous du pont Au Sablon est l'abreuvoir du Novion précédant les constructions de la fonderie Maillard-
Péchaut.

La rue du Moulin Riquebourg tire son nom du moulin dont on ne peut la séparer.

La rue du moulin Ricquebourg.

Elle portait déjà ce nom en 1579. M. de Clermont l'a
trouvée ainsi appelée dans le cueilloir de Saint-Pierre de
1579 à 1580.

Les comptes de Saint-Georges me la rendent sous
une forme qui est la même pour la prononciation, en
1585. Les religieuses de Bertaucourt possédaient alors
une masure « en la rue Riquebour appelée rue *des
Planquettes Moulsac* ». — *Comptes de* 1585-1587.

On disait aussi les *Planquettes Mouchart*. C'est ainsi
que le cueilloir de Saint-Georges de 1711-1713 dési-
gnait indifféremment la rue *Riquebourg :*

Le moulin s'est appelé aussi vulgairement moulin
du Château, du château voisin bâti par le duc de
Bourgogne, Charles le Téméraire ; mais le vrai nom
a toujours été moulin Ricquebourg ou de Ricquebourg.

Le moulin Ricquebourg.

Le Livre rouge de la Ville le mentionne d'abord en
1488 en ces termes pour un acte violent du meunier
que la justice du maire a puni : « Jehan de Beaurains,
mangnier du molin de Ricquebourg pour bature et na-
vrure par lui faicte à sanc courant et plaie ouverte sur
la personne de..... dont mort s'est ensuivie..... a esté,
le XXV° jour d'aoust mil IIII° IIII°° VIII, appelé à trois
cloques, et, pour son non comparoir, bany à tousjours

de la ville d'Abbeville et banlieue d'icelle sur le hart. »
— *Livre rouge*, f. CCLII.

M. de Clermont m'indique un bail passé le 2 mars
1565 devant M° Le Prevost, notaire royal en Ponthieu,
« d'un mollin à eau, à usage de moudre blé, la maison,
lieu, pourpris et tenement y appendant, nommé vulgairement le mollin Riquebourg, situé en cette ville, un
jardin situé en la rue de la Planquette aussi en cette dite
ville, avec deux journaux de prés situés au marais de
Demanchecourt près la porte Marcadé. »

M. Traullé avait consulté un aveu rendu en 1750 au
commandeur de Beauvoir par Louis-François de Paule
Lefebvre d'Ormesson de Noizeau, avocat général au
Parlement de Paris pour du blé à prendre sur le moulin
de Ricquebourg.

Je lis dans les comptes de la Ville de 1586–1587 :
« De Jehan Landin pour une maison et ténement scéant
joignant (contre) la rivière qui faict mouldre le mollin
près le chasteau nommé de Riquebourg, environné de
ladicte rivière de trois endroicts, ladicte maison acquise
par ledict Landin de M° Jehan Tillette par contrat passé
par devant Boujonnier nottaire, le vingtiesme jour de
may mil v° quatre vingt sept, la somme de vingt quatre
sols pour une année de ladicte censsive eschue en l'an
de ce compte et que ledict Landin auroit payé au présent
comptable.............................. XXIIII°. »

Dans les comptes du Val de 1673-1674, je lis : « De
l'hospital Jehan Le Scellier pour une maison scéante au
delà du moulin Ricquebourg, vers la porte Marcadé, à
laquelle pend pour enseigne l'*Esperon*, » etc.

Je lis dans les *mises* des mêmes comptes en la même
année : « à l'église Saint-Jacques pour une maison
scéante au delà du moulin de Ricquebourg dont Nicolas
Lourdel rend XXII' 6'. »

Comment se fait-il que la plaque indicative de la rue
porte maintenant rue du Moulin Richebourg, forme
reproduite par les almanachs et par les plans nouveaux
de la ville ? Seul aujourd'hui peut-être je le sais. Aux
environs de 1852, soit un peu avant, soit un peu après,
un conseiller municipal, assez docteur, réclama le changement : « Ricquebourg ! Qui connait Ricquebourg ?
Richebourg, à la bonne heure. » J'eus beau protester,
un peu timidement, n'ayant pas d'extraits sous la main,
invoquer l'étymologie probable ou possible, *Richarii
burgus*, le conseil puriste adopta le changement. Tel est,
bien souvent, la science d'histoire — locale — des conseillers des villes. Puis-je espérer maintenant que la
prochaine plaque nous rendra le vieux nom Ricquebourg ?

En vertu de titres conservés en copie dans le *Livre noir*
de leur prieuré, livre dont l'autorité fut repoussée par
un arrêt du Grand Conseil en 1697, — du moins sur
quelques points, —les religieux de Saint-Pierre se prétendaient seigneurs des rivières du Scardon, de Touvoyon et de Novion, « quoique ils n'y aient que le droit
de pêche, dit un mémoire que j'ai sous les yeux, mais
sans justice ni seigneurie sur icelles ». Ils ont depuis,
poursuit le mémoire, vendu leurs droits à MM. Gaffé et
de Licques, propriétaires des moulins de Baboë et de
Nouvion, et c'est en vertu de cette vente que les pro-

priétaires se prétendent seigneurs de ces rivières et se font payer, par ceux qui le veulent bien ou qui les craignent, un droit pour l'ouverture des rigoles qui servent à arroser les prés (entre les faubourgs du Bois et de Thuison) etc. — Un procès était alors pendant au Parlement entre les propriétaires des moulins et MM. Du Maisniel de Belleval, lieutenant de l'Élection, Lesergent d'Hémerville et autres, en faveur desquels les maire et échevins, propriétaires de la vicomté de Saint-Pierre, intervenaient.

La rue aux Mulets et la rue du Moulin Ricquebourg sont séparées, à leur naissance, par l'abreuvoir voisin du pont Au Sablon, et, dans le reste de leur étendue, par le lit de la rivière.

La première aboutit au quai de la Pointe ; la seconde au Plantis Méricourt. — Nous retrouverons ce quai et ce plantis sur notre passage.

Du point d'intersection des deux rues et de la chaussée Marcadé à la porte de la ville il ne nous reste à signaler que l'usine au gaz.

Cette usine fut établie au commencement de 1844. Notre ville, qui n'a guère été éclairée par des réverbères avant le commencement de ce siècle, a fait depuis trente-cinq ans de grands progrès sous le rapport de l'illumination. Avant 1751, il n'y avait pas encore de lanternes dans les rues. Dans les premiers mois de cette année 1751, trouvons-nous dans les Ms. de M. Siffait, plusieurs jeunes hommes, rôdeurs de nuit, ayant insulté des bourgeois et n'ayant pu être punis à cause des ténèbres de la ville, MM. les mayeur et échevins firent mettre des lanternes publiques dans les rues pour prévenir le renouvellement de ces vexations, ou en assurer le châtiment. Ils avaient fait venir d'Amiens une lanterne avec poulie, corde, boîte, afin d'en donner le modèle aux ouvriers de la ville. La première lanterne fut pendue à la porte du mayeur.

De 1873 à 1877, une voie nouvelle qui n'a pas reçu de nom encore, a été ouverte contre l'usine à gaz, à peu près du point où se trouvait le fossé de la ville avant le déclassement militaire au point du quai où se trouvait autrefois le Pont-Rouge.

Il m'est possible de rappeler quelques maisons entre le pont de Ricquebourg et la porte Marcadé ; ainsi la maison où pendait pour enseigne *la Porte de Montreuil,* qui tenait « d'un bout à la rivière de Ricquebourg. » — *Comptes N.-D. de la chapelle de* 1729. — Cette maison était en 1764-1765 à usage de cabaret. — *Comptes de cette année.* — Le dernier cueilloir de Saint-Jacques indique encore chapitre de « cy-devant la Chapelle » la maison de la *Porte de Montreuil.*

M. le baron T. de Clermont-Tonnerre a trouvé dans un cueilloir de Saint-Pierre du commencement du dix-huitième siècle, article 174 : « une maison entre le pont Ricquebourg et la porte Marcadé où pend pour enseigne *l'Épée ;* » dans le même cueilloir encore, article 13 : un « ténement — sans nom — entre le pont de Ricquebourg et la porte Marcadé. »

Les notes de M. Traullé nous indiquent, aux environs de la chaussée Marcadé, plusieurs rues disparues aujourd'hui : 1° une rue *qui menoit à la poterne qui conduisoit vers la tour à Bourel au chemin qui longe les murs des Chartreux et monte à Drucat ;* 2° une autre, *qui conduisoit par une autre poterne droit à la grande rue de Thuyson ;* 3° une autre enfin, *qui conduisoit de la chaussée Marcadé à la Pointe.*

C'est ici le lieu, avant de franchir la ligne où fut la porte de la ville et de quitter la chaussée Marcadé, de jeter un coup d'œil en arrière sur les maisons mentionnées dans la longueur de cette chaussée sans désignations autrement certaines.

Nous trouvons ainsi, sans détermination de hauteur dans la rue, la maison de *la Vignette. — Cueilloir de Saint-Georges.*

Dans un contrat de mariage du 16 décembre 1690 passé devant M° Bellache, notaire, me dit M. de Clermont, la future, présentement en cette ville, est logée en la maison où pend pour enseigne *La Vignette,* paroisse Notre-Dame de la Chapelle. »

Les comptes de N.-D. de la Chapelle m'ont fourni plusieurs maisons ; ainsi :

1729 : maison ou pendoit « autrefois » pour enseigne *le Laboureur ;* elle tenait d'un bout au fossé Gifflet.

1729 et aussi 1764-1765 : maison à deux demeures où pend pour enseigne *la Croix blanche,* très-probablement aussi sur la paroisse de N.-D. de la Chapelle.

L'état des cens dûs à l'église de Saint-Jacques antérieurement à 1751 me donne la maison du *Cat cornu ;* je retrouve le même nom orthographié ainsi : « maison du *Cacornû* » dans les comptes de la même église de 1751-1754.

Le cueilloir du Saint-Sépulcre de 1751 me donne une maison appelée *l'Écu de Vendôme*.

M. de Clermont m'apporte *la Croix Verde*, *l'Escu de France* et *la Réalle*. Dans un contrat de mariage du 7 février 1560, me dit-il, il est fait mention « d'une maison, pourpris et ténement située en cette ville en la chaussée Marcadé, tenant d'un côté à la maison de la Croix verde... etc. » — Dans le cueilloir de Saint-Pierre de 1653, article 55, on lit : « Pour une maison située chausée Marcadé, tenant d'un côté à la maison de l'Escu de France.... » — « Bail du 10 février 1612, devant Mᵉ Deleplanque, notaire royal en Ponthieu, d'une maison, lieu, cour, jardin, pourpris et ténement ainsi qu'elle se comporte et estend, séant en cette ville, chaussée Marcadé, où pend pour enseigne *la Réalle*. »

Le remboursement en date du 11 novembre 1648, d'une rente hypothéquée au profit de l'église de Saint-Jacques sur la maison où pend pour enseigne *la Basse Boullongne* montre que cette maison était située chaussée Marcadé devant les Minimesses.

Enfin le cueilloir du Saint-Sépulcre de 1751-1752 mentionne une maison qu'il ne nomme pas mais qui nous fournit le nom d'une rue disparue : «..... maison tenant d'un côté à ....., de l'autre côté à la rue du Pressoir à présent bouchée, d'un bout à ....., de l'autre bout au froc de la chaussée Marcadé. »

Revenons et arrêtons-nous maintenant, près du moulin du Jardinet, sur le premier emplacement de la porte Marcadé, à l'extrémité de la rue Vieille-Porte.

La porte Marcadé

Je vais, tout simplement par ordre de dates, produire

ici les souvenirs que j'ai recueillis sur cette sortie fortifiée de la ville.

Au treizième siècle elle s'appelait déjà porte Marcadé
et la rue qui y conduisait était bâtie. Elle est nommée
en 1284, dans des lettres de l'official d'Amiens, sur une
vente qu'ont faite *Odo dictus de Angulo* et *Ada ejus uxor*
à Robert du Titre [?], *Roberto de Tristiaco*, prêtre, d'une
maison sise *juxta portam* Marcadé *ex uno latere et domum Johannis* Le Borgne *ex alterâ parte*. 1284, *sabba-
to post Cineres.—Livre blanc de la Ville, fol. IIII" VII,
verso.* — Au feuillet suivant, nous trouvons la vente
d'une autre maison sise aussi *juxta portam Marcadé,*
1295, *in die Quasimodo.*

Les maisons du faubourg s'élevaient déjà sans doute
à cette date. Le même *Livre Blanc* nous autorise à le
croire. Dans des lettres d 1292, *feria secunda ante
Ascensionem Domini,* il est question de ténements situés *ultra portam* Marcadé. — *Liv. Bl. fol. LXXVII,
verso.*

En 1540, M. d'Agincourt, capitaine du château et
M. de Huppy ont annoncé au maieur qu'il était nécessaire de faire faire une plate-forme entre le château et
la porte Marcadé. Le maïeur, Loys de la Fresnoye, a
répondu que la ville avait peu de ressources et qu'il
pensait plus nécessaire, d'ailleurs, d'élargir le fossé qui
défend la ville entre les portes du Bois et Marcadé. Le
connétable, alors à Pont de Remy, appela en ce lieu le
maire qui lui exposa la question et le différend. Le connétable lui dit qu'il enverrait des gentilshommes pour
examiner les nécessités et qu'il ferait savoir ce qu'il

faudrait faire. — *Reg. aux délib. de la Ville, assemblée du 1er avril 1540. Extraits du Mr Le,Ver.*

C'est sous la mairie de Claude Gaillard que le déplacement de la porte Marcadé fut décidé.

Le 21 janvier 1597, le sr Hermant, échevin, de retour d'une députation à Paris, apportait à l'Échevinage une lettre du roi, donnée à Rouen, le 10 du même mois. Deux dessins, deux projets des fortifications à construire avaient été présentés à S. M. par Hermant et par Després, ingénieur, l'un de l'invention du sr Erart, l'autre du sr Després. Le roi ordonnait que l'on fît faire et achever les boulevards commencés aux portes Saint-Gilles, du Bois et de Marcadé l'année précédente et que la porte « passant par dedans le boulevard Marcadé » fût parfaite au lieu marqué au dessin de Després; il voulait aussi que « le boulevart du roy » fût incontinent joint à la muraille et que la ville et le tout fût « mis en défense au plus tost, suivant le dessin dudit Després. » *Délib. de la Ville, extr. de M. Le Ver.*

Au delà de la porte du moyen-âge, coulait, sous un pont-levis évidemment, une petite rivière, produit des prés de Thuison, qui n'a pas cessé de couler encore et qu'absorbe aujourd'hui la sucrerie de Menchecourt. Des précautions de guerre firent probablement condamner pendant quelque temps le pont-levis en 1597.

Le 17 mars de cette année il fut arrêté à l'Echevinage de faire faire un bac pour passer la rivière près la porte Marcadé. — L'explication de l'arrêté est dans la délibération du même jour. Il avait été pris à la suite de la lecture d'une lettre de Henri IV datée de Beauvais le 13

mars (1597); et l'ordre du maieur, conforme aux instructions du comte de Saint-Paul, gouverneur de Picardie, à lui transmises par M. de Saint-Luc alors à
Abbeville, a été ainsi résumé :

« De la part du comte de Saint-Paul, gouverneur de
Picardie, qui enjoint très-expressément aux maire et
échevins d'Abbeville, pour la sûreté d'icelle, de faire
fermer les portes Marcadé et du Bois, et pour ceux qui
veulent faire leurs affaires pour y entrer, de faire faire
un bac du côté de la porte Marcadé..... etc. » *Extrait
des délib. en la poss. de M. A. de Caïeu.*

Les changements apportés aux travaux de défense de
ce côté de la ville firent supprimer le moulin de Novion
qui tournait un peu au delà de l'ancienne porte. On voit
dans la délibération échevinale du 29 septembre 1599
que M. de Saint-Pol, gouverneur de Picardie, a décidé,
par un ordre du 15 mars, qu'il serait fait estimation afin
de dédommager le propriétaire du moulin. M. de Saint-
Pol a ordonné, en outre, de faire faire le déblai pour la
nouvelle porte Marcadé, etc. Le gouverneur ordonne
enfin « de percer la muraille entre le château et le bastion Marcadé, à l'endroit où il est marqué pour y faire
la porte neuve et y placer un pont-levis. » — *Délib.
de la Ville, extr. de M. Le Ver.*

La porte Marcadé, qui terminait la chaussée (1) fut

(1) Cette chaussée, disent les Ms. de M. Siffait, commence comme
la chaussée du Bois, à la porte Comtesse, et finit au cabaret qui se
trouve au dehors du glacis de la porte Marcadé ; elle a 740 toises de
longueur et trois toises deux pieds de largeur, ce qui fait en toises
carrées 2,810. — Le cabaret, dont parlent ici les Ms. de M. Siffait,
a subi le sort des buveurs qui s'y attablaient; le souvenir ne s'en est
même pas conservé.

mise en ligne droite, dit le P. Ignace, en l'an 1600.
Ce fut en l'an 1599 qu'elle fut déplacée et que les
corps-de-garde y attenant furent commencés avec
avec les ponts, fossés et fortifications qui la défendaient.
Les travaux durèrent jusqu'à l'année suivante. « Le
pavillon, dit le P. Ignace, est d'une belle architecture.
Celui qui y fit les figures et les trophées de guerre de
Henry-le-Grand, fut un excellent sculpteur, natif d'Abbeville, nommé Bernard Le Bel. » Cette année même
1600, une cloche fut mise au haut de la porte nouvelle,
où elle resta jusque vers l'année 1730. On la vendit vers
1755 à une paroisse de la campagne. On lisait autour de
cette cloche : HENRY DE BOURBON IV DU NOM ROY DE
FRANCE ET DE NAVARRE. — *Mss. Siffait.* — En 1777,
nous apprennent ces mêmes *Mss.*, la porte Marcadé, qui
avait été fortement endommagée par l'explosion du magasin à poudre (1773), fut réédifiée en partie, mais point si
haute et sans la couverture d'ardoises qui la protégeait
auparavant. Les *Mss.* cités conservent un dessin de cette
porte telle qu'elle était avant l'explosion.

En 1848, nous avons vu s'élever sur l'emplacement
de cette ancienne porte, trop basse quelquefois pour les
voitures de roulage et les chariots de fourrage, une
nouvelle porte, percée de deux voies, et qui, à part les
sculptures perdues de Bernard Le Bel, ne laissait rien
regretter de la première.

Le bastion qui faisait saillie entre cette porte et l'emplacement de l'ancien château d'Abbevile s'était appelé
le bastion du château. Il était percé d'une poterne basse
par laquelle on pouvait se rendre dans les fossés exté-

Le bastion du
château.

rieurs. Lorsque, en 1852, je crois, on détruisit la voûte
de cette poterne en défigurant le bastion, les ouvriers
firent éclater sous les coups de pics une grande pierre
tombale en pierre noire, engagée dans cette voûte et représentant un chevalier à genoux. Pour qu'elle eût été
ainsi employée, soit dans la construction du château
de Charles le Téméraire, soit dans celle des murs de la
ville, il fallait qu'elle eût été assez ancienne alors déjà
pour qu'une famille ne la défendît pas. J'ai vu cette pierre
très-mutilée déposée dans la cour de l'Hôtel de Ville.
Elle était toute *croustelevée* ou plutôt exfoliée ; l'inscription qui faisait le tour du chevalier ne pouvait plus être
lue ; cependant on possédait presque toutes les parcelles
de la partie sculptée ou écrite et je pense qu'on eût pu les
rapprocher. La persévérance manqua. La pierre fut déposée pendant quelque temps au pied d'un escalier des
tours de Saint-Vulfran. Je la crois tout à fait perdue
maintenant. Le bastion du Château faisait face, comme
ce qui en reste, au moulin de Ricquebourg.

Depuis le déclassement militaire, c'est-à-dire depuis
la guerre de 1870-1871, la porte de 1848 a été démolie.

Dans le courant des mois de mai et de juin de l'année
1822, des ouvriers qui travaillaient aux fortifications
extérieures de la ville, en dehors de la porte Marcadé,
trouvèrent dans le fossé qui baignait l'ancien mur attenant à cette porte, à six pieds environ au-dessous du lit
de ce fossé, un chêne de dix-huit pieds de long sur dix-
huit pouces d'équarrissage. Ce grand chêne, dont l'é-
corce était encore adhérente au bois et bien reconnais-

sable en très-grande partie, était enseveli sous la tourbe ;
il paraissait avoir été abattu par la cognée. Les mêmes
ouvriers, dit-on, trouvèrent aussi, aux alentours de cet
arbre, plusieurs noisetiers avec quelques noisettes dont
la forme était encore bien conservée (1). Mais n'anticipons pas sur le chapitre qui suit.

(1) Ms. de M. Macqueron.

CHAPITRE XXXV.

LES FAUBOURGS.

Le nouveau bureau de l'octroi, construit de 1874 à 1877, garde à la fois la nouvelle rue qui ouvre le faubourg de Demenchecourt et la route de Montreuil.

Nous redescendrons un peu plus loin dans Demenchecourt; suivons d'abord la chaussée ou route de Montreuil.

A notre gauche fume la cheminée et siffle la vapeur de la sucrerie construite en 1873.

La sucrerie.

A notre droite les fortifications extérieures de la ville, déjà bien défigurées, nous montrent encore de grands fossés pleins d'eau.

Voyez, sur l'éperon « de Raiz » disparu, l'*Hist. chr.*

des Mayeurs du P. Ignace, pp. 712 et 815, et le t. I*er* de
cette *Topographie*, p. 46.

Nous sommes au bas de la côte de la Justice. La route
de Montreuil, au point où elle l'entamait autrefois, prenait
nom *cavée Marcadé*. Elle a été une première fois très-adoucie de pente et élargie en 1788. La disette ayant à
cette époque considérablement aggravé la misère pu-blique, on fut obligé d'instituer des travaux de charité,
et les travaux furent appliqués à l'amélioration de cette
route.

La cavée
Marcadé.

Un plan d'Abbeville de 1818 me montre un moulin
situé à gauche de la route dans la montée de la Justice.
J'ai vu chez M. Henri Tronnet une aquarelle lavée par
lui d'après ce moulin en 1840.

Remontons plus haut. Un chemin dit *la Cavée Mar-cadé* fut-il toujours où nous voyons la route actuelle
de Montreuil ? Le nom n'était-il pas donné au chemin
creux qui longe encore le cimetière de la Chapelle et
qui se dirigeait autrefois vers Crécy ? N'y eut-il pas
deux *cavées* ? L'analyse des délib. de la Ville en la
possession de M. A. de Caïeu nous donne un procès
« pour le fermier des cavées » en 1508. La Ville per-cevait sur ces cavées des droits qu'elle donnait à ferme.
En 1697, M*e* Jean Bonnet, adjudicataire de la forêt de
Crécy, prétendit empêcher l'adjudication de la ferme et
la perception des droits. Le 10 mai de cette année, l'É-chevinage, considérant que ces droits étaient aussi
anciens que la ville même ; que la ville en avait toujours
joui paisiblement et sans trouble depuis plusieurs siècles,
ainsi qu'il résultait des adjudications et des comptes

annuels ; que ces droits appartenaient légitimement aux
maire et échevins, étant attribution de la haute justice
vendue à la communauté par Guilllaume de Talvas,
comte de Ponthieu, puis confirmée aux bourgeois, en
1164, par Jean second, petit-fils de Guillaume ; l'Échevinage arrêtait qu'il serait dressé des procès-verbaux dans
le cas où Bonnet persisterait dans ses prétentions. —
Analyse des délib. en la possession de M. A. de Caïeu.

Dans ces cavées, sinon dans celle qui se creuse plus
loin en face de la petite rue de Thuyson et reçoit d'autres
chemins venant de la plaine, fut massacré peut-être, au
temps de Henri II, roi d'Angleterre, et de Louis VII,
roi de France, un certain nombre d'Anglais débandés
après une défaite. — Es-tu de France ? — Oui. — Comment dis-tu Picquigny ? — Pèkènè. — L'Anglais était
mort. — M. Louandre, *Hist. d'Abb.*, t. *I*, *p.* 137.
— Même fut le cas, eut pensé Rabelais, des « soudars
d'Ephraïm, quand par les Gaaladites feurent occis et
noyez pour, en lieu de Schibboleth, dire Sibboleth. »

Avant la Révolution, la cavée qui est devenue la route
de Montreuil était appelée le chemin de Rue.—*Comptes
de N.-D. de la Chapelle de* 1764-1765.

La côte de la Justice est le point d'où l'on domine le
mieux Abbeville. C'est de ce point que Robert Cordier,
notre vieux graveur, dessina le plan de 1654 qui a
sauvé sa mémoire parmi nous.

La Justice. La côte de la Justice est ainsi nommée parce qu'on y
exécutait les malfaiteurs. Les fourches patibulaires
étaient dressées à peu près vers la place où la route
d'Hcs-lin s'embranche sur celle de Montreuil.

Elles étaient donc plantées entre le haut de la cavée Marcadé et l'ancien chemin de Crécy (ou d'Hesdin) qui, de la Vieille Porte Marcadé, se dirigeait vers Notre-Dame de la Chapelle, passant près du cimetière de cette église. Un ancien itinéraire de Paris à Calais fait d'abord incliner à droite, en laissant Menchecourt à gauche, le voyageur qui sort de la ville dans les lignes brisées des fortifications, puis ajoute : « Prenez la première route que vous trouverez à gauche en laissant à droite le chemin de Crécy qui traverse le fauxbourg de la Chapelle...... » (Cette première route à gauche était évidemment la cavée Marcadé.) « En suivant, on va passer près d'une justice, qui est très-ancienne; les deux piliers sont détruits par le bas. Il y a un chemin auprès qui conduit à la forêt de Crécy. » — *Le Conducteur Français*, etc., *route de Paris à Abbeville et Calais*, 1777.

On voit plus loin dans cet itinéraire (en passant près de Buigny-Saint-Maclou) qu'une « nouvelle route était commencée, » la route actuelle de Montreuil probablement.

M. de Clermont a trouvé dans un cueilloir de Saint-Pierre de 1579-1580, art. 137 : « De M. Pierre Tillette, pour quatre journaux de terre assis proche de la Justice d'Abbeville aboutant aux terres des Chartreux, sur laquelle terre la Justice est assise. »

Ce serait une liste lamentable et atroce, celle des malheureux qui, si facilement condamnés au moyen âge, sont morts là-haut; ayant sous les yeux la ville indifférente. Au moins c'était un meurtrier que la corde suspendait en février 1383. Les noces du sᴿ de Drucat en l'ostel de Jacques de Flexicourt avaient été sanglantes comme celles de Pirithoüs. Un valet en avait tué un autre. Il fut pendu « à le justiche. » — *Livre rouge de la Ville*, fol. CXLII.

En certains cas, la corde ne suffisait pas. Le gibet trop clément voyait enfouir des femmes toutes vives. — *Liv. Rouge, fol. XVIII et fol. CXCVII.*

En 1516, la ville fit construire de nouvelles fourches patibulaires près de l'Arbre du Vicomte, au-dessus de la cavée Marcadé. Les anciennes étaient « au dessus des Chartreux. » — *Note de M. Traullé.*

Les vignes.

Souvenir meilleur, les Chartreux de Thuyson cultivaient des vignes sur les pentes de la côte justicière. Les pampres rougissaient au-dessous des pendus ; les corbeaux tournaient autour des gibets, les grives perdaient la tête dans les grappes ; plus bas les religieux chantaient, et à quelques pas, un pont-levis, précédant une porte rébarbative de ville fortifiée, fléchissait sous le pas d'un cavalier. Trois coups de crayon enlèveraient de ces rapprochements une vue du moyen-âge.

Des vignes existant déjà en 1311 sur le terroir d'Epagne, il devait y en avoir très-probablement aussi à cette date sur la côte de la Justice aussi bien, sinon mieux, exposée. — *Quelques faits de l'Histoire d'Abbeville, p. 8.*

A une date du xvi° siècle qui doit être entre 1531 et 1537, noble homme Nicolas Postel, seigneur de Bellefontaine et de Gaissart, voulant fonder une chapelle à *simple tonsure* en l'église de l'Hôtel-Dieu et Saint-

Nicolas, fit donation au Chapitre de Saint-Vulfran de quelques revenus parmi lesquels vingt-six sols de rente francque et foncière que doit chacun an Pierre Olein, vigneron, pour demi-journal de terre approprié la plus grande partie à usage de vigne, séant hors la porte Marcadé, acostant d'un costé à Jaquotin..... [?], d'autre côté vers le Bouvaque à Nicolas Lestoquart et à la veuve Nicolas Quillemotte [?] et par devant, en bas, au chemin de le Bouvaque. » L'auteur de la copie que j'ai entre les mains n'a pas gardé la date de l'acte, mais la donation est faite par devant Nicolas Pappin, bourgeois d'Abbeville, à présent garde du scel royal establi en la comté de Ponthieu, etc., et par devant Nicolas Lefebure et Antoine de Waconssaint, manants à Abbeville, auditeurs du roy nostre sire, mis et establis en laditte ville par l'office de Monseigneur le séneschal gouverneur de Ponthieu, pour, et au nom d'iceluy seigneur, *à ce oir* (à cela entendre).

Or, Nicolas Pappin fut garde du scel royal de 1531 à 1537.

Dans les comptes de N.-D. de la Chapelle de 1764-1765, figure un cens sur deux journaux au devant de la maison des Chartreux et tenant, d'un bout, *au royon des Vignes*, et, de l'autre, au chemin de la Bouvaque. — Il est question aussi dans les mêmes comptes d'une autre pièce de terre située *aux Vignes*, tenant à la *Longue Roye* et au chemin de la Bouvaque; d'un demi journal situé *aux Vignes*, tenant à la *Longue Roye* et au chemin de la Bouvaque; d'autres terres encore *aux Vignes* et tenant au chemin de la Bouvaque; enfin d'autres terres *aux*

Dignes toujours et touchant au chemin de Drucat. — Il ne nous déplaît pas de lire et d'écrire ainsi souvent le mot *vignes*.

Les vignes n'existaient peut-être plus en 1764, mais les emplacements qu'elles avaient occupés étaient restés des *lieux dits*.

Une heure de reprise de travail était encore appelée au commencement de ce siècle, dans les faubourgs de Menchecourt et de Thuyson, l'heure des vignerons, et une cloche de la Chapelle la cloche des vignerons.

D'autres souvenirs se rattachent aux environs de la côte sinistre et chantante.

Entre les deux routes de Montreuil et d'Hesdin, près de leur embranchement, est un lieu que l'on appelle *Baillon*. Ce champ *Baillon* rappelle évidemment le fief ainsi nommé et qui, « situé près de la terre d'Abbeville, suivant Dom Grenier, tirait vers Buigny Saint-Maclou. » On a fait dans ce champ, il y a bon nombre d'années, d'assez curieuses trouvailles.

M. Delignières, ayant fait creuser la terre dans ce lieu pour les besoins d'une briqueterie, y recueillit différents objets qui paraissent remonter à l'époque romaine. C'étaient trois vases en verre avec deux anses, trois petits vases lacrymatoires en verre, une jatte en terre dans laquelle se trouvait une monnaie de cuivre à l'effigie de Faustine, enfin quelques débris de vases en terre, un fragment de meule à main et des traces de combustion. Un des vases en verre, une des petites fioles lacrymatoires, la jatte en terre, la pièce de monnaie, le débris de meule et quelques autres fragments sont encore en la possession

Le fief Baillon.

de M. Delignières. Tous ces débris feraient supposer
l'existence d'une sépulture , si la meule ne donnait
quelque poids à la créance d'une ancienne habitation.

Le fief Baillon apparaît dès 1228 dans le cartulaire de
Longpré, comme appartenant au chapitre de Longpré.
Au mois de mars 1228 les frères de l'Hôtel-Dieu d'Abbeville servent aux chanoines de Longpré un aveu pour
soixante journaux de terre près de Saint-Nicolas des
Essarts, terres relevant du chapitre « à cause de son
fief Baillon. » — *Notice sur Long et Longpré-les-Corps-
Saints par M. E. Delgove*, Mém. de la Soc. des Antiq.
de Picardie, 2ᵉ série, t. 7, p. 347.

Comment trouvons-nous plus tard, dans des contestations portant sur le voisinage de Baillon, les religieuses
de l'Hôtel-Dieu de Saint-Riquier au lieu des frères de
l'Hôtel-Dieu d'Abbeville et le chapitre de Saint-Vulfran
au lieu du chapitre de Longpré ? Les mêmes terres sont-
elles en cause ?

Je lis dans un ms. de Sangnier d'Abrancourt : « Les
chanoines de Saint-Vulfran, qui n'avoient plus aucunes
mouvances féodales à Menchecourt depuis l'aliénation
du fief de Fleuron avant 1400, ont trouvé moyen de se
former un autre fief par usurpation sur plusieurs, principalement sur les religieuses de l'Hôtel-Dieu de Saint-
Riquier de qui nombre de terres, (qui relevoient d'elles
par deux boisseaux d'avoine au journel), a été anticipé
par les chanoines depuis environ quarante ou cinquante
ans. Ces chanoines sentent si bien qu'ils établissent un
droit nouveau qu'ils traitent différemment avec les propriétaires des terres puisqu'ils n'assujettissent les uns

qu'à un demi quint denier et les autres au quint denier entier, selon qu'ils ont affaire à des gens plus ou moins entêtés. »

Plus loin dans le même ms. : « Il y a à Menchecourt un canton appelé Baillon dans l'étendue duquel les chanoines de Saint-Vulfran ont trouvé moyen d'établir un fief sur seize journaux de terre qu'ils disent tenus d'eux par deux septiers d'avoine. Ils l'ont certainement usurpé sur les religieuses de l'Hôtel-Dieu de Saint-Riquier qui ont, sur un nombre de terres à Baillon, une prestation de 26 boisseaux d'avoine et de 5 sols par journel. »

Plus loin encore dans le même ms. : « Marc de Fontaines, laboureur à Menchecourt, acquéreur de Jacques Lefebvre, contrôleur au grenier à sel, de huit journeux de terre au lieu nommé Baillon, a eu un procès avec le vénérable Chapitre de Saint-Vulfran, » les doyen et chanoines prétendant le droit seigneurial et le quint et requint et ledit de Fontaines voulant ne leur devoir que cinq sols quatre deniers, sous la raison « que ces terres étoient dans la banlieue. Ils se sont accommodés depuis par une transaction passée par devant Pierre Becquin, notaire royal à Abbeville, le 13 septembre 1629, par laquelle lesdits chanoines ont consenti que ledit de Fontaines ne payeroit que le demi quint denier, à la charge de payer les deux septiers d'avoine, sauf son recours sur les propriétaires des huit autres journeux. »

C'est à peu de distance de ce champ *Baillon*, près du chemin qui va vers Hautvillers, que s'élève encore aujourd'hui une épine énorme et qui probablement servit autrefois de borne à la forêt de Gaden (1). Cet arbre s'appelle l'*Epine de la belle Madeleine*. La tradition veut qu'en 1346, à l'époque de la bataille de Crécy, une jeune fille ait été trouvée morte au pied de cette épine. Des soldats de l'armée d'Édouard III l'avaient, dit-on, violée et tuée. De là le nom d'épine *de la belle Madeleine* laissé à cet arbre par cette jeune fille dont le souvenir est venu ainsi jusqu'à nous.

L'Épine de la belle Madeleine.

On dit aussi l'*Épine Dallot Madeleine*, ce qui, d'ailleurs, peut ne pas être un démenti à la tradition ; nous aurions seulement le surnom de la belle Madeleine. M. O. Macqueron qui a dessiné cette épine en 1850 lui a trouvé, au tronc, 2 mètres 15 de circonférence à 1 mètre du sol.

Au haut de la Justice encore, mais de l'autre côté et sur la droite de la route d'Hesdin, est un lieu dit : *La Porte Rouge*. Une tradition consacre aussi ce nom. On prétend qu'une ferme détruite par un incendie s'y élevait

(1) Les défrichements de cette forêt commencèrent vers le milieu du douzième siècle. Le comte Jean de Ponthieu en fit des dons partiels aux frères de l'Hôtel-Dieu d'Abbeville, aux bourgeois de cette ville et à l'église de Saint-Pierre avec autorisation d'essarter. Dans une charte du 26 mars 1155, ce comte donne pour l'âme de son père, de ses prédécesseurs, de sa mère et de son frère Guidon, aux frères de l'Hôtel-Dieu d'Abbeville, la dixme de la forêt de Gadainselve *totam decimam de foresto meo quod dicitur* GADAINSELVE *quam burgensibus de Abbatisvilla sartandam* (à défricher) *et excolendam exposui et concessi.* — Dom Grenier, *paquet 9, art. 3, A.* Dans une autre charte du même comte (1157), on lit encore : *Ego Johannes, comes de Pontivo, pro anima mea et antecessorum meorum ecclesie Sancti Petri de Abbatis villæ dedi et concessi tertiam partem decime essartorum* GADENSIS SILVE, *videlicet in recompensatione usuarii quod ecclesia eadem ex dono antecessorum meorum habebat in eadem sylva.* — Dom Grenier, *ibid.*

autrefois, et qu'une large pierre couvre encore sous terre le puits de cette habitation.

En redescendant la côte de la Justice vers la ville nous trouvons à notre droite le faubourg de Menchecourt et à notre gauche le faubourg de Thuyson qui mène à la Bouvaque.

DEMENCHECOURT.

Le nom de ce faubourg, que l'on écrit aujourd'hui Menchecourt, et que l'on écrivait autrefois Demenche-court, vient, suivant Dom Grenier, de *Dominica curtis* (1); on le trouve déjà nommé Demenchecourt dans un titre du mois d'octobre 1205 (2).

Le Livre rouge de l'Échevinage nous donne, 1287, un jugement des maire et échevins qui adjuge le vif herbage au sieur de Demanchecourt — *fol. XXIV recto.* — Un cueilloir de la communauté de Saint–André du quinzième siècle (peut-être du quatorzième), passé de la bibliothèque de M. de Saint–Amand dans celle de la Ville, nous donne une ruelle de Gros Val à Demenche-court. — Le cueilloir de Saint–Gilles de 1562 donne presque toujours Dimenchecourt et quelquefois Dymen-checourt : « De l'église de N.-D. de Dimenchecourt pour ung pré scéant aud. Dimenchecourt III sols. »— M. de Clermont a trouvé, dans un cueilloir de 1579-1580, pour Saint-Pierre, Demanchecourt. J'ai trouvé

(1) Dom Grenier, 24ᵉ paquet, 11ᵉ liasse.
(2) Dom Grenier, ibid.

dans les comptes de N.-D. de la Chapelle de 1729 Demenchecourt invariablement. Le P. Ignace écrit toujours Demenchecourt. — *Hist. eccl., p.* 60, et *Hist. chron. des Mayeurs, p.* 216.

Suivant Dom Grenier, Demenchecourt était un fief tenu du roi par hommage de bouche et de mains, service à Ronchin, 60° parisis, 20° de chambellage et service de plaids. Ce fief comprenait soixante journaux de terre ou environ, près du vieux chemin d'Abbeville au Plessiel, le 8 juin 1373 ; une justice de vicomté en dépendait. — Dom Grenier, 24° *paquet,* 11° *liasse.*

Voilà strictement tout ce que j'ai pu copier dans Dom Grenier ; voici tout ce qu'il m'a été permis de trouver depuis sur la vicomté.

La vicomté de Demenchecourt était, assure-t-on, tenue de Pont-Dormy (Pont-de-Remy). Je lis dans le ms. déjà cité de Sangnier d'Abrancourt : « En 1490, le fief Demenchecourt appartenoit à Louis d'Abbeville, dit d'Ivergny, à cause de Dame Anne de Biencourt sa femme, sœur et héritière de Marie de Biencourt, fille de Gérard de Biencourt, et étoit tenu de la châtellenie de Boubers à cause de la seigneurie de Domvast appartetenant à ..... de Melun, Sʳ d'Antoing, par hommage de bouche et de mains et service de roussin, 60 sols parisis de relief, 60 sols parisis de droit d'aides, 60 sols parisis d'issuë, le quint denier en cas de vente, 20 sols de chambellage et service de plaids de quinzaine en quinzaine. Le fief Demenchecourt n'a que la justice vicomtière et au dessous et n'a sur les censitaires qui ont des immeubles en la banlieue que les lods et ventes, re-

La vicomté de Demenchecourt.

liefs et autres droits prescrits en la coutume locale, et le quint denier hors la banlieue, à l'exception des immeubles donnés à cens dans la banlieue à charge du quint denier. Dans la banlieue il n'a que 12 deniers d'entrée, 12 deniers d'issue et 12 deniers de relief et 5 sols de loy pour les cens non payés, mort et vif herbage, four bannier et autres droits tels que en la vicomté du Pont-aux-Poissons. »

Il paraît y avoir plus loin quelque confusion dans le ms. de Sangnier d'Abrancourt entre le fief Demenchecourt, ayant droit de vicomté et tenu de Pont-de-Remy, et le fief de Dourier, ayant aussi droit de vicomté et tenu de Domvast.

Je produirai d'abord ce que j'ai trouvé moi-même sur ce fief de Dourier, puis je reviendrai aux expositions de Sangnier.

Ensieut l'adveu du fief de Dourrier séant à Demenchecourt etc..... le XV° jour d'avril l'an de grace mil CCC LXVII (1367). — *Livre blanc de l'Hôtel de Ville, fol. CXV verso* (1).

Ce fief était alors tenu par Jehan de Hesdigneul ayant le cause de Thomas de Dourrier. Il le tenait de Mons' de Bouberch par 12 deniers d'issue, 12 deniers d'entrée, 12 deniers de relief et 5 sols de loi.

Je possède une copie de lettres (*vidimus*) des mayeur et échevins d'Abbeville du 4 mars 1399 ; — on vou-

Le fief de Dourier.

1. Dom Grenier donne à tort pour cet aveu la date du 15 avril 1267. — 24° *paquet*, 11° *liasse*. — La transcription est d'une très-belle écriture dans le *Livre blanc* parmi les copies des titres du Val aux Lépreux.

dra bien songer que je ne transcris pas un original, mais une copie (1). — Le *vidimus* reproduit cinq actes, le premier de mars 1240 ; le second de mai 1298 ; le troisième de février 1322 ; le quatrième de décembre 1323 ; le cinquième de mai 1324.

A tous ceuls qui ces presentes lettres verront ou orront le majeur et les eschevins de le ville d'Abbeville, salut. (Le parchemin porte peut-être : A tous chiaus qui ches presentes lettres verront ou orront li maires et li eskevin etc.). Sachent tous que nous avons aujourd'huy veu, leu et deligemment regardé certaine letres escripte en parchemin sans estre scelléees faites par maniere de chyrographe qui bailliés nous avoient été pour copie par les demourants en notre jurisdiction à Demenchecourt au fief qui fu à feu Thomas de Dourier, que de présent pocesse Hue de Biencourt bailly d'Abbeville, lesquelles lettres étoient saines et entières de escriptures, si comme par l'inspection d'ycelles nous est apparut, desquelles la teneur s'ensuit : *Ego Martinus de Portu miles notum facio presentibus ac futuris quod contentio esset in-*

Le vidimus de 1399.

Acte de 1240

---

1. Je regrette d'autant plus de n'avoir pas sous les yeux le texte même des lettres que la copie me paraît avoir été négligée, tant au point de vue du sens, qu'au point de vue de la langue et des formes orthographiques du quatorzième siècle. On reconnaîtra cependant, à travers les rajeunissements malheureux du copiste, disparitions de cas, etc., que les lettres ont été très–probablement écrites dans l'orthographe parfaite de leur date et du Ponthieu. Une publication exacte de ces lettres apporterait un bon document justificatif à l'excellente thèse de M. Gaston Raynaud : *Étude sur le dialecte picard dans le Ponthieu d'après les chartes des treizième et quatorzième siècles.* La copie que je reproduis ne sera peut-être pas inutile à l'érudit qui étudierait le texte original si ce texte avait souffert quelque détérioration depuis le jour où elle a été faite. — Il ne faudrait pas oublier absolument non plus que l'orthographe des cinq actes reproduits a pu être modifiée et trop rapprochée de celle du quinzième siècle dans le *vidimus* de l'extrême fin du quatorzième.

ter me et burgenses Abbatisville apud Demenchecourt ma-
nentes super furno meo ibidem existente, et ejusdem furni
consuetudinibus, tandem amicabili compositione pacificati
sumus ad invicem et secundum eo quod in presenti scripto
continetur. Ego per me ipsum aut per prepositum meum
ejusdem loci debeo submonere dictos homines de Demenche-
court et in unum locum convenire et ubi major pars illorum
qui ibidem fuerint se tenebit ponetur furnarius cum fuerit
ponendus. Jurabit furnarius quod fideliter jura mea et
eorum pariter in ipso furno (1) *jurabit et dabit michi in in-*
troitu suo unum calceamentum de quinque solidos. Prop-
terea omnes homines manentes apud Demenchecourt debent
per bannum in ipso furno furnare, videlicet quadraginta
octo panes pro uno pane, et, si fuerint duo panes plus sive
minus, nichil omnino tamen solvent. Furnarius debet portare
et reportare pastam et panem ex unâ parte et burgenses cu-
jus fuerint ex alterâ, et debet quilibet invenire ramillam aut
fornillam (2) *aliam ad panem suum coquendo et si aliquis*
deficeret unum alius panis remaneret delierratus [?] *fur-*
narius debent supplere defectum et bene coquere totum pa-
nem et tamen retinere de pane illius defficientis quod super
hoc remaneret in dampnis et ne alius panis propter hoc
esset impeditus (3) *et si aliquis voluerit panem suum coquere*
ramillâ debet habere de carbone secundum quod posuit ra-
millam. Si vero furnus ceciderit, quilibet illorum hominum
debent per unum diem invenire unum operarium ad ipsum
furnum reficiendum et ego debeo invenire terram et alia
quæ conveniet in ipso furno reficiendo. Propterea ego et fur-
narius debemus habere singulis annis de furnagio contra
natale Domini torcelles [?] *nostros de singulis eorum præ-*
vocatis et ne super hoc impostum possit oriri contentio et
ut hoc firmitatem obtineant ad petitionem presentem, pre-
sentes litteras sigillo nostro confirmavi. Actum est hic [?]

(1) Quelques mots semblent ici passés, à moins que le mot suivant ne soit mal copié pour *servabit, tenebit.*
(2) Une ramée ou autre combustible.
(3) Bien peu clair, ce texte étant donné.

anno Domini M° CC° quadragesimo (1) *mense Martio. ITEM,* Je Fremins Coullars maires et li echevin de le ville d'Abbe-ville faisons connute chose a tous chiaux qui chest chyro-graffe verront ou orront que comme debas fust mus par de-vant nous entre Jehan de Dourier et demiselle Adde se femme, d'une part, et tous les tenant de Demenchecourt four-nans au four desd. Jehan de Dourier et Ade se femme, qui siet à Demenchecourt d'autre part. . . . . che que ledit Jehan et Adde se femme maintenissent par devant nous que, touttes les fois que leur dit four est queux (chu, tombé,) et on le refait, tout li dit tenant sont tenus a aller chacun j (une) journée audit four refaire, et se ils n'y veulent aller audit four refaire, chascun de chiaus qui n'y veut est tenu audit Jehan de Dourier, Ade se femme et a leurs hoirs, en une journée de j ouvrier selon l'estimation del temps el quel li four est queux; et lidit tenant maintenissent au contraire et offrissent à prouver par devant nous que, toutes les fois que lidit four est queux et on le refait, se lidit tenant ne veulent aler aud. four refaire et ils en ont été requis et ammonesté pour ledicte journée de chacun que il doivent et sont tenus de faire aud. four, il et leurs devanchiers sont en boin usage et en boine pocession, pour leditte journée de chacun, de payer audit Jehan de Dourier, Ade se femme, et à leurs de-vanchiers, IIII deniers parisis et nient plus. Et chil Jehans, Adde se femme et leurs devanchiers en rechevoit et de tel temps que asdis tenants doit valoir et que il en ont droit ac-quis et chil Jehans de Dourier et Ade se femme leur ont mis en nyent (2). Nous, les parties appellées souffisamment par devant nous et mis en droit, les témoins ois diligentement et examinées, une lettre vue que li tenant devant dis wardent qui de che fait mention, les raisons de fait et de droit propo-sées desd. Jehans de Dourier et Ade se femme vues et ois diligentement non contrestant leditte lettres et lesdittes rai-sons, avons dit et par jugement que li dit tenant ont bien

Acte de 1298.

_____

(1) Je regrette de ne pouvoir donner qu'un texte certainement très-altéré, surtout dans la seconde moitié.

(2) Il y a bien à craindre que ce passage n'ait été mal copié.

prouvé leur entente et doibvent passer par les quatre deniers payant et nyent plus. El temoing de laquelle chose nous avons fait faire chest chyrograffe dont nous avons retenu l'une partie par devers nous. Che fu fait l'an de grace mil CC quatre vingts et dix et huit el mois de may, le venredy devant le Pentecouste... (1). ITEM, Je Clement Dufossé maires et li eschevin d'Abbeville faisons scavoir à tous chiaux qui chest present chirograffe verront ou orront comme plais et erremens *fust meus par devant nous entre Jehan de Valines, maris à présent de Demoiss. Agnes de Dourier et Baux [?] de Pierre de Dourier fil de laditte demoiselle, d'une part, et les tenans de Demenchecourt fournans au four qui siet à Demenchecourt, d'autre part, pour le cause du fournier qui estoit à mettre el dit four, lequel fournier li dit Jehan disoit que à lui appartenoit de mettre et li dis tenans disoient le contraire, et pour le debat des parties, nous, comme justice, y eussions mis un fournier sans préjudice desdittes parties tant que droits les eut départis, et après ce que lesdittes parties se fussent concertées par devant nous que par une lettre faisant mention de Monss. Martin de Port, chevalier, jadis sire de Demenchecourt à chel temps, et ung chirograffe de jugement de la ville d'Abbeville qui aperte nous furent en cette cause ...alissons [?] avant et baillissons à chacune partie son droit, nous adchertés [?], lesdites parties oies et vue lesdits chirograffe et lettres, et rewardé et considéré bien et diligentement ce que de droit et de raison nous pooit et devoit mouvoir, et seur ce (2) déliberation et conseil, avons prononcé en le maniere qui s'ensuit : Primes, sur le premier article de le lettre ledit Monss. Martin faisant mention de faire le fournier el four avant dit, dit est que ledit fournier sera a mettre el dit four, li sires

---

(1) Mai 1298. Il est donc à croire, malgré l'autorité du P. Ignace, que Firmin Coulars fut maïeur en 1297-1298, non en 1298-1299. Nommé au mois d'août 1297, il devait être effectivement maire en mai 1298. Nommé en 1298, il n'eût pu voir dans sa mairie que mai 1299.

(2) Il serait grand besoin de restaurer tout cela sur l'original.

requerra à notre seigneur du lieu que lesdits tenants il fachent convenir en un lieu et où le grandre (1) partie de ichyaux qui lors auront été semons par notre sergent se tenra le fournier sera mis, et jurera ly fournier, au couvrement dudit seigneur, que loyalement les droits dudit seigneur et desdits tenants il wardera, et donnera lidit fournier audit seigneur à s'entrée une cauchemente de chienque sols. Item, seur l'article faisant mention que li hommes manans à Demenchecourt qui doibvent fournir par ban en ycelui four,c'est ascavoir quarante et huit pain pour un,et se il y avoit deux pains plus ou deux moins, si n'en payeroit-il nyent plus, dit est que li article contenus en leditte lettre,et che qui en dépent en le maniere que que il porte [?] tenra et demoura (demourera) en sa vertu. Item, seur l'article faisant mention du four, se il queoit (tombait), vue ledit chyrograffe de jugie [?], dit est que, se il advenoit que li four fust queux et il le convenist refaire, et li homes ne y voloient aler ou envoyer un ouvrier pour eux, pour ledit four refaire, se il en ont été requis ou amonestés, ils payeront et sont tenus de payer, pour ledite journée de chacun des dis homes qui sont tenus de fournier audit four, quatre deniers parisis pour le journée et nyent plus. Item, sur l'article d'escript de leditte lettres faisant mention des tourteaux, dit est que li dit article tenra en le maniere que il est contenu en le ditte lettres. En témoignage des coses devant dites, nous avons fait faire cest chyrograffe partis en trois, dont nous avons retenu l'une des parties par devers nous, lequel doit estre recordés dedans Abbeville et nyent hors. Che fu fait l'an de grace mil CCC vingt et deux le seiziesme jour de février (2) par Rob. . . . . .   ITEM, Je Jehan Clabaus, maires (3) et   Acte de 1383.

---

(1) Le grandre. A remarquer cette forme comparative pour *major*.

(2) Le maïeur de 1322-1323 était Clément du Fossé. — Je n'ai pas besoin de dire que février 1322 serait, d'après notre calendrier, février 1323.

(3) Jehan Clabaus, que nous trouvons habituellement écrit Clabaut ou Clabault, fut bien maire d'août en août en 1323-1324.

li eschevin d'Abbeville faisons scavoir à tous chiaux qui
chest chyrograffe verront ou orront que comme, el temps
passé, uns erremens fut mus par devant nous en notre eschevinage par Jehan de Valines mary de Demiss. Agnès de Dourier a present, et bail de Pierre de Dourier, fil de leditte Demiss, d'une part, et les tenants de Demenchecourt fournians
au four de Demenchecourt d'autre part, pour le cause du
fournier qui étoit à mettre ledit four, et de plusieurs autres
coses, entre lesquelles lesdittes parties oyes et vue une lettre
de Monss. Martin de Port jadis seigneur de Demenchecourt
et un chirographe de le ville d'Abbeville, nous disimes, et par
jugement, que li articles de le lettres faisant mention que li
hommes manant à Demenchecourt qui doibvent fournage au
ban à ycelui four, chest a scavoir XLVIII pains pour un, et, se
il y a deux plus ou deux moins, si ne payeront ils nyent plus,
tenroit (tiendroit) et demeuroit (demeureroit) en se vertu,
et tout che qui dudit article dépend en le manière que ly articles portoit. Et après che (que) les dittes parties fussent venues par devant nous et disoit li dit Jehan que lesdit pain
il devoit avoir a par lui et que lidit tenant devoient payer
ledit fournier, sur che requirent que, par les lettres, jugies et
che que nous sentrons [?], de le cause leur esclerchissons; tout
veu et considéré tout che que de raison nous pooit et devoit
mouvoir, nous desimes, en esclairchissant ledit jugié, que lidit
pain sera et demourra aud. Jehan et lidit tenant ne paieront, fors
ledit pain, en le manière comme dit est, et li dis Jehan paiera le
fournier du sien. En témoings de che, nous avons fait faire
chest chyrograffe dont nous avons retenus l'une des parties
par devers nous. Che fu fait en l'an de grace mil CCC et
vingt trois el mois de decembre, le jour Saint-Nicaise par
Jehan. . . . . ITEM, Je Jehan Clabaus (1) maires et li esque-

Acte de 1324. vin d'Abbeville faisons scavoir à tous chiaux qui cest chyrographe verront ou orront que come plais (procès) et erre-

(1) L'auteur de la copie remarque: « le P. Ignace met Estienne
Coulars mayeur en 1324. » Le P. Ignace n'a pas tort. Estienne Coulars sera nommé le 24 août 1321. Jehan Clabaut va signer parfaitement comme maire en mai de la même année.

mens fust mus par devant nous en notre eschevinage entre
Jehan de Valines, bail de Pierre de Dourier jadis fil à Jehan de
Dourier et de Demiss. Agnes se femme, d'une part, et les
banniers du four de Demenchecourt, d'autre, sur che que
lidit banniers disoient contre ledit Jehan de Valines que ils
pooient avoir varlet pour porter leur paste audit four et
pour rapporter leur pain pour. . . . . . (deux mots que je
crois mal copiés), le fournier dudit four, toutes les fois
que le cas s'y offroit, chacun en droit lui, pour payer son salaire et proposassent plusieurs raisons et fais, exposants que
ils avoient usé et accoutumé de très lonc temps, est ascavoir
de vint ans et de trente ans et de plus, d'avoir, ainsi que dit
est, usé et pocessé, lidit Jehan disant au contraire, et que
lidis banniers fournians a chelui four devoient porter paste
et rapporter leur pain comme dit est par le vertu d'unes
lettres de Monss. Martin de Port chevalier jadis, de che faisant mention à parties [?] en jugement ; vues les raisons
desdittes parties et rewardés et considérés les témoings
conduis de le partie desdits banniers et seur le fait devant
dit ; vues ensement [?] leditte lettres et considéré diligentement comment li articles doit être entendus et tout
che que de droit et de raison nous pooit et devoit mouvoir et
seur che délibération et conseil, avons rendus, et par jugement, que li banniers avant dis, est ascavoir chascun en droit
lui, porra avoir, se il lui plait, varlet en personne pour porter
se paste et raporter sen pain. En temoings de che, nous avons
fait faire chest chyrograffe dont nous avons retenu l'une partie par devers nous. Chest fu fait en l'an de grace mil CCC et
vingt quatre le venredi prochain après le Saint-Nicolay en
may par Jehan. . . . . ; le ville warde l'autre partie.
— En temoings de che, nous avons mis à chest present trans-
cript ou vidimus notre scel aux causes, le quart jour de Fin du vi imus.
march l'an mil CCC IIII^xx et dix neuf.

Je reviens au ms. de Sangnier d'Abrancourt, qui, je le
répète, semble ne pas avoir suffisamment séparé la
vicomté de Menchecourt du fief de Dourier, traitant des

deux sous le titre : « fief de Menchecourt-lès-Abbe-
ville. »

« Guérard d'Abbeville, sgr de Bouberch, père de
Jean, donna ce fief à Jean de Hesdigneul, écuyer, sergeant d'armes du roy, sous le nom de fief de Dourier,
parce qu'il lui était échu pour la forfaiture de Thomas
de Dourier, environ l'an 1356, et ce à l'instance de
M. Jacques de Bourbon, comte de Ponthieu. Ledit de
Hesdigneul le vendit en 1367 à Colard de Biencourt,
écuier, pannetier du roy, qui le donna à Hues de Biencourt, son fils, en mariage.

« Guérard d'Abbeville bailla aveu et dénombrement
de sa pairie de Bouberch au comte de Ponthieu le
1er mars 1367 et on voit en cet aveu le dénombrement
baillé par ledit Jean de Hesdigneul.

« J'ai tiré ceci d'une copie de déclaration de la seigneurie de Menchecourt de l'année 1490 faite en 1629 par
Quentin Courtois, praticien au bourg d'Augst. Il paraît
en cette déclaration que Louis d'Abbeville, dit d'Ivregny,
tenoit Menchecourt en fief restraient de la pairie du
Pont-de-Remy appartenant à M. de Créqui par une paire
d'éperons dorés ou cinq sols pour la valleur, annuellement, au dit Pont-de-Remy, au jour de Noël, et autant
d'aides et cinq sols de relief sans aucuns autres droits,
avec assistance trois fois par an aux plaids du Pont-de-
Remy ; à cause duquel fief ledit Louis d'Abbeville avoit
60 sols de frocs et flégards, le sang, le larron, la forfaiture, arrêt de corps d'homme et de biens, et tous autres
droits appartenant à pleine vicomté.

« Cette vicomté, suivant la même déclaration, doit

s'étendre depuis un coin qui est auprès de la tour de briques (qui est entre la porte Marcadé et l'ancien châtel), allant de là en montant amont à la rue *le Vieille Fermette*, (en laquelle rue il y a certains bornes qui font la séparation,) en allant au pied de l'Arbre de la Vicomté, et de cet arbre en venant droit à la croix de Haute Avène, et de cette croix vient au *fossé Forment*, retournant à le *catiche de Laviers* au long de la Somme, et dedans icelle rivière autant que ledit seigneur peut s'étendre avec une lance en icelle, un pied à sec et l'autre dans l'eau. Dudit *fossé Forment* et *catiche du dit Laviers* il doit venir tout le long de la Somme jusqu'aux chaisnes du château d'Abbeville, et de ces chaisnes jusqu'au coin auprès de la tour de briques susdite.

« Pour lequel fief ledit Louis d'Abbeville avoit un vicomte dont l'office se donnoit à extinction de chandelle, en présence du seigneur et des mayeur et échevains d'Abbeville ; et le dit vicomte faisoit serment que bien duement et loyalement il exerceroit son office, sans vexer ny travailler les habitans d'Abbeville et sa banlieue, si ce n'est de droit, pour entretenir amitié entre eux ; et lesdits mayeur et échevins promettoient ne troubler ny ne travailler les sujets et tenans de la dite vicomté.

« Ledit seigneur avoit un four banal au chef-lieu de sa seigneurie et avoit la moitié de la bannie à l'encontre de celui qui possédoit le four banier. Ce four étoit situé rue de Bas de Menchecourt, à main gauche, et le tenement étoit à trois coins, c'est à dire en triangle comme il est encore aujourd'hui, mais en deux ténements, le pre-

mier au nommé...... et le second au s' Sangnier, sgr.
d'Abrancourt et de Fleuron. »

Sangnier d'Abrancourt ne fait que mentionner, sans
s'y arrêter, « la coutume des acquêts et autres droits,
parmi lesquels étoient des droits sur les vaisseaux qui
amarroient en ladite vicomté et sur le poisson.

« Cette vicomté, poursuit-il, a appartenu dans le dix-
septième siècle et au commencement de ce siècle — le
dix-huitième — aux Lesperon dont le dernier possesseur
a été..... Lesperon ancien président en l'Élection, sgr de
Ville, de Vuiri et de la Neuville-aux-Bois près Oisemont
après la mort duquel elle a passé à...... Doresmieux
conseiller au Présidial et appartient maintenant à......
Doresmieux, sieur de Neuville, son fils aîné, interdit et
enfermé à Saint-Venant. »

Les Lesperon avaient possédé en même temps le fief
de Demenchecourt et le fief de Dourier. La Ville eut à
se défendre, en 1696, contre les prétentions de l'un
d'eux, chanoine de Saint-Vulfran. Les griefs sont con-
signés dans les délibérations municipales. Des deux
« petits » fiefs, ainsi est-il dit, que possédait le chanoine à Demenchecourt, l'un relevait de Pont-de-Remy
en fief restraint et n'avait pas de mouvance ; l'autre,
nommé le fief Dourier, relevant de Domvast et provenant de Jean de Hesdigneul, avait justice vicomtière. —
Je reproduis les opinions du conseil de la Ville en 1696.
—La délibération du 13 juillet 1696 établit d'abord que
le vicomte ou sergent, nommé pour l'exercice de la justice de Dourier, doit prêter serment par devant les maire
et échevins suivant les aveux. Lesdits deux fiefs sont de

la même nature que les autres fiefs sis dans la ville et
dans la banlieue et ne confèrent pas plus de puissance.
Les particuliers qui possèdent ces fiefs n'ont et ne prétendent aucunement les droits de hauts, moyens et bas
justiciers, suivant la coutume générale de Ponthieu ; ils
se renferment simplement dans les droits qui « à vicomte
appartiennent » suivant les transactions qui ont été faites
entre la Ville et les seigneurs de fiefs situés dans la ville
et dans la banlieue, et sont entièrement assujettis à la
coutume locale de « la ville et banlieue. » Cependant ledit Lesperon, à la faveur des deux fiefs qu'il possède,
fait journellement planter, émonder et abattre des arbres
sur les frocs et flégards qui appartiennent à la Ville et
qui sont bien à elle, non-seulement aux termes de la
coutume locale, mais aussi en conséquence de la transaction qu'elle a faite à cet égard avec le roi comme
comte de Ponthieu, à qui elle paie, par suite de l'arrangement, une redevance annuelle. Ledit Lesperon exige
des habitants de Demenchecourt le droit de mort et vif
herbage qui n'a jamais été dû ni exigé par les autres seigneurs des fiefs situés dans la ville ou dans la banlieue.
Il s'est enfin avisé d'établir un bailly, un greffier et
d'autres officiers, par lesquels il fait faire inventaire et
autres actes judiciaires, quoiqu'il n'ait aucune justice
mais seulement un « sergent reçu à la Ville. » Il a compris dans un enclos une partie des rues qui aboutissent
audit enclos. Enfin, sous prétexte qu'il a acquis de la
fabrique de Saint—Georges plusieurs parties de rentes
laissées à cette église par différents particuliers sur des
maisons situées à Demenchecourt, il exige de ces parti-

culiers demeurant dans ces maisons le droit de mort et
vif herbage et autres droits, et fait même tous autres
actes de justice et seigneurie. Ce n'est pas tout ; il exige
encore le quint denier en cas de vente des terres relevant de son fief qui relève de Domvast et qui sont hors
de la banlieue, « quoique, aux termes de son aveu du
fief de Dourier, il n'ait droit de prendre que cinq sols
quatre deniers : ce qui est une entreprise manifeste à la
haute justice de la Ville et voierie, à laquelle il importe
de remédier. » L'Échevinage arrête qu'il assignera ledit
Lesperon pour empêcher ses entreprises et demandera
qu'il soit condamné à réparer le dommage déjà causé
et à remettre les choses en l'état ancien et que défenses
lui soient faites de ne plus à l'avenir entreprendre. —
*Analyse des délib. de la Ville en la poss. de M. A. de
Caïeu.*

J'ignore la suite de l'affaire ; mais la Ville, évidemment, fit rentrer dans leur inanité les prétentions du
chanoine seigneur.

Le P. Ignace a nommé le fief Dourier. — *Hist. des
Mayeurs,* p. 168.

« Il y avoit autrefois deux bornes pour séparer la vicomté de Menchecourt de celle de Cambert ; une à l'entrée de la rue de Haut qui subsiste encore qui est de
grès, haute de plus de trois pieds et armoriée des armes
des Lesperon ; l'autre, qui étoit de même hauteur et également armoriée, étoit à la teste de la rue de Bas et se
trouve cassée et dans les fortifications.

« Quoique cette seigneurie forme une grande enceinte,
toutes les maisons de ce faubourg ni les terres à labour

et prés n'en sont pas mouvants. Il se trouve des maisons mouvantes de diverses paroisses et monastères de la ville, du chapitre de Saint-Vulfran et de divers particuliers, ainsy que les prés et terres à labour.

« Ce fief peut valoir deux à trois cents livres de rente, dont le quint denier n'est pas dû, mais seulement le taux de la coutume locale pour ce qui regarde les droits seigneuriaux, à l'exception de quelques maisons qui ont été données à cens ou surcens à la condition du quint denier.

« M. des Essars, Sgr de Meigneux, mari de la dame Lesperon, sœur du président [Lesperon] de Ville, et, en cette qualité, seigneur de Menchecourt, avoit voulu exiger le droit de mort et vif herbage, mais il n'a pas osé soutenir le procès, la Ville étant intervenue et les tenanciers ayant refusé de payer.

« Tous les droits de cette vicomté sont perdus. Il ne reste plus que des censives et la seigneurie des frocs et flégards pour les tenements qui en sont mouvans.

« Le sieur Maillard, châtelain de la forêt de Cressy et ensuite garde-marteau de la maîtrise d'Abbeville, prenoit le titre de seigneur de Menchecourt. Je ne sais s'il l'étoit effectivement, (car les Lesperon possédoient dans ce temps le fief de Menchecourt,) ou s'il n'avoit que des prétentions dessus. Je sais seulement qu'il étoit seigneur de la vicomté de Cambert, située entre Menchecourt et Thuison, et que ce fief a passé à la Dame Godard, veuve du sieur Gorjon des Fourneaux, receveur particulier en la maîtrise d'Abbeville et propriétaire de la charge de garde-marteau. Leur fils qui est capitaine d'infanterie est actuellement possesseur de Cambert, comme héritier de ladite Dame sa mère.

« Le fief de Menchecourt relève de la seigneurie de Domvast, mais je ne sais pas si la vicomté y est adhérente ou si elle fait un fief particulier mouvant de la seigneurie du Pont-de-Remy appartenant aujourd'hui au sieur Pelletier marquis de Saint-Fargeau.

« Le droit de banalité de four qu'avaient autrefois les seigneurs de Menchecourt est entièrement aboli aujourd'hui et chaque tenancier de ce fief a droit d'avoir un four chez lui. On ne paie pas même d'écart pour la rédemption de ce droit.

« La vicomté de Demenchecourt était bornée à la limite ou vers la limite de la banlieue, sur la hauteur, par l'*Arbre du Vicomte* ou plutôt, suivant la façon de parler ancienne, par l'*Arbre le Vicomte.* « De cet Arbre, la limite du fief de Menchecourt alloit de ce côté, en droite ligne, jusqu'à la croix de Haute-Avesne, borne de la banlieue du côté de la croix du Val, à l'exception de quelques terres et prés sur le terroir et au marais de Laviers.» — *Sangnier d'Abrancourt.*

L'arbre du Vicomte.

J'ai rencontré moi-même plusieurs fois cet arbre du Vicomte.

« Du Val d'Abbeville pour une maison et tenement scéant hors la porte Marcquaddé faisant le cuincq (le coin) de la porte pour aller à la Chapelle ou au grand chemin venant à l'arbre du Vicomte. » — *Cueilloir de 1562 pour l'église de Saint-Gilles.*

Il s'agit encore de la vieille porte Marcadé et de l'ancienne route.

« De M⁰ François de Mons, receveur de la commanderie de Beauvoir, par achapt de Philippe Darrest, sieur de Sailly-Bray, pour sept journaux de terre séans au-dessous de l'arbre du Vicomte appellé la Croix Bouchère, séant d'un costé », etc. — *Comptes de Notre-Dame de la Chapelle*, 1699.

« M. Bail Delignières, trésorier de France, à cause de la dame Marie-Madeleine Godart, son épouse, pour sept journaux de terre au-dessous où étoit autrefois l'arbre du Vicomte appelé la Croix Bouchère, tenant d'un côté aux terres de Saint-Nicolas des Essarts, d'autre aux six journaux cy-après, d'un bout au sieur d'Aigneville de Romaine, et d'autre au chemin de Montreuil, vingt-trois sols par an. » — *Comptes de Notre-Dame de la Chapelle*, 1764–1765.

Une autre vicomté, sise en ce faubourg, était celle de Fleuron, qui appartenait au chapitre de Saint-Vulfran. La vicomté de Fleuron, pendant la franche fête de la Pentecôte, était tenu d'assister le prévôt du chapitre *en habit honneste*, et le prévôt devait le nourrir pendant la durée de la fête et lui donner un chapeau de roses et une paire de gants.

Jean, comte de Ponthieu, en fondant en 1138 les six dernières prébendes de Saint-Vulfran, avait attribué, entre autres ressources, à leur entretien, le fief de Fleuron :
« ..... *vavassorem de Flouron*. » — Voyez ses lettres publiées par le P. Ignace, *Hist. ecclés.*, p. 88.

Les chanoines accensèrent ce fief avant 1400. — *Sangnier d'Abrancourt*. — Au temps où Sangnier écrivait, il était lui-même propriétaire des quatre cinquièmes du fief de Fleuron. Les Minimesses étaient propriétaires du dernier cinquième.

Le fief de Fleuron ou de Flouron a cependant une histoire.

Les chanoines avaient accensé le fief à la condition qu'on leur rendrait annuellement, au portail de leur église, neuf septiers de blé tel qu'on le percevait dans le champart dépendant dudit fief, et neuf septiers d'avoine, bonne, sèche et loyale, propre à semer et à brasser (1).

La circonscription seigneuriale de Fleuron couronnait, sur la hauteur, le terroir dit de Menchecourt et le terroir dit des Chartreux. Il résulte de l'aveu servi par Mathieu Vauquet au Chapitre de Saint-Vulfran en 1427 que ce fief s'étendait tant dans la banlieue d'Abbeville qu'au terroir des Essartiaux hors de ladite banlieue et consistait en un terrage ou champart de huit bottes, gerbes ou vuarats, par chacun cens, à prendre sur 237 journaux de terre ; qu'il lui était dû, en cas de vente des terres hors de la banlieue, le quint denier de la vente avec le droit de saisine et de dessaisine qui était de deux deniers pour l'entrée et de deux deniers pour l'issue ; que ce fief avait droit de vicomté et que le seigneur qui le possédait pouvait avoir sergent, excepté sur ce qui était dans la banlieue dont les maïeur et échevins d'Abbeville devaient avoir la connaissance au profit du seigneur de Fleuron ; que le seigneur de ce fief avait en

1. Les chanoines ont accensé et aliéné le fief de Fleuron moyennant un muid de bled et un muid d'avoine réduits depuis à neuf septiers de l'un et de l'autre. — *Autre note.* — Voyez d'ailleurs l'analyse de l'aveu de 1427.

icelui prise, arrêt et ajournement et amende de sang,
forcheté et prise « telle comme à vicomté appartient » ;
qu'il avait droit de prendre soixante sols d'amende sur
ceux qui liaient et emportaient leurs ablais sans amener et payer le champart. Il résulte encore de cet aveu
qu'en ce temps le fief était tenu de Saint-Vulfran par
hommage de bouque (bouche) et de main, soixante sols
de relief et vingt sols de chambellage ; que, lorsque les
chanoines mettaient le corps de Saint-Vulfran hors de
leur église au temps de la franche fête de la Pentecôte,
le seigneur de Fleuron devait le garder avec un valet à
cheval et en armes. Les chanoines étaient tenus de reconnaître ce service par le don d'une paire de gants et
d'un *capel de rose vermaux* et de nourrir le seigneur,
son valet et ses chevaux. — Le seigneur de Fleuron
devait encore le service de plaid de quinzaine en quinzaine quand il en était suffisamment averti ; il devait
payer au Chapitre un muid de blé « tel qu'il croît audit
fief », et un muid d'avoine bonne, sèche, loyale et propre
à semer et à brasser. — *Sangnier d'Abrancourt.*

Nous pouvons suivre en plusieurs mains le fief de
Fleuron depuis l'accensement.

En 1427, Mathieu Vauquet, demeurant à Demenchecourt, en était le possesseur et en fournissait, comme
nous l'avons dit, aveu aux chanoines.

En 1565 Jean Broquet, bourgeois d'Abbeville, le
possédait et en rendait au Chapitre un aveu renfermant
les mêmes charges que le précédent, sauf la mention
ajoutée qu'il était dû au Chapitre le quint denier de la
vente dudit fief et que le fief lui—même était tenu par

neuf septiers de bled, neuf septiers d'avoine en grains croissants sur ledit fief et non d'autres, rendus, chacun an, au devant du portail de ladite église.

En 1567, le 22 juin, Madeleine Pouletier, veuve de Jean Broquet, releva ledit fief au nom de Jean Broquet, son fils. Ce dernier vendit le fief, le 30 mai 1595, à honorable homme Jean Duval, par contrat passé devant Loys de Dourlens, notaire au Châtelet de Paris, résidant à Abbeville, moyennant 406 écus d'or sol, au prix de soixante sols chacun.

Le 15 juin 1618, Gabrielle Foucquart, veuve dudit Duval, releva le fief comme mère et tutrice de François Duval, son fils, qui se fit prêtre et mourut en 1638 curé d'Ouvillers. La fille de Gabrielle Foucquart, Anne Duval, religieuse dans le couvent fondé par sa mère, légua son bien aux Minimesses qui reçurent ainsi un cinquième du fief Fleuron.

Le 8 juillet 1638, Antoine Sanson, teinturier, héritier du curé d'Ouvillers, releva les quatre quints de Fleuron et, le 11 mars 1648, lui et Marguerite Prevost, sa femme, les vendirent à François Duval, marchand de soie et ancien consul des marchands.

Le 23 juin 1677, Marguerite Brunel, veuve de François Duval, donna les quatre quints, par don entre vifs, à François Duval, son fils, qui fut père de François-Paul Duval, prêtre chanoine de Longpré-les-Corps-Saints, qui fournit aveu des quatre quints de Fleuron aux chanoines de Saint-Vulfran, le 29 janvier 1725.

Le 19 novembre 1737, le chanoine Duval vendit ces quatre quints à M. François Sangnier, bachelier en théo-

logie, curé de Saint-Gilles et doyen de chrétienté d'Abbeville, moyennant trente-deux mille livres, et le 28 dudit mois ledit Sangnier en fut ensaisiné.

Le 5 avril 1739, le doyen de Saint-Gilles étant venu
à décéder, les quatre quints de Fleuron passèrent à son
neveu, M. Jean Sangnier, sieur d'Abrancourt, conseiller
du roy, lieutenant en la maîtrise d'Abbeville, qui en
fournit aveu au Chapitre le 9 février 1751, devant Antoine Dargnies, avocat en Parlement et au siége présidial
d'Abbeville, bailly du temporel des s^{rs} doyen, chanoines
et chapitre de Saint-Vulfran.

Les Minimesses fournirent quelquefois aveu pour
leur cinquième du fief de Fleuron. — J'ai emprunté à
peu près textuellement tout ce qui précède à Sangnier
d'Abrancourt qui s'est d'autant plus occupé du fief Fleuron qu'il en était, comme nous avons vu, en grande partie
propriétaire et qu'il s'en glorifiait dans ses qualifica-
tions. La maîtrise des Eaux et forêts d'Abbeville de son
temps prenait volontiers des noms dans les petites
seigneuries de notre faubourg. Sangnier était lieutenant
de cette maîtrise. N. Maillard, châtelain de la forêt de
Crécy, puis garde-marteau de la maîtrise, se disait seigneur de Menchecourt, et était seigneur de la vicomté
de Cambert. Un autre garde-marteau, receveur particulier de la maîtrise, Gorjon des Fourneaux, eût pu
s'intituler seigneur de Cambert, par sa femme.

Il y avait aussi à Demenchecourt un fief dit de Millencourt, tenu du seigneur de Millencourt. — Point d'autre
renseignement.

Le fief de
Millencourt.

La vicomté de Cambert, tenue du prieuré de Saint-

Pierre d'Abbeville, pourrait nous servir de transition entre Demenchecourt et Thuison.

Le chef-lieu du fief Cambert, dit Dom Grenier, était situé au commencement de la rue qui mène de Nouvion à l'église de la Chapelle (1). Le chef-lieu de ce fief était donc à Thuyson, car nous ne pouvons supposer, après tout ce que nous avons établi déjà, que Nouvion ou Novion, avec ses moulins et ses prés, fût à Menchecourt. Une vicomté, dite vicomté de Cambert, était attachée à ce fief.

C'est à tort que M. le comte de Louvencourt, trouvant dans un état publié par lui, *des Fiefs, terres et seigneuries du comté de Ponthieu au commencement du* XVIII*e siècle* (2), « la vicomté de Cambert, tenue du prieuré de Saint-Pierre par D. A. Maillart, valante 5 livres 11 sols de censives, » a cru devoir rectifier en note et écrire Caubert. Il s'agit bien, dans l'*état* donné par lui à la *Picardie*, de Cambert hors de la porte Marcadé.

Un extrait conservé par Sangnier d'Abrancourt, mais que je crains un peu mal copié, d'un vieux titre « lacuné », suivant l'expression du copiste, demanderait place ici. Suivant le titre vraisemblablement fort vieux, à en juger par la·rédaction, la vicomté de Cambert devait couvrir une grande étendue suburbaine, du voisinage du lieu où fut le château de Charles-le-Téméraire au voisinage de la Bouvaque.

Je relève quelques points de repère et transcris exac-

(1) Dom Grenier, 24° paquet, 11° liasse.
(2) La PICARDIE, 2° *série, t. II, février* 1879, *p.* 50.

tement, bien que l'orthographe soit déjà un peu rajeunie sans doute dans la copie de Sangnier :

« Ensuit le déclaration du fief et vicomté de Cambert et ossy des profits et apartenanches à leditte vicomté.

« Prime s'étend leditte vicomté d'un côté de sy (ci) au tenement que Jean Blandin tient de Messeigneurs maïeur et échevins d'Abbeville et va en fond de sy *à le Somme* et s'en revient amontant. » Suivent des désignations qui n'ont plus de sens pour nous et qui nous conduisent à deux rues « l'une qui mène d'Abbeville à Laviers et l'autre d'Abbeville au Val. » Ces désignations nous font rencontrer aussi « le voyelle *Au Clerc* ; » puis nous mènent « au *fief Noiron*, en allant à l'*abre* (*sic*) *le Vicomte* et de là à le *motte le Mayeur*, » puis « au borne de le banlieue qui est devant le *molin de le Bouvaque* et de là *du long de l'iauette* qui vient *as chartreux.....* de sy à *le tour de Gossiame...*, » puis « en le ville *à le maison Jehan le Caron* qui fu et *à le maison Freminette Petitpain.* » ..... Ces indications que j'abrège, tout en copiant scrupuleusement sans en dégager toute la clarté que je voudrais, nous ramènent « *seur le forteresche*, de chy à *le tour de briques* ou environ et de l'autre côté *seur le forteresche .....* à *le tour et au lieu du pont de Gossiame .....*, » puis « en *le cauchie Marcadé*, » enfin « à le moitié du *pont de Riquebourg.* » — *Recueils mss. de Sangnier d'Abrancourt à la bibliothèque de la Ville, sous le titre : Remarques sur le Ponthieu.* — « Le titre, a ajouté Sangnier, était « lacuné et mangé aux vers dans la partie, au delà de l'extrait, qui contenait la déclaration des ténemens et terres appartenant à ladite vicomté. » — Il a écrit en marge de l'extrait : « Étendue de la vicomté de Cambert appartenant à la Dame de Demenchecourt. »

On le voit, la vicomté de Cambert devait anciennement toucher, avec exercice de droits réels, à la vicomté même de Saint-Pierre dans la ville ; elle y touchait encore, par la vertu des titres, mais sans perception de droits dans la ville, au dix-huitième siècle. Le même Sangnier d'Abrancourt a écrit : « Du prieuré de Saint-Pierre relève la vicomté de Cambert appartenant aux héritiers de la Dame Godart, veuve du Sr Gorjon des Fourneaux. Elle est située partie dans la ville, partie dans le faubourg de Thuison. Elle commence aux confins de Menchecourt duquel elle étoit séparée par deux bornes de grès saillantes de trois pieds ou environ armoriées des armes du Sr Lesperon, seigneur dudit Menchecourt, et va de là à la Somme. Dans la campagne, elle s'étend jusqu'où étoit l'*arbre le Vicomte* et la borne de la banlieue devant le moulin de Bouvaque appartenant aux Chartreux . . . . ; dans la ville elle finit au pont de Saint-Pierre qui est au milieu de la chaussée Marcadé et au pont de Riquebourg sur la rivière de Nouvion. »

La vicomté de Cambert se rencontre plusieurs fois dans le Livre rouge de l'Hôtel de Ville ; ainsi à la date de 1274, dans un procès entre la Ville et Saint-Pierre pour la justice, procès terminé au profit des maire et échevins, — *fol. XXVI recto* ; — et à des dates diverses à l'occasion de prises et de condamnations de malfaiteurs : Jugement fait par les échevins d'un larron pris

en la vicomté de Cambert et rendu au vicomte pour
l'exécution, — *fol. XIII recto* ; — Voleurs pris dans la
vicomté de Cambert condamnés à estre pendus par les
échevins d'Abbeville, — *fol. XVIII verso.*

Nous ne pouvons suivre la vicomté de Cambert dans
les diverses mains qui l'ont possédée. Nous avons vu
qu'au dix-huitième siècle elle a appartenu à M. Gorjon
des Fourneaux, receveur particulier de la maîtrise
d'Abbeville.

Revenons sur nos pas.

L'Hôtel-Dieu d'Abbeville possédait un pré à Demenchecourt, en vertu d'une acquisition faite en 1629 de Nicolas
Sanson et de Marie Thomas, son épouse (1).

Nous avons mentionné quelques bornes de grès séparant des fiefs. Je me souviens d'avoir vu, étant jeune,
dans la rue de Haut de Menchecourt, une borne qui
n'était pas, je pense, une de celles qu'avaient marquées
de leurs armes les Lesperon. Elle ne s'élevait pas de
trois pieds hors de terre et portait, si je ne me trompe,
le chiffre de Saint-Wulfran. Un maire quelconque, —
peu de maires ont le souci des témoignages matériels du
passé, — l'a fait disparaître, sans doute dans un intérêt
de voirie.

Abbeville a fourni à l'histoire la plus ancienne du
monde deux pages de valeur ; une au lieu où nous
sommes, l'autre dans la plaine inclinée qui s'étend du
Champ de Mars aux champs de Saint-Gilles.

Il y a à Menchecourt, à la naissance de la côte qui

(1) Dom Grenier, 24ᵉ paquet, 11ᵉ liasse.

Les sablières s'élève vers la campagne, des sablières qu'il n'est plus permis d'oublier. MM. Baillon et Ravin ont donné la coupe du terrain où elles ont été entamées. On a recueilli dans ces sablières des ossements de mammifères antédiluviens mêlés à des coquilles marines, fluviatiles et terrestres.

Les fossiles. Le C. Traullé écrivait déjà, au commencement de ce siècle, au C. Millin, conservateur du museum des Antiques à la Bibliothèque Nationale : « Des fouilles qu'on fait chaque année dans les sables au faubourg Menchecourt, à quarante pieds de profondeur, rapportent des cornes d'animaux inconnus, des fragments de crânes énormes, des côtes, des vertèbres, fémurs, etc. Les ouvriers qui exploitent ces fosses depuis longtemps prétendent y avoir vu des ossements gigantesques et qui peuvent appartenir par conséquent soit à l'éléphant, soit à l'hippopotame. C'était peut-être le crâne d'un de ces géants de l'espèce quadrupède que celui qui nous a été apporté, il y a quelque temps, et que nous avons fait passer au citoyen Daubenton. Nous avons regret que ce morceau soit perdu, car il nous eût servi à constater que sur les bords de la Somme, comme sur ceux de l'Arno, comme aussi dans les environs de Meaux, dans les eaux de la Seine, l'éléphant ou l'hippopotame avait existé. Cependant, comme nous venons de découvrir que le taureau éléphant a vécu dans nos parages et que ses ossements doivent être presque aussi gros que ceux de l'éléphant, nous sommes forcés, jusqu'à ce que nous obtenions de nouvelles pièces de conviction, de suspendre tout jugement. » — *Magasin encyclopédique ou journal des sciences*, etc., *rédigé par A.-L. Millin, seconde année, tome cinquième.*

M. Baillon a reconnu plusieurs des mammifères de Menchecourt et M. Picart a donné une liste des coquilles. Les mammifères sont : l'*elephas primigenius*, le *rhinoceros tichorinus*, le *cervus somonensis*, le *cervus tarandus priscus*, l'*ursus spelœus*, l'*hyena spelœa*, une espèce de *felis*. Parmi ces ossements furent encore trouvés une dent appartenant à une espèce voisine du tigre royal, des ossements d'une espèce d'*equus*, plus petit et plus grêle que le cheval ordinaire, des ossements de *bos* appartenant à plusieurs espèces très-difficiles à déterminer, parmi lesquels cependant on croit qu'il y en a d'aurochs.

Les mollusques et conchifères sont trop nombreux pour que nous les dénommions ici. Il y a confusion entière entre ceux qui appartiennent à la mer, aux fleuves ou à la terre (1). M. Boucher de Perthes a trouvé dans ces sablières une partie des silex qui servent de pièces justificatives à son livre des *Antiquités celtiques et antédiluviennes*. « Ces découvertes, dit M. Buteux dans son *Esquisse géologique du département de la Somme*, se joindront à d'autres du même genre dont l'exactitude a été généralement contestée, et pourront donner lieu à un nouveau débat qui avancera sans doute la solution de la question. » (Voir M. Ravin et M. Boucher de Perthes, *Antiquités celtiques et antédiluviennes, pages*

(1) Écrit en 1849. Depuis ce temps, un savant très-attentif, très-scrupuleux et très-exact, M. d'Ault, a étudié les sablières de Menchecourt. Il convient d'attendre la publication de ses travaux pour admettre ou rejeter les assertions anciennes.

27, 75, 217, 300, 324, 347, 518, 519, 520, 616.)

Maintenant quelle peut être l'antiquité de nos gisements de fossiles ? Les évaluations sont effroyables.

«..... Sir Charles Lyell considère encore 100,000 ans comme une estimation très-modérée (pour la formation du delta du Mississipi), et il pense que « l'alluvium de la Somme, qui contient des instruments en silex, et les débris du mammouth et de l'hyène, n'est pas moins ancien. » — *L'homme préhistorique, par sir John Lubbock*, chapitre xii. (P. 362) de la traduction.

Et plus loin, à propos de calculs de M. Geikie (*Geological magazine, juin* 1868) sur les dénudations qui se produisent actuellement et la grande part active des rivières dans l'excavation des vallées..... : « Quant aux districts élevés, les données de M. Geikie sont, sans doute, assez exactes, et, si nous les appliquons à la vallée de la Somme, où l'excavation a environ 200 pieds de profondeur ; elles indiqueraient pour l'époque paléolithique une antiquité de 100,000 à 240,000 ans. Or, bien que nous arrivions à ce chiffre par un raisonnement tout différent, il concorde avec les périodes A et B dans les calculs faits par MM. Croll et Stone. » *Ibid. chap.* xii (*p.* 375.)

Aujourd'hui des pommiers, quelques-uns chargés de fruits depuis longtemps, s'arrondissent sur l'emplacement des sablières exploitées. Des jardins fleurissent et des vaches pâturent où fut la sépulture des fossiles géants.

Faits divers. Je produirai par ordre de dates quelques faits intéressant Menchecourt.

Les souvenirs des temps gallo-romains d'abord.
M. Van Robais a communiqué à la Société d'Émulation
un vase rougeâtre à usage domestique et deux débris
« en terre de Samos portant des noms de potiers. »
Suivant les indications fournies à M. Van Robais, ces
objets ont été trouvés dans le terrain des fortifications
de la porte Marcadé, derrière l'enclos de Mme V. Morel,
près de la Somme.

En....., les Chartreux de Thuyson sont condamnés à
une amende pour les pâtis de Menchecourt. — *Livre
rouge de l'Hôtel de Ville, fol. CXI, verso.*

« Le 17 mai 1555, nous dit M. Louandre, Henri II
signa, dans le palais de Fontainebleau, l'ordre de détruire les faubourgs de la porte Marcadé et de la porte
du Bois, » pour danger de guerre. —*Hist. d'Abb., t. II,
p.* 39.

Pendant les mois de mai, juin et juillet de l'an 1555,
nous dit Collenot, furent démolies trente-six à quarante
maisons au fauboug de Menchecourt sur le chemin menant de la porte Marcadé (la vieille porte) à la croix
Lucille, par le commandement du roi. Les particuliers
furent indemnisés. — *Note à la suite d'un exemplaire
de l'Hist. chr. des Mayeurs du P. Ignace.*

1606. Les habitants des faubourgs de Marcadé et de
Saint-Gilles sont assignés à la Table de Marbre à la requête du procureur général afin d'exhiber les titres en
vertu desquels ils jouissent des communes. La Ville
écrira à Me Vergnette, procureur au Parlement. —
*Analyse des délib. de la Ville en la poss. de M. A. de
Caïeu.*

François Caisier, vicomte de Demanchecourt, était maieur d'Abbeville en 1558.

Le roi Louis XIII, ayant reçu avis en 1636 que Jean de Werth avait formé le projet de surprendre Abbeville, « y envoya aussitôt un corps de troupes, et, quand l'ennemi se présenta, il fut repoussé vigoureusement, surtout dans le faubourg Marcadé où commandait Nicolas Vincent d'Hantecourt qui fut maieur en 1647. » — M. Louandre, *les Mayeurs*.

1641, 2 novembre.— Plainte des habitants du faubourg Marcadé. Le régiment de Deffiat est logé chez eux. Chefs et soldats vivent à discrétion. Ils ne paient rien. Si ces exactions continuent, le faubourg sera entièrement ruiné. Le conseil de la Ville enverra à Gapennes où est M. de Gassion afin de le complimenter, de lui exposer les désordres du régiment, et de le prier de pourvoir. — *Analyse des délib. en la poss. de M. A. de Caïeu.*

En 1658, le 3 septembre, la compagnie de la jeunesse et celle des cinquanteniers vont au devant du Cardinal de Mazarin jusqu'au moulin « qui est au dessus du faubourg de Marcadé. » MM. de Ville saluent le cardinal « en la place près de la croix qui est audit faubourg. — *Analyse des délib. en la poss. de M. A. de Caïeu.* — Cette croix n'était-elle pas la Croix Lucille nommée par Collenot?

En 1659, Menchecourt est incendié par B. de Fargues. — M. Louandre, *Hist. d'Abb., t. II, p.* 128.

Au milieu du xviii° siècle, Menchecourt avait déjà un syndic. — *Comptes de Saint-Jacques de* 1751-1754.

Les rues de Menchecourt sont aujourd'hui :

D'abord deux longues rues, se dirigeant du sud-est au nord-ouest, l'une dite rue de Bas, l'autre rue de Haut, et se rejoignant à la sortie du faubourg ;

Puis, quelques autres à angles, droits à peu près sur les premières, et montant du sud-ouest au nord-est, plus ou moins ; savoir : au dessus de la rue de Haut : 1° la rue des Argilières, 2° la cavée Bizet ; entre la rue de Bas et la rue de Haut : 1° une ruelle innommée derrière la sucrerie, 2° la ruelle d'En-Bas, 3° la rue du Verger, 4° la rue Bocquet ; au dessus de la rue de Bas encore, une rue en demi-cercle nommée la rue de la Cressonnière, se détachant de la ruelle d'En-Bas pour retomber dans la rue de Bas presque en face de la porte de la maison de Mme V. Morel, n° 5 ; au dessous de la rue de Bas une ruelle conduisant au marais.

Rue de Bas. — Les comptes de N.-D. de la Chapelle de 1729 nous donnent : *rue de Bas de Demenchecourt* ; le cueilloir du Saint-Sépulcre de 1751 : *la Basse rue de Menchecourt* ; les comptes de la Chapelle de 1764 : *la rue de Bas conduisant à la ruelle Cressonnière.* La rue de Bas prenait autrefois près des fossés de la ville ; elle commence aujourd'hui après le bureau de l'octroi.

Rue de Haut. — M. de Clermont a trouvé dans le cueilloir de Saint-Pierre de 1579-1580, article 75 : « Pour une maison et tenement séant à Demanchecourt en la *Haulte rue*............, au frocq de la ruelle qu'on nomme *Merderon.* » — Je la rencontre sous le nom *rue de Haut* allant vers Laviers, dans les comptes de la Chapelle de 1729 ; chemin *de Haut* dans ceux de 1764-

1765. — La rue de *Haut* est dite aussi maintenant chemin d'Abbeville au Crotoy ; d'elle s'échappent, à droite, la rue des *Argilières*, la *cavée Bizet* et, plus loin, le chemin qui se dirige vers le Val aux Lépreux avec bifurcation vers Laviers. De ces rues ou chemins je n'ai rien à dire, sinon que la rue des Argilières monte dans les champs vers des briqueteries.

La rue des Argilières.
La cavée Bizet.

Ruelle innommée derrière la sucrerie. — Elle descend de la rue de Haut à la rue de Bas et se trouve en communication, à peu près vers le milieu, avec la ruelle d'En-Bas par une petite rue sans nom encore.

La ruelle d'En-Bas.

Ruelle d'En-Bas. — Elle descend de la rue de Haut à la rue de Bas.

Rues du Verger et Bocquet.

Rue du Verger et rue Bocquet. — Point de renseignements.

La rue de la Cressonnière.

Rue de la Cressonnière. — Les comptes de N.-D. de la Chapelle de 1729 m'ont donné la *ruelle Cressonnière* « par où on alloit autrefois abreuver à la rivière de Somme. » M. de Clermont a trouvé *rue de la Cressonnière* dans le bail d'une maison, y située, le 12 octobre 1769.

J'ai rencontré quelquefois des noms de lieux et des noms de rues qui sont perdus dans Menchecourt même.

L'Angoule viande

Non loin de la rue de Bas était un lieu appelé l'*Angoule-viande*. — Comptes de N.-D. de la Chapelle 1764. — Et ailleurs dans les mêmes comptes : « .... d'un bout aux communes de l'*Angoule-viande*. » — Comptes de 1764-1765 ; l'*Angoule-viande* était donc la désignation d'une partie de marais, peut-être d'un de ces gouffres que l'on appelle aux alentours d'Abbeville des *pulverins*.

Une partie des prés de Menchecourt s'est appelée le

pré de Tourel. — *Comptes de N.-D. de la Chapelle*, 1764-
1765.

Une ruelle donnant dans la rue de Bas s'appelait *ruelle Patrone* en 1729, *Patronne* en 1764. — Comptes de la Chapelle de 1729 et de 1764.

Près de la rue de Bas était certainement aussi la **rue aux** *Clercqs* : « De l'église Saint-Elloy pour trois jour-neaux de pré séant à Dimenchecourt en la rue aux Clercqs VI sols. » — *Cueilloir de 1562 pour l'église de Saint-Gilles.*

Près de la rue de Haut, ou la traversant, était une ruelle que je crois lire *Donchel en* 1729 et que je lis certainement *Donchette* en 1764. — *Comptes de la Cha-pelle* de ces dates.

Il y avait au quinzième siècle « au bout de Demen-checourt » une ruelle « de gros Val. » — *Cueilloir de Saint-André.* — Un lieu appelé *le Groval* à Menchecourt se retrouve encore dans le dernier *cueilloir* de Saint-Jacques, 1791, chapitre : *Paroisse de cy-devant la Chapelle.*

Je retrouve dans les comptes de la Chapelle de 1764-1765 un « voyeul commun » à Menchecourt, nommé « *la neuve voie*, » que M. Ch. Louandre a rencontré sous le même nom dès 1481 dans les archives de l'Hôtel-Dieu.

Je vois dans les comptes de la Chapelle de 1729 « le chemin de l'asne du Val à Demenchecourt. » Ce chemin était probablement vers l'extrémité de la rue de Haut. Il doit être représenté aujourd'hui par le chemin du Val. — Dans tous les cas nous serions coupable d'oublier le

Le pré Tourel.

La ruelle Patrone.

La rue aux Clercqs.

La ruelle Donchette.

La ruelle de Gros Val.

La Neuve Voie.

Le Chemin de l'Asne.

chemin du Val, une des continuations de la rue de Haut. Il passait près de la croix de Haute Aveine (une des bornes de la banlieue). — *Hist. Chron. des Mayeurs,* p. 216 *et* 239. — Les comptes de N.-D. de la Chapelle de 1764-1765 mentionnent cette croix sous la forme de *Haut ou vergne* ou *au vergne, à présent la croix du Val.*

Il est aussi question dans les comptes de la Chapelle, 1764-1765, d'un chemin « conduisant au fief Fleuron. »

La ruelle Merderon.

La ruelle Merderon que je rencontre dès 1729 dans les comptes de la Chapelle ne pourrait-elle être identifiée avec une des trois rues nommées ruelle d'En-bas, rue du Verger, rue Bocquet ? Il est certain qu'elle descendait de la rue de Haut à la rue de Bas. Une maison de la *Haulte rue* tenait au frocq de cette ruelle en 1579. — Voyez plus haut. — Les comptes de la Chapelle de 1764 indiquent près de la rue de Bas et donnant dans la rue de Bas, la ruelle Merderon. Elle ne pouvait toucher aux deux rues qu'en leur étant perpendiculaire.

La croix de Guesle.

Où était à Menchecourt la croix dite de Guesle ou de Gueille ?

Un chapitre des comptes de N.-D. de la Chapelle de 1729 est intitulé : « Déclaration des terres tenues de l'église de N.-D. de la Chapelle, commençant à la croix de Gueille à Baillon et autres endroits de terroir de Menchecourt. »

La croix de Gueille revient dans la désignation d'une pièce de ce chapitre : « ...... trois quartiers de terre ou environ faisant partie de cinq journaux où étoit autrefois une maison sous le nom de *Marc de Fontaines* et la terre

nommée *la Sauterelle*...... à l'entrée de Demenchecourt, proche la croix de Gueille, à main droite en allant
au moulin des cavées, les dits trois quartiers tenant
d'un côté au chemin de Rue, d'autre côté au chemin de
Montreuil, etc.

En 1699, je vois dans les comptes de la même église
un ténement « dans la rue qui meine à la croix de
Guesle tenant d'un costé...... et d'un bout à la ruelle
aux Buttes. »

Dans les mêmes derniers comptes je lis encore :
« de Jean Vuignier pour une maison scéant dans la rue
quy meine de la porte Marcadé à la Croix de Guesle.....
20 sols. »

Quelques maisons du faubourg étaient désignées par
des enseignes dès le seizième siècle. M. de Clermont a
trouvé, dans un contrat de mariage du 8 juillet 1561, une
« maison, lieu, pourpris, tenement, située au lieu de
Demenchecourt, faubourg de cette ville, où pend pour
enseigne l'*Escu de Vendosme.* »

CHAPITRE XXXVI

THUYSON.

Étymologie difficile du nom. — Tuison, Novion, Nouvion, Touvion, Touvoyon. — Vase antique en bronze orné de sujets religieux. — Un cimetière Franc. — Seigneurs de Novion. — Leurs donations. — Le moulin de Novion. — Appelé aussi de Dompierre. — Employé à fouler des draps. — Démolition de ce moulin. — L'église de N.-D. de la Chapelle. — Le peintre Bommy. — Etc. — L'école des filles au xviii° siècle. — Les curés. — Propriétés de la fabrique. — Vente au District. — Etc. — Le cimetière. — Le chemin des Templiers. — La maison du Temple. — La Chartreuse. — Les prieurs. — Etc. — Reconstruction de couvent en 1767. — Firmin Le Ver auteur d'un dictionnaire latin-français. — Etc. — Suppression de la Chartreuse. — Vente au District. — La Ville achète la maison conventuelle pour y transférer l'Hôtel-Dieu. — Elle revend cette maison. — Démolition. — Verrerie. — Filature. — Etc. — La blanchisserie de Thuyson. — Le Marais de Saint-Pierre.

Je commencerai par dire que j'attribuerai un peu arbitrairement à Thuyson tout ce que je rencontrerai à droite de la route actuelle de Montreuil, en rappelant, en outre, que, pour ne pas séparer trop dans ce travail les fiefs de ce côté de la ville, j'ai déjà donné l'histoire de la vicomté de Cambert sur laquelle nous entrons certainement.

L'étymologie du nom de Thuyson est fort incertaine. On a cru la retrouver dans le vieux mot Tuoison (Tue oison) qui, selon Roquefort, signifie action d'égorger les

animaux. On a cru aussi pouvoir l'attribuer à Thuyscon,
le grand dieu des Germains, commun peut-être aux
Gaulois comme la plupart des dieux germains. Cette
dernière explication aurait pour appui ce qu'avance le
P. Ignace, qu'un autel était consacré aux faux dieux où
est aujourd'hui l'église de la Chapelle. Nous émettons
ces doutes pour ce qu'ils valent. Dom Grenier, l'iné-
puisable bénédictin que nous avons longuement consulté
à la bibliothèque nationale sur Abbeville et l'arrondissement, ne nous fournit point d'explication beaucoup
plus irréfragable : « *Touvion,* dit-il laconiquement dans
une note isolée, *Touvion* que l'on appelle aujourd'hui
Tuison, faubourg d'Abbeville à la porte Marcadé, est
peut-être le *Noviomum* sur la rivière de Scardon (1). »

Ailleurs nous trouvons sur une note détachée encore,
comme la plupart de celles qui composent les liasses de
sa topographie : « *Pontem de Touuoyon,* peut-être aujourd'hui Tuison. » La citation de ce lieu dans cette note
est extraite d'une charte du Val de Buigny, de 1260.
Dom Grenier ajoute dans une note qui sert en quelque
sorte de complément aux deux premières : « Il y a dans
la chaussée Marcadé le pont de Touvoyon, sous lequel
passe une rivière qui vient des prés des Chartreux. » Il
nous en coûterait de renoncer à l'idée qui nous fait attribuer au mayeur Touvoyon, en charge en 1369, et sous
la magistrature duquel les Anglais furent chassés d'Abbeville par nos arrière-grands pères, le nom du pont de
Touvoyon. Nous devons reconnaître cependant comme

---

(1) Dom Grenier, 21ᵉ paquet, 22ᵉ liasse.

au moins très-spécieux, sinon convainquant, le rapprochement de Dom Grenier. Ne serait-il pas possible, en supposant que *Touuoyon* fût bien effectivement Thuyson, ne serait-il pas possible que le mayeur Firmin de Touvoyon eût pris son nom même de ce lieu et que notre pont de Touvoyon, construit de son temps, ou nommé en son honneur, s'appelât ainsi à double titre ? Il y a là un jeu d'hypothèses dont nous ne devons pas abuser.

Novion.

Ce qui nous paraît plus positif, c'est qu'il y eut à Thuyson, ou près de Thuyson, un lieu appelé *Novion*. Tout le constaterait à défaut même de titres, la rivière de *Novion*, un ancien moulin de ce nom, et jusqu'à une vieille rue de la ville qui s'appelait ainsi. Dom Grenier nous fournit de plus des preuves qui font de cette supposition presque forcée une certitude. « *Omnia prata mea*, dit Gui, comte de Ponthieu, dans une charte de l'an 1100 en faveur du prieuré de Saint-Pierre, *quæ sunt juxta Abbatis villam supra Scardon ex utraque parte et omnem pisceriam de Scardon, a molendinis de pratis usque ad Somonam fluvium, et molendinum de Noviomo, totum situm super eumdem fluvium Scardon et quidquid habebam in eadem villa de Noviomo. . . . . concessimus* (1). Il n'y a pas de doute possible avec le Scardon et la Somme, avec ces prés qui touchent à Abbeville, ces moulins des prés et de Novion, et cette habitation désignée du nom même de Novion, *eadem villa de Noviomo*. Dans la même charte il est question d'une chaussée que laissent à leur gauche ceux qui vont à

____

(1) Dom Grenier, 24e paquet, 22e liasse.

Novion : « *Super calceiam à sinistris euntium de Ab-batis villa Noviomum.* » Cette chaussée avait sans doute la direction de la route qui escaladait alors la côte de la Justice (et qui longe encore le cimetière actuel de N.-D. de la Chapelle); c'était probablement même cette rue de Thuyson qui porte actuellement encore le nom de chaussée d'Hesdin, à moins cependant qu'il ne s'agit d'un chemin tournant vers Demenchecourt.

A propos de *Noviomum* qui nous rappelle aussi un village du Ponthieu, situé à trois lieues d'Abbeville, nous pardonnera-t-on une digression et quelques hypothèses? Nouvion et Novion ont la même étymologie ; tous deux s'appellent *Noviomum* dans les vieux titres ; aussi hésitons-nous presque à reproduire ici une autre note extraite de la charte citée plus haut, ne sachant, isolée qu'elle est dans les papiers de Dom Grenier et sans explication, si nous devons la rapporter à Novion près d'Abbeville, ou à Nouvion le village chef-lieu de canton. La voici cependant dans sa brièveté énigmatique : « *Super calceiam quœ ducit de Abbatis villa Noviomum.* »

La même incertitude nous empêche de rappeler ici un diplôme du roi Chilpéric II, par lequel ce prince donne à la basilique de Saint-Médard de Soissons le village de Novion en Ponthieu que Grimoald, maire du palais, avait possédé et qui était retourné au fisc. Nous sommes portés à croire que cette fois le titre se rapporte bien au village et non au faubourg.

Pour en finir avec ces exhumations de vieux noms, hâtons-nous de dire, ce que l'on a deviné sans peine, que Dom

Grenier tire de quelques-uns de ces passages la conséquence probable que Nouvion et Tuison, ainsi que Touvion et Touuoyon ou Touvoyon, sont un seul et même
lieu.

Ajoutons qu'un des principaux bienfaiteurs des Chartreux établis à Tuyson, s'appelait Jean de Nouvion et
qu'il avait sa sépulture aux Chartreux même (1).

Ce qui précède a été écrit et publié par moi depuis
longtemps ; je l'abandonne à la critique. Je n'y veux
revenir que pour apporter quelques faits nouveaux à la
discussion.

Les environ du lieu qui fut nommé Novion paraissent
avoir été habités très-anciennement.

Antiquités. Je rappellerai d'abord les découvertes communiquées
à la société d'Émulation d'Abbeville par M. A. Van
Robais. Lorsque vers la fin de 1873 on remua, nivela et
creusa quelque peu le terrain à droite de la route de Montreuil pour construire l'annexe de la sucrerie, (l'endroit
où l'on pèse les jus,) on trouva, à une faible profondeur,
un vase en bronze, haut de 21 centimètres et dont l'anse
est ornée de modelages. Un des sujets de la décoration
consiste dans un groupe qui paraît représenter Vulcain
initiant un artisan au travail. Cette interprétation de
M. Van Robais a été acceptée par M. le B⁰ⁿ de Wille, asso-
cié étranger de l'Institut et de la société des Antiquaires
de France. M. Van Robais estime que cette découverte
présente un grand intérêt au point de vue de l'archéo-
logie locale parce qu'elle a eu lieu dans un terrain qui

(1) *Hist. Ecclésiastique d'Abb.*

n'est pas très distant de l'assiette de l'église de N.-D. de la Chapelle, et il rappelle la tradition, conservée par le P. Ignace, d'un temple du paganisme sur l'emplacement que devait occuper la chapelle chrétienne. — V. *Hist. ecclés. d'Abb.*, *p.* 140.

Le lieu gallo-romain dut être habité plus tard par les conquérants francs.

M. Van Robais, encore, a reconnu un cimetière mérovingien près du cimetière de la Chapelle — *Mémoires de la société d'Émulation*, 1873-1876. — Occasion de la découverte, les travaux pour l'établissement des dépendances de la sucrerie. — Lieu de la découverte, l'angle formé par la route de Thuyson et le chemin qui monte vers l'entrée principale du cimetière de la Chapelle. — Quinze squelettes environ rangés d'après l'usage de l'orientation et accompagnés de poteries noires ; — seulement deux fragments de lance et d'épée ; — une anse de vase en verre irisé « objet qui se rencontre rarement dans les sculptures mérovingiennes et peut appartenir à des temps antérieurs. » — Depuis la publication des derniers mémoires, M. Van Robais a recueilli et présenté à la Société divers objets provenant de nouvelles sépultures ouvertes au même lieu, savoir : un fer de lance du type figuré dans les *Antiquités du Département de l'Aisne,* de M. E. Fleury ; un sabre ou scramasaxe et un couteau ; une francisque ou hache bien conservée. M. Van Robais ajoutait que quelques poteries et deux crânes tirés de ces sépultures étaient maintenant en la possession du Dr Farcy.

Quant à la transformation, que je ne défends pas, du

nom de Nouvion ou Novion en celui de Thuison, M. Van Robais en conteste la possibilité. Il établit (*Mém. de la soc. d'Émul.*, 1873-1876), par des citations du *Livre des cens de l'église de la Chapelle,* que les deux noms ont été employés simultanément, d'où il conclut que l'un n'a pu sortir de l'autre. Nous concédons la conséquence d'autant plus volontiers que la transformation ne nous semblerait pas conforme aux lois des filiations phonétiques ; cependant, M. Van Robais a-t-il suffisamment remarqué que, dans les extraits fournis par lui et où les deux noms paraissent ensemble, le nom Tuison semble s'appliquer toujours au groupe des habitations, et le nom de Novion simplement à un moulin qui put particulièrement conserver l'appellation ancienne. Ce serait même le lieu, si la charte de Gui ne nous avait donné *Noviomum,* d'appliquer au nom de notre moulin une étymologie plus courte que nous suggérerait la lecture de Du Cange : « *Novium, gurges in quem aqua ex molendino cadit, seu canalis aut alveus molendini.* » — *Gloss.*

Nous avons rencontré tant de noms de fiefs dans notre faubourg que je ne vois nul inconvénient d'ailleurs à admettre la coexistence très-ancienne de deux noms ayant eu à peu près la forme Thuison et Novion et appliqués à deux lieux voisins ou contigus.

Quoi qu'il en soit, il y avait des seigneurs de Novion ou Nouvion et portant le nom de ce lieu au xii° siècle :

LETTRE *du doyen d'Abbeville faisant mention d'une pièce de terre située entre la Bouvaque et les Chartreux.*
Je, Adam, doyen d'Abbeville, veal faire savoir à tous présens et à venir que Enguerran le maire de Nouvion et sa

femme et son fils en nostre presence ont ottroyé aux frères
du Val de Buigni tout le tenement lequel fu à Richier Maton
ad tenir en paix d'euls en telle manière que lesdits frères en
doivent rendre tous les ans audit Enguerran et à ses successeurs XII d. pour la maison et pour les hostes et XII d.
pour les VI journeuls de terre laquelle est entre le molin de
la Bouvaque et la maison du Temple d'en costé la voie. En
après il est ottroié entre ledit Enguerran et les dis frères
qu'ils doivent paier relief toutes les fois que celli lequel tenra
la dicte maison d'euls morra : de ceste chose sont tesmoings
Raoul le cappelain du Val, maistre Hue, maistre Guy, Pierre
Coquel, Gilbert Normans, Wicard le Mannier, Robert Le Clerc,
Pierre Hyrechon et plusieurs aultres. Ce fu fait l'an de l'in-
carnation nôre Seigneur mil cent IIII^{xx} et XIIII (1194). —
Livre Blanc, fol. CLXXIX, (*titres du Val.*) — Cette lettre en
la forme conservée par le Livre Blanc est la traduction du
titre latin original.

Je trouve encore dans le Livre Blanc, sans date
mais 1198 ou 1199, des lettres de Enguerran de Nouvion, chevalier, pour le camp Fanuel. « Les témoings
sont Gilbert de Mautort, Pierre de Cornehotte, Geoffroy
de Huppy, Gontier Patin, Hubert Lohier Fremin de
Senarpont, maire pour le temps. »

Le début de ces lettres n'est pas du style ordinaire et
tabellionesque de la plupart des actes semblables ; — je
copie sans reproduire les abrévations : — « Pour ce que
les jours de oubliance hastent les temps necessairement,
nous avons ordené la teneur de ceste chartelle estre
commendée par lettre. Donc sacent tous tant les presens
que ceuls qui sont a venir que Enguerran chevalier de
Nouvion a decreté restituer aux freres mesiaux du Val
de Buigny XXIIII journeulx de terre en Gondenselve ad
possesser heritablement........ » etc.

Les noms des témoins Gilbert de Mautort, Gontier Patin, Fremin de Senarpont, ne font-ils pas songer à notre Novion dans la banlieue d'Abbeville ?

D'un autre côté, Gondenselve, (Gadinselve ?) peut nous éloigner d'Abbeville d'où nous écarte peut-être aussi le témoin Pierre de Cornehotte. — La date, non très-précise, nous est donnée par la mairie de Firmin de Senarpont, 1198-1199.

N'y aurait-il pas quelque rapport aussi entre Nouvion près d'Abbeville, les seigneurs généreux de ce fief, et le fief noble de Nouvion, appartenant à N.-D. de la Cha-pelle, sur le terroir de Bezencourt ? Les lettres de dona-tion à cette église éclairciraient le point.

Le moulin de Novion.

Nous avons vu le moulin de Novion mentionné dans la charte de 1100 de Gui, comte de Ponthieu ; nous le retrouverons sous le nom de moulin à Œuille, (huile,) dans un bail à cens de 28 octobre 1417 conservé dans le cartulaire noir de Saint-Pierre, fol. 286, verso. « Le moulin à Œuille qu'on dit de Nouvion séant au dehors de la porte Marcadé à Abbeville (1). »

La porte Marcadé s'ouvrait alors, il ne faut pas l'ou-blier, au bout de la rue aujourd'hui Vieille-Porte, et le chemin qui en sortait se dirigeait, après quelques dé-tours de ponts et de fortifications, sur Thuyson même. On s'explique, en se figurant ce trajet raccourci, une note des *Dessins* de la bibliothèque Saint-Amand : « Le mou-lin de Novion (*sic*) hors de la ville, sur la rivière de Nouvion (*sic*), pas très-loin de N.-D. de la Chapelle. »

(1) Dom Grenier, 24e paquet, 22e liasse,

C'est alternativement sous ces deux formes sans règles, Novion et Nouvion, que l'on peut suivre l'histoire du moulin.

M. de Clermont a trouvé dans le cueilloir de Saint-Pierre de 1579-1580, article 428 : « Molin de Nouvion à Thuyson ; » et dans l'article 455 : « Pour le molin de Nouvion et tenement séant hors la porte Marcadé, près les murs de la ville, accostant d'un costé vers la rivière de Nouvion, d'autre vers les fossés de ladite ville. »

Je lis dans les registres aux délibérations de l'Échevinage, année 1585–1586 : « Le dernier jour de septembre 1585, Jehan de Dompierre, controlleur au magasin à sel de Ponthieu, et demisielle Jehenne Clabault, propriétaires du molin de Novion, assis au faubourg Marcadé, demandent la permission d'estancher la rivière qui fait moudre ce moulin, afin que Jehan de Foucquemberg (le meunier sans doute) le puisse nettoyer. » L'Échevinage, après avoir pris l'avis du gouverneur de la ville, M. de Hucqueville, accorde aux réclamants la permission demandée, mais pour une quinzaine seulement « et à la charge des intérests tant de ladite ville que du public et des particulliers. »

1590. — « On fera estanche au dessoubs du mollin Dompierre pour quelques réparations aux seuils, etc. » — *Rég. aux délib. de la ville.*

Et 1592, le moulin de Novion ou de Dompierre a été donné à des manufacturiers de draps, venus, de Beauvais, s'établir à Abbeville.

Je résumerai les faits.

Le 11 août 1592, le maire expose à l'Échevinage que

plusieurs marchands de la ville de Beauvais demandent
à établir à Abbeville une manufacture de serges et
« d'estamets, » à la condition qu'un moulin à fouler
leur sera `procuré. Ils promettent, de leur côté,
« d'amener et attirer en la ville grand nombre d'ouvriers
pour l'augmentation et force d'icelle. » L'Echevinage,
touché de ces avantages, décide que l'on fournira aux fabricants de Beauvais le moulin Gaffé. Mais les négociations avec le propriétaire de ce moulin ne peuvent
aboutir. L'Echevinage jette alors les yeux sur le moulin
de Dompierre « quy est hors la ville. » On le visite ;
il est trouvé propre à l'usage désiré. Une assemblée
générale est tenue à l'Hôtel de Ville, le 4 septembre.
Jehan de Dompierre, propriétaire du moulin, le délais-
serait pour huit mille livres ; il a même offert « de le
bailler, pourveu que l'on luy baille gens suffisans pour
répondre du revenu annuel qu'il luy vault. » Jehan de
Dompierre parait satisfait de quelques assurances et
l'Echevinage approuve et consacre les arrangements
entre lui et les marchands de Beauvais. Le moulin et la
rivière seront rendus « en bon estat, » le bail expiré.

L'appropriation du moulin à l'usage de « fouler draps »
se trouvait retarde cependant, le contrôleur de Dompierre refusant de le livrer si on ne lui assurait par
caution de le rétablir, le bail fini, en l'état où il l'aurait
donné. La difficulté est soumise à l'Echevinage le
15 février 1593. Le conseil décide que « le procureur
de la ville remonstrera que les bois et matières mises aud.
mollin, en valeur de plus de deux cens escus, sont plus
que suffisans pour la garantie dud. Dompierre, et néant-

moings que le corps et communaulté de la ville se sub—
mettra de remettre led. mollin en l'estat de présent
après le bail, sy faire se doibt, » etc. — Jehan de
Dompierre résiste ; il ne se contente pas de la réponse
de la Ville ; il désire la caution particulière d'un homme
solvable pour le rétablissement de son moulin à l'usage
de moudre blé. Le procès—verbal montre que le moulin
est très-voisin des murs de fortification. La transformation, utile au public, « l'asseure, est-il dit, contre les
menasses que l'on a, par plusieurs fois, faictes de le démolir, estant éloigné seullement d'ung ject de pierre de
la ville. » Quelques marchands offrent de se porter
garants ; — la Ville s'engage à les indemniser au
besoin ; de Dompierre cède. Les draps sont foulés au
moulin.

Je lis dans les comptes de l'Echevinage de 1592-1593 :

« A esté payé par Jacques Manessier, commis au recoeul
des droits des fermes sur le vin en lad. année, et dont
il a faict paiement aud. Griffon (l'argentier de cette
année) la somme de vingt-deux escus à Loys Sanson,
l'aisné, et consors, marchans de ceste ville, vers lesquels
lad. Ville auroit esté condampnée par sentence de lad.
Sénéchaussée du xxix° janvier M V° IIII²² quatorze (1)
pour raison du mollin apliqué à fouller draps hors la
porte Marcadé, pourquoy faire lesdicts Sanson et consors
maintenoient avoir été advoués et depputés par lad.

---

(1) *Sic*. Cela m'étonne puisque nous sommes dans les comptes de
1592-1593, mais cela est écrit ainsi. Les comptes sont-ils rendus
dans l'année qui a suivi l'année échevinale accomplie? Il faut le
croire.

Ville sellon qu'il appert par lad. sentence dessus dattée, exploict d'exécution faict en vertu d'icelle par Parmentier, sergeant, le premier jour de février audit an IIIIˣˣ quatorze, pour ladicte somme de xxii escus et dellibération dud. Eschevinage du xviii⁰ dud. mois de février cy. . . . . xxii escus.

La délibération du xxvii d'aoust 1594 me donne : « A esté advisé, sur la proposition faicte par le procureur de la Ville, que le mollin de Dompierre, cy devant appliqué à usaige de fouller draps, sera remis en l'estat qu'il estoit de mouldre bled avant qu'il fut mis aud. usaige de fouller draps. » — *Reg. aux délib. de la ville*, 1593-1594.

Le 7 octobre 1594, J. de Dompierre offrait de se contenter de quarante écus, si on lui abandonnait le moulin tel qu'il était. L'accord se faisait sur cette proposition.

: Voyez, sur l'intervention et les actes de la ville en toute cette affaire de moulin à fouler, *la Ligue à Abbeville*, t. II, pp. 422-429.

Je trouve dans des extraits des délibérations de la ville faits par le Mⁱˢ Le Ver : 13 mars 1599, « ordre de faire détourner la rivière qui fait moudre le moulin de la porte Marcadé. »

Et dans les mêmes extraits :

« 29 septembre 1599 », reproduction de l'ordre du comte de Saint-Pol, gouverneur de Picardie, du 15 (nous avons lu plus haut du 13) mars 1599, « aux mayeur et eschevins de faire détourner le canal de la rivière qui fait moudre le moulin qui est proche et devant la porte et bastion de Marcadé et de faire couler l'eau dudit canal suivant le dessein du sieur Évrard, ingénieur, de faire abattre et ôter ledit moulin et la maison d'iceluy pour approfondir le fossé dudit bastion, » etc. « Il sera fait estimation afin de dédommager le propriétaire dudit moulin. »

Telle fut la fin du moulin de Novion.

Doute effroyable pour les antiquaires futurs, le grand chêne, les noisetiers et les noisettes, retrouvés en 1822 sous le fossé des fortifications, n'auraient-ils rappelé que le jardin du moulin ?

A Thuyson étaient l'église paroissiale de la Chapelle et le couvent des Chartreux dédié à Saint-Honoré.

L'église de la Chapelle qui, dans le plan de Robert Cordier, semble dominer toute la ville, ne fut d'abord effectivement qu'une chapelle « où on mit une image de Nostre–Dame, et de là vient qu'elle fut appelée Nostre-Dame de la Chappelle » (1). Depuis, cette chapelle s'effaça sous une église que le nombre augmentant des fidèles fit ériger en paroisse. Ce nouvel édifice fut construit à une époque inconnue, mais certainement, ainsi que le fait remarquer le P. Ignace, avant l'établissement du château d'Abbeville, — c'est-à-dire environ vers l'an 1400, — car le duc de Bourgogne, Charles le Téméraire, acheta des terres qui dépendaient de l'église de Notre-Dame de la Chapelle. La Chapelle, comme on dit aujourd'hui par abréviation, ne fut longtemps qu'une succursale, un secours du Saint-Sépulcre. Elle embrassa depuis, comme paroisse, le faubourg de Demenchècourt avec une partie de la chaussée Marcadé

L'église de N.-D. de la Chapelle.

(1) Le P. Ignace. *Histoire Ecclésiastique.*

et des rues adjacentes. L'église de la Chapelle était fort
belle. Elle avait trois nefs et renfermait sept autels;
(deux autres avaient été supprimés en 1630 comme trop
rapprochés de la porte, ce qui faisait craindre que le
vent, dit le P. Ignace, n'emportât l'hostie.) Il ne reste
plus de cette église que le clocher et une porte en ogive
du côté du presbytère; encore ce clocher, consumé par
la foudre en 1619 et reconstruit l'année suivante, ne
date-t-il que de 1620 (1).

Un plus grand danger que le tonnerre attendait l'église
de la Chapelle. En 1637, en temps de guerre, l'Espagne,
menaçant encore nos portes par l'Artois, et notre ville
étant frontière, le cardinal de Richelieu vint à Abbeville
avec le roi Louis XIII. Quelques conseillers de guerre
persuadèrent au cardinal qu'en cas de siège l'église de la
Chapelle pourrait bien servir de forteresse contre la ville.
Le cardinal se rendit sur les lieux, accompagné du
mayeur, considéra l'assiette de la place et vit qu'il y
avait quelque raison de craindre. Il était presqu'en
disposition de faire abattre l'église. Les représentations du mayeur l'en empêchèrent. Ce mayeur était
Guillaume Sansón, seigneur de Haut-Mesnil. « O très-
sainte vierge, » s'écrie le P. Ignace, qui était intéressé
au souhait peut-être, portant lui-même ce nom de Sanson,

(1) Cet incendie eut lieu le dernier jour de novembre. Waignart
le raconte assez longuement et avec des détails curieux dans le
T. III p. 1236, col. 1 de ses manuscrits.

Le clocher de Notre-Dame de la Chapelle, dit à son tour Sangnier
d'Abrancourt, fut rebâti tel qu'on le voit aujourd'hui en pierre de
taille, en partie du produit d'une quête faite par toute la ville et
en partie du revenu de la fabrique.

« patronne et protectrice d'Abbeville, puisque ce mayeur a conservé votre sainte maison, conservez la sienne et toute sa famille, jusques à la fin des siècles. »

En 1751 il y avait trois cloches dans le clocher de la Chapelle ; les deux plus grosses avaient été bénites en 1714.

Elles portaient, l'une :

L'AN 1714, J'AI ÉTÉ BÉNITE ET NOMMÉE MARIE PAR MAITRE NICOLAS BARBIER PRÊTRE ET CURÉ DE CETTE PAROISSE ET PAR DAME MARIE ANTOINETTE... ÉPOUSE DE M. JEAN SANGNIER BOURGEOIS MARCHAND DE CETTE VILLE, ANCIEN RECEVEUR DE LA DITE ÉGLISE. LE Sr JEAN DE LA CHAPELLE, JEAN LEFÉBURE CARON M.

L'autre :

L'AN 1714, J'AI ÉTÉ BÉNITE PAR MAITRE NICOLAS BARBIER PRÊTRE ET CURÉ DE CETTE PAROISSE, NOMMÉE MARGUERITE PAR M. LOUIS FROISSART BOURGEOIS MARCHAND, ANCIEN RECEVEUR DE LA DITE ÉGLISE ET DAME MARGUERITE DAULÉ SON ÉPOUSE.

Le Sr Jean de la Chapelle, Jean Lefébure, Caron m.

La plus petite qui datait de 1687, ayant été cassée, fut refondue dans le cimetière de la Chapelle en cette année 1751. Elle pesait 272 livres ¹/₂. — On lisait sur le bronze :

JUIN 1751. J'AY ÉTÉ BÉNITE PAR Me ANTOINE REGNAULT CURÉ, NOMMÉE MARIE JOSEPHE PAR FRANÇOIS LEFEBURE RE-CEVEUR PRÉCÉDENT ET MARIE RIDOUX ÉPOUSE DE C^les JOSEPH DU BOIS RECEVEUR EN CHARGE. C^les LESCUYER DEVISMES ET PIERRE BOUCHE MARGUILLIERS EN CHARGE.

— *Mss. Siffait...*

34

Une autre cloche de N.-Dame de la Chapelle, fondue au mois d'août 1761, portait :

L'AN 1761 J'AY ÉTÉ BÉNITE PAR MAITRE ANTOINE REGNAULT CURÉ DE CETTE PAROISSE, NOMMMÉE MARIE JOSEPHE FRANÇOISE PAR FRANÇOIS RICQUIER PÈRE ET LE PLUS ANCIEN DES RECEVEURS ET PAR DAME MARIE] LESTOCART FEMME DE JEAN-BAPTISTE PAULLIER ANCIEN RECEVEUR, FRANÇOIS RICQUIER FILS ÉTANT RECEVEUR, JEAN ADRIEN LEULLIART, ÉTIENNE GROULT ET CHARLES GAFFE MARGUILLIERS EN CHARGE ETC. PHILIPPE ET FLORENTIN CAULLIER FONDEURS A CARREPUIS PRÈS ROYE. — *Ibid.*

Enfin la grosse cloche, ayant été cassée le 2 novembre 1776, fut descendue pour être refondue en 1778. On lut sur la nouvelle cloche : « L'AN 1778 J'AY ÉTÉ BÉNITE ET NOMMÉE MARIE AMBROISE PAR MESSIRE PIERRE FRANÇOIS DAÜLLÉ CURÉ DE CETTE ÉGLISE ET DAMOISELLE MARIE LESMORD ÉPOUSE DU SIEUR PIERRE LESNON RECEVEUR EN EXERCICE. — CLAUDE ET FRANÇOIS LE MAIRE FONDEURS.

Ainsi les inscriptions gardées par le bronze disparaîtraient avec le bronze sans la feuille de papier qui vole plus durable, *perennius œre.*

L'église de N.-D. de la Chapelle fut démolie en 179.. Le clocher de 1620 seul et la porte en ogive restèrent debout. La collection des vues d'Abbeville, de M. de Saint-Amand, nous a conservé l'aspect que présentait à cette époque l'église de la Chapelle démantibulée. Les ruines, qui existaient encore en 1792, étaient considérables et attestaient l'importance de l'édifice abattu. La Chapelle qui les a remplacées a été construite en 1804.

Le grand autel de l'ancienne église de N.-D. de la Chapelle était décoré d'un tableau de Hallé, représentant l'*Assomption de la Vierge*. On n'accusait ce morceau que « d'être trop peu rempli. » — *Alm. de Ponthieu,* 1783.

Des tableaux du peintre abbevillois Bommy décorent aujourd'hui la modeste Chapelle de 1804.

La fête de Notre-Dame de la Chapelle est la Nativité de la Vierge. Des indulgences y étaient attachées pour tous les samedis de l'année, et l'on y allait en pèlerinage pour avoir des enfants.

Je compléterai ces notes rapprochées depuis longtemps par quelques autres qu'un meilleur ordre leur adjoindrait mieux. Je ne les classe que par succession de dates.

Un cueilloir de 1546, incomplet, de Notre-Dame de la Chapelle, est en la possession de M. A. de Caïeu.

En temps d'inquiétude de guerre, on mettait « aux écoutes » dans le clocher de la Chapelle. Deux hommes y sont placés le 21 août 1615. — *Analyse des délib. de la Ville, en la poss. de M. A. de Caïeu.*

Le libraire Pineau de Beauvais acquit à la vente de l'abbé Dairaine et annonça dans le catalogue de sa librairie un « registre des délibérations de l'église de N.-D. de la Chapelle de 1697 à 1700, 56 pages mss ». — *Le Guetteur du Beauvoisis, n° 34, p.* 143.

La paroisse de N.-D. de la Chapelle entretenait en 1764 une école pour les pauvres filles. Elle dépensait annuellement pour cette école :

Location d'une maison, 55 livres ;

A la sœur maîtresse d'école, 160 livres ou 40 livres par quartier.

On fournissait, en outre, à cette sœur, « des draps, nappes, serviettes, essuie-mains, courte-pointe · d'indienne. » — Comptes de 1764-1765.

Curés de Notre-Dame de la Chapelle jusqu'en 1790.

L'église de la Chapelle fut érigée en cure, et séparée ainsi de celle du Saint-Sépulcre, en 1454.

I. — Le premier curé fut M. Jean de Villers qui vécut jusqu'en 1489
II. — Le second M° Jean le Prevost . '. . . . 1490
III. — M° Pierre le Prevost, neveu du précédent . 1512
IV. — M° François de Parentis 1544
V. — M° Antoine de Machy. 1550
VI. — M° Hippolyte Morel (depuis chanoine de Saint-Vulfran) 1578
VII. — M° Pierre Saint-Homme (depuis maître de l'Hôtel-Dieu de Paris où il trépassa aux alentours de l'an 1626). 1598

Au temps de Pierre Saint-Homme, (le jour de saint André 1619,) le tonnerre frappa le clocher de l'église, pendant la grand'messe que célébrait le curé. Le clocher fut brûlé. On le reconstruisit en pierres de taille l'année suivante 1620. — *Hist. ecclés. d'Abb.*, p. 141.

VIII. — M° François Fuzellier (qui se fit chartreux en la chartreuse de Saint-Honoré d'Abbeville où il devint prieur) 1624
IX. — M° François Le Sueur. 1627
X. — M° Jean de Ponthieu 1657

(Jean de Ponthieu mourut subitement dans une rue de Menchecourt en portant le viatique, le 10 avril 1686.)

XI. — M° Charles Dupont. 1686
XII. — M° Macqueron 1688
XIII. — M° Jacques Delwarde. 1689
XIV. — M° Nicolas Barbier. 1705
XV. — M° François Longuet (né en ladite paroisse). 1719

XVI. — Mᵉ Philippe Delafosse 1731
X VII. — Mᵉ Antoine Regnault 1732
Sur sa tombe fut gravé :
Ici gist le corps de feu Mᵉ Antoine Regnault, curé de cette paroisse qu'il a gouvernée avec zèle, charité, édification et toujours en paix, pendant quarante-deux ans, mort le 27 février 1774. Priez Dieu pour le repos de son âme.
XVIII. — Mᵉ Antoine Daullé 1774
Il fut le dernier des curés antérieurs à la Révolution, la cure ayant été supprimée en 1790. — Antoine Daullé soutint des procès contre ses marguilliers. — *Pièces imprimées.*

Cette liste, à laquelle j'ai seulement ajouté quelques notes, a été dressée par Collenot à la suite d'un exemplaire de l'*Hist. chr. des Mayeurs* du P. Ignace.

PROPRIÉTÉS de l'église de N.-D. de la Chapelle d'après les comptes de 1764 et de 1779.

Deux journaux et demi de terre à labour, en trois pièces, à Menchecourt.

Un journal et demi de terre à aire à Menchecourt, au lieu nommé *les Vignes.*

Un journal et demi d'aire au marais de Saint-Paul.

Quatre journaux et demi quatre verges et demie de pré le long de la rivière de Maillefeu.

(Les terres au marais de Saint-Paul et le long de la rivière de Maillefeu avaient été données à l'église de N.-D. de la Chapelle par Marguerite de Paris, pour la messe haute du Saint Nom de Jésus, dite tous les mercredis de l'année.)

La ferme de la Halle. — Cette ferme avait été donnée à l'église de la Chapelle par honorable homme Thomas Mauborgne, Honorée Lepigniel sa femme et Jacques Poutrel, neveu et héritier dudit Mauborgne.

Par sentence de la sénéchaussée de Ponthieu du 24 janvier 1745, M° Pierre Dercourt, curé d'Hautvillers, avait été débouté de la demande par lui formée contre Destalminil, alors fermier; et l'église de Notre-Dame de la Chapelle était maintenue, contre ses prétentions, dans la possession et jouissance de la ferme et terres en dépendant, franches de grosses et menues dixmes.

Trente-trois journaux, ou environ, de terre à labour au terroir de Bezencourt, faisant moitié de soixante-six journaux à Bezencourt, Bélinval et ez environs. — Ces terres formaient le fief noble nommé Nouvion. L'autre moitié appartenait au sieur Jean-Jacques Delegorgue, mary et bail de la demoiselle Deribeaucourt. — Ce fief avait été relevé, au nom de l'église de Notre-Dame, par Antoine Bouffeau, par acte du 6 février 1739.

Au terroir de Donqueurre, le fief des Blanches-Oyes, consistant en treize journaux soixante-dix verges d'une part et neuf journaux et demi quatre verges d'autre part. Ce fief s'appelait ainsi parce qu'il devait annuellement à la châtellenie la Ferté-lès-Saint-Riquier dont il était tenu « une oye blanche », au jour de Saint-Remy.

Aux terroirs de Vismes, Martainneville et ez-environs, quelques terres qui ne sont pas désignées dans le compte de 1764, mais qui rapportaient annuellement 198 livres. Le compte de 1779 nous apprend que ces terres faisaient un total de quatorze à quinze journaux.

Je vois dans l'*État succinct des ventes faites au District d'Abbeville en* 1791 :

17 octobre, les matériaux de l'église de la Chapelle

sont adjugés, moyennant 6,150 livres, au sieur Blondel, maître serrurier à Abbeville.

8 novembre, le presbytère de la Chapelle, appartenant à la Chapelle, est adjugé, moyennant 2,725 livres, au sieur Eustache-Blimond de Roussen, curé de Saint-Jacques d'Abbeville.

Le serrurier Blondel démolit l'église à l'exception du clocher. Le terrain de l'église et du cimetière ont été vendus par les héritiers Blondel à plusieurs habitants du faubourg Marcadé qui y ont fait reconstruire une chapelle en l'an IX. — *Notes de Collenot* en tête d'un exemplaire de l'*Hist. des Mayeurs du P. Ignace.*

L'État succinc : des ventes au District en 1791 ne rapporte pas d'autres adjudications pour N.-D. de la Chapelle. Les terres furent probablement vendues plus tard.

Le 22 floréal an VII (11 mai 1799), les administrateurs du Département réclamaient à la Ville le « cueilloir ou cartulaire en parchemin sans couverture de la ci-devant paroisse de N.-D. de la Chapelle, » et leur demande était immédiatement transmise par les administrateurs municipaux au C.·Collenot, alors gardien des titres, avec invitation de répondre aux désirs de l'administration centrale du Département.

La pointe du clocher de la Chapelle, datant de 1620, est tombée le dimanche 12 septembre 1869, pendant une tempête qui a brisé beaucoup d'arbres dans la vallée de la Somme. On acheva la démolition de toute la flèche à la fin de 1873.

V. sur l'église de la Chapelle l'*Hist. chron. des Mayeurs du P. Ignace, pp.* 791 et 827.

Le cimetière. Le cimetière de la Chapelle a été tracé, suivant la tradition, par les pas de la Vierge. « J'ay sceu cette particularité, dit le P. Ignace, de maistre François Le Sueur, curé de la mesme paroisse, qui m'a asseuré l'avoir oüy dire à un ancien prestre, clerc de ladite paroisse, nommé Monsieur Robutel, qui disoit l'avoir lu dans un manuscrit qui estoit escrit il y avoit deux cens ans. » Le P. Ignace cite ses autorités, comme on voit. Ce cimetière, considérablement agrandi, est devenu le cimetière de la ville depuis la suppression (1844) du cimetière de la porte du Bois.

Chemin ancien. Contre le cimetière de la Chapelle, conduisant à l'entrée principale de ce cimetière et montant vers les champs, est un chemin qui se perd maintenant dans les cultures, mais qui, autrefois, se continuait dans le chemin encore existant qui passe près de l'épine de la belle Madeleine et mène à Forêt-l'Abbaye, en touchant Blanc-Habit, Ouville et Lamotte-Buleux. Ce chemin reliait les trois possessions des Templiers, la maison de Thuyson, la commanderie de Beauvoir que le langage populaire nomma Blanc-Habit de la couleur de l'ordre du Temple, et Forêt-l'Abbaye, que le même langage prononce encore Forêt-l'Habit. Peut-être a-t-on dit au treizième siècle : ces terres sont de l'Habit ; ce tenancier est le tenancier de l'Habit. Le chemin, dans tous les cas, pourrait être appelé le chemin des Templiers.

La Chartreuse. Au-dessous de l'église de la Chapelle, un peu plus loin sur la route de la Bouvaque, était la Chartreuse d'Abbeville, que le P. Ignace appelle « un corps-de-garde angélique pour la ville. » La Chartreuse d'Abbe—

ville fut fondée en 1301 par Guillaume de Mâcon, évêque
d'Amiens, et par Edouard I, roi d'Angleterre et comte
de Ponthieu, dans la maison que les Templiers occupaient au même lieu (1). On ne sait rien ou presque rien
de l'histoire des Templiers d'Abbeville, du moins quant
à l'établissement de Thuyson (2). Guillaume de Mâcon
avait acheté leur maison avec la chapelle qui en dépendait du grand maître d'alors. Par ses ordres une chartreuse y fut bâtie en l'honneur de saint Honoré, avec
treize cellules, pour y loger treize religieux, y compris
le prieur (3).

La description que le P. Ignace fait de cette Chartreuse
est presque une églogue : « La Chartreuse d'Abbeville,
dit-il, est bâtie sur le penchant d'une colline au bas de
laquelle coule doucement une petite rivière qui a son origine de trois fontaines ; la première vient de Nostre-Dame-
de-l'Heure, la seconde de Saint-Riquier, et la troisième de

(1) M. Louandre *Histoire d'Abbeville*, tome II, livre VIII.

(2) Ce qui est vraisemblable, c'est que le couvent a toujours
conservé l'emplacement de la maison du Temple. Le comte
Guillaume de Ponthieu confirmait, en février 1195, au prieuré de
Saint-Pierre, la possession du marais depuis la maison du Temple
jusqu'au moulin de la Bouvaque. — *Cartulaire noir de Saint-Pierre*,
*Ch. Moreau, vol. 57, fol 229, bibl. nat., cité par M. R. de Belleval,
Les Sénéchaux*, p. 5.

M. Ch. Louandre a trouvé dans les archives de l'Hôtel-Dieu
la maison des Templiers « à Thuison » en 1234.

(3) Je dois renvoyer aux « copies et extraits de plusieurs titres ou
observations, communiquées par M. Godart de Beaulieu, fils de
celui qui a été maire perpétuel d'Abbeville et qui a recueilli quantité
de pièces ; fondations de la Chartreuse d'Abbeville, titre latin. » —
Dom Grenier, *paquet* 14, *article* 3, p. 38. — Ce paquet contient
une copie de la charte de fondation de la Chartreuse. Le temps
m'a manqué pour examiner suffisamment les copies de M. Godart.

Drucat. Cette maison ne respire que sainteté : mesme le son de leur cloche donne de la dévotion, soit qu'elle sonne la nuit entre dix et onze, pour matines... etc. » Le reste est à l'avenant. Le jour où il écrivit cette page, la meilleure peut-être de son livre, le bon Carme s'était bien véritablement inspiré de ces cellules « dans lesquelles sont espanchées tant de larmes de dévotion, » de ces jardins « où s'espanouissent enDieu les cœurs religieux,» de cet « éloignement de toutes les créatures, » de ces bois, de ces prairies, de ces collines et de ces vallées prochaines, dont il parle avec tant d'onctueux épanchement. Le portrait que fait de cette Chartreuse l'*Histoire d'Abbeville* de M. Louandre est peut-être plus vrai, mais moins séduisant à coup sûr : « La maison des Chartreux se distinguait par son architecture gothique, ses murailles garnies de tours et le triste aspect de ses cloîtres et de ses enclos (1). »

M. de Saint-Amand possédait les monuments de la Chartreuse d'Abbeville. J'y ai lu entre autres choses, et le mot viendrait en justification au P. Ignace :.... Ce lieu est tellement agréable qu'il mettrait en goguette Héraclite lui-même, *hexilaret et ipse Heraclitus.* La gaîté de cœur des religieux, leur air de satisfaction et le calme qu'ils répandaient autour d'eux, la pieuse disposition d'esprit de ceux qui les visitaient ou qui faisaient ces descriptions, tous ces sentiments d'un temps si loin et qui sont devenus si étrangers pour nous, n'étaient-ils pas pour beaucoup dans les embellissements du lieu?

(1) *Histoire d'Abbeville,* tome II, livre VIII.

On voit par les yeux de l'âme comme par ceux du corps.

Les Chartreux avaient conservé l'ancienne chapelle des Templiers, « pour son antiquité, dit le P. Ignace. » Cette chapelle n'était pas comprise dans la grande clôture, et c'était le seul lieu de la maison où les femmes pussent entrer. Elle était dédiée à Sainte-Marguerite. Anciennement sur la porte de l'église des Chartreux étaient dix vers composés en l'honneur de Guillaume de Mâcon ; le P. Ignace rapporte ces vers qui n'existaient plus de son temps ; il donne en outre la liste de tous les prieurs qui avaient dirigé jusqu'à lui le couvent, et celle des reliques que possédaient les Chartreux.

M. Maurice de Sachy a dressé une liste des prieurs que je me décide à donner (les profez compris), parce qu'elle me paraît plus complète que celle du P. Ignace et qu'elle en diffère considérablement, d'ailleurs, quant aux noms et à l'ordre des noms.

CATALOGUE DES RELIGIEUX, PRIEURS, RECTEURS ET PROFEZ (1) DE LA CHARTREUSE DE SAINT-HONORÉ D'ABBEVILLE DEPUIS SON ÉTABLISSEMENT EN L'AN 1300 (2).

I. — Dom Hugues de Neuchâtel, 1301. — Il étoit profez de

1. Ces profès étant entrés en religion dans la Chartreuse de Thuyson, il est vraisemblable que la plupart étaient d'Abbeville même ou de pays peu éloignés. M. de Sachy a relevé sans doute leurs noms dans le trésor de la Chartreuse.

2. Ce catalogue rappelle bien, s'il n'en est pas tout simplement un double, celui qui figure sous le n° 118 dans le catalogue de la bibliothèque du m^is Le Ver venduc en novembre 1866 : « Chartreuse de Saint-Honoré-lès-Abbeville, etc.,» catalogue des religieux, prieurs, recteurs, profès de cette Chartreuse ; tiré d'un manuscrit intitulé : *Syllabus priorum Cartusiæ sancti Honorati.* Ms. in-fol. 35 pages.

la Chartreuse de Grenoble qui est le chef-lieu de tout l'ordre et où réside le général qui est toujours le prieur de cette maison. Il reçut les quatre premiers profez de cette maison d'Abbeville qui furent : Dom Adam (voyez le nom de cet Adam dans le *Syllabus priorum*, p. 4, ligne 7 ; D. Jean Gemblin ; D. Milon ; D. Guillaume d'Ambart.

II. — D. Jean Gemblin qui reçut profez D. Guillaume d'Ainières [?] ; D. Firmin Coulart.

III. — D. Regnault, 1330. Profez, D. Jean Le Chevalier.

IV. — D. Firmin Coulart, 1360. — Prof. D. Jean Bugin ; D. Nicolas Charles ; D. André Vauvert.

V. — D. Guillaume de Linières qui ne reçut aucun profez.

VI. — D. Jean Bugin (*de Bugniaco*), 1384. Prof. D. Jean ; D. Guillaume Le Barbier ; D. Firmin Le Ver ; D. Pierre Le Mercier.

VII. — D. André Vauvert (*a viridi valle*), 1386. prof. D. Nicolas Langlois, 1386 ; D. Firmin Postel ; D. Jean Ellecoit [?] 1397 ; D. Guillaume Dannebalt.

VIII. — D. Charles, 1400. Il ne reçut aucun profez.

IX. — D. Eustache Gosnay d'Abbeville, qui ne reçut aucun profez.

X. — D. Firmin Postel, 1415. Prof. D. Thierry de la Porte ; D. André Haussart ; D. Jean Martin ; D. Hugues de Naucray ; D. Jean Cornet ; D. Eustache de Bresle ; D. Guillaume Villecerq ; D. Guillaume Buigny.

XI. — D. Firmin Le Ver, 1420. — Il ne reçut aucun profez.

XII. — D. Jean Le Barbier, 1427. Prof. D. Jacques Hannin ; D. Firmin Le Ver ; D. Eustache Guisson ; D. Antoine Bernard ; D. Jean Cornet ; D. Jean Motort ; D. Robert Sarre [?].

XIII. — D. Hugues Naucray qui ne reçut aucun profez.

XIV. — D. Eustache Guisson, 1437. Il ne reçut aucun profez.

XV. — D. Baudouin Perrès, profez de la Chartreuse de Saint-Omer. Il ne reçut aucun profez.

XVI. — D. Jean... recteur. Prof. D. Jean...

XVII. — D. Firmin Le Ver, 1439. Il ne reçut aucun profez.

XVIII. — D. Arnoul Peu Hardy, 1440. Il ne reçut aucun profez.

XIX. — D. André Havessart, 1444. Il ne reçut aucun profez.

XX. — D. Jean Martin. — Une note marginale, écriture autre que celle du ms., ajoute : D. Jean Martin étoit prieur en 1464 ainsi qu'il appert à la p. 160 du *Psalterium feriatum Roberti Hanon.* Prof. D. Robert Hanon, 1455 ; D. Jean de Pont, 1459 ; D. Jean Blanche ; D. Jean Barbier ; D. Gilles Vassorie ; D. Pierre Poilly ; D. Jean Vignon ; D. Martin ; D. Gilles de Diest ; D. Jacques Foucart ; D. Jean Broyelles ; D. Mathieu Maupin.

XXI. — D. Jarre profez d'Abbeville. Prof. D. Jacques Esquihain ; D. Hugues....

XXII. — D. Mathieu de Gand, profez de Tournay, 1470. — Il n'a reçu aucun profez.

XXIII. — D. Robert Hanon, profez d'Abbeville, 1480. Prof. D. Pierre De Leau ; D. Thomas Fabri (c'est-à-dire Lefebvre si les documents consultés par M. de Sachy étaient latins).

XXIV. — D. Jean Martin, 1484. Prof. D. Jean de Noyelles ; D. Jacques de Fraxines [?] ; D. Louis Villecerq ; D. Jean Thomas ; D. Jacques Daquin ; D. Martin Lambert ; D. Philippe Le Brun.

XXV. — D. Jean de Pont, profez d'Abbeville, 1493. Profez : D. Pierre Boucher ; D. Firmin Coulart ; D. Firmin Postel ; D. Pierre Pellé ; D. Jacques Louchier ; D. Jean Qui ne paye ; D. Nicolas Quenehen ; D. Jacques Coffin ; D. Jean Jarie ; D. Jacques.....

XXVI. — D. Jean Boyart, recteur, 1501. Prof. D. Nicolas Franquelin ; D. Guillaume Famuli.

XXVII. — D. Charles... 1502. Prof. D. Remy de la Feuille.

XXVIII. — D. Pierre Deleau, prof. d'Abbeville. Prof. D. Jacques de Ron.

XXIX. — D. Jacques Louchier, prof. d'Abbeville, 1505. — Prof. D... Goudalier ; D. Jacques d'Ostrel ; D. Pierre Sanson ; D. Guillaume Canteleu ; D. Marand de Prel ; D. Nicolas Villeroy ; D. Jean Rohault ; D. Jacques L'Oison.

XXX. — D. Jean Rohault, profez d'Abbeville, 1536. Il ne reçut aucun profez.

XXXI. — D. Nicolas Hacquerel, profez de Noyon, 1549. Il ne reçut aucun profez.

XXXII. — D. Simon Lombard, profez de Tournay, 1550. Il ne reçut aucun profez.

XXXIII. — D. David Henrier, 1553. Il ne reçut aucun profez.

XXXIV. — D. Louis Villecerq, profez d'Abbeville. Il ne reçut aucun profez.

XXXV. — D. Nicolas Norquier, profez de Noyon, 1557. prof. D. Jacques d'Arrondel ; D. Louis Le Mirre ; D. Jerome Marchant, dép. général ; D. Pierre Soiry.

XXXVI. — D. Jean Desniarts, 1565. Prof. D. Charles Fouasche.

XXXVII. — D. Jacques L'Oison, prof. d'Abbeville, 1566. Prof. D. Jean Levasseur 1er ; D. Jean Levasseur 2e.

XXXVIII. — De Louis de Castres, 1570. Prof. D. Henri Belenger ; D. Nicolas Dupuy.

XXXIX. — D. Jean de Pont, profez d'Abbeville, 1576. Prof. D. Pierre Lainier.

XL. — D. Louis Le Mirre, profez d'Abbeville, 1586. Prof. D. Gilles Gallepoix (Gallespoix) ; D. Jean Cermoise; D. Claude Fuzellier ; D. Jean Royel ; D. Gilles Le Bel ; D. Claude Sueur ; D. Antoine Bernay; D. Louis Briet ; D. Jean Dumet.

XLI. — D . . . ., recteur, 1596. Il ne reçut aucun profez.

XLII. — D. Antoine Dubois, profez de Dijon, 1597. Il ne reçut aucun profez.

XLIII. — D. Pierre Lainier, profez d'Abbeville, recteur, 1598. Il ne reçut aucun profez.

XLIV. — D. Jean Dagoncau, profez de Montdieu, 1599. Il ne reçut aucun profez.

XLV. — D. Paul Couzet, 1601. Il ne reçut aucun profez.

XLVI. — D. Denis Guillebon, 1602. Il ne reçut aucun profez.

XLVII. — D. Jacques Censier, profez de la Grande Chartreuse, 1611. Il mourut en 1624, *juvenescente mayo*. Prof. D. Hugues Vaillant ; D. René Cantrel ; D. Jean Dossier ; D. Bruno Pingré.

XLVIII. — D. Claude Courcher, profez de Paris, 1620. Prof. D. François Sanson, nommé dans l'*Hist. ecclés. d'Abb.* p. 196;

D. Guillaume de Laulne [?]; D. François Tillet (ou Tillete); D.
Jean de Niesle ; D. Christophe Menessier.

XLIX. — D. Anthelme Pinchart, profez du Montdieu, 1626.
Prof. D. Honoré Depart ; D. François Descaules ; D. Anthelme
Fuzellier ; D. Bruno Framery.

L. — D. Anthelme Fuzellier, profez d'Abbeville, 1639. D.
Bernard Guesdon.

LI. — D. Jean Jomart, profez de Montdieu, 1642. Prof. D.
Joseph Grassin ; D. Charles Laudin ; D. Pierre Hecquet ; D.
Antoine Foy.

LII. — D. Joseph Grassin, profez d'Abbeville, 1649. Prof.
D. Anthelme Biberel ; D. Jean-Baptiste Fournier ; D. Nicolas
Damiette ; D. Bruno Framery, second du nom ; D. Denis Mau-
perche ; D. Louis Dinjon ; D. Jacques Quarré; D. Jacques Fra-
mery ; D. Hugues Morand ; D. François Descaules ; D. Jerosme
Marchant : D. Honoré de Rez ; D. Henry Sagnier ; D. Etienne
Alloreau.

LIII, — D. Anthelme Biberel, profez d'Abbeville 1687. Prof.
D. Joseph Bonnard ; D. Bruno Hérel ; D. Claude Ducandas ; D.
Pierre Brunel ; D. Bernard Blasset ; D. Antoine Delâge.

LIV. — D. Eustache de Bacq, recteur, 1703. Prof. D. Liévin
Caron ; D. Valentin Delcambre : D. Guillaume Collenge ; D.
Jean-Baptiste Poitevin ; D. Pierre Lorçay [?]

LV. — D. Joseph Bonnard, profez d'Abbeville, 1716. Prof.
D. Nicolas Gatte ; D. Charles Mauvoisin.

LVI. — D. Liévin Caron, 17... Profez D. Honoré Sauvage ;
D. Jacques Mouflette.

LVII. — D. Claude Petit Jean, 1754. Il ne reçut aucun profez.

LVIII. — D. Etienne Moliere, natif de Saint-Étienne en Fo-
rest près de Lyon, profez de la Chartreuse de Bourg-Fontaine,
cy-devant procureur de Mont-Regnault-lèz-Noyon, lequel,
ayant pris possession de la maison le 8 juillet 1765, gou-
verne de présent icelle maison au gré de ses religieux et avec
l'estime de tous les honestes gens et corps de notre ville.

Bien que M. de Sachy n'ait pas indiqué ses autorités,
il me paraît évident, ou qu'il a travaillé sur documents à

la Chartreuse même, ou qu'il a traduit le *Syllabus priorum*
rappelé plus haut. Quant au P. Ignace, presque tout ce
qu'il dit historiquement du couvent des Chartreux
d'Abbeville est tiré de Waignart, t. III, p. 1165.

En 1765, à la mort du prieur en charge, le R. P. Dom
Claude Petitjean, le couvent des Chartreux se trouva plus
riche qu'il ne l'était d'ordinaire. Claude Petitjean avait
retranché les grandes aumônes que son prédécesseur
faisait et on trouva après lui une somme de trente mille
livres qui provenait, non-seulement de ce retranchement,
mais encore de son économie et de celle d'un nouveau
procureur « qui faisoit bien valoir la basse-cour en ce
qu'il se connaissoit bien en bestiaux. » Aussi, l'année
suivante, 1766, le R. P. prieur, voulant faire emploi des
trente mille livres amassés par son prédécesseur en dix
ans de gestion, se détermina à passer, d'un premier projet fait par lui d'embellir l'église, à un autre, la reconstruction de tout le couvent. Il fit, en cette intention, venir
d'Amiens le sieur Riquier qui adapta au plan qu'il lui
soumit les dispositions de la Chartreuse de Saint-Omer.
Suivant les *Mss. Siffait*, on devait monter de l'ancien
cloître à la nouvelle église par dix-sept marches.

Le R. P. prieur, voulant donc exécuter le plan proposé, fit d'abord, l'année suivante encore, 1767, abattre
en partie les arbres du petit bois de la chapelle de Saint-
Milfort (pauvre bois de saint Ribaud!). Il fit faire, au
commencement de la même année, « un appartement à
la fourchette et couvert de chaume dans l'enclos vis-à-
vis l'ancienne porte du couvent pour mettre les travail-
leurs charpentiers à couvert en temps de pluie ; il fit

baisser de quatre pieds la terrasse du côté du mur qui est au froc (sur la rue) et qui étoit l'endroit désigné pour faire les bâtiments de la nouvelle basse-cour. . . . . . »

Les Mss. énumèrent ensuite, avec détails que je supprime, tous les travaux exécutés en 1767 dans l'ordre suivant : étables à cochons, aisance contre le mur de Thuyson, belle grange dont les fondations plongent à onze pieds dans la terre, remise de voitures, bergeries contre le mur de Thuyson, écuries sur le froc, porte d'entrée. — Un peu de terrain fut perdu pour que cette porte se présentât en face du chemin qui conduit à la ville. — Toutes ces constructions furent couvertes de tuiles avant la Toussaint, « mais le corps de bâtiment destiné pour le parloir des femmes, la cuisine et l'appartement des domestiques, et la porte d'entrée de la basse-cour, ne furent élevés que jusqu'au premier plancher. On baissa ensuite la rue le long du couvent, » etc... Le R. P. prieur « avoit fait venir d'Amiens deux maîtres maçons qui firent la maçonnerie à trois livres la toise ; ceux d'Abbeville en avoient voulu avoir beaucoup plus. »

Le 3 septembre de la même année, l'évêque d'Amiens, d'Orléans de la Motte, qui avait couché dans le couvent, posa et bénit, derrière la grande porte, une pierre qui fut la première de la chapelle des femmes. — *Mss. Siffait.*

La collection de dessins de M. de Saint-Amand conserve une vue de la Chartreuse du côté de l'ancienne et première entrée, « qui étoit aussi celle des Templiers et se trouvoit du côté de Saint-Milfort, au coin du chemin

35

descendant à la rivière de Nouvion » ; et une vue de
la chapelle dite de Sainte–Marguerite, vue prise du côté
des champs. La chapelle de Sainte-Marguerite « se
trouvoit vers l'angle du chemin de Saint-Milfort à N.-D.
de la Chapelle et du chemin qui conduit à la rivière de
Nouvion. » — Les femmes pouvaient entrer dans cette
chapelle.

Les mss. Siffait nous ont conservé le plan de 1767 ;
plus une vue à vol d'oiseau des deux églises de la Chartreuse : deux autres vues d'une de ces églises prises du
côté de la cour et du cloître; une représentation de
l'autel, panneaux ouverts comme aux jours de fête, et
quelques autres dessins de détail.

La Chartreuse d'Abbeville n'a presque pas d'histoire.
Un seul de ses prieurs a mérité de laisser un nom :
Firmin Le Ver, auteur d'un dictionnaire latin français
commencé en 1420 et terminé en 1440. Ce dictionnaire,
cédé par M. Traullé à M. Le Ver, fut mis en vente avec
la bibliothèque du M" en 1866 et acheté par M. Didot.
Mis en vente de nouveau après la mort de M. Didot, il
fut acheté à haut prix par la Bibliothèque Nationale qui
le possède maintenant.

Un autre des prieurs a attaché son humble souvenir à
une copie de [psautier : *Psalterium feriatum secundum
usum Carthusiensium scriptum per manum Roberti
Hanon præfati ordinis in domo beati Honorati juxta Abbatisvillam.* M. A. Van Robais qui possède le manuscrit
en a donné la description dans les Mémoires de la Société
d'Émulation, 1873-1876.

En 1339, les Chartreux de Neuville (près de Mon-

treuil-sur-Mer) s'associèrent avec ceux d'Abbeville. —
Vieux papiers, la Chartreuse de Neuville, par le V^r de — *Neuville,* LA PICARDIE *de* 1872, *p.* 255.

En 1699, les Chartreux étaient en contestation avec la Ville. Ils avaient usurpé sur le froc de la commune. — *Délib. des 8 et 15 mai.* — Le procès est arrangé à l'amiable le 9 juillet (1699).

Pour les querelles des Chartreux et de Saint-Pierre, voyez M. Louandre, *Hist. d'Abb.*, t. I, p. 305.

Il est question quelquefois de la Chartreuse d'Abbeville dans l'*Hist. des Mayeurs du P. Ignace ;* ainsi pp. 245, 247, 253, 652, 796.

La Chartreuse fut supprimée en 1790. La vente des biens commença à la fin de cette année même, au District.

Le 29 décembre 1790, neuf journaux quatre-vingts verges de terre, situés au Val d'Abbeville, sont adjugés au prix de 5,600 livres.

La vente, continuée pendant presque toute l'année 1791, mit en la possession de la commune ou des particuliers les biens du couvent sis à Menchecourt, à Thuyson et à la Bouvaque.

Le 5 mars, deux journaux de terre à Thuyson sont adjugés au prix de 825 livres.

Le 15 mars, trente journaux à Menchecourt sont adjugés au prix de 17,100 livres.

Le 6 avril, cinq journaux, à Menchecourt, 3,250 livres.

Le 8 avril, une maison et dix-sept journaux, à Thuyson, 12,000 livres.

Le 29 avril, trois journaux et demi, à Menchecourt, 1,775 livres.

Le 30 avril, dix journaux de terre et dix journaux de pré, à Thuyson, 10,425 livres.

Le même jour, cinq quarts de terre à Menchecourt sont adjugés au prix de 385 livres.

Le 6 mai, dix-sept journaux trois quarts de terre à la Bouvaque, 6,175 livres.

Cette dernière adjudication fut annulée, et une nouvelle vente des mêmes terres eut lieu le 16 juillet.

Le 9 mai, quatre journaux, à Thuyson, 2,450 livres.

Le 20 mai, la maison de Saint-Milfort et sept journaux et demi, appartenant aux Chartreux, est adjugée au prix de 9,650 livres.

Le même jour, vingt-deux journaux de terre à Thuyson sont adjugés au prix de 16,900 livres.

Le 23 mai, vingt-quatre journaux à Thuyson, au prix de 14,000 livres.

Le 25 mai, douze journaux, à la Bouvaque, 5,625 livres.

Le même jour, douze autres journaux, encore à la Bouvaque, 6,025.

Je quitte un instant la salle des adjudications du District pour la salle des délibérations de l'Hôtel-de-Ville.

La municipalité discutait alors la convenance d'acheter la Chartreuse et d'y installer l'hôpital.

À une question adressée par le Conseil de la Commune au District le 31 mai, MM. du District avaient répondu qu'il y avait tout lieu de croire que les hôpitaux seraient désormais à la charge de tout le Département; que, « dans cet état de choses, » il était probablement inutile d'imposer à la ville une dépense aussi considérable ; que, si le projet de la commune était avantageux, nul doute que les assemblées administratives de s'empressassent de l'appuyer, etc. ; que, dans tous les cas, un mémoire avec des devis exacts serait à envoyer à MM. les administrateurs du Département. Le Conseil de la Commune décida donc qu'un mémoire, réglé sur ces avis, serait adressé à MM. les administrateurs du Département.

Voyez aussi la délibération du 16 juin.

Les adjudications continuent cependant.

Le 9 juin, deux journaux trois quarts, à Thuyson, sont adjugés au prix de 1,380 livres.

Le 17 juin, une maison et un plant, à la Bouvaque, sont criés. L'adjudication n'a pas lieu ou est annulée.

Le 22 juin, une autre maison dans la Tannerie, ci-devant aux Chartreux, est adjugée au prix de 2,650 livres.

Le même jour, deux surcens de 30 livres 6 deniers et de 140, ayant appartenu aux Chartreux, sont adjugés au prix de 3,325 livres.

Le 5 juillet, une maison, à Thuyson, est adjugée au prix de 6,625 livres.

Le même jour, (5 juillet,) le Conseil général de la commune d'Abbeville s'est réuni, et, raffermi dans ses projets par l'approbation donnée par le Département à l'acquisition des Chartreux et à la translation de l'Hôtel-Dieu à Thuyson, il a chargé, comme commissaires nommés *ad hoc*, MM. Morand et du Bellay d'acheter la maison conventuelle lors de la criée prochaine. Les membres du Conseil général se rendront, d'ailleurs, dans la salle des adjudications pour assister ces commissaires et se concerter de nouveau s'il le faut.

Enfin, le 7 juillet, la CHARTREUSE est adjugée à la commune au prix de 25,700 livres.

Les adjudications reprennent au profit des particuliers.

Le 16 juillet, dix-sept journaux trois quarts, à la Bouvaque, sont adjugés au prix de 5,625 livres.

Le 20 juillet, huit journaux, à la Bouvaque, sont adjugés au prix de 3,350 livres. Ces huit journaux furent revendus, par folle enchère, le 10 septembre 1792, au prix de 3,075 livres.

Le 22 juillet, quatre journaux, cinquante et une verges, à la Bouvaque, sont adjugés au prix de 2,025 livres.

Le 3 août, quarante-cinq journaux, à Thuyson, sont adjugés au prix de 22,000 livres.

Le même jour, vingt-huit journaux, 26 verges, à Thuyson, sont adjugés au prix de 15,100 livres.

Le même jour, dix-neuf journaux 95 verges, à Thuyson, sont adjugés au prix de 13,400 livres.

Le même jour, seize journaux 28 verges, à Menchecourt-Laviers, sont adjugés au prix de 9,675 livres.

Le même jour, dix journaux, à Thuyson, sont adjugés au prix de 6,425 livres.

Le 5 août, cinq journaux trois huitièmes, à la Bouvaque, sont adjugés au prix de 1,175 livres.

Le 6 août, quatre journaux cinq huitièmes, à Thuyson, sont adjugés au prix de 2,425 livres.

Le 8 août, vingt-cinq journaux, à Thuyson, sont adjugés au prix de 9,000 livres.

Le même jour, une maison, à la Bouvaque, est adjugée au prix de 1,370 livres.

Le même jour, cinq journaux, à Menchecourt, sont adjugés au prix de 2,400 livres.

Le même jour, trois journaux, à Thuyson, sont adjugés au prix de 1,100 livres.

Le 31 août, les moulins de la Bouvaque sont adjugés au prix de 26,300 livres à la municipalité d'Abbeville.

La municipalité d'Abbeville hésita vite à transférer l'Hôtel-Dieu à la Chartreuse. Le Conseil général de la commune, dans sa séance du 7 octobre, prit en considération « la demande formée par un étranger d'acquérir, de la municipalité, la Chartreuse pour y former trois grands établissements qui entretiendraient constamment deux ou trois cents ouvriers. — *Reg. aux délib. de la Ville.*

La demande de l'étranger et la résolution municipale ne paraissent pas avoir eu de suites.

Le 27 octobre, un demi-journal, à Thuyson, est adjugé au prix de 140 livres.

Le 11 novembre, cinq journaux en friche, à Thuyson, sont adjugés au prix de 345 livres.

A cette date s'arrête, dans l'état succinct des adjudications au District, la vente des biens des Chartreux.

Le 5 juillet 1793, le Conseil général de la commune décida que la maison ci-devant aux Chartreux, achetée par la Commune en 1791 pour l'établissement d'un hôpital, serait revendue au profit de la Ville. On avait reconnu que la translation de l'hôpital en ce lieu ne pouvait être faite qu'à très-grands frais, après de très-grandes réparations. — *Reg. aux délib.*

C'est en suite de cette délibération, sans doute, que le couvent des Chartreux fut vendu aux CC. Sanson et Gronecheld. La maison des religieux et l'église, formant le lot de Sanson, furent démolis. La partie de Gronecheld qui était la ferme, la basse-cour et la chapelle des externes, fut conservée. Cette partie fut vendue au sieur Deray en 1804. — *Note de Collenot en tête d'un exemplaire de l'Hist. des Mayeurs du P. Ignace.*

La maison des Chartreux fut démolie en 1796. Les bâtiments encore subsistants, ceux de la ferme, ont été occupés, entre 1820 et 1830, par une verrerie.

La verrerie de Thuyson occupait quatre-vingts ouvriers dont cinquante étrangers à la ville mais y résidant. Elle luttait sans désavantage contre les verreries de Normandie lorsque la faillite d'un des associés commanditaires (1831) la fit liciter (1832). Elle fut acquise par des verriers rivaux qui la supprimèrent. — *Mémoire de MM. Paillart et Brion sur les causes de la dépopulation d'Abbeville.*

La Chartreuse de Thuyson fut alors occupée par la filature de M. Gavelle qui y fonctionna jusque vers 1877.

Une autre partie plus petite de l'ancienne clôture, celle du côté de la Bouvaque, a appartenu à M. Boyer et appartient à M. A. Delignières, architecte.

Les Chartreux étaient seigneurs de Port, que Guillaume de Mâcon leur avait donné comme procédant du patrimoine de Saint-Honoré avec tous les droits qui appartenaient à cette terre.

Nous devons dire à la louange des Chartreux qu'ils furent un jour hospitaliers, comme nous le montrerons plus bas, et qu'ils contribuèrent quelquefois pour leur part aux travaux d'utilité de la ville, le livre Rouge nous en fournit la preuve. Le 11 juillet 1347, les maire et échevins d'Abbeville donnent un verger aux Chartreux de Thuyson, parce qu'ils ont aidé les habitants à travailler aux fortifications. Il est vrai que les bourgeois, obligés aux prestations, travaillaient sans salaire et que les Chartreux sont indemnisés. Le fait n'en est pas moins à noter.

Le plan de la Chartreuse existe encore aujourd'hui dans la collection des vues d'Abbeville de M. de Saint-Amand.

Derniers faits intéressant Thuyson. Le nom de ce lieu a été porté par plusieurs familles (1). Faits divers.

Un négociant, M. Alexandre Thomas, établit au siècle dernier à Thuyson une blanchisserie que vante l'*Almanach de Picardie de* 1783.

Au commencement de l'année 1789, plus de vingt maisons de Thuyson furent incendiées. Les Chartreux logèrent alors et nourrirent pendant plusieurs mois les victimes du désastre.

Rues : la grande rue de Thuyson à la Bouvaque, la petite rue de Thuyson, ou rue de Bas, et la rue de l'Abreuvoir. Les rues.

J'ai peu de renseignements anciens sur ces rues. Je trouve la rue *de Thuison* dans les comptes de N.-D. de la Chapelle de 1729. J'ai rencontré une rue *Patrin.* — *Dixme novelle due au curé de N.-D. de la Chapelle ; déclaration des noms des propriétaires qui la doivent,* 176..

Presque en face de la petite rue de Thuyson, un chemin monte le long du cimetière vers les champs et se bifurque, à quelques centaines de pas au-delà du cimetière, à un chemin se dirigeant alors vers la route d'Hes- Chemins.

(1) « J'ai déjà noté, me dit M. de Bussy dans les renseignements qu'il a bien voulu me fournir lors de la publication de *l'Histoire de cinq villes,* un de Mons, seigneur de Thuison ; je trouve aujourd'hui un Charles Darrest, seigneur de Thuison, exempt des gardes du corps du roi, et père de Philippe Darrest, seigneur de Sailly-Bray, capitaine au régiment royal, ce dernier vivant en 1671. » — Y avait-il donc à Thuison quelque fief pouvant permettre d'en prendre le nom ?

din et un autre vers Drucat. Nous avons reconnu ces chemins dans les comptes de la Chapelle de 1764-1765. On distinguait alors aux environs de la Chartreuse le *chemin du Plessiel* et la *cavée de Drucat*.

Je ne puis m'éloigner encore cependant sans dire un mot du *marais de Saint-Pierre* « situé entre le faubourg de Thuison et le lieu nommé la Bouvaque. »

Les marais de Saint-Pierre.

Le volume des dessins de la collection Saint-Amand conserve une sorte d'histoire de ce marais. — Le marais de Saint-Pierre, ainsi dit parce qu'il avait appartenu au prieuré de ce nom, s'étendait entre la rivière de Novion, le clos des Chartreux et des terres labourables. Il avait été donné à cens par les religieux, le 26 mars 1483, à Jean Thorel, sous la condition que les habitants du faubourg de Menchecourt, « dont celui de Thuison fait partie, auroient la vaine pâture sur ces vingt-quatre journaux, depuis la Madeleine jusqu'à la mi-mars de chaque année. »

Dans le courant du dix-septième siècle, la propriété de ces vingt-quatre journaux passa à MM. Tillette d'Ionval...

Plus tard le sieur Pierre Lefebvre, notaire à Abbeville, acheta par décret douze de ces vingt-quatre journaux et les fit clore de fossés. Les habitants de Thuyson, privés de la pâture de ces douze journaux, firent paître leurs bestiaux toute l'année sur les douze autres.

Un peu plus tard encore, le sieur Duval de Bommy, élu en Ponthieu, se rendit adjudicataire de ces douze autres journaux. Comme Pierre Lefebvre, il défendit aux habitants d'envoyer chez lui leurs bestiaux ; de là pro-

cès. Les habitants firent signifier le bail à cens des religieux. Une sentence, rendue en la sénéchaussée de Ponthieu le 8 août 1743, maintint Duval de Bommy en la
propriété des douze journaux, à la charge d'y laisser
pâturer les bestiaux des habitants, de la Madeleine à la
mi-mars ; et défendit à ces habitants de troubler le sieur
de Bommy, à peine de cent livres d'amende...

CHAPITRE XXXVII

LA BOUVAQUE.

L'étymologie de Bouvaque est, croit-on, dans la réunion des mots bœuf et vache, *bos* et *vacca* ; vache, comme on le sait, se dit encore *vaque* en picard. On ajoute à l'appui de cette explication que les habitants de l'endroit, qui faisaient paître leurs vaches dans les marais ou dépendances de la ferme, étaient tenus, en vertu de leur état de vasselage, de faire saillir leurs vaches aux taureaux de cette ferme. Nous n'avons vu aucun titre constatant cette particularité.

Le nom de la Bouvaque, *Buvache, Bouvache*, remonte cependant, dans les chartes, à la fin du douzième siècle. Ainsi en 1192, on trouve :

Ego Willelmus Talvas, comes Pontivi, universis videntibus et legentibus cartam istam, notum facio quod, ad preces Domine Marie de Firmitate et filii sui Walteri,

partem illam molendini de Buvache *quam ipsi donave-*
rant ecclesię Beati Petri de Abbatis villa, pro anima Do-
mini J. mariti sui, quód de fundo meo erat, consilio ba-
ronum meorum, concessi etc.... — Dom Grenier, *paquet*
9, *art.* 3, A.

Et en 1195, — 22 février 1194 (1195) :

Noverint ad quos littere pervenerint quod ego Willel-
mus Talvas, comes Pontivi, quosdam mariscos adjacen-
tes a domo militie Templi usque ad molendinum de le
Bouvache *inter Scardonem et terram arabilem, quos ma-*
riscos ecclesia Sancti Petri possidet, eidem ecclesie cum
omni libertate possidendum confirmo in perpetuum et gu-
rantire promitto, etc..... — Dom Grenier, *paquet* 9,
art. 3, A.

« On voit par cette charte que la maison des Templiers
où sont aujourd'hui les Chartreux existait dès cette année 1194 (1195). » — *Remarque de Dom Grenier.*

La Bouvaque s'est appelée aussi Beaulieu-lès–Abbeville, ou Beaulieu–Saint-Milfort (1). La terre et seigneurie de la Bouvaque, voyons-nous dans Dom Grenier (2), tenue en fief noble du roi, appartenait en 1703
aux Chartreux d'Abbeville par achat en 1666 de Charles
de Sacquespée, fils de Claude, qui fut fils de Louis de
Sacquespée, petit-fils et légataire de Jean Maupin, conseiller magistrat au présidial d'Abbeville, qui en avait
fait aveu probablement en 1602 et qui l'avait eue par
achat en 1600, etc. Nous citons presque littéralement
Dom Grenier. Du reste la seigneurie de la Bouvaque

(1) Dom Grenier, 24° paquet, 6° liasse.
(2) Dom Grenier, ibid.

avait appartenu dès 1473 (1) à la famille de Maupin, qui fournit plus d'un mayeur à Abbeville. Un de ces mayeurs, seigneur de la Bouvaque, avait fait reconstruire la chapelle de Saint—Milfort.

Un manuscrit de la seconde moitié du xviii° siècle que m'a prêté M. P. Duchesne de Lamotte me donne : « La terre et seigneurie de Bouvacque ou Beaulieu, dit Saint-Milfort, tenue du roy par la Chartreuse de Saint-Honoré qui l'a achetée en 1666 de Charles de Sacquespée. »

On pourrait voir encore, sur le fief « de Bouvaque, » Dom Grenier, *Tome C, p.* 355. — *Indication du Cabinet historique, 9° année, catalogue général, p.* 52.

L'ancienne ferme seigneuriale de la Bouvaque est occupée aujourd'hui par M. Deray. On voyait encore il y a peu d'années dans la cour de cette ferme plusieurs constructions antiques, notamment un puits et un pigeonnier. La porte d'entrée en briques est peut-être encore celle de la seigneurie des Maupin.

Trois pas avant les bâtiments de cette ferme, un peu au—dessus du chemin, est un très—gros orme, comparable à celui de Monflières, mais mieux conservé. Il a été planté, croit-on, du temps de Sully pour célébrer la fête du seigneur du lieu.

A une certaine date, depuis les Maupin, cette ferme a appartenu à une famille Potier.

Une borne en grès, que l'on pouvait voir encore il y a peu d'années, marquait, à quelques pas de là, les limites de la seigneurie.

Les souvenirs, recueillis sur les lieux mêmes, placent

(1) Dom Grenier, 24° paquet, 6° liasse.

le fief du hameau de Beaulieu à l'endroit où sont aujourd'hui bâtis les cabarets de la *Montagne-Verte*.

La montagne verte.

Il ne faut pas toujours se fier, je crois, à ces souvenirs locaux. Ce qui est certain, c'est qu'il y eut des vignes à la Bouvaque ou plutôt au—dessus de la Bouvaque comme à la Justice et au-dessus de Thuyson. Les comptes de N.-D. de la Chapelle de 1764-1765 mentionnent « un demi-journal au lieu de la Bouvaque, dans les *Vignes*. » On doit admettre que saint Milfort avait été retenu par quelque attrait en ce lieu de la Bouvaque. De claires eaux dans la vallée et des vignes peut-être déjà sur la côte.

Les vignes.

Un peu au—dessous de cette dernière partie de Thuyson, en descendant vers les prés, *s'élève*, si l'on peut dire cela de quelques assises de briques disposées en guérite, la chapelle de Saint—Milfort.

Cette chapelle, située dans l'enclos de la ferme de Beaulieu près la Bouvaque, appartenait aux RR. Pères Chartreux. « La construction de ce petit édifice est sur le coin d'un terrain et au fond d'une allée couverte d'arbres. » — *Collection de M. de Saint-Amand.*

La chapelle de Saint-Milfort.

La chapelle de Saint-Milfort n'a point perdu sa réputation miraculeuse, et l'on y vient encore de plusieurs départements voisins pour la guérison des enfants épileptiques ou rachitiques (1). Le moyen thérapeutique employé dans ces cures, outre les vœux et les prières, est l'application à nu des enfants sur une pierre froide. Le moyen réussit parfaitement, dit-on, et ceux des enfants

(1) Ecrit en 1849 sur des indications peut-être un peu rétrospectives.

qui ne meurent pas dans l'octave de la dévotion accomplie acquièrent une santé à toute épreuve.

Autrefois, dans ces occasions, les mères faisaient dire une messe sur l'autel même de la chapelle. — *P. Ignace*. — On faisait entrer auparavant les enfants aux Chartreux où on leur donnait un morceau de pain bénit (*renseignement fourni par M. Louandre*). « Vous voyez en peu de temps ces petits languissans ou revenir en parfaite santé, ou changer cette vie mortelle en l'éternelle. » — *P. Ignace* (1).

(1) Saint Milfort est un saint peu connu, dont l'histoire est très-problématique. Venait-il de l'Écosse ou de l'Hibernie, de l'Espagne ou de la Lusitanie? Les autorités se partagent. On lui accorde cependant plus volontiers les deux premières contrées pour patrie. Fut-il ou ne fut-il pas évêque ? Doit-on même le ranger parmi les saints ou parmi les saintes ? On ne sait. Ce qui est sûr, c'est qu'il n'occupa jamais le siége de Lyon comme on l'a prétendu, car dans le catalogue des prélats de cette ville on ne trouve aucun saint de son nom. Plusieurs versions ont eu cours sur la fin tragique qui le mit avant son heure au rang des bienheureux. Les uns ont dit qu'ayant loué pour quelque temps ses services à un fermier de la Bouvaque, il ne put si bien voiler l'extrême piété qui éclatait dans toutes ses actions que la femme de ce dernier ne reconnût en lui les caractères d'un envoyé du Seigneur. Elle se prit alors pour l'humble valet d'une vénération telle que le fermier crut y voir les marques d'une affection détournée de son seul légitime objet. Il trancha, selon la coutume du temps, la tête au saint, et enterra ignominieusement son corps sur la place. L'innocence de Milfort ne tarda pas à se manifester par de fréquents miracles, et on sanctifia le lieu du meurtre par la construction d'une chapelle. D'autres, sans nier les circonstances qui ont amené sa mort, ont soutenu que Milfort ne fut pas décapité à la Bouvaque, mais dans un lieu voisin, — Thuison peut-être, — et que là, ayant, à l'exemple de plusieurs autres saints, ramassé sa tête où la vue n'était pas encore éteinte, il la porta jusqu'au lieu où il voulait qu'on lui consacrât une sépulture et une chapelle. Quoi qu'il en soit donc, saint Milfort fut bien enterré à la Bouvaque, mais, par suite des

Malgré la note jetée au bas de cette page, faudrait-il refuser tout droit de se produire à l'opinion qui voit dans la dévotion persistante et dans la confiance accordée à la pierre de Saint-Milfort une superstition des temps druidiques perpétuée? La pierre qui guérit les petits rachitiques picards, est peut-être identique à une pierre, ou taillée dans une pierre qui a guéri les petits malvenus gaulois.

En dehors des légendes du saint reproduites ci-dessous, nous devons rapporter le renseignement que nous fournit Dom Grenier sur le nom même de Milfort.

guerres ou d'événements que l'on ne connaît pas, son corps disparut, et un mayeur d'Abbeville, nommé Maupin, ayant fait ensuite reconstruire la Chapelle décrépite, rechercha vainemènt sous les ruines les précieuses reliques qu'elles n'avaient pas su garder. Une tradition plus étrange veut que Saint-Milfort, quoique bien véritablement saint, n'ait pas été un homme, mais une femme. Il ou elle était fille d'un roi d'Irlande. Sa beauté merveilleuse faisait perdre la tête à tous ceux qui l'approchaient. Le respect qu'elle devait à son rang, et mieux encore la sévérité de sa vertu, l'obligeait à réduire au désespoir cette cour d'adorateurs. Un jour que, saisie de compassion pour toutes ces infortunes, elle s'en prenait à sa beauté et suppliait ardemment le ciel de vouloir bien défigurer ce misérable visage qui causait tout le mal, une barbe énorme lui poussa tout à coup. C'est munie de cette barbe qu'elle quitta le palais de son père et vint prendre du service chez le fermier de la Bouvaque. Ce fermier, blessé des égards et des préférences de sa femme pour le nouveau valet, le tua un jour de jalousie et sur des soupçons qu'autorisait trop la longue barbe. L'innocence de Milfort ne fut reconnue qu'après ce meurtre. L'histoire ne dit pas comment.

M. Charles Dufour place la fête de saint Milfort « patron d'une église près d'Abbeville » au 26 décembre.—*Calendrier picard pour* 1852, *extrait de l'Annuaire de la Somme publié par la soc. des Antiquaires de Picardie.*

M. l'abbé J. Córblet s'est appliqué à extraire une vraisemblance des variantes de la légende de saint Milfort. — *Hagiographie du diocése d'Amiens, t.* III, *pp.* 243-253.

« Saint-Milfort, dit-il, est le nom que l'on donnait autrefois en Picardie aux églises des maladreries. Sans parler de celle de la Neuville—sous—Corbie, la maladrerie située près la Bouvaque, en Ponthieu, avait le même nom, que l'auteur de l'*Histoire Ecclésiastique d'Abbeville*, page 403, et le P. Roswid, jésuite, n'ont pu deviner. L'étymologie de Milfort est *fort comme mille*. » Ce jeu de consonnances nous paraît plus que hasardé ; il n'a pas été recueilli sérieusement par le bénédictin.

La chapelle appartenait-elle au faubourg de Thuyson ou à la Bouvaque? Nous ne savons. D'un côté, le P. Ignace ne dit pas qu'elle fût dans la Bouvaque, mais près de la Bouvaque ; de l'autre, le nom de Saint-Milfort et celui de la Bouvaque sont si intimement liés qu'ils n'en faisaient qu'un souvent, ainsi que nous l'avons vu. Ainsi que nous l'avons vu aussi, un des seigneurs de la Bouvaque fit reconstruire la chapelle de Saint-Milfort. Ne serait—ce pas là une raison de plus pour laisser à la Bouvaque, avec l'illustration du saint, la chapelle que nous visitions tout à l'heure?

M. Delignières de Bommy, qui copiait tout sans esprit de critique, mais qui savait beaucoup cependant, a écrit ou reproduit ces lignes : « La chapelle de Saint -Milfort, dans l'enclos de la ferme de Beaulieu, près la Bouvaque, appartenait aux RR. PP. Chartreux. La construction de ce petit édifice est sur le coin d'un terrain et au fond d'une allée couverte, ce qui lui donne un aspect religieux. »

Devérité a avancé, sans preuves, que cette chapelle « au milieu d'une haute futaie d'arbres, » avait été

« l'hermitage » du saint. — *Hist. du comté de Ponthieu, introduction, p. LXXIII.*

Un religieux des Chartreux, (ordinairement le pro-cureur,) venait dire la messe à cette chapelle les fêtes et dimanches, ce qui y attirait beaucoup de monde dans la belle saison. — *Eaux de Spa*, t. II, p. 95, 3ᵉ *édition.*

M. de Saint-Amand possédait un extrait assez long d'un cartulaire des Chartreux concernant Saint-Milfort.

En voici quelques lignes curieuses : « *Quinam sit iste locus jam nunc resecandum est* (1). *Ad orientalem partem Cartusiæ, Richariopolim versus, prestat* (2) *ad jactum bombardæ majoris quædam colonia, quam titulo feudi proprietarius possidet, dicta* Beaulieu *seu* Bouvaque, *in quâ etiam nunc ædicula conspicitur dicata memoriæ predicti sancti Millefortis quem ferunt fuisse episcopum scotum*, etc. — Suit la légende du saint complétée de la mention des guérisons d'enfants sur la pierre « jusqu'à nos jours, » etc.

Ainsi que nous l'avons vu déjà plus haut (vente au District des biens des Chartreux), l'enclos de Saint-Milfort, « au travers duquel on passe pour descendre à la Bouvaque, a été adjugé au sieur Dumont, marchand à Abbeville, fils du chirurgien. » — *Note de M. de Bommy.*

L'allée couverte existe encore. La « haute futaie » du dix-huitième siècle a fait place à des tilleuls, plus jeunes que ce siècle, mais assez beaux déjà.

Près de cette chapelle était un bois nommé le bois de Saint-Ribaud dont la réputation était fort galante.

(1) Dans le sens probablement d'abréger, dire en peu de mots.
(2) Pour *præstat.*

Les pèlerinages à ce bois changeaient de culte et d'objet.

Un peu plus loin, vers la rivière du Scardon, était la
Tortine-Écluse. ferme seigneuriale de *Tortine-Écluse* ; c'est la maison
occupée aujourd'hui par M. Dumont. — 1849.

Plusieurs moulins existent près de là sur cette rivière.

Au bas du chemin qui prend naissance près du gros
Les Quatre-
Moulins. orme de la Bouvaque sont les Quatre-Moulins, ainsi
nommés parce qu'ils étaient autrefois munis de quatre
roues ; ils n'en ont plus que deux aujourd'hui. Ce moulin
appartenait aux Chartreux.

Au dessous de ce moulin, le Scardon se divise en
deux bras dont l'un conserve le nom de Scardon et
l'autre prend le nom de rivière de Novion.

Au delà de la ferme de *Tortine-Écluse,* un peu plus
Le moulin
Devérité. haut, sur le Scardon, est le moulin dit *Devérité*. C'est
à l'endroit même où tourne ce moulin que quelques
personnes placent encore Beaulieu.

Nous ne savons auquel de ces moulins se rapporte le
renseignement qui suit :

On trouve aux archives du département de la Somme,
liasse cotée Abbeville, dossier A. B., dernier jour de
mars 1352, une transaction entre le couvent de Saint-
Pierre et les maire et échevins d'Abbeville au sujet de
la justice du moulin de la Bouvaque et de la pêcherie
dans les eaux dudit moulin.

Je possède une copie, avec des lacunes malheureusement, d'un procès-verbal d'enquête de 1508, intéressant le moulin de la Bouvaque et la rivière qui le fait
moudre.

Mahieu Cressent, mangnier (meunier) demeurant au molin de la Bouvaque, ayant intention de faire exécuter des travaux dont s'inquiétaient d'autres meuniers, avait obtenu de « Nosseigneurs les conseillers du roy sur le fait de la justice de son trésor » des lettres qu'il produisait avec un extrait des registres du Parlement en vertu desquelles il demandait qu'on parfît la visitation du moulin (une première visitation avait eu lieu en février 1506). La réclamation est portée devant le juge de la Prevosté de Saint-Riquier :

« A tous ceux qui ces présentes lettres verront Baudin Ternisien, juge et garde de la prevosté de Saint-Ricquier pour le roy notre sire, commissaire d'icelui seigneur en cette partie, salut. »

Le juge de Saint-Riquier, pour satisfaire à la requête de Mahieu Cressent a adjourné par devant lui à dix heures du matin, « sur la plache dudit molin de la Bouvaque, » Jacques Mansel [?] à qui appartenait « aucune portion du revenu du moulin que l'on dit le molin du Roy, » Jehan Farrouel, « mangnier du molin de le Babouë » et Guillaume Brisdoul, « mangnier du molin de Drucat, estant au dessus dudit molin de la Bouvaque » pour assister au recollement et à une nouvelle visitation « si mestier (besoin) estoit ; » il a ajourné, en outre, au même lieu et à la même heure, Robert Lardé, « mangnier de Becquerel » et Jean Levesque, « mangnier du molin de Priez, » Colart « maistre carpentier de la ville de Saint-Ricquier » et Pierre Dauxy « aussi maistre carpentier et ouvriers de faire molins à vent et à eaue, » afin de procéder devant lui au recollement et à la nouvelle visitation, si elle est reconnue nécessaire.

Le juge et garde de la prevôté de Saint-Riquier s'est trouvé au lieu et au jour dits à la place du moulin, accompagné de Jehan Lessopier, procureur au siége de lad. prevosté, choisi pour être son adjoint du consente‑ment des parties comparantes, Jehan de Vauchelles, greffier de la prevôté, et Jacques Dambrun, sergent ou siéger. D'une part, Mahieu Cressent s'est présenté, accompagné de M° Nicolle de le Ruelle, avocat en la sé‑néchaussée de Ponthieu, et de Jacques Delessau, procu‑reur au siége de la prévôté de Saint‑Riquier. D'autre part, se sont présentés M° Pierre Doresmieulx, procureur du roy au siége de la sénéchaussée de Ponthieu, et Jehan Farrouël. Jacques Mansel a fait défaut. C'est Farrouel qui paraît avoir appelé de la première visitation et d'un appointement « piéça fait. »

Par les lettres des conseillers du Trésor et par l'extrait des registres du Parlement, il était mandé au juge de la prevôté de Saint-Riquier de « procedder à faire parache‑ver les recollement et visitation. » Baudin Ternisien fait exécuter en conséquence, par les « mangniers » et char‑pentiers, le recollement de la visitation antérieuremont faite le xiii° jour de février 1506 ; puis, « afin qu'ils en puissent mieux depposer, » il les fait « aller et des‑chendre par basteau sur la rivière pour sonder la lar‑geur et profondure d'ycelle, tant de celle qui part pour fluer au molin du Roy que [de] celle qui pleut [?] au moulin de Riquebourg. » Après la descente, les man‑gniers et charpentiers affirment par serment que la visi‑tation de février 1506 a été exacte. Pour ce qui regarde les deux bras du Scardon, quelques changements ont été reconnus cependant. La rivière « flouant au molin de Riquebourg, qui estoit plus profonde par la visitation première que celle qui affloue au molin du Roy de xiii pouches, n'est présentement plus profonde de tant que la rivière flouant aud. molin du Roy que de six pouches. »

Les mangniers et charpentiers ont ajouté « que si le molin que a intention construire et parfaire led. Cressent étoit parédifié, il ne pourroit préjudicier ni auxd. molin du Roy, Riquebourg ni autres, au dessus ni au dessous d'iceluy molin de le Bouvaque, et se peut bien parachever pour le bien et utilité publique, selon qu'il est contenu en ladilte visitation par eulx premièrement faitte. En témoings de ce, nous meismes notre scel auxdittes présentes faites et données aud. lieu de le Bouvaque le xxviie jour de février l'an mil Ve et huit. »

Il est question du moulin de la Bouvaque dans l'*Hist. chron. des Mayeurs, pp.* 90 *et* 104.

Les moulins de la Bouvaque furent adjugés au District le 31 août 1791, au prix de 26,300 livres. — Nous l'avons vu plus haut. — On avait l'intention alors de leur faire fouler des étoffes et d'établir des *rames* gratuites dans le terrain qui en dépendait.

La collection de M. de Saint-Amand conserve un dessin avec cette désignation : « Le dernier moulin de la Bouvaque appartenant à la Chartreuse. »

Renseignements divers sur la Bouvaque — V. les *Antiquités celtiques* de M. de Perthes, t. I, p. 537.

En 1699, les Chartreux étaient propriétaires du fief de Tortine-Écluse près de la Bouvaque.

Le chemin de
Brimeu.

Un chemin de la Bouvaque a porté le nom de chemin
de Brimeu.

10 juillet 1347. — Bail à cens fait par les maire et
eschevins d'Abbeville d'une voie contenant quarante-six
verges au *chemin de Brimeu* et près la rivière de la
Bouvaque. — *Livre Rouge de la Ville, fol. verso* cviii.
— Ledit bail fait aux Chartreux parce qu'ils ont aidé à
réparer la ville et la forteresse de la ville.

Ce que l'on appelle vulgairement aujourd'hui la
Bouvaque est ce faubourg aquatique qui est la petite
Hollande jardinante du Scardon. Il commence près
d'Abbeville et se confond douteusement près de la Tour
du Haut-Degré avec le faubourg du Bois, et touche, du
côté opposé, avec des limites indécises, le faubourg de
Thuyson.

ERRATA ET ADDITIONS

AVERTISSEMENT.

Je compléterai ce volume, ainsi que le premier, dans un appendice qui occupera la fin du tome troisième et dernier. Je ne produirai ici qu'un petit nombre de corrections et un moindre nombre d'additions.

Les lecteurs de ce volume et du précédent devront toujours recourir à l'appendice du tome troisième.

J'ai hâte de confesser un oubli regrettable. J'ai négligé d'interroger, pendant la rédaction de ce volume, les *Bénéfices de l'Église d'Amiens* de M. Darsy. Cette remarquable publication renferme les renseignements les plus complets et les plus précis sur la fortune du clergé au dix-huitième siècle. Je compte réparer la faute dans le tome troisième et dans le complément qu'il contiendra.

P. 6.

Ligne 18...... les maisons « où demeurent aujourd'hui MM. Tronnet (n° 9) et H. Manessier (n° 11). — » Ces lignes prouvent que l'impression de ce volume est commencée de date vieille déjà. M. H. Tronnet s'est retiré depuis longtemps à Pierrefonds et M. H. Manessier, ancien sous-préfet, est mort dans la maison n° 25 de la place Saint-Pierre.

P. 11.

Ligne 29. — «...... dans l'opéra de Rossini. » — Je ne veux pas cependant renvoyer au tome III la correction de cet incroyable lapsus.

P. 12.

Ligne 10. — On pourrait être tenté de rechercher et vouloir reconnaître cette chapelle dédiée à saint Jean dans la très-curieuse cave, voûtée à nervures, que se sont partagée les deux dernières maisons de la rue des Lingers à l'angle de la rue des Minimes ; cave étudiée par MM. Van Robais et Delignières. — *Mémoires de la Soc. d'Emul.* — On aurait tort et on se tromperait. La chapelle rappelée par les mss. Siffait, faisant corps avec la maison de la Rose, se trouvait de l'autre côté de la rue. Mais ne peut-il y avoir eu une première chapelle de Saint-Jean, datant de l'établissement des Templiers à Abbeville ; et toute identification, au moins hypothétique, avec la vieille cave, serait-elle interdite ?

P. 45.

Ligne 1. — Le tirage a fait tomber au commencement de cette ligne le premier mot : et.

P. 47.

Ligne 6. — «...... au 1257, au mois de février. » — Une note devrait prendre place ici en ces termes :

« Il est cependant douteux que la paroisse du Saint-Sépulcre ait eu un cimetière devant l'église en 1257. (Voir notre dissertation au chapitre qui suit (chapitre XXIV). S'il était établi que le cimetière du Sépulcre faisait en 1257 partie du cimetière commun des trois paroisses dépendantes du prieuré de Saint-Pierre, il faudrait chercher la maison de Saint-Acheul en un coin de la place Saint-Pierre actuelle. »

P. 76.

Ligne 26. — *Salve, Virgo, singularis*. La seconde virgule est à enlever.

PP. 113, 118.

La fosse ou l'on lict les ballades. — Si un rapprochement m'était permis entre cet amphithéâtre de forme toute primitive et les amphithéâtres romains les plus simples de création, je dirais que la fosse aux ballades devait avoir par une disposition naturelle, l'utilisation d'une pente, le profit tiré d'un accident de terrain, quelque ressemblance avec les arènes rudimentaires de Senlis étudiées par M. de Caix de Saint-Aymour. Nous chercherions vainement, pour justifier cette supposition, l'emplacement de la fosse aux ballades, mais je puis emprunter à M. Edouard de Barthélemy ce résumé de l'étude de M. de Caix, et l'on jugera si, moins quelques gradins de pierre en très-petit nombre et isolés, la disposition de l'amphithéâtre d'Abbeville ne devait pas bien être à peu près celle des arènes sylvanectes :
« Ces arènes étaient aussi peu monumentales que possible. On n'a reconnu trace de gradins en pierre qu'en petit nombre (à côté d'une *cella*). C'est là que se plaçaient les notables de la cité, tandis que la population se prélassait sur les pentes gazonnées de l'amphithéâtre. M. de Caix ne pense pas que ce cirque ait servi à des combats de bêtes féroces ; il y voit plutôt un lieu de délassement pour les soldats de la garnison. Tout indique, en effet, qu'on a voulu avant tout procéder à bon marché. On s'est contenté d'asseoir les arènes sur une petite colline, et, en taillant la pente des terres, d'établir l'amphithéâtre d'un côté sur la dépression du terrain.........
M. de Caix signale cette particularité de construction, qui n'a, en Europe, qu'un similaire, à Trèves, et qu'on ne retrouve ensuite qu'en Italie et en Asie Mineure...... »
Remplacez par la pensée les notables de la cité de Senlis par MM. les maire et échevins d'Abbeville ; figurez-vous la circonférence gazonnée couverte de l'élite bourgeoise des corporations et de la foule du commun ; les combats des gladiateurs, ou simplement l'escrime et la gymnastique des

soldats, remplacés par les jeux plus nobles du chant et des
rebecs, ne penserez-vous pas avoir une vue de notre vieille
fosse des ménestrels, qui servait probablement aussi d'ailleurs aux joueurs d'épée et de bâtons ?

La fosse du bois d'Abbeville m'a envoyé aux arènes de
Senlis comme les arènes de Senlis ont envoyé M. de Caix à
Trèves, en Italie, en Asie-Mineure. Je crois que l'on pourrait
joindre aux amphithéâtres, comparés ainsi pour leur simpli-
cité et desquels je me plais à rapprocher notre fosse chantante, le théâtre reconnu près de Sébaste en Syrie et qui
certainement a été pratiqué dans une déclivité naturelle
et favorable de terrain.

Comme la fosse aux Ballades, ont disparu toutes les autres
fosses, fosse aux Clercqs, fosse de la Pielle, à moins que l'on
n'en veuille reconnaître une encore dans une grande et
large excavation qui précède une carrière, au-dessus d'un
vieux chaufour abandonné depuis longtemps et qui fait songer à celui de 1576.

Nos aïeux, il faut les en louer, n'avaient pas mal choisi le
lieu de leurs délassements intellectuels et rien n'a fait défaut
aux preuves de leur goût tant qu'ils ont laissé à ce lieu pour
velum et pour décoration environnante la verdure des arbres.

P. 147.

Ligne 26. — Continuation de la note de la page 146. Les
premières lettres de la ligne sont tombées au tirage. Il faut
lire : de la court de Parlement, etc.

P. 195.

Ligne 20. — La rue Vuibert-Carpentier. — On voit par le
nombre de maisons (vingt) que renfermait cette rue dont on
n'a plus même souvenance aujourd'hui qu'elle était très-
populeuse, ouvrière certainement, peut-être habitée par les
ouvriers de Josse Van Robais qui, en arrivant à Abbeville,
se logèrent en grand nombre dans la chaussée Marcadé ou
aux environs du lieu qui devint le couvent de Willancourt.
On le sait par les paroles du procureur du roi de la ville,

concluant en 1667 dans une enquête relative au couvent. — V. p. 429.

P. 230.

Ligne 11. — « M. Marchand résiste.... » Lisez : « M. Marcland.... »

P. 252.

Ligne 9. — « .... le maison de Pre (Pierre sans doute) de Entre-deux-Eaues... » Je ne sais si les lettres capitales de Pre et Pierre ont leur raison d'être. Ne s'agit-il pas de la maison de pierre, construite en pierre, que l'on croyait et que l'on disait des Templiers et dont quelques restes subsistaient encore il y a quelques années du côté de la rue du Pont-de-la-Ville, si ces gros murs en pierre blanche n'étaient cependant les restes de quelque tour ayant défendu le pont et l'entrée de la ville, de ce côté nord-ouest des très-vieilles fortifications ?

P. 387.

Ligne 2. — « .... Gabriel Foucquart...; » lisez : Gabrielle.

P. 393.

Ligne 5. — Lettres tombées au tirage. Il faut lire :.... par les Minimes.

P. 411.

Ligne 1. — Une virgule après *elaboratum*.

P. 412.

Ligne 22. — « Les Minimesses ne profitèrent de cette autorisation qu'un an plus tard, 31 octobre 1701, si la date de la cérémonie est celle même de la signature d'un procès-verbal. »

Une vérification faite sur ce procès-verbal m'oblige à rectifier la date avancée. La cérémonie eut lieu le 14 septembre, jour de l'Exaltation de la Croix. Quant au procès-verbal, il est signé, non du 31 octobre, mais du 3, comme je l'ai transcrit p. 414.

P. 463.

Ligne 20. — « .... coulait, sous un pont-levis évidemment, une petite rivière, produit des prés de Thuison. » — Non; le cours d'eau qui passait sous le pont-levis de la porte Marcadé et qu'utilise aujourd'hui la sucrerie n'est pas un produit des prés de Thuison. C'est une dérivation partielle, par l'*Eclusette*, de la rivière de Novion.

P. 472.

Ligne 8. — Pour les femmes enfouies voyez encore le Livre Rouge, fol. CXCVII, *verso*.

P. 474.

Ligne 1. — « Dignes....... lisez : Vignes.

PP. 500-503.

La vicomté de Cambert. — Une copie que j'ai prise rapidement au crayon, je ne sais plus sur quel mémoire et je ne puis me rappeler où, peut-être chez M. de Saint-Amand avant la vente de sa bibliothèque, me dit : « Il y a entre le faubourg de Menchecourt et la Bouvaque, une vicomté extrêmement étendue et mouvante du prieuré de Saint-Pierre, appartenant à la dame Godart, veuve du sieur Gorjon des Fourneaux, et nommée Cambert. Elle s'étend depuis les deux bornes qui sont à l'entrée des deux rues de Menchecourt jusqu'à la borne de la banlieue qui est devant le moulin de la Bouvaque et revient de là aux Chartreux d'où elle va à la tour de Gossiame dite tour à Bourel, vient passer en la rue du Bourel, entre la rivière de Touvoyon et les terrains des religieuses de Villancourt et des Minimes (Minimesses), et finit, en suivant la chaussée Marcadé, à la moitié du pont de Ricquebourg. » — Il paraissait par un aveu de 1351, rendu par Firmin de Cambert, que le fief de Cambert devait être de soixante-seize journaux.

P. 503.

Ligne 4. — Autre condamnation pour crime commis dans la banlieue à Cambert. V. le Livre Rouge, fol. CXCVI, *recto*.

P. 507.

Faits divers intéressant Menchecourt. — Jugement des maire et échevins qui accorde le vif herbage au sieur de Menchecourt, 1287. — Livre Rouge, fol. XXXIV, *recto.*

Rétablissement fait d'une saisie par le sergent de Long pour le fief Baillon, au profit des maire et échevins, 1395. — Livre Rouge, fol. CLXVIII, *verso.*

PP. 510, 511.

Lignes 30 et 1. — « Une partie des prés de Menchecourt s'est appelée le *pré de Tourel.* » Il s'agit plutôt sans doute des prés entre Thuyson et la Bouvaque, c'est-à-dire du marais de Saint-Pierre, qui fut donné à cens par les religieux du prieuré, le 26 mars 1483, à Jean Thorel. V. p. 554.

P. 533.

Ligne 8. — Antoine Daullé, curé de N.-D. de la Chapelle. — Collenot a dû être induit en erreur sur le prénom de ce curé. Une cloche fondue en 1778 nous a donné (p. 530) Pierre-François Daullé.

P. 557.

Les fiefs de Thuison et de Beaulieu. — Une note prise au crayon, chez M. de Saint-Amand, je crois, avant la vente de sa bibliothèque, me dit : « Dans la banlieue, hors la porte Marcadé, il y a deux fiefs qui sont le fief de Beaulieu, appartenant aux RR. PP. Chartreux, et celui de Thuison, appartenant au sieur Bail de Lignières, écuier, président trésorier de France au bureau des finances d'Amiens, à cause de la dame Godart son épouse, fille du sieur Godart de Beaulieu. »

P. 472.

Retour aux vignes. Les champs au-dessus de Thuyson et de la Bouvaque. — Les vignes les plus connues de la banlieue ayant rougi et donné leurs grappes sur des terres qui furent celles des Templiers, ne se trouve-t-on pas sollicité à croire qu'Abbeville dut aux chevaliers l'honneur d'être la plus

haute, l'extrême, contrée viticole ? Le souvenir du bienfait
ne ferait pas souffrir la réputation de l'ordre aux divers mérites. *Bibere templariter !* — On eût pu appeler toute la côte
du Temple ou des Chartreux, exactement inclinée vers le
midi, la Bourgogne du Ponthieu. Entre ses vignes de Thuyson
et ses vignes d'Epagne, Abbeville, au bord de la Somme, n'a
manqué que d'un Ausone pour être chantée comme Bor-
deaux.Elle périra comme tout périt, et l'amour de ses enfants,
dont ce volume est mon gage particulier, ne l'aura pas sauvée. Je propose que l'on inscrive lorsqu'elle ne sera plus, à
la place où elle aura été, sur une colonne faite des débris de
son beffroi, ces distiques de deuil :

STA ET COGITA

Abbatum primo, Comitum dein, villa fuit, quam
    Ob decus interitum proxima rura canunt ;
Vitiferum nam propter agrum hanc dixere priores
    Algentem ad Samaram Burdigalense caput ;
Hanc Templi armigeri fati sunt, jubila dantes,
    Pampineæ Chanaan nectaribus similem ;
Hanc monachi in claustris sonuere, hilarante cucullo,
    Usque sub Arcturum vel paradisiacam ;
Hanc mercatores vi primâ auxere lucrorum,
    Indigeno in patriis melle rubente cadis ;
Hanc et caupones udis coluere tabernis
    Ut fontem poculis, ut loculis laticem ;
Hanc, pressi invidiâ, pressam voluere Britanni,
    Despicienda quidem vitibus hordea sunt ;
Hanc valuere patres priscorum reddere juri
    Hostibus et bibulis subripuere merum ;
Hanc sic salvantes, servarunt dolia cives,
    Communi et clypeo lilia tradita sunt ;
Hanc finxere simul canonis musæque periti
    Ut Satanæ Bacchi gaudia cornigeri ;
Hanc fabri in flammis, meritâ caligine fusci,
    Laudavere piam pervigilemque siti ;
Hanc procerum in camerâ seniores gutture sicci
    Lætitiam riguis, delicias madidis.

Nunc, ut pampineæ stirpes, periere senatus,
    Belfridus et resonans, murus et altitonans,
Instructus et feminei virtusque virorum,
    Altaque fama loci, causidicale forum.

Je dois avouer qu'un poëte, à qui les mètres latins sont
aussi dociles que les mesures françaises, ne partage pas ma
confiance dans notre vieille viticulture. M. G. Le Vavasseur
oppose aux complaisances de l'histoire une impression même
du Dieu compétent :

NE BACCHUS ULTRA LIGERIM.

Gangetis Bacchus rutilantibus exul ab oris
    Ad Somonæ ripas venit et obstupuit.
Sub torvo Phœbi radio miserabilis et non
    Sanguine sed lymphâ turgida vitis erat.
Uva rubescebat, sed frigore capta; Lyœus
    Flans suprà digitos nec tepefactus erat.
Algidus ad Superos clamans : iterum, ô Deus, inquit,
    Fervens pande femur, pande, gelasco, Pater.

Sans trop sacrifier de mon sentiment, n'aurais-je pas dû
cependant introduire dans l'inscription offerte aux antiquaires, que Dieu relarde ! une réserve sous cette forme :

Hanc tamen ex cathedris moniti docuere decani
    Vix bene munificam jam male dulciferam.

TABLES

TABLE DES CHAPITRES

CHAPITRE XXXIV

CHAPITRE XXXV

LES FAUBOURGS

CHAPITRE XXXVI

THUYSON

CHAPITRE XXXVII

LA BOUVAQUE

II

TABLES ANALYTIQUES

Je rappelle au lecteur la remarque qui accompagne ces tables dans le tome premier.

I

GÉNÉRALITÉS. — POINTS DIVERS.

A

Abbeville (inscription commémorative proposée), p. 576.
Alluvium de la Somme (antiquité de l'), 506.
Antiquités : médailles carthaginoises ? et romaines, 13, 14.
Antiquités : vieille tour, 13.
Antiquités : découverte de silex taillés dans une carrière de gravier au-dessous de la rue de Bas à Lheure, 129.
Antiquités : restes des temps romains, 174.
Antiquités : vases gallo-romains (débris de) à Meachecourt, 507.
Antiquités : vase en bronze trouvé à droite de la route de Montreuil, 518.

Antiquités : armes franques trouvées entre la route de Montreuil et N.-D. de la Chapelle, 519.
Antiquités : cimetière franc près du cimetière de N.-D. de la Chapelle, 519.
Antiquités : vieille cave de la rue des Lingers.

B

Ballades (la fosse aux), 113 118, 571.
Beaux-arts : Cazes (tableau de), 335.
Beaux-arts : collection de tableaux de M. Le Boucher de Richemont, 97.
Beaux-arts : décoration de la chapelle du Saint-Sépulcre en l'église du Saint-Sépulcre, 73.

TABLE DES NOMS DES RUES, PLACES, REMPARTS, COURS D'EAU, ÉGLISES, ÉDIFICES OU MONUMENTS PUBLICS, MAISONS, ETC.

TABLE DES NOMS DE PERSONNES.

I V

TABLE DES NOMS MODERNES DES RUES, PLACES ET IMPASSES EXISTANT ENCORE.

FIN DU TOME SECOND.

636. - ABBEVILLE. — TYP. ET STÉR. GUSTAVE RETAUX.

CPSIA information can be obtained at www.ICGtesting.com
Printed in the USA
BVOW03s1759151014

370967BV00016B/196/P